Ralf Gréus

MIT DEM WOHNMOBIL DURCH LANGUEDOC UND ROUSSILLON

Südfrankreich –
von der Rhône bis zu den Pyrenäen

Die Anleitung für einen Erlebnisurlaub

DER WOHNMOBIL-VERLAG
D-98634 Mittelsdorf/Rhön

Die Deutsche Bibliothek – CIP-Einheitsaufnahme

Bibliografische Information der Deutschen Bibliothek

Die Deutsche Bibliothek verzeichnet diese Publikation in der Deutschen Nationalbibliografie.
Detaillierte bibliografische Daten sind im Internet über <http://dnb.ddb.de> abrufbar.

Titelbild: Lagrasse - mit Stellplatz (Tour 7)

Karten: Ralf Gréus
Fotos: S. 111 oben von Regine Staudt; Seite 189 von Lena Gréus; Seiten 125 unten, 140 oben, 168 unten, 192 von Reinhard Korn; Titelbild © AdobeStock/penilla, Seiten 56 © AdobeStock/fovivato, 136 © AdobeStock/Santi Rodríguez, 147 © AdobeStock/JONATHAN, 195 © AdobeStock/vmonet, 174 © istock.com/RKing2710, 228 © istock.com/RuissieseO, 247 © AdobeStock/Photo Passion, 261 © istock.com/stanth, alle anderen von Ralf Gréus
Lektorat: Florentine Zeun

6. erweiterte und vollständig überarbeitete Auflage 2016

Druck:
www.schreckhase.de

Vertrieb:
GeoCenter, 70565 Stuttgart

Herausgeber:
WOMO-Verlag, 98634 Mittelsdorf
GPS: N 50° 36' 37.3"; E 10° 07' 56.3"

Fon: 0049 (0) 36946-20691
Fax: 0049 (0) 36946-20692
eMail: verlag@womo.de
Internet: www.womo.de

Autoren-eMail: Greus@womo.de

ISBN 978-3-86903-226-9

EINLADUNG

Freuen Sie sich auf

- das Land im Licht des Südens,

- antike und historische Bauwerke,

- die Küste, von der Rhône bis zu den Pyrenäen,

- Badeplätze am Meer und an klaren Flüssen,

- die Tarnschlucht und die Cevennen,

- Paddeln auf der Ardèche,

- einen traumhaften Abstecher nach Albi,

- den beschaulichen Gang der Dinge im Midi,
  in Restaurants, Cafés und auf dem Boulesplatz,

- für Sie ausgesuchte Campingplätze,

- die schönsten freien Stellplätze?

Dann folgen Sie Ralf Gréus in vorliegender, vollständig überarbeiteter und abermals erweiterter Auflage durch den westlichen Teil des Midi, auch wenn Sie nicht selten die ausgetretenen Wege verlassen.

Dabei wünsche ich Ihnen viel Freude!

Ihre

Waltraud Roth-Schulz

Sehr geehrter Leser, lieber WOMO-Freund!

Reiseführer sind für einen gelungenen Urlaub unverzichtbar – das beweisen Sie mit dem Kauf dieses Buches. Aber aktuelle Informationen altern schnell, und ein veralteter Reiseführer macht wenig Freude.

Sie können helfen, Aktualität und Qualität dieses Buches zu verbessern, indem Sie uns nach Ihrer Reise mitteilen, welchen unserer Empfehlungen Sie gefolgt sind (freie Stellplätze, Campingplätze, Wanderungen, Gaststätten usw.) und uns darüber berichten (auch wenn sich gegenüber unseren Beschreibungen nichts geändert hat).

Bitte füllen Sie schon während Ihrer Reise das Info-Blatt am Buchende aus und senden Sie es uns <u>unmittelbar</u> nach Ihrer Rückreise zu (gern auch formlos als eMail).

Dafür gewähren wir Ihnen auch bei späteren Buchbestellungen direkt beim Verlag ein Info-Honorar von 10%.

Aktuelle Korrekturen finden Sie unter: forum.womoverlag.de

Um die freien Übernachtungs- und Campingplätze auf einen Blick erfassen zu können, haben wir diese im Text in einem Kasten nochmals farbig hervorgehoben und, wie auf den Karten, fortlaufend durchnummeriert. Wir nennen dabei wichtige Ausstattungsmerkmale und geben Ihnen eine kurze Zufahrtsbeschreibung. "Max. WOMOs" soll dabei andeuten, wie viele WOMOs dieser Platz maximal verträgt und nicht, wie viele auf ihn passen würden (schließlich gibt es auch Einwohner und andere Urlauber)!

Übernachtungsplätze mit **B**ademöglichkeit sind mit hellblauer Farbe unterlegt. **W**anderparkplätze sind grün gekennzeichnet. **P**icknickplätze erkennen Sie an der violetten Farbe. Auf Schlafplätzchen, denen die gerade genannten Merkmale fehlen – also auf einfache **S**tellplätze – weist die Farbe Gelb hin. Empfehlenswerte **C**ampingplätze haben olivgrüne Kästchen. Wanderungen, die wir Ihnen besonders ans Herz legen möchten, haben wir ebenfalls grün unterlegt.

Inhaltsverzeichnis

Zeichenerklärungen für die Tourenkarten

Touren / abseits der Touren

▼ ▼	
▬▬▬	Autobahn
▬▬▬	4-spurige Straße
▬▬▬	Hauptstraße
▬▬▬	Nebenstraße
┅┅┅	Schotterstraße
············	Wanderweg
11	WOMO-Stellplatz, Wander-, Picknick-,
12 13 14	Badeplatz (nicht für freie Übernachtungen)
11	WOMO-Stellplatz, Wander-, Picknick-,
12 13 14	Badeplatz (geeignet für freie Übernachtungen)

Alle Stell- und Campingplätze sind im Text und auf den
Tourenkarten fortlaufend durchnummeriert mit Positionsangaben:

♱ ♰	Kirche, Kloster
⚲ ⚲	Burg, Schloss, Ruine
▲ 1493 m	Berggipfel
⚬⚬ 🏛	Ausgr./antik. Bauw.
✳ ✳	Sehenswürdigkeit
→ ✳	Aussicht, Rundsicht
╬ ⌂	Trinkwasser/Dusche
ⓋⒺ	Ver-/Entsorgung
?	Problemstrecke
24 ⚊ C	empf./sonst. Camping

N 50° 36' 38" E 10° 07' 12"

Gebrauchsanweisung

Der WOMO-Reiseführer durch Languedoc und Roussillon
wurde im Jahr 1997 als Ergänzungsband zu meinem damaligen Provence-Führer in das Programm des WOMO-Verlages aufgenommen. Die Provence kommt längst zweibändig
daher, dazu gibt es von Jürgen Engel noch ein Buch über die
Pyrenäen. Aber alle diese Südfrankreichbücher führen weiterhin ein Eigenleben und ergänzen sich, weshalb es für Verlag
und Autoren erfreulich und für Sie sinnvoll ist, wenn Sie sich
neben vorliegendem Reiseführer die beiden Provence- Côte
d'Azur-Bücher (Ost und West) und vielleicht auch den Führer durch die Berge anschaffen. Sie sind dann von der italienischen bis zur spanischen Grenze im Bilde – von der Küste
bis weit ins Hinterland.

Unsere Tourenbeschreibungen sind das Produkt unserer
Reisen, sie sind subjektiv, abhängig von unseren eigenen Stim-
mungen, dem jeweiligen Wetter und von Zufällen. Abhängig
aber auch davon, dass wir mit einem Wohnmobil unterwegs
waren, weshalb die großen Städte weniger zu ihrem Recht
kommen als schnuckelige Ortschaften und schöne Landstriche. Die Sehenswürdigkeiten sind nach unserem eigenen Erleben gewichtet. Das Buch soll also in allererster Linie eine
Hilfe für Ihre Reisen sein, eine Anleitung, die Ihnen hilft, nicht
Ewigkeiten auf irgendeinem Campingplatz zu vertrödeln oder,
was genauso schade wäre, nicht hektisch die Sehenswürdigkeiten abzuklappern.

Ein Schwerpunkt des Buches liegt – wie immer – bei der Beschreibung von **Wohnmobilstellplätzen**, wobei der Anspruch
nicht darin besteht, Ihnen eine Liste übernachtungsgeeigneter
Plätze zu liefern (wofür eine einfache Tabelle ausreichen wür-

de). Sie sollen mit dem Buch vor allem die Umgebung der einzelnen Übernachtungsmöglichkeiten kennen lernen und Hintergründe über Land und Leute erfahren.

Bitte beachten Sie, dass die Brauchbarkeit der Stellplatzempfehlungen in hohem Maße von der Jahreszeit, dem Wetter und verschiedenen anderen Randbedingungen abhängt. Es gibt typische Sommerplätze, auf denen man abends auch mal den Grill anheizt, wo Sie sich aber nicht im herbstlichen Regen oder zur kühlen Osterzeit aufhalten werden – im Gegensatz zu Plätzen für die Übergangsjahreszeiten, wo Sie niemals einen Klappstuhl vor die Tür stellen würden. Ich differenziere bei der Beschreibung nicht zwischen solchen Empfehlungen, weil andere Autoren und ich über viele Jahre die Erfahrung gemacht haben, dass eine derartige Bewertung zu sehr situations- und stimmungsabhängig wäre. Ich versuche aber, Ihnen im Text oder bei den Stellplatzbeschreibungen nähere Einzelheiten über die Eignung der Plätze zu vermitteln.

Und bedenken Sie, dass sich die WOMO-Reihe von Konkurrenzprodukten dadurch unterscheidet, dass wir uns nicht auf »offizielle« Plätze beschränken, sondern auch solche veröffentlichen, die wir aufgespürt haben, auf die bisweilen nur wenige Fahrzeuge passen, die aber auch schnell mal wieder gesperrt und bebaut werden oder aus anderen Gründen nicht mehr da sind. Manche Leser wollen das nicht ganz wahrhaben und entwickeln mit meinen Büchern eine Stellplatz-Kasko-Mentalität, für die in Südfrankreich kein Anlass besteht.

In diesem Buch wird Ihnen verraten, wenn Plätze **klappstuhlgeeignet** sind, wenn Sie dort also auch außerhalb Ihres Fahrzeuges sitzen und essen können. Niemand zwingt Sie aber, dort Ihre Campingmöbel vor die Tür zu stellen, falls sich meine Einschätzung als zu unsensibel erweist, was ich nie ausschließen kann. Kein Stellplatz in diesem Buch und in meinen anderen Büchern, wirklich keiner, ist dafür geeignet, sich dort tagelang wie auf dem Campingplatz aufzuhalten, mit Vordach, Möbeln, Grill und Satelliten-Antenne. Kein beschriebener Stellplatz eignet sich dafür, Campingmöbel über Nacht vor der Tür zu belassen, sich leicht bekleidet zu sonnen, und nur wenige Stellplätze sind Grillplätze (wobei Verlag und ich niemals versprechen, dass man überhaupt irgendwo auf der Welt noch auf eigener Kohle grillen darf).

Die Nachfrage des Marktes regelt das Angebot, weshalb ich nicht mehr vermeiden konnte, mich im Geiste neben die Leser in viel zu große, vor allem zu breite Autos zu setzen. Es ist allerdings schwierig, nur in der Vorstellung ein Wohnmobil größerer Dimensionen zu steuern – Maßangaben zur Geeignetheit der Stellplätze sind daher nur eine grobe Schätzung.

Stellplatz in Aigues-Mortes - Tour 1

Aus vielen Zuschriften habe ich erfahren, wie unterschiedlich sich die Gewohnheiten und Bedürfnisse der Leser entwickelt haben. Ich kann mit meinen Büchern nicht alle Nutzer gleichermaßen ansprechen, und nicht jeder Tipp kommt für Jeden in Frage. Das gilt vor allem für Stellplätze, die klein oder nur über schmale Zufahrten erreichbar sind. Soll ich diese den Lesern vorenthalten, die sich bewusst für ein kurzes, niedriges, vor allem für ein schmales Wohnmobil entschieden haben, damit ich die anderen Leser, die in ihrer Behausung mehr Wert auf Platz und Komfort legen, nicht enttäusche ? Wobei es die Industrie uns, vor allem den betroffenen Käufern, schwer macht, weil die Konstrukteure immer breitere Fahrzeuge entwickelt haben, bei denen die Abnahme an Mobilität das Quäntchen an Verbesserung des Komforts weit übersteigt (ich finde, dass ein Reisemobil, mit dem man reist, nicht breiter als 2,30 m sein muss). Manche meiner Tipps sind Fahrzeugen mit einem Gesamtgewicht über 3,5 t nicht zugänglich, weil einige von mir genannte Strecken für LKW verboten sind (zumeist um Lastwagen aus Wohngebieten fern zu halten).

Ich gebe immer die geschätzte **Kapazität von Stellplätzen** an, bei öffentlichen Parkplätzen die Anzahl, die man der einheimischen Bevölkerung noch zumuten kann.

Bei manchen Plätzen nenne ich **Zeiten**. Das sind die (bisweilen vermuteten) Öffnungszeiten, die sich bisweilen von Jahr zu Jahr ändern. Wo keine Zeiten angegeben sind, können Sie die Plätze das ganze Jahr über bewohnen.

Soweit ich über **Strom** auf Stellplätzen berichte, bedeutet das nicht, dass der Strom kostenlos ist, dass er rund um die

Uhr abgezapft werden kann und dass jeder Benutzer einen Steckdosenzugang findet (meistens steht dieser nur in wenigen Bereichen zur Verfügung). Ich mache zum Strom (wie auch zum Wasser) bewusst nur ausnahmsweise Preisangaben, da sich diese in der Vergangenheit zu häufig geändert haben.

Wenn ich bei den Stellplätzen **Toiletten** erwähne, geschieht dies in erster Linie nicht als Möglichkeit zur Entleerung des Chemieklos (dessen Inhalt Sie nur ausnahmsweise und rücksichtsvoll einer öffentlichen Toilette überlassen sollten), sondern dient mehr den Lesern mit Campingbusausbauten oder der Schonung des eigenen Tanks.

Mit Empfehlungen **einsamer** Plätze (die stets als einsam bezeichnet sind), spreche ich nicht nur die Halter von Rottweilern und anderer Sicherheitsvorkehrungen an oder die Unverzagten, sondern ich biete Ihnen damit Möglichkeiten, wo Sie auch mal nur den Tag auf dem Klappstuhl oder in Ruhe verbringen können. Sie müssen dort nicht unbedingt übernachten.

»Freie« Stellplätze werden in diesem Buch auch solche genannt, die Geld kosten. Sie unterscheiden sich bisweilen gar nicht mehr so sehr von Campingplätzen, weshalb sich auch im WOMO-Verlag die Auffassung durchgesetzt hat, dass Tage auf einem **Campingplatz**, besonders in einem Urlaub mit Kindern oder wenn Sie im Sommer für ein paar Tage zur Ruhe kommen möchten, eine Facette des Wohnmobil-Urlaubs sind. Zu einem Wohnmobil-Reiseführer gehört nach unserer Meinung demnach auch die Erwähnung der besten Zeltplätze, zumal wir wissen, dass viele unserer Leser häufiger auf Campingplätzen als frei nächtigen. Die Entscheidung, wo Sie Ihr Haupt betten, soll Ihnen überlassen bleiben. Wir bieten Ihnen nur die Auswahlkriterien. Aber vergessen Sie nicht, dass sich die WOMO-Führer dem »freien« Übernachten verschrieben haben. Das bei den Campingplätzen angegebene Preisniveau ist nur eine Orientierung und bezieht sich auf einen Platz für ein WOMO mit zwei Personen in der preiswertesten und in der teuersten Zeit – ohne Strom, Hund und Kurtaxe.

Von einem Wohnmobil-Führer erwarten Sie Angaben über **Entsorgungsstationen** und über **Wasserstellen**. Diese werden von uns bei den Stellplätzen, gelegentlich auch nur auf den Touren-Karten genannt. Aber längst nicht an jedem erwähnten Wasserhahn kann das WOMO mit dem Schlauch befüllt werden. Oft müssen Sie das Wasser in Behältnissen eine gewisse Strecke tragen.

Stell- und Campingplätze muss man finden, weshalb wir immer noch Anfahrbeschreibungen liefern. Obgleich sie fast überflüssig geworden sind, seit die **Navigationsgeräte** Einzug in die Führerhäuser der meisten Wohnmobile gehalten

haben. Falls Sie Ihr Gerät mal vergessen, sollten Sie sich mit den **Himmelsrichtungen** vertraut machen, weil wir Sie mit den Angaben *‚rechts'* oder *‚links'* nur so lange zum Ziel führen können, als Sie sklavisch an unseren Tourstrecken kleben.

Bei realistischer Betrachtung sind die Navigationsgeräte eher der (unnatürliche) Feind des Reisebuchautors. Sie nehmen ihm die Aufgabe ab, seine Leser positiv motiviert zum Ziel zu führen und entbinden diese von der Pflicht, sich mit Hilfe einer Karte zu orientieren. So fahren die Leute heute buchstäblich planlos durch die Gegend. Der Weg ist längst nicht mehr das Ziel. Die Fixierung auf das Ende einer Strecke steht aber in diametralem Widerspruch zu dem Anliegen der WOMO-Reihe, weil das Reisemobil nicht erfunden worden ist, um anzukommen, sondern um unterwegs zu sein.

Bitte vertrauen Sie nicht blindlings Ihrem Navigationsgerät und hinterfragen Sie dessen Anweisungen. Bisweilen werden Sie zu Stellplätzen über Strecken gelotst, die mit Wohnmobilen nicht befahrbar sind. Die satellitengesteuerte Stell- und Campingplatzsuche erspart Ihnen viele Mühen. Aber sie ist keine Garantie für ein hindernisfreies Ankommen und **erlaubt Ihnen nie ein kritikloses Befolgen der elektronischen Anweisungen**.

Kurz gesagt, Sie benötigen weiterhin Geist und **Karten**, und zwar die **Michelinkarten** im Maßstab 1 cm = 2 km *(Région)* oder 1 cm = 1,5 km *(Départements)*, sonst bereitet Südfrankreich Ihnen auch mit diesem Buch keine Freude. Vertrauen Sie erst dann dem Navi, wenn Sie das Ziel nicht gefunden haben. Weitere Einzelheiten zur Satellitennavigation finden Sie hinten bei den Tipps unter der Überschrift *GPS*.

Unsere Karten, die wir jeder Tour voranstellen, ersetzen die Straßenkarte nicht. Sie helfen Ihnen lediglich bei der Orientierung und präzisieren die Übersicht der Karte, die wir im Innern des hinteren Umschlags mit der Abbildung sämtlicher Touren zur Verfügung stellen. Frankreichs Straßennummerierung befindet sich gerade im Umbruch, weil die Republik die Unterhaltung der Fernstraßen den Departements aufs Auge gedrückt hat. Aus **N**ationalstraßen wurden **D**epartementstraßen, aus *N* wurde *D*, und die Ziffernfolge wurde geändert. Gefordert sind daher neue Karten, viel Aufmerksamkeit und nicht weniger Nachsicht, wenn in diesem Buch die eine oder andere überkommene Nummerierung durchgerutscht sein sollte.

Die **Entfernungsangabe** neben der Tourüberschrift bietet verständlicherweise nur einen groben Anhaltspunkt über die Länge der Tour und betrifft die Entfernung ab dem letzten Stell- oder Campingplatz der vorhergehenden Tour, soweit diese an die beschriebene Tour unmittelbar angrenzt (sonst vom ersten Platz der laufenden Tour), bis zum letzten Stell- oder Campingplatz der aktuellen Tour.

Machen Sie sich bitte mit der **Zeichengebung** vertraut und ziehen Sie dafür die Legende auf Seite 7 zu Rate.

Zunehmend mehr berichte ich in meinen Büchern von **Bau- und Kunstdenkmälern** und sonstigen Sehenswürdigkeiten. Die dabei angegebenen **Öffnungszeiten** und noch mehr die **Preise** haben ein sehr kurzes Verfallsdatum, sie dienen hauptsächlich einer groben Orientierung. Ich erwähne in der Regel nur die nicht ermäßigten Preise (Kinder- und Seniorenermäßigungen gebe ich meistens nicht an) und bisweilen nur die Öffnungszeiten von April bis Oktober. Dabei nenne ich, soweit mir bekannt, die Kassenöffnungszeiten, weil ich annehme, dass Sie eine Eintrittskarte benötigen.

Auch die genannten Ruhetage der **Restaurants** wechseln oft von Jahr zu Jahr. Beim Preis-Leistungsverhältnis habe ich in unserem Beschreibungsgebiet zuletzt eine leichte Trendwende zum Besseren erkennen können. Leider empfinden es zu viele Leser als persönliche Zumutung, wenn ihnen gute Gasthäuser empfohlen werden, die oft nicht ganz billig sind, weil gute Gaststätten selten wirklich preiswert produzieren können. Ein dreigängiges Menü am Abend mit überzeugender

Qualität unter 28 Euro findet man leider selten (mittags gibt es das eher). Trotzdem gehören in einen Reiseführer auch Restaurantempfehlungen, die sich auf Häuser beziehen, die ich bezüglich der Küchenleistung oder der Stimmung für überdurchschnittlich, nicht unbedingt außergewöhnlich halte. Kein Leser wird gezwungen, dort zu essen, wie auch niemand gezwungen wird, alle in diesem Buch empfohlenen Museen zu betreten oder auf allen Plätzen zu übernachten. Aber die Restaurantempfehlungen erweisen sich leider als immer kurzlebiger und nicht mehr zutreffend. Sie müssen also die Augen und die Nase offen halten.

Gegenüber den Vorauflagen haben in diesem Buch die **Wandertipps** noch einmal zugenommen. Damit ich im Text die gehfaulen Leser nicht quäle, sind Beschreibungen von Wanderstrecken, bei denen ich Ihnen stets die benötigten Karten und die Wanderzeiten nenne, grün unterlegt.

Bei den einzelnen Reisebeschreibungen würde sich vieles wiederholen, was man genauso gut zusammenfassen kann. In allen WOMO-Führern ist daher den Touren ein weiterer Teil mit allgemeinen **Tipps** hinzugefügt, die Sie vielleicht schon lange nicht mehr hören wollen oder auswendig gelernt haben, wenn Sie meine anderen Bücher kennen. Aber Achtung, es ist dort nicht alles so identisch, wie es scheint !

Verlag und Autor können nicht dafür einstehen, dass das Übernachten auf den genannten Plätzen erlaubt ist. Genauso wenig übernehmen wir die Gewähr dafür, dass alle sonstigen Angaben richtig, legal oder ungefährlich sind.

Wie alle Reiseführer enthält auch dieses Buch Fehler, und es wird unaktuell. Eine Restaurant-Empfehlung, erst recht ein Geheim-Tipp, sind kurzlebig, was noch gar nichts gegen das möglicherweise kurze Leben eines Stellplatz-Tipps ist. Sie helfen uns also, wenn Sie uns schreiben und uns dabei auch Orte nennen, die in diesem Buch nicht vorkommen (<u>möglichst mit Koordinaten</u>; einige Leser werden ihre Hinweise in dieser Auflage wieder entdecken). Gehen Sie bitte nicht davon aus, dass uns von Ihren Erfahrungen schon ein anderer Leser berichtet hat. **Wir sind auf die Mithilfe unserer Kunden angewiesen.** Sie unterstützen uns genauso, wenn Sie berichten, dass alles noch so ist, wie es beschrieben wurde (nichts ist öder als für die Neuauflage bereits empfohlene Stellplätze abzuklappern, um dann festzustellen, dass sich nichts verändert hat). Wir bitten Sie daher <u>dringend</u> um Ihre Zuschrift an den Verlag oder an

Dr. Ralf Gréus
Bahnhofanlage 18
D 68723 Schwetzingen
e-mail: <u>greus@womo.de</u>

denn ein Wohnmobil-Reiseführer lebt – je älter er ist, umso mehr – von den Tipps seiner Leser. Um Ihnen das Feedback zu erleichtern, befindet sich am Ende des Buches eine vorbereitete **Antwortkarte.**

Wie in allen meinen Büchern bitte ich Sie am Ende der Vorrede, die empfohlenen Stellplätze nicht zu übervölkern und sie nicht mit Müll oder Abwasser zu verunreinigen. Stellplätze außerhalb von Campingplätzen werden in den Urlaubsregionen immer seltener, weil Wohnmobile oft unbeliebt sind. Das liegt weniger daran, dass Toiletten rücksichtslos ausgeleert werden oder Müll zurückbleibt. Ursache sind vielmehr das hemmungslose, tagelange Campieren mit Markise, abgelegtem Surfbrett und Stromgenerator sowie unsensibel große Wohnmobilansammlungen. Am meisten liegt das aber daran, dass Sie nichts konsumieren, dass Sie kein Geld in die Gemeinden tragen. Der Tourismus ist ein Geschäft. Und das fällt aus, wenn Sie nur Dosen und Flaschen von zu Hause oder aus dem Supermarkt öffnen. So schmerzlich es ist, Sie helfen uns allen, wenn Sie <u>vor Ort</u> Geld ausgeben. Das sichert auf Dauer die freien Plätze genauso wie der sensible Umgang, auch wenn viele Leser dies nicht wahrhaben wollen.

Bitte beachten Sie auch die Hinweise auf Seite 4. Informieren Sie sich unter <u>http://forum.womoverlag.de/</u> über Stellplatzsperrungen und ähnliche Veränderungen und vermitteln Sie dort mit eigenen Beiträgen anderen Lesern aktuelle Informationen.

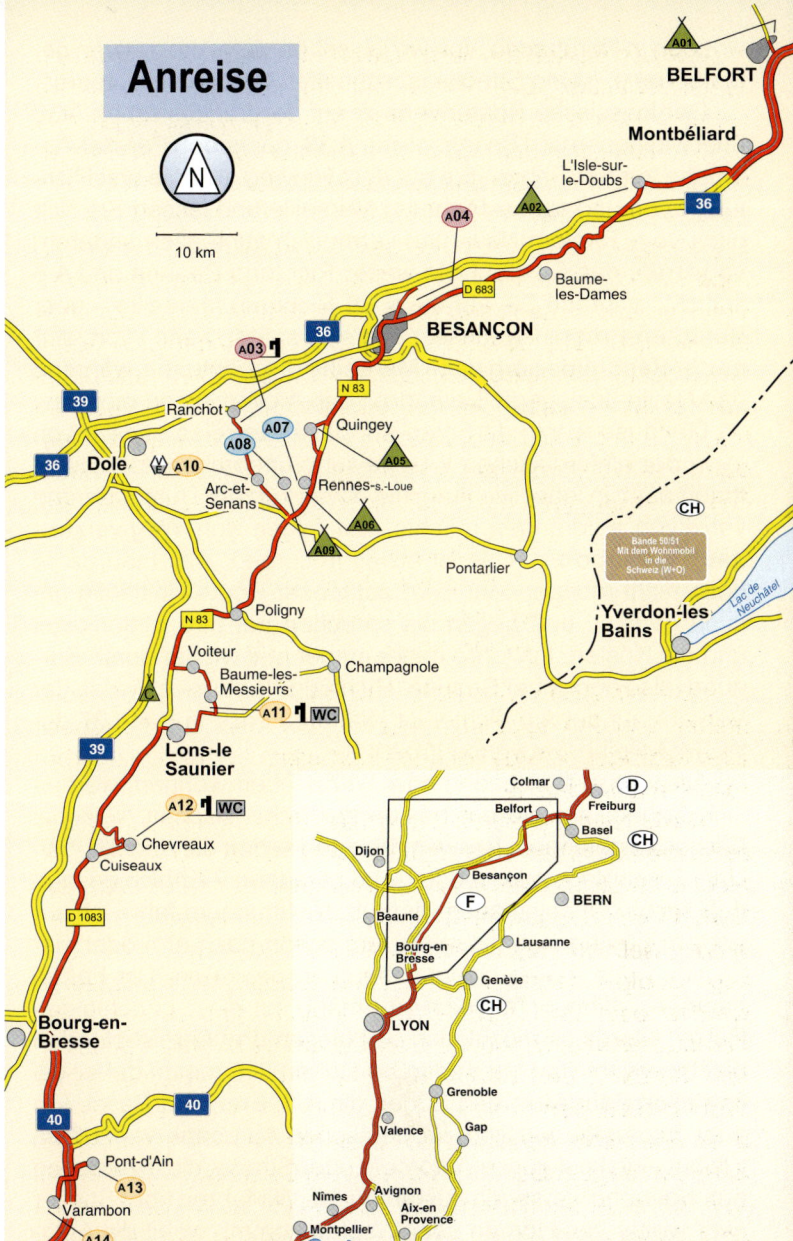

Anreise

Für den **direkten Weg** in unser Zielgebiet gibt es, ganz gleich, ob Sie von Deutschland oder der Schweiz anreisen, nur eine Route, es ist die **Rhônetal-Strecke**. Diese können Sie allerdings variieren, und die Alternativen hängen davon ab, wo Sie herkommen, und ob Sie eine Autobahn benutzen möchten. Wir wohnen in Nordbaden, von wo ich schon viele Alternativen getestet habe. Keine Strecke ist schneller. Und keine ist teurer.

Der klassische Routenverlauf: auf der französischen A 36 über Mulhouse und Besançon zur **A 39**, der neuen Parallel-Autobahn zur A 6. Fahren Sie auf dem Hinweg ab Dôle erst Richtung Lyon und später Richtung Marseille und lassen Sie sich nicht vom Tomtom-Navi (und vermutlich auch allen anderen) verwirren, das Sie bei Dôle weiter Richtung Beaune und A 6 schickt, während Sie auf die **A 39** Richtung Marseille – über Bourg-en-Bresse –wechseln und sich später, nahe Lyon, stur an der **Beschilderung nach Marseille** (!!) orientieren, während das Navigationsgerät Sie partout durch Lyon lotsen möchte.

Genauso wenig darf man auf der **Heimreise** südlich von Lyon der elektronischen Wegweisung gehorchen, falls diese Ihnen auch in jener Richtung die etwas kürzere Durchquerung von Lyon aufdrängen möchte. Sie folgen den **Wegweisern nach Strasbourg**. Das ist etwas irritierend, weil man damit noch nicht rechnet. Man wird auf dieser Route weitläufig um Lyon geleitet, und gegen sie sprechen nur ihre Eintönigkeit und die Kosten. Ich fahre daher immer mal wieder durch Burgund, also doch über Beaune (Richtung Paris), auch wenn der Verkehr auf der A 6 dichter ist (Näheres dazu in Band 37 der WOMO-Reihe, *Provence-West*).

Alle, die in Nordbaden oder weiter oben wohnen, werden sich fragen, wie sie am besten zur französischen A 36 bei Mulhouse gelangen. Bei wem fruchten schon die Appelle, den Urlaub sonntags oder montags zu beginnen ? Ehrlich gesagt, auf diesem Ohr sind auch wir taub. Nicht ungern fahre ich sogar am Freitagnachmittag los, um schon nach drei oder vier Stunden den ersten Urlaubsabend zu genießen. Die Ferien beginnen dann nicht gleich zu Anfang mit einer ganztägigen Reise. Allerdings möchte ich von diesen drei Anreisestunden nicht zwei im Stau bei Karlsruhe stehen. Ich meide daher bei fast allen Fahrten in den Süden die A 5, Frankfurt-Basel. Ein paar Kilometer westlich zur deutschen Autobahn verläuft im Elsass eine kostenlose *Autoroute* oder Straße, die inzwischen durchgehend vierspurig ausgebaut ist. Wir fahren über Speyer (wer weiter von Norden oder Westen kommt, wählt die Autobahn über Landau), Germersheim, Straßburg und Colmar. Außer etwas Zähflüssigkeit bei Straßburg gibt es hier sogar am Freitagabend bei Ferienbeginn keine Staus. Am besten bleiben Sie ab Colmar auf der A 35, bis diese bei Mulhouse auf die A 36 stößt. Für die schönere Strecke verlassen Sie allerdings die Autobahn bei Colmar, um dann über Guebwiller auf der D 83, die ebenfalls vierspurig ist, zur A 36 zu fahren, die Sie dann bei Burnhaupt erreichen.

Im **Elsass** genießen wir meistens die erste Nacht und oft auch noch einen ganzen Tag, ehe wir von dort sonntags morgens nach Südfrankreich weiterfahren. Das Elsass glänzt mit idealen Wohnmobilbedingungen, von denen ich Ihnen in Band 6 der WOMO-Reihe, *Mit dem Wohnmobil ins Elsass,* berichte.

Im Südelsass stoßen Sie auf die A 36, die häufig einschläfernd leer ist. Dieser Zustand ändert sich erst, wenn Sie südlich von Lyon auf die A 7, die *Autoroute du Soleil,* treffen, die Sie dann bei Orange mit der A 9, der *Languedocienne,* Richtung Montpellier tauschen. Bei zügiger Fahrweise kommen Sie auf diese Weise in einem Tag locker von Karlsruhe nach Montpellier.

Das geht allerdings ins Geld. Rund 90 Euro müssen Sie für die einfache Strecke von Mulhouse nach Montpellier schon einplanen. Personaleinsparungen an den **Mautstellen** und die Umrüstung auf Automaten haben aber die Geldabgabe erschwert. Zahlen Sie dort möglichst mit der VISA-Karte (ohne PIN), die übrigens zur Grundausstattung gehört, wenn Sie mit uns nach Frankreich reisen. Die EC-Karte hat nämlich an Zahlstellen im Burgund oder nördlich davon nicht funktioniert (im Gegensatz zum Languedoc, wo man mit der EC-Karte – ebenfalls ohne PIN – bezahlen konnte). Schieben Sie erst das Autobahnticket in den **blinkenden Schlitz** (!) und danach die Kreditkarte bisweilen in einen anderen **blinkenden Schlitz**, der, was selbst Franzosen verwirrt, nicht unbedingt neben dem ersten aufleuchtet. Wenn Sie die Karte in eine nicht beleuchtete Öffnung drücken, kann sie stecken bleiben, bis Ihnen das Bedienpersonal hilft. Bei manchen Automaten blinkt nichts, dort hatten wir nie Probleme. Geldscheine funktionieren ähnlich, **nicht jedoch 50-Euro-Scheine oder größeres Geld!** An Autobahnabfahrten gibt es häufig gar keine menschlichen Kassierer mehr. An den großen Mautstellen auf der Strecke *(Gare de péage)* können Sie wählen: Wo ein Kreditkartensymbol über der Fahrspur aufleuchtet, dürfen Sie nicht mit Geldscheinen bezahlen. Auch menschlichen Kassierern überlassen Sie möglichst Ihre Kreditkarte (ebenfalls ohne PIN), was den Zahlvorgang erheblich beschleunigt. Das kleingeschriebene orange *t* über der Bezahlspur ermöglicht den (Sie nicht betreffenden) Zahlvorgang *telepéage*.

Wird Ihnen auf Anzeigetafeln an der Autobahn ein *Bouchon* signalisiert, müssen Sie mit einem *Stau* rechnen.

In meinem Elsassführer (ich empfehle den Stellplatz mitten in Thann) und in den beiden Provence-Führern finden Sie diverse Übernachtungstipps für die Anreise, vor allem in Burgund. Da Sie diese vielleicht alle schon abgearbeitet haben, liefere ich nachfolgend ein paar **Ergänzungen für den französischen Jura** und beginne mit zwei schön gelegenen Campingplätzen:

(A01) WOMO-Campingplatz-Tipp: Belfort
(Camping Étang des Forges)

GPS: N 47°39'12" E 6°51'53", Rue du Général Béthouart.
Ortszentrum: 1 km.   **Zeiten**: Ende April - 30.9.
Ausstattung: Pool, Brotverkauf, Imbiss.
Zufahrt: Der Platz ist nördlich von Belfort beschildert.   **Preise**: 16 - 18 €.
Hinweis: Der Platz liegt schön an einem See, und die fußläufig erreichbare Stadt Belfort ist lohnend.

(A02) WOMO-Campingplatz-Tipp: L'Isle-sur-le-Doubs
(Camping Les Lumes)

GPS: N 47°27'08" E 6°34'58", Rue des Lumes.
Ortszentrum: 0,5 km.   **Zeiten**: 1.4. - 30.9.
Ausstattung: Badestelle im Fluss, Brotverkauf, Imbiss.   **Preis**: 14,20.
Zufahrt: Der Platz ist am Fluss Doubs beschildert.

Wer die Autobahn nur ein paar Kilometer verlässt, entdeckt in Ranchot, westlich von Dampierre, ein Plätzchen an einem Seitenkanal des Doubs:

(A03) WOMO-Picknickplatz: Ranchot

GPS: N 47°08'55" E 5°43'22".
Max. WOMOs: 4-5.
Ausstattung/Lage: Mülleimer, Wasser, Picknickbänke, klappstuhlgeeignet, Gaststätte, Geschäfte im nahen Ort / Ortsrand.
Zufahrt: Verlassen Sie die A 36 am besten westlich von Besançon bei der Anschlussstelle Nr. 2.1 und folgen Sie den Wegweisern ,Arc-et-Senans', bis Sie nach etwa 4,5 km am südlichen Ortsrand von Ranchot auf dem nördlichen Ufer eines Kanals bei einer Anlegestelle für Hausboote den kleinen Parkplatz sehen. Fahren Sie südlich des Kanals über eine Brücke und dann links (rechts liegt ein Campingplatz auf einer Halbinsel); das Verbotsschild betrifft den Uferweg.

Sie können Geld sparen, wenn Sie auf dem Weg nach Süden die **Nationalstraßen** benutzen, welche stärker als in Deutschland für den Fernverkehr ausgebaut sind. Sie benötigen bis in das Midi mindestens einen halben Tag länger. Nehmen Sie wenigstens zwischen Besançon und Lons-le-Saunier die Landstraße, die **N 83**. Sie kommen so durch den schönsten Teil des französischen Jura, der für die Sommermonate noch ein Geheimtipp ist. Wenn das Wetter mitspielt und Sie den Anreisetag badend in einem Fluss beschließen wollen, achten Sie auf das Städtchen **Quingey**, etwa 20 km südlich von Besançon: Im Ort (also nicht auf der Umgehungsstraße) gibt es seitlich der Brücke einen schönen, bescheidenen Campingplatz. Ebenso beschaulich endet der Tag, wenn Sie etwa

10 bis 14 km weiter nach Süden zu den Dörfern **Rennes** oder **Port Lesney** fahren. Stell- und Campingplätze liegen an einem wunderbaren Badefluss, der **Loue**, von der und von der ganzen Gegend ich Ihnen seitenlang vorschwärmen könnte:

WOMO-Bade- Stell- und Campingplätze: Besançon / Loue

(A 04) Forêt de Chailluz
GPS: N 47°17'51" E 06°02'58". **Max. WOMOs**: 5-7.
Ausstattung: Picknickbänke, klappstuhlgeeignet / **außerorts,** sehr einsam.
Zufahrt: Verlassen Sie die A 36 an der Anschlussstelle 4.1 *(Besançon-Palente)* und fahren Sie 8 km weiter auf der D 486 Richtung Besançon und bei km 2,9 rechts ab in den ,*Forêt de Chailluz'* (links geht's nach Thise), nach 2 km ruhige und <u>einsame</u> Parkplätze mit Picknicktischen bei Wildgehegen.

(A 05) Quingey - *Camping Les Promenades*
GPS: N 47°06'10"
E 5°53'07". **Ortszentrum**:
0,1 km. **Zeiten**: 1.5. - 30.9.
Ausstattung: Geschäfte, in der nahen Gaststätte *La Truite* wird nicht überwältigend, aber gut gekocht, Badestelle.
Zufahrt: Der Platz ist in Quingey seitlich der Brücke nicht zu verfehlen.
Preis: 15 €.
Hinweis: Falls der Platz geschlossen ist, **können Sie davor auch frei** stehen.

(A 06) Rennes - *Camping à la Ferme*
GPS: N 47°00'43" E 05°51'05". **Ortszentrum**: 0,1 km. **Zeiten**: 1.5.-30.9.
Ausstattung: Gaststätte, Badestelle.
Zufahrt: Der Platz ist ca. 10 km südlich von Quingey an der N 83 in Rennes-sur-Loue beschildert. **Preis**. 15 €.

(A 07) Rennes - freier Badeplatz
GPS: **N 47°00'**54" E 5°51'10"
Max. WOMOs: höchstens 4.
Ausstattung/Lage: Mülleimer, klappstuhlgeeignet, Badestelle / Ortsrand.
Zufahrt: Wie zum Campingplatz Nr. A 06, davor rechts bis zu einem Parkplatz zwischen zwei Brücken (das Verbot gilt erst ab der zweiten Brücke).
Hinweis: Der Platz diente vermutlich nur vorübergehend als Holzlagerstelle.

(A 08) Port-Lesney - freier Badeplatz
GPS: N 47°00'14" E 5°49'24" **Max. WOMOs**: höchstens 5.
Ausstattung/Lage: Mülleimer, Geschäfte, Gaststätten, Badestelle / Ortsrand.
Zufahrt: Biegen Sie etwa 14 km südlich von Quingey von der N 83 nach Port-Lesney ab und fahren Sie dort bis zum beschilderten Campingplatz. Die freie Alternative liegt links vor der Brücke bei einer Wiese am Fluss.
Hinweis: Zur vorgerückten Zeit gelegentlich von den Autos der Gäste des nahen Restaurants belegt.

In **Port-Lesney** haben uns der weitläufige Naturcamping-platz, eine riesige Wiese mit Bäumen, wo sogar kleine Lager-feuerchen geduldet werden, und davor das **Restaurant *Le Bistrot de Port-Lesney*** besonders gut gefallen *(Tel. 03 84 37 83 27; Juli/August keine Ruhetage, sonst abends nur von Freitag bis Sonntag geöffnet)*.

Arc-et-Senans - Saline Royal

Ganz nahe dabei, aber touristisch dennoch vor allen anderen Zielen im Jura liegt das verschlafene Dorf **Arc-et-Senans** mit einer Top-Sehenswürdigkeit, die es bis in die UNESCO-Liste des Welterbes geschafft hat: Die 1779 in Betrieb genommene **Saline Royale** (Königliche Saline) ist ein Muster für eine am Reißbrett entworfene vorindustrielle Ansiedlung, in der in zwei riesigen Hallen über Feuern aus salzhaltigem Quellwasser kost-bares Salz gelöst worden ist. Die Sole musste in Rohren etwa 26 km weit umgeleitet werden, weil erst bei Arc-et-Senans am Rande eines großen Waldgebietes ausreichend Brennholz zur Verfügung gestanden hat. Die Arbeiter wohnten mit ihren Fami-

lien in auf dem Gelände halbkreisförmig ange- ordneten Häusern. Und wäre im Jahr 1789 nicht die Revolution dazwi- schen gekommen, wä- re hier vielleicht sogar eine bereits geplante, nach den Vorstellungen der Aufklärung »ideale« Stadt entstanden *(Näheres erfahren Sie vor Ort, die Anlage ist im Sommer bis 19 Uhr geöffnet).* Das Top-Ziel wird durch einen Top-Stellplatz ergänzt:

(A10) WOMO-Stellplatz: Arc-et-Senans

GPS: N 47°01'57" E 5°46'50", Grand Rue.   **Max. WOMOs**: 15.
Ausstattung/Lage: Ver- und Entsorgung, sehr saubere Toilette, Mülleimer, klappstuhlgeeignet, Gaststätten, Geschäfte / im Ort.

Zufahrt: Verlassen Sie die A 36 am besten westlich von Besan*çon bei der Anschlussstelle Nr. 2.*1 und folgen Sie den Wegweisern bis Arc-et-Senans, wo Sie an der großen Kreuzung in der Ortsmitte Richtung Mouchard fah- ren und kurz danach auf einen wunderbaren Stellplatz im Park hinter dem Rathaus geleitet werden (ganz nahe bei der Saline Royale).
Hinweis: An der nahen Loue gibt es auch einen Campingplatz.

Schön wäre dazu noch ein Top-Restau- rant. Das bescheide- ne *Relais d'Arc-et-Senans* am Platz bei der Kirche ist hingegen eher ein typisch fran- zösischer Landgasthof mit dem Charme der Provinz und käme ge- rade deshalb in diesem Buch zu größeren Ehren, würde man das zum Fleisch aufgelegte, extra scharfe Messer etwas weniger dringend brauchen *(Tel. 03 81 57 40 60; sonntagabends und montags geschlossen).*

Und es soll noch von zusätzlichen Etappenstellplätzen im Jura die Rede sein:

WOMO-Stellplätze: Jura-Süd

(A 11) Baume-les-Messieurs

GPS: N 46°41'27" E 5°38'21"
Max. WOMOs: 10.
Ausstattung/Lage: Wasser, Toilette, Mülleimer, klappstuhlgeeignet, Gaststätten, **Grotte / außerorts, aber nicht einsam.**
Zufahrt: Verlassen Sie etwa 10 km nördlich von Lons-le Saunier die N 83 und fahren Sie bei St. Germain auf der D 120 nach Voiteur; von dort auf der D 70, jeweils Richtung *‚Baume-les-Messieurs'*; am nördlichen Ortseingang des Dorfes **Nevy** erkennen Sie seitlich einer Flussbrücke einen netten **Badeplatz**, auf dem Sie aber nicht übernachten dürfen.

6 km weiter im Süden gibt es zwei Alternativen: Entweder den **Campingplatz** von Baume-les-Messieurs (Sie kommen daran vorbei) oder den wunderbaren **freien Parkplatz** bei der **Grotte**, wenn Sie beschildert an Baume-les-Messieurs, *‚Einem der schönsten Dörfer Frankreichs'*, vorbei noch 2 km nach Süden fahren.

Badeplatz in Nevy

(A 12) Chevreaux
GPS: N 46°30'37" E 5°24'12".   **Max. WOMOs** 3-4.
Ausstattung/Lage: Wasser, Toilette, klappstuhlgeeignet, Picknicktisch / Ortsrand.
Zufahrt: Etwa 25 km südlich von Lons verlässt man etwa 1,5 km vor Cuiseaux die Schnellstraße D 1083 und fährt steil 4,5 km hinauf nach Chevreaux zur oberhalb gelegenen mittelalterlichen Burgruine mit Parkplätzen.

Ich könnte noch zahlreiche weiter Plätze im Jura empfehlen, die mir von einer besonders freundlichen Leserin übermittelt worden sind. Aber ich möchte Sie nicht zu sehr vom direkten Weg nach Süden ablenken und auch nicht einen Jura-Führer schreiben.

Schon südlich des Jura, aber günstig direkt östlich der A 39, liegt **Pont d'Ain**. Hier können Sie am Rand des Flusses L'Ain übernachten. Ruhiger stehen Sie im südwestlichen Nachbarort **Varambon**, den ein von der Autobahn sichtbares Schloss überragt, das Sie vielleicht auf früheren Reisen schon mal näher ansehen wollten. Parken Sie in dessen Nähe, ebenfalls am Fluss:

(A 13) <u>Pont d'Ain</u>
GPS: N 46°02'53" E 5°20'12".   **Max. WOMOs**: 4-5.
Ausstattung/Lage: Geschäfte, Gaststätten / Ortsrand.
Zufahrt: Fahren Sie von der Autobahn in den Ort, dort nach Süden zum Fluss. Der Platz liegt dann vor, also nördlich der Brücke unter Bäumen.

(A 14) <u>Varambon</u>
GPS: N 46°02'20" E 5°19'01".   **Max. WOMOs**: 5-7.
Ausstattung/Lage: Gaststätte / Ortsrand.
Zufahrt: Fahren Sie von der Autobahn nach Varabon, dort nach Süden und am Ortsende geradeaus zum Fluss. Sie können an drei Plätzen nacheinander stehen.

Auf der Nationalstraße südlich von Lyon lohnt sich eine Rast in **Vienne**, einer Stadt mit gut erhaltenen römischen Bauten. Aber ich darf mich hier nicht noch weiter verzetteln.

Hoch gehandelt wird auch der **Anreiseweg über die Schweiz**, über Basel, Bern, Lausanne und Genf nach Lyon. Die Fahrt dauert mindestens zwei Stunden länger als über die französische Autobahn, aber sie ist trotz der inzwischen vollkommenen autobahnmäßigen Erschließung reizvoller und hat den Vorteil, dass man wenigstens 30 Euro Autobahngebühren spart – sofern man die Schweizer Vignette ohnehin kaufen würde (im Jahr 2015 kostete sie 36,50 €). Diese Autobahnplakette lohnt sich vor allem, wenn man den Heimweg über die Provence wählt und auf der so genannten **Route-Napoléon**, mit Abstand der landschaftlich schönste An- oder Rückreiseweg, über Sisteron und Grenoble den Weg nach Norden sucht. Sie merken, dass ich mit allen Tricks versuche, Sie zum Kauf der beiden Provence-Führer zu motivieren, in denen nicht nur diese Strecke näher beschrieben ist, sondern auch, wie Sie vom Languedoc nach Sisteron finden.

Die **Kraftstoffpreise** kann man bei der Routenauswahl nicht mehr vernachlässigen, seit der Dieselpreis in der Schweiz mit Abstand der höchste in den betroffenen Ländern ist. In Frankreich sind die Autobahntankstellen am teuersten (etwa 10 Cent teurer als normale Tankstellen und bis zu 20 Cent teurer als an den Zapfsäulen bei Supermärkten).

Irgendwann haben Sie die Rhône überquert, Sie sind angekommen. Ihr Wohnmobil steht gut geparkt für die Nacht, Sie sitzen in einem Café und genehmigen sich vielleicht den ersten *Pastis* (Anissschnaps). Und Sie sind voller Tatendrang, denn vor Ihnen liegen unsere 14 Touren.

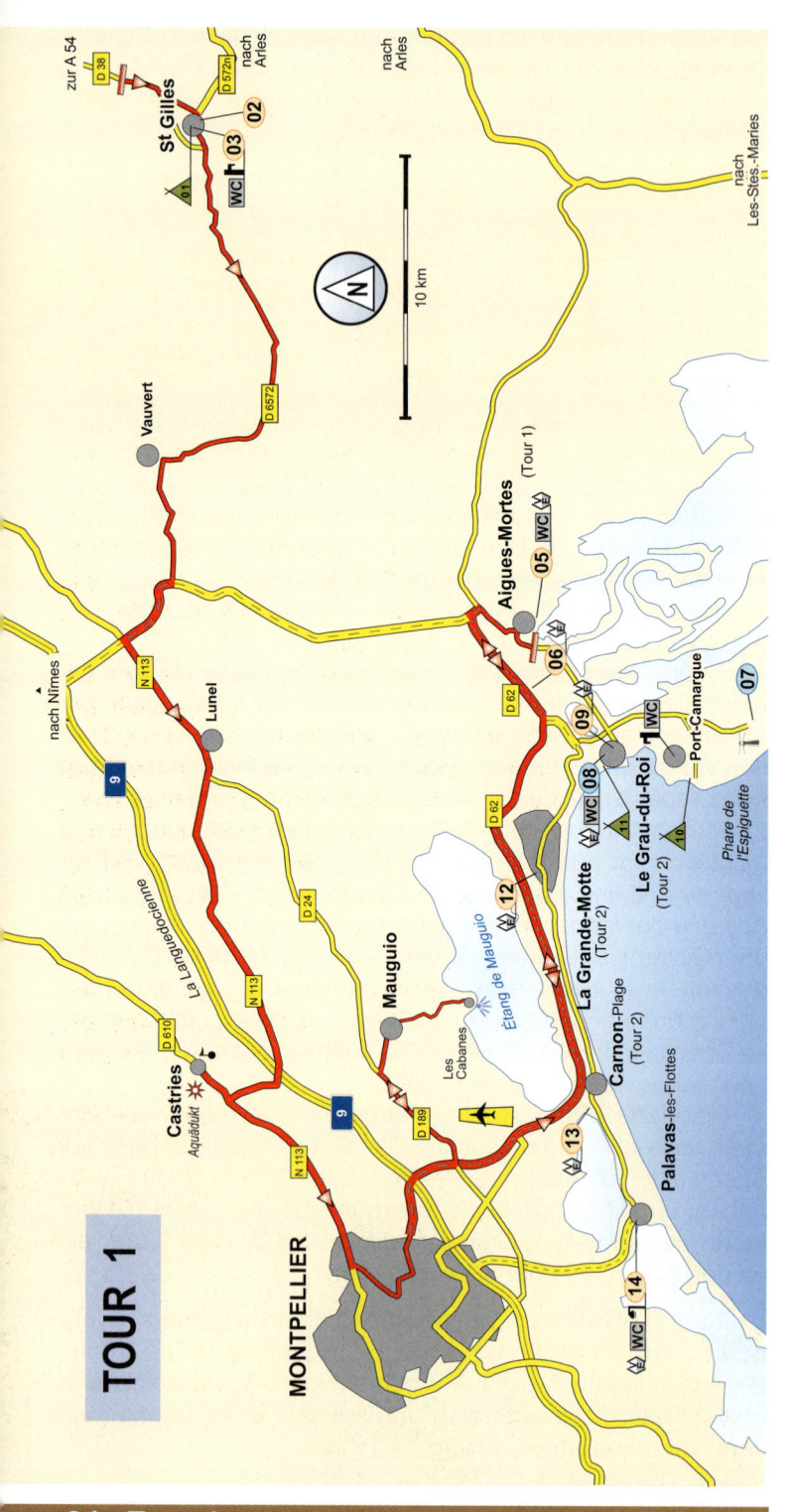

TOUR 1

MONTPELLIER

Castries
Aquädukt

Mauguio

Les Cabanes

Lunel

Vauvert

St Gilles

Aigues-Mortes (Tour 1)

La Grande-Motte (Tour 2)

Le Grau-du-Roi (Tour 2)

Carnon-Plage (Tour 2)

Palavas-les-Flottes

Port-Camargue

Phare de l'Espiguette

Étang de Mauguio

La Languedocienne

nach Nîmes

zur A 54

nach Arles

nach Arles

nach Les-Stes-Maries

N

10 km

02

03 WC

05 WC

06

07

08 WC

09

10

11

12

13

14 WC

D 38

D 572n

D 6572

N 113

9

D 610

N 113

D 24

N 113

9

D 189

D 62

D 62

Saint-Gilles - Montpellier - Mauguio - Aigues-Mortes

Stellplätze:	in Saint-Gilles, in und bei Aigues-Mortes
Campingplatz:	in Saint-Gilles
Besichtigen:	Kirche von Saint-Gilles, Aquädukt von Castries, Montpellier, Étang von Mauguio, Aigues-Mortes
Essen:	Restaurant *Le Patio* in Aigues-Mortes

Die Zeiten, in denen wir bis ans Meer durchgebrettert sind, sind lange vorbei. Mit einem Wohnmobil gönnt man sich eine beschaulichere Anreise. Die Luft des Südens, das helle Licht und den behäbigen Gang der Dinge nehmen wir allmählich auf. Wir übernachten meistens schon in der Provence. Um dort unseren Provence-Führer *(Teil 1 – Der Westen)* auf Vordermann zu bringen, und weil wir, wie der Franzose sagen würde, *peu à peu* in den Urlaub in Südfrankreich eintauchen.

Damit wären wir auch schon bei einem Hauptmanko unserer Tourenbeschreibungen, die erst im Süden, jenseits der Rhône, beginnen. Wie viel einfacher war der Anfang des Provence-Buches, in dem ich Ihnen kleine, gemütliche Ortschaften am Rande des *Midi* für die erste Nacht empfehlen kann. Aber das Gebiet vorliegenden Reiseführers bringt es nun mal mit sich, dass Sie, ehe Sie angekommen sind, die Provence, eine der herrlichsten Landschaften Europas, schon gestreift haben, ein Fleckchen Frankreichs, mit für Touristen aufgepäppelten Ortschaften. Solchen, mit denen man gleich warm wird, auch wenn im Hinterkopf noch der Motor von der Anreise brummt. Ich tröste mich damit, dass viele unserer Leser die Provence-Bücher kennen und vorliegenden Führer so neh-

men, wie er entstanden ist, als Ergänzung und Fortsetzung einer Südfrankreichfahrt, die in der Provence beginnt und auf die hier behandelten Gebiete ausgedehnt wird.

Dabei sind unsere Ziele im Languedoc nicht weniger lohnenswert als manche der berühmteren Städte weiter im Osten. Vor allem sind sie fast alle, wenn man mal die Küste ausklammert, weniger überlaufen und oftmals urwüchsiger. Ich behaupte mit Recht, das *Midi*, der richtige Süden, das Land in dem die Menschen auch heute noch mit und nach der Sonne leben, liegt <u>westlich</u> der Rhône.

Langue d'oc

Das größte Gebiet unserer Reisebeschreibungen, das (die) *Languedoc*, trägt seinen Namen nicht ohne Grund, wenngleich die Sprache des »oc« noch über das 16. Jahrhundert hinaus weit über die Grenzen dieser Region fast in ganz Südfrankreich gesprochen wurde; nur nicht im ehemals katalanisch und später spanisch sprechenden Roussillon, das erst 1659 endgültig zu Frankreich kam.

Die *Langue d'oc* unterschied sich von der nordfranzösischen *Langue d'oïl* nicht nur durch das Wort für »ja«. Im Norden wurde aus »oïl« bekanntermaßen »oui« – und im Süden widerfuhr dem »oc« dasselbe Schicksal. Damit war von der Sprache der aus dem Norden vordringenden Machthaber, von der Sprache des Königs, eine Literatursprache Europas verdrängt, obwohl diese auf eine bedeutende Kultur zurückzuführen war. Latein war die Quelle der *Langue d'oc*, der sich nicht nur die Liederdichtung der Troubadoure, sondern das ganze Volk befleißigt hatte.

Aber mit der Unterwerfung des selbständigen Okzitaniens im 13. Jahrhundert, mit der Ausrottung und Vertreibung der Katharer (siehe Tour 6) erfuhr auch die Oc-Literatur ihren Niedergang und damit deren Sprache, die sich fortan in Einzeldialekte aufsplitterte und im 16. Jahrhundert mit der Erfindung des Buchdrucks den Todesstoß erhielt. Seit 1539 ist Französisch die Amtssprache. Geblieben ist eine harte, oft schwer verständliche Aussprache des Französischen – und der Name der Region. Okzitanisch, wie die Mundart heute heißt, ist aber seit 1969 bei Abiturprüfungen wieder als gleichwertige Sprache anerkannt, und seit 1997 gibt es in Montpellier sogar ein zweisprachiges Gymnasium.

Die Kleinstadt **Saint-Gilles** (10.000 Einwohner) ist nicht nur geografisch ein vortrefflicher Einstieg. Sogar seine Funktion als Etappenort hat Tradition, als nämlich hier vom 11. bis zum 13. Jahrhundert die Jakobspilger auf dem Weg ins spanische Santiago-de-Compostela eine Pflichtrast einschoben. Nicht ohne Grund:

Im 7. Jahrhundert lebte an dieser Stelle ein gottesfürchtiger Einsiedler mit Namen Ägidius (französisch: *Gilles*), der es sich zum Lebensinhalt gemacht hatte, die Tiere im Rhône-Delta vor den adligen Jägern zu schützen. Dabei wurde seine Hand, so erzählt es die Sage, von einem Pfeil des jagenden Königs durchbohrt. Der bedauerte den Fehlschuss und baute zum Zeichen seiner Reue ein Kloster, in dem der später heiliggesprochene Ägidius seine letzte Ruhestätte fand. Die Krypta mit dem Grab

Saint-Gilles - Basilika

des frühchristlichen Tierschützers, sie gibt es heute noch, zog bald darauf die Massen an und brachte im Mittelalter den Ort auf Platz 4 der Pilgerweltrangliste (Jerusalem, Rom, Santiago-de-Compostela und Saint-Gilles). Für manche endete dort die Reise, andere schleppten sich auf dem Jakobsweg weiter bis nach Santiago. Sogar viele Kreuzfahrer versammelten sich in der Stadt, um sich im Dezember 1095 in einem der damals östlichsten Häfen Frankreichs zum ersten Kreuzzug der Geschichte einzuschiffen, der im Jahr 1099 mit der Eroberung Jerusalems Erfolg hatte.

Jedenfalls muss in dieser Zeit wesentlich mehr los gewesen sein als heute. So viel, dass man über dem Grab des heiligen Einsiedlers eine große **Basilika** gebaut und deren Hauptportal reich mit Figuren ausgeschmückt hat. Diese Kirchenfassade ist weltberühmt (seit 1998 ist die Kirche Teil des Welterbes der UNESCO »Jakobsweg in Frankreich«) und gilt als ein Hauptwerk der

Bildhauerkunst in Frankreich. Mit einer großen Anzahl von lebensnahen Skulpturen werden Bibelszenen von Kain und Abel bis zu Judas dargestellt. Fünf verschiedene Künstler mussten 20 Jahre lang meißeln, um ein wirklich beeindruckendes Kunstwerk zu schaffen. Leider ist ein Teil der Gestalten schon reichlich verwittert oder zerstört. Daran ändert auch das milde Nachmittagslicht nichts, die beste Zeit für das obligatorische Foto. Aber der Gesamteindruck der Fassade ist zu allen Zeiten großartig. Romanisch im reinen Wortsinne, denn die Bögen der Tore und die Anordnung der Säulen erinnert stark an die Bauweise der Römer. Zudem erhebt sich die Kirchenwand hinter einem Platz wie die Bühne eines antiken Theaters. Auch der Sarg des Heiligen ist in der Krypta noch zu sehen; daneben, in Stein, eine Hirschkuh, die Ägidius dereinst mit Milch versorgt haben soll. Allerdings müsste die Kirche von außen dringend restauriert und gereinigt werden, worum sich niemand zu kümmern scheint, weil Saint-Gilles völlig zu Unrecht in den letzten Jahren touristisch ins Abseits geraten ist.

Denn auch die Stadt selbst ist ein etwas vernachlässigtes Provinznest, auf dessen Markt (sonntags, Foto Seite 25) kein einziges Lavendelsäckchen zu finden ist, mit Cafés und ordinären Eckkneipen, vor denen die Kids lungern und von der aufregenderen Welt träumen. Aber den gefälligen Campingplatz, der nie überbelegt ist, finden Sie mitten in der Stadt:

(001) WOMO-Campingplatz-Tipp: Saint-Gilles
(La Chicanette)

GPS: N 43°40'32" E 4°25'46", Rue de la Chicanette **Ortszentrum**: 0,1 km.
Zeiten: 1.4. - 31.10.   **Tel**. 04.66.87.28.32.   **Preise**: 13 - 22 €.
Ausstattung: Pool, Geschäfte und Gaststätten in der Nähe.
Zufahrt: Der Platz ist in Saint-Gilles an der Durchgangsstraße beschildert.

Wenn Sie die Kosten einsparen möchten, können Sie sich auch frei an den auf der Michelin-Karte eingezeichneten Kanal stellen. Sie stehen dort wegen der nahen Häuser sicher,

und auch von hier sind es ins Zentrum nur wenige Schritte. Bestimmt tuckert bald das eine oder andere Mietboot an Ihrer Wohnmobiltür vorbei, denn der Hafen von Saint-Gilles ist eine beliebte Versorgungsstation für die Bootsurlauber (Foto S. 28):

(Foto S. 28)

---

(002) WOMO-Stellplatz: Saint-Gilles

GPS: N 43°40'19" E 4°25'60", Quai du Canal.   **Max. WOMOs**: 3-4.
Ausstattung/Lage: Toilette, Wasser (beides zumindest auf dem großen Parkplatz im Zentrum), Mülleimer, Gaststätten, Geschäfte / im Ort.
Zufahrt: Biegen Sie am östlichen Ortseingang, von Arles kommend, von der D 572n gleich westlich der Brücke scharf links ab und folgen Sie dem Wegweiser zum Hafen *(,Port de Plaisance')*; Gegenüber Grundstücksausfahrten wurden Plätze gesperrt.

(003) Leser haben ferner auf einem seitlichen Teil des **großen Platzes** *Charles de Gaulle* im Zentrum (unübersehbar als *,P'* beschildert), ruhig und unbeanstandet genächtigt. Jedenfalls stehen dort die meisten Wohnmobile, und die früheren Verbotsschilder sind verschwunden.
GPS: N 43°40'29" E 4°25'50".
Hinweis: Bei Starkregen Überschwemmungsgefahr !

Die meisten Leser entschließen sich nur bei trübem Wetter zu einer Fahrt nach Montpellier, und die wenigsten führen sich, wenn sie auf unserer Streckenführung dort fast angekommen sind, noch schnell den **Aquädukt von Castries** zu Gemüte. Der sieht zwar römisch aus, er ist es aber nicht. Weil er nämlich erst im 17. Jahrhundert, von keinem geringeren als Riquet, dem Planer des Canal du Midi (siehe bei der 7. Tour), gebaut worden ist. Es gibt aufregendere Sehenswürdigkeiten, dennoch ist der über die Straße führende *Aqueduc* nett anzusehen, vor allem die später in seine Bögen geklemmten Häuschen. Über die Brücke wurde Wasser zu einem

Aquädukt von Castries

der größten Schlösser der Gegend geleitet, das heute den hochtrabenden Beinamen »Versailles des Languedoc« führt. Schlossherr ist ein Privatmann, dem eine der größten Privatbibliotheken Frankreichs gehört *(seit Jahren nicht zu besichtigen; aber im Park dürfen Sie im Sommer an Sonntagen und mittwochs kostenlos wandeln).*

Nach diesem kleinen Abstecher liegen Sie goldrichtig in der Zeit. Das ist unabdingbare Voraussetzung, wenn man mit dem WOMO in **Montpellier** (250.000 Einwohner), der achtgrößten Stadt Frankreichs, einen Parkplatz finden will. Das ist in jeder Großstadt schwierig, in Montpellier kommt noch hinzu, dass die Innenstadt besonders großflächig zur Fußgängerzone umgestaltet oder für Anwohner reserviert worden ist. Die Tiefgaragen sind für Wohnmobile zu niedrig, weshalb Sie am sinnvollsten anreisen, während die Franzosen an die Mittagstische eilen. Nach 12 Uhr wird die Stadt leer (normalerweise ist das allerdings die für Stadtbesichtigungen schlechte Zeit, weil die Zentren verwaist sind).

Ich weiß nicht, ob ich Montpellier je besucht hätte, wenn mich nicht dieses Buch dazu gezwungen hätte. Großstädte sind nun mal nicht ideale Reiseziele für Wohnmobilurlauber. Wenn dann die ganz großen Sehenswürdigkeiten fehlen, lässt man eine solche Stadt gerne links liegen, weshalb ich bedauernd annehmen darf, dass viele von Ihnen Montpellier genauso behandeln, wie wir es jahrelang getan haben. Sie umfahren es auf der Autobahn. Was für uns schon deshalb eine Unterlassungssünde war, weil die Stadt wegen ihrer berühmten Universität mit über 50.000 Studenten Partnerstadt Heidelbergs ist, wo ich mich als Rechtsanwalt um ein Zubrot zu meinem Autorenhonorar bemühe. Zu mehr als zu einigen Stippvisiten bin ich allerdings in Montpellier selbst noch nicht gekommen, was schade ist, was aber der Wohnmobilurlaub eben mit sich bringt. So darf ich auch mal von einem kleinen, schnuckeligen Hotel träumen, von kulturellen Unternehmungen am Abend und sogar von der Tiefgarage.

Was uns für einen halben Tag übrig bleibt, ist überaus lohnend. Und ich kann nur jedem Leser empfehlen, ein paar Stunden durch diese vor Vitalität strotzende und wirklich schön anzuschauende Stadt zu streifen. Erwarten Sie von mir bitte keinen erschöpfenden Abriss aller Sehenswürdigkeiten, Museen und Restaurants. Dazu darf ich Sie auf die Werke vollprofessioneller Reiseliteraten verweisen. Ich muss mich hier auf ein paar Eindrücke beschränken:

Wir kommen auf der N 113 in die Stadt und folgen dem Wegweiser zum *Centre*. Bevor wir die Altstadt erreichen, biegen wir Richtung Ganges ab, und erspähen bald den hohen Turm der Kathedrale. Er könnte auch für Sie das Signal sein, nun die erstbeste Parklücke zu nehmen.

Meistens bleibt nur die mit Geduld erspähte Straßenrandparklücke, und ich wünsche Ihnen von dort nur wenige Schritte zur **Cathédrale St Pierre**, einem etwas uninteressanten, klotzigen und festungsartigen Kirchenbau aus dem 17. Jahrhundert, dessen sehenswertester Teil der Eingangsbaldachin mit zwei Spitztürmchen ist. Gleich daneben, an die Kathedrale gebaut und Tür an Tür, befindet sich die Medizinische Fakultät der Universität, zu der schon im 13. Jahrhundert Studenten aus allen Teilen Europas gepilgert sind. Es war die bedeutendste Medizinerschule des Abendlandes und ist zugleich die Keimzelle für eine der größten Universitäten Frankreichs. Im ersten Stock des Gebäudes, eines ehemaligen Benediktinerklosters, gibt es ein ungewöhnliches Museum für starke Nerven. Die braucht man nicht nur, um im 1. Stock den schlecht beschilderten Zugang zum **Anatomiemuseum** zu finden, sondern erst recht, wenn man sich die Schaustücke zu Gemüte führt: Skelette, menschliche Körperteile in Spiritus, mumifizierte Köpfe, manche sogar aufgesägt, Missgeburten und Föten sowie Wachsmodelle von kranken wie gesunden Körperteilen. Es war für die Studenten in früherer Zeit schwierig, menschliche Körper zum Anschauungsunterricht zu bekommen. Nur wenige Hingerichtete wurden der Wissenschaft zugeteilt, weshalb die Studiosi nicht selten darauf angewiesen waren, auf den Friedhöfen frisch bestattete Leichen auszugraben. Kein Wunder also, dass man in Alkohol einlegte, was man sich mühsam ergattert hatte. So ganz genau möchten wir gar nicht hinsehen, und wir sind froh, als wir bald wieder auf einem belebten Platz unter der warmen Sonne und unter den Lebenden einen Kaffee schlürfen *(Musée d'Anatomie jahrelang wegen Renovierung geschlossen, die im Jahr 2015 offenbar beendet war; das Museum konnte dann aber nur zeitweise besichtigt werden; siehe im Internet)*. Beachten Sie im selben Gebäude auch das **Musée Atger**, eine Sammlung von Zeichnungen berühmter Künstler wie Tiepolo, Fragonard, Bruegel, Rubens u.a. *(montags, mittwochs und freitags von 13.30 - 17.45 Uhr, kostenlos, im August geschlossen)*.

Verlässt man die Medizinische Fakultät, sieht man jenseits der Straße den **Jardin des Plantes**, den ältesten botanischen Garten Frankreichs, der im 16. Jahrhundert zum Zwecke wissenschaftlicher Untersuchungen an Heilpflanzen angelegt worden ist; eine schöne und bei den Einwohnern sehr beliebte Anlage, die erstaunlich gut mit den Abgasen zurecht zu kommen scheint *(kostenlos; 12 - 20 Uhr, montags geschlossen)*.

Wir schlendern nun weiter bergauf und stehen nach wenigen Schritten am **Arc de Triomphe**, einem monumentalen Bau zu Ehren Ludwigs XIV. Der nicht ein-

Promenade du Peyrou

fach so zum Ruhme des Königs erstellt worden ist, sondern weil dieser religiös klar Schiff gemacht hatte. So sieht man auf der linken Seite des Bogens, von der Stadt aus betrachtet, den ausgemerzten Protestantismus und rechts die technische Errungenschaft der damaligen Zeit, den Canal du Midi (Näheres bei der 7. Tour). Für die Huldigung Ludwigs war das aber noch nicht genug, es musste noch inmitten der am Triumphbogen beginnenden **Promenade du Peyrou** ein Standbild postiert werden, das den Sonnenkönig hoch zu Ross zeigt. Bis die Reiterstatue aufgestellt werden konnte, hatte der Sonnenkönig allerdings – immerhin im stolzen Alter von 77 Jahren und nach unglaublichen 72 Berufsjahren – im Jahre 1715 das Zeitliche gesegnet. Es dauerte nämlich mehr als ein Jahrzehnt, um das gute, in Paris gefertigte Stück in Montpellier aufzubauen. Auf dem weiten Weg verschwand es vorübergehend in den Fluten der Garonne. Auch sein Schöpfer lebte da schon nicht mehr, der hatte die königlichen Steigbügel vergessen und sich aus Kummer über dieses Missgeschick das Leben genommen. Zu allem Übel gibt es heute auch nur noch die Kopie zu sehen, deren Original der Französischen Revolution zum Opfer gefallen ist.

Aber die Anlage der Promenade du Peyrou ist noch weitgehend authentisch, samt dem Wahrzeichen Montpelliers, dem **Château d' Eau**. Es ist der einem korinthischen Tempelchen nachgebildete Überbau eines Wasserbehälters, im 18. Jahrhundert zur Behebung des Wassermangels der Stadt an deren höchstem Punkt angelegt. Ein 900 m langer Aquädukt (unter dem der Parkplatz *,Les Arceaux'* angelegt ist, wo samstags ein Flohmarkt veranstaltet wird) leitet das kostbare Nass in

Montpellier - Château d'Eau

ein Becken, an dessen Rand jeder Tourist irgendwann nicht nur Wasser, sondern auch Kraft schöpft, wenn er sich durch die schöne Anlage bis hierhin geschleppt hat.

Am Triumphbogen beginnt die bekannte Rue Foch, die 1886 als Kopie der Pariser Champs-Elysées durch die Altstadt getrieben worden war. Eine Prachtstraße sollte es werden. Geblieben ist, jedenfalls nach der Verkehrsberuhigung in neuester Zeit, ein etwas trauriger Fremdkörper, an dessen bessere Zeiten fast nur noch der **Justizpalast** gegenüber dem Triumphbogen erinnert. Das Gerichtsgebäude aus dem Jahre 1853 ist ob seiner bombastischen Bauweise mit klassizistischen Säulen ein Ort, der dem verunsicherten Bürger in brutaler Weise die Macht der Justiz demonstrieren und Angst vor derselben einflößen sollte.

Wir sind nun im kommerziellen Zentrum der Altstadt, das wir aber bald darauf nach rechts, also nach Süden, verlassen, um das **Quartier-Ste. Anne** zu durchstreifen, eines der ältesten Viertel Montpelliers, mit kleinen Straßen und schönen Häusern. Es ist dabei ziemlich gleich, durch welche Gassenfolge man sich nach Osten bewegt, denn irgendwann steht man auf jeden Fall im Herzen der Stadt, auf der **Place de la Comédie**. Seit der

Montpellier - Place de la Comédie

Verkehrsberuhigung kann man nicht mehr so ganz verstehen, weshalb der Platz bei den Einheimischen nur *,das Ei'* genannt wird, denn die einstmals ovale Verkehrsführung ist nur noch an den in den Plattenbelag eingelassenen Steinen zu erahnen. Mir gefiele es besser, würde noch der Verkehr pulsieren, wo heute Penner auf den Stufen des berühmten **Brunnen der drei Grazien** hocken. Die Gestaltung des Platzes passt nicht mehr zu den prunkvollen Fassaden der umstehenden Häuser und zur Vorderfront der berühmten Oper.

In einem Punkt tut es der Platz allen zentralen Plätzen französischer Großstädte gleich: In den schönsten Bürgerhäusern haben sich *Monoprix* und *McDonalds* eingenistet, die in der Lage sind, in ganz Frankreich jede Miete zu bezahlen. So haftet dem Platz, wenn auch noch nicht bestimmend, die kommerzielle Gleichmacherei aller europäischer Städte an. Aber wir sind die Verantwortlichen, wir regeln Angebot und Nachfrage, und so ist es nicht überraschend, dass am Hackfleisch-Schalter mehr Leute anstehen als auf den Stühlen des benachbarten Cafés sitzen. Ob dort noch das gesellschaftliche Leben Montpelliers stattfindet, wie man überall lesen darf, muss bezweifelt werden, denn auch Frankreichs Restaurant- und Café-Kultur wird mit Plastikbechern und Ketchup energisch angegriffen. Vernichtend geschlagen ist sie noch nicht, wie man sieht, wenn man nur um die nächste Ecke biegt.

Seitlich des Platzes beginnt eine schöne Flaniermeile, die platanenbestande **Esplanade Charles-de-Gaulle**, wo wir gerne länger auf schattigen Bänken verweilen würden. Doch die Zeit drängt, und wir haben noch nicht eine der Hauptsehenswürdigkeiten der Stadt kennen gelernt: Von der Place de la Comédie wenden wir uns geradewegs nach Südosten, wir durchqueren einen hässlichen, weil kastenförmigen Neubau, genannt *Polygone*, einen Mehrzweckbau für Geschäfte und Verwaltung, um uns jenseits davon an einer architek-

tonischen Meisterleistung zu erfreuen, von deren Rang es in Europa nur wenige gibt. Postmodern nennt man das Stadtviertel, das der katalanische Architekt Ricardo Bofill seit dem Jahre 1980 aus dem Boden gestampft hat. Natürlich ist es kein Zufall, dass das **Stadtviertel** *Antigone* heißt, womit man wohl weniger auf die traurige Seite des antiken Dramas anspielt als vielmehr auf das griechische Schlagwort. Denn römisch-griechisch sollen die Bauten wirken. Zwar allesamt aus Beton gegossen, aber mit klassizistischen Simsen und Säulen verbrämt. Steht man vor den gewaltigen Sockeln dieser Monumentalarchitektur, kommt man sich ziemlich klein vor und erinnert sich sofort an ähnliche

Montpellier - Antigone

architektonische Vorhaben der deutschen Nazizeit. Nur war *Antigone* nicht als Verwaltungszentrum gedacht, sondern eher zum Wohnen. Mehr als 2.000 Sozialwohnungen gibt es dort. Aber die Frage bleibt unbeantwortet, ob sich die ärmere Bevölkerungsschicht beim Anblick megalomaner Säulen und Gewände aufrichten oder ob sie vor ihnen ehrfurchtsvoll erstarren soll. Unser Gefühl ist also zwiespältig, wobei positiv zu Buche schlägt, dass sich der soziale Wohnungs- und Behördenbau hier nicht in Einheitsschuhkartons vollzogen hat, dass den Bewohnern zumindest, wenn auch übertrieben, vor Augen geführt wird, dass man bereit war, für sie bedeutungsvoll zu bauen. Dennoch fehlt zwischen den Betonmassen das Grün zum Leben. Ärmere Bevölkerungteile sind auch hier in anonymen Wohnungen ausgegrenzt und zudem der Schaulust der Touristen ausgesetzt, von denen keiner hier sein Zuhause haben möchte. Die Meinungen über *Antigone* sind geteilt. Eines aber steht fest: Die Architektur ist wegen ihrer Einmaligkeit so sehenswert, dass sie zum festen Bestandteil einer Südfrankreich-Reise gehören muss.

Auf dem Rückweg zum Wohnmobil kommen wir noch an einem der berühmtesten Kunstmuseen Frankreichs vorbei, dem **Musée Fabre**, zu dem van Gogh und Gauguin von Arles angereist waren, um Gemälde alter Meister, beispielsweise von Delacroix, Courbet oder Bruegel, zu betrachten *(10 - 18 Uhr; montags und an Feiertagen geschlossen; 6 - 10 €)*.

Aus einem Tag, der trüb begonnen hatte, ist ein wunderbarer Sonnentag geworden, den wir eigentlich in Aigues-Mortes beschließen wollten. Nachdem wir aber die Innenstadt von Montpellier hinter uns gelassen haben, ist uns plötzlich nach Einsamkeit zumute. So biegen wir nördlich des Flughafens kurz

bei Mauguio

entschlossen nach Westen ab, um bei dem Ort **Mauguio** an den Rand des gleichnamigen Étang zu fahren. Auf der Michelin-Karte haben wir dort unter der Bezeichnung *Les Cabanes* eine kleine Ansiedlung entdeckt, wo wir uns einmal ansehen wollen, wie ein Étang vom Land her aussieht. Von der anderen Seite, also von der Küste, kennen wir diese Gewässer schon zur Genüge, wir werden auch auf den nächsten beiden Touren die schmalen Landzungen mit ihren übervollen Touristenburgen besuchen.

Aber wie schaut solch eine große Lagune am Festlandrand aus, von dort, wo kaum ein Tourist verweilt ? Der Weg ist von Mauguio mit Hilfe der Karte leicht zu finden. Wir kommen an ein paar niedrigen Fischerhütten vorbei und stehen bald in einer eigenen Welt. Am Ufer des kleinen, hier mündenden Flusses sind malerisch ein paar bunte Boote vertäut, die Fischernetze sind zum Trocknen aufgehängt, die Flamingos stecken die Köpfe ins Wasser und das Schilf wiegt sich sanft im Wind. Zwei Kähne tuckern noch hinaus, mit gebückten Küstenfischern, die in dem seichten Haff ihr Glück suchen. Wir wähnten uns um Jahrzehnte zurückversetzt, würden nicht noch auf dem nahen Flughafen ein paar Jets landen, und sähen wir nicht in der Ferne die von der untergehenden Sonne rot beleuchteten Pyramidenbauten von La Grande-Motte. Die Stelle animiert mich, nachzulesen, dass die Strandseen, *Étangs* genannt, entstanden sind, weil die Flüsse im Laufe der Jahrhunderte Sandbänke angeschwemmt haben. Die meisten Lagunen sind daher heute vom Meer völlig abgeschnittene Seen, zwar noch mit Salzwasser gefüllt, jedoch zumeist flach und zum Baden nicht geeignet. Aber sie sind fischreich und dienen der Muschel- und Austernzucht.

Das Hüttendorf habe ich seit der Erstauflage im Programm und war sicher, der Stellplatz werde wegen seiner Abgeschiedenheit alle anderen Stellplätze dieses Buches überleben. Aber leider ist die Zufahrt seit ein paar Jahren nur noch Anliegern gestattet. Ausnahmsweise habe ich den Tipp nicht gestrichen, weil mir von diversen Lesern berichtet wurde, man könne weiter unbeanstandet übernachten (was nicht heißen soll, in diesem Buch würden Ihnen illegale Stellplätze in größerer Zahl empfohlen oder wir wollten Sie zu illegalem Tun animieren). Zumindest hinfahren lohnt sich, weil am Beginn der eigentlich verbotenen Strecke, unweit der Ansiedlung ein kleiner legaler Parkplatz angelegt worden ist, dessen Koordinaten ich hier preisgebe: [**004** GPS: N 43°35'45" E 4°01'03"].

So übernachten wir dann doch lieber im nahen **Aigues-Mortes** (8.500 Einwohner), wo Sie ausgezeichnete Stellplatzbedingungen antreffen. Auf dem Weg dorthin holen uns die Realitäten der südfranzösischen Küste mit breiten, vierspurigen Straßen ein. Von ihnen wird bei der nächsten Tour erneut die Rede sein. Ob Sie Aigues-Mortes tatsächlich von dieser westlichen Seite aus ansteuern, darf bezweifelt werden. Im wirklichen Leben werden Sie eher von Norden anreisen. Nur eines scheint uns sicher zu sein: Sie werden kommen und den mittelalterlichen Ort am Rande eines Salzsees bei Ihrer Südfrankreich-Reise nicht ausklammern. Denn die Stadt gilt als eine der besterhaltenen mittelalterlichen Wehranlagen Europas.

Aigues-Mortes

Kreuzzüge ab Aigues-Mortes

Zu Beginn des 13. Jahrhunderts, als sich die Macht des französischen Königs erstmals und nur an einer einzigen Stelle bis an die Mittelmeerküste erstreckte, gab es hier nur ausgedehnte Sümpfe. Aber das Meer reichte noch etwas weiter nach Norden, weil die Rhône vor 700 Jahren noch nicht so viel Material an den Strand geschwemmt hatte. Ludwig IX. musste daher nur einen kurzen Kanal graben lassen, um bei Aigues-Mortes seinen ersten und einzigen Mittelmeerhafen zu bauen, von dem er mit bunt zusammen gewürfelten Mannschaften, die man später *Kreuzfahrer* nannte, in See stechen konnte.

Auf der anderen Seite des Mittelmeers, in Nordafrika, sollten die islamischen Kräfte weiter geschwächt werden. Das war nötig, um Jerusalem, dessen Einnahme Ziel des ersten Kreuzzuges war, das aber zwischenzeitlich wieder in die Hände der Moslems gefallen war, zurück zu erobern. Kreuz*fahrer* waren keine Kreuz*ritter* und nur zum Teil gelernte Soldaten. An einem Kreuzzug beteiligte man sich damals nicht nur des Krieges wegen, sondern vor allem, um dem Herrgott zu gefallen und in der Hoffnung auf Vergebung der Sünden.

Bei früheren Kreuzzügen war man weiter im Norden, vornehmlich in Saint-Gilles, losgefahren, aber der Zulauf an gottesfürchtigen Kriegern forderte größere Schiffe und einen meernahen Hafen. Den musste man mit einer Festung schützen, und so entstand am Reißbrett eine Stadt, die noch im Bau war, als sie für kurze Zeit geschichtliche Bedeutung erlangt hat.

Ludwig schiffte sich dort in den Jahren 1248 und 1270 zu zwei Kreuzzügen ein, was ihm den Beinamen *Der Heilige* einbrachte. Dass diese Feldzüge, bei denen es sich um den 6. und 7. und damit um die beiden letzten Kreuzzüge handelte, gar nicht so heilig waren, sondern primär politischen und wirtschaftlichen Zwecken dienten, habe ich schon angedeutet. Auch für Ludwig waren sie weniger erfreulich: Beim ersten geriet er in ägyptische Gefangenschaft und konnte nur durch ein hohes Lösegeld befreit werden, während des zweiten starb er in Karthago an der Ruhr, bevor er das Ziel erreicht hatte.

Die christlichen Kreuzzüge zählen übrigens zu den schlimmsten Schandtaten der Geschichte. Schätzungen zufolge wurden zwischen 1096 und 1291 – in Zeiten weitaus geringerer Bevölkerungsdichte als heute – über 20 Millionen Menschen, vorwiegend Muslime und Juden, von »christlichen« Kriegern umgebracht. Beim ersten Kreuzzug haben die frommen Ritter im Namen des Herrn die ganze jüdische Gemeinde Jerusalems verbrannt.

Aigues-Mortes

Das Ende der Kreuzzüge und der strategische Fehler, einen Hafen im Bereich einer Flussmündung zu bauen, hatte begreiflicherweise nachteilige Folgen für Aigues-Mortes. Mitte des 14. Jahrhunderts nahm die Einwohnerschaft von 15.000 – was in der damaligen Zeit so etwas wie eine Großstadt bedeutet hat – wieder rapide ab. Die Versandung der Hafenanlage war nämlich nicht mehr aufzuhalten, und die ungesunde Umgebung der nahen Sümpfe tat ihr Übriges. Die Stadt, die zu keiner Zeit militärisch angegriffen worden war, wurde allmählich geräumt und ihrem Schicksal inmitten der *toten Gewässer* (lateinisch: *aquae mortuae* – daher der Name!) überlassen. Auch in der näheren Umgebung mochte niemand siedeln, so dass die Befestigungsanlagen nicht mal als Steinbruch herhalten mussten.

Nur der gewaltige Befestigungsturm, die **Tour de Constance**, in dem Ludwig der Fromme (siehe gelber Kasten) schon gewohnt haben soll, wurde später wieder in Betrieb genommen. Er diente als politisches Gefängnis, vor allem für inhaftierte Hugenotten. Die berühmteste von ihnen, Marie Durand, wurde hier als 17-jährige eingekerkert und erst mit 52 Jahren wieder freigelassen – mit ungebrochenem Glauben. Dieser Turm ist heute Hauptanziehungspunkt und bietet den besten Überblick über die Stadt und ihre Lage am Rand des Salzsees. Durch

Aigues-Mortes - im Hintergrund Tour de Constance

die Kasse führt auch der Weg auf die mächtige **Stadtmauer**, die erst von Ludwigs Sohn begonnen und von seinem Enkel (Philipp der Schöne) fertig gestellt worden ist, und die **rundum begangen** werden darf. Dieser Weg misst 1.633 Meter und dauert mit wenigstens einer Stunde länger, als erwartet. An mehreren Stationen werden unterwegs die Geschichte, die Bauwerke und die Technologie der Bauzeit erläutert, was man auch ohne französische Sprachkenntnisse im Ansatz versteht, zumal man einen Faltprospekt in Deutsch erhält. Selbstverständlich muss man nicht die ganze Runde drehen, die mir aber beim letzten Besuch viel interessanter erschienen war, als ich sie in Erinnerung hatte *(Mai - August 10 - 18.15 Uhr, sonst bis 16.45 Uhr und Mittagspause der Kasse zwischen 13 und 14 Uhr; 7,50 €; spazieren Sie in der vorgegebenen*

Aigues-Mortes - Blick von der Mauer auf die Salzseen

Gehrichtung im Uhrzeigersinn, damit Sie abends nicht an der falschen Seite vor einer verschlossenen Tür stehen). Dieser Spaziergang auf dem Wall ist auch deshalb ein touristisches »Muss«, weil man dabei den besten Eindruck davon bekommt, wie die Stadt auch heute noch hinter den violett schillernden Salzseen liegt. Südlich der Mauer sieht man die weißen Haufen der Salinen, aber auch die Weinfelder der Kellerei *Listel*, die es verstanden hat, ihr mäßiges Produkt in ganz Frankreich zu vermarkten, das ursprünglich deshalb hier angebaut worden ist, weil sich der Reblausschädling zwischen den Étangs nicht entwickeln konnte.

Überraschend ist in der anderen Richtung der Blick zwischen die Häuser, wobei man sich wundert, dass in dieser Stadt noch normale Menschen dauerhaft wohnen; mit Hinterhöfen, kleinen Gassen, Werkstätten und Autos vor der Haustür.

Da Sie mit dem Wohnmobil kaum anders als auf dem nachgenannten Stellplatz an der Mauer parken und demnach die Stadt durch eines der gegenüberliegenden Osttore betreten werden, erleben Sie den Ort genau von der richtigen, fast noch beschaulichen, eben beschriebenen Seite.

Wer hingegen durch das nördliche Haupttor eingetreten ist, und sich nur bis zum zentralen Platz bewegt, wird in der Saison das Geschiebe durch die Hauptgassen als prägend in Erinnerung behalten. Hier schlägt die Geschäftswelt gegenüber den Touristen beim Angebot mit Waren, die niemand wirklich braucht, erbarmungslos zu, und von Auflage zu Auflage dieses Buches findet stets sogar noch eine Steigerung statt. Nur die noch aus der Bauzeit der Festung stammende **Kirche Notre-Dame-des-Sablons** und kurz danach die baumbestandene und von Lokalen gesäumte **Place St Louis** können in diesem Teil des Ortes ein wenig Atmosphäre ausstrahlen. In der Mitte dieses Platzes steht ein Denkmal Ludwigs des Heiligen.

Direkt in Aigues-Mortes gab es zuletzt nur noch einen offiziellen Wohnmobilpark- und Stellplatz, der aber hervorragend liegt und allenfalls darunter leidet, dass er in der Hauptsaison belegt sein könnte,

Aigues-Mortes - Ludwig IX.

weshalb ich Ihnen noch eine weiter entfernte Alternative liefere:

WOMO-Stellplätze: Aigues-Mortes

(005) <u>Stadtmauer</u>
GPS: N 43°33'56" E 04°11'45", Boulevard Diderot.   **Max. WOMOs**: 40.
Ausstattung/Lage: Ver- und Entsorgung, Toilette, Mülleimer, klappstuhlgeeignet, Gaststätten und Geschäfte, einen selten guten Bäcker finden Sie in der Rue Emile Jamais (durch das größte Tor gegenüber dem Stellplatz immer geradeaus auf der linken Straßenseite) / Ortsrand, (2-3 Minuten zu Fuß in den Ort).

Zufahrt:. Sie finden den beschrankten und für WOMOs ausgewiesenen Parkplatz P 4 auf der bewohnten Seite der Festung an der nordöstlichen Ecke der Stadtmauer.
Gebühren: Zeitabhängig; 11,30 €/24 Std. Man kann am Kassenhäuschen mit der Visa-Karte oder mit Geld, an der Ausfahrtschranke nur mit der Visa-Karte bezahlen.
Hinweis: Siehe auch Foto auf Seite 9. Nicht zu verwechseln mit dem Parkplatz direkt an der Stadtmauer, der für WOMOs verboten ist. Die Parkstreifen sind stellenweise kurz.

(006) _Les Poissons d´Argent_
GPS: N 43°33'43" E 04°09'54", D 62.   **Max. WOMOs**: 100.
Ausstattung/Lage: Privater Stellplatz, Ver- und Entsorgung, Strom, Mülleimer, klappstuhlgeeignet, einfache Gaststätte, Brotverkauf / außerorts,
nicht einsam; Fußweg nach Aigues-Mortes etwa 30 Minuten.
Zeiten: März - Oktober.
Zufahrt: Der Stellplatz liegt östlich der vierspurigen D 62 zwischen
Aigues-Mortes und Le Grau du Roi (nicht zu verwechseln mit der D 979,
die am Kanal nach Le Grau du Roi führt) etwa 850 m nordöstlich des Kreisverkehrs, an dem die Straße nach La Grande Motte abzweigt und rund
4 km von Aigues-Mortes entfernt (aber kürzerer Fußweg).   **Gebühr**: 13 €.

Bei der Auswahl der Lokalität für das Abendessen in Aigues-Mortes ist man be-rechtigterweise miss-trauisch und freut sich daher umso mehr, wenn man mit dem auf Mee-resgetier spezialisier-ten **Restaurant _Le Patio_** einen Volltref-fer landet. Sowohl im

Aigues-Mortes - Restaurant _Le Patio_

Gastraum wie auch im Innenhof sitzt man stimmungsvoll, und das Hauptgericht _Panier Vapeur_ mit _Aioli_, perfekt gegarte Fisch-filets, ist nicht nur wegen der Knoblauchmayonnaise der Hammer _(8, Rue Denfert Rochereau – verlassen Sie die Place St Lois an der südwestlichen Ecke der Längsseite und gehen Sie nach etwa 40 m rechts; Tel. 04 66 53 69 45; im Sommer vermutlich kein Ruhetag)._

Aigues-Mortes - Canal du Rhône à Sète

Tour 2: Von der Camargue bis zum Hérault - Die östliche Küste 160 km

Le Grau-du-Roi - La Grande-Motte - Sète - Le Cap d'Agde
Agde - Bouzigues

Stellplätze:	in und bei Le Grau-du-Roi, in La Grande-Motte, in Carnon-Plage, in Palavas-les-Flots, in Villeneuve-Maguelonne, in und bei Sète, in Marseillan-Plage
Campingplätze:	bei Le Grau-du-Roi, bei Frontignan-Plage, in Marseillan-Plage, in Bouzigues
Besichtigen:	Le Grau-du-Roi, La Grande-Motte, ehemalige Kathedrale Maguelone, Sète, *Musée* in Cap d'Agde, Altstadt von Agde, Marseillan und Bouzigues am Bassin de Thau
Essen:	Restaurants *Le Galion* in Le Grau-du-Roi und *L'Envie* in Grau d'Agde

Wie Sie bemerkt haben, dauert es bei unseren Urlauben zumeist einige Tage, bis wir uns an die Küste wagen. Wir ringen in dieser Zeit in einem schwer zu gewinnenden Kampf und unterliegen fast immer. Zu heftig ist die Anziehungskraft des Meeres, obwohl wir wissen, dass die Schattenseiten der südfranzösischen Mittelmeerküste nicht unterschätzt werden dürfen. Wir sind darauf gefasst, dass uns wachsende Betonburgen erwarten, Touristenmassen, hohe Preise, überfüllte Campingplätze, Verbotsschilder sowie Schranken und Barrieren jedweder Machart. Und dass sich das von Mal zu Mal sogar steigert.

Warum fahren wir trotzdem immer wieder hin? Weil wir den salzigen Geruch des Meeres atmen wollen, weil die Sandstrände so breit sind, wie sonst nirgends am französischen Mittelmeer, weil das Wetter an der Küste oftmals besser ist als im Landesinneren und weil man mit Insiderwissen (das Sie auch bald haben werden) oder nach einiger Sucherei doch noch schöne Plätze für einen erholsamen Badeurlaub finden kann. Nur sind diese leider dünn gesät, weshalb ich Ihnen, falls Sie einen Küstenurlaub planen, zunächst empfehle, im hinteren Teil unseres Buches unter den Stichworten *Campingplätze*, *Freie Übernachtung* und *Reisezeit* nachzulesen.

Bei Ihren Erwartungen müssen Sie vermutlich ein paar Abstriche machen: Es gibt kaum Geheimtipps und so gut wie keine wirklich lauschigen Winkel.

Bei allen meinen Languedoc-Reisen war ich erstaunt, wie wenige WOMOs ich im Landesinnern sah, wie viele hingegen an der Küste. Und ich ahne, dass die meisten Leser den Hauptteil ihres Urlaubs am Meer verbringen, Leserbriefe bestätigen das. Ich werde daher im ersten Teil dieses Führers keine praktikablen Touren schildern, sondern die Küstenabschnitte systematisch aufbereiten. Denn Sie erwarten von mir Stellplätze, Campingplätze, Verbote. Kurz gesagt, eine möglichst genaue Beschreibung der Küste.

Bitteschön:

Beim Schreiben eines Reiseführers kann man das Angenehme mit dem Nützlichen verbinden, den Urlaub mit dem Hobby. Dass ein solches Unterfangen aber auch in echte Arbeit ausarten kann, musste ich erfahren, als ich in einem einzigen Jahr an Ostern, Pfingsten und im August die Küste abgeklappert habe. Zwar erträglich dosiert, aber so, dass die Reisen nicht mehr die reine Erholung waren – jedoch ein Zuckerschlecken im Vergleich zum Absuchen der Stellplätze und Anlaufpunkte, das immer wieder für das Update erforderlich wird. Ich bitte um Nachsicht, wenn ich nicht jeden Meter daraufhin untersuchen konnte, ob es irgendwo nicht doch noch einen freien Stellplatz gibt und welche Campingplätze im Sommer in welchem Maß und zu welcher Zeit überfüllt sind.

Niemand sollte auf die Idee kommen, nur an der Küste entlang zu fahren. Das praktische Urlaubserleben wird vielmehr so aussehen, dass man vom Landesinneren an den Strand vordringt, um ihn dann wieder in umgekehrter Richtung zu verlassen. Von einem reinen Küstendauerurlaub raten wir ab. Es sei denn, Sie steuern einen Campingplatz als Urlaubsziel an und bleiben dort eine gewisse Zeit, um danach wieder die Heimreise oder die Weiterreise zu einem anderen Campingplatz anzutreten.

Dem soll noch eine weitere Warnung angefügt werden: Vielleicht sind wir eines Tages so weit, dass ich Ihnen von ansteigenden Stellplatzzahlen berichten darf. Bislang ist die Realität leider die, dass die Stellplätze von Auflage zu Auflage weniger werden. Sie können sich also auf unsere Beschreibungen am Meeresgestade noch weniger verlassen als anderswo. Und Sie stehen in der Pflicht, mir von Ihren Erfahrungen zu berichten. Dabei tragen Sie zur Aufhellung meiner Stimmung bei, wenn Sie mir nicht nur von Verboten schreiben, sondern auch von Stellplatzmöglichkeiten, die ich nicht kenne, wobei ich gerne auch Ihre Hinweise über Campingplätze verwerte.

Eine positive Zusammenfassung vorweg: Als wir in der Camargue standen, um uns die Küste bis zur spanischen Grenze zuzumuten, lagen unsere Erwartungen fast bei null. Am Ende jedoch waren wir angenehm überrascht, wie viel Schönes sich noch aus einer Region herauskitzeln lässt, in welcher während der Hochsaison gleichzeitig über eine Million Menschen ihre

Ferien verbringen. Aber leider hat sich die Gesamtsituation gegenüber den Vorauflagen weiter verschlechtert, wenn auch nicht in dem Maß wie früher.

Genau genommen beginnt der Küstenteil dieser Tour im Osten an der Rhônemündung, also in der Provence, und damit außerhalb unseres Beschreibungsgebietes. Ich weise daher auf meinen Reiseführer *Mit dem Wohnmobil in die Provence*, *Teil 1*, *Der Westen* hin, der das hiesige Buch ergänzt. Ich habe Ihnen im Provence-Führer ein paar empfehlenswerte Strandplätze genannt – und Sie auch vor dem Treiben in Les Saintes-Maries-de-la-Mer gewarnt.

Aber wer nach Les Saintes-Maries-de-la-Mer fährt, gibt sich mit halben Sachen nicht zufrieden und lässt sich nicht davon abhalten, den restlichen Teil der Camargue in der Region Languedoc, die so genannte ‚Petite Camargue‘, zu erkunden ebenso wie den östlichsten Hafen. Sinnvollerweise durchquert man dazu auf dem östlichen von Aigues-Mortes herführenden Damm (auf Okzitanisch *Grau*) die Étangs, um im schnell wachsenden Hafenstädtchen **Le Grau-du-Roi** (8.500 Einwohner – 1990 waren es nur 5.000) alsbald zu parken. Auch hier gibt es ein mit Lokalen und Läden vollgestopftes und auf Tourismus ausgerichtetes Viertel – diesseits des Kanals, aber im Sommer jenseits der Schmerzgrenze.

Le Grau-du-Roi - Blick auf die Schwenkbrücke

Le Grau-du-Roi hat sich jedoch einen Rest des Flairs bewahrt, der auf das Alter des Ortes zurückgeführt werden kann, das für andere Küstenansiedlungen unvorstellbar ist. Wie der Name der Stadt vermuten lässt, wurde hier im 16. Jahrhundert auf Geheiß des Königs eine Kanalmündung angelegt, die zu einem Hafen führte, von dem aus 300 Jahre vorher zwei

Le Grau-du-Roi - ehemaliger Leuchtturm

Kreuzzüge in See stachen. Zum Schutze dieses bis dahin wieder versandeten Beckens hatte man Aigues-Mortes aus der Salzwüste gestampft, wo wir am Ende der 1. Tour übernachtet haben. Der Kanal teilt heute nicht nur Le Grau-du-Roi, er ist auch von oder mit der ihn überspannenden Brücke, die für größere Schiffe weggeklappt werden kann, malerisches Objekt der Fotografen. An der Mündung selbst steht ein nicht weniger ansehnlicher **Leuchtturm**, der, wenn auch nicht mehr in Betrieb, den Fischern den Heimweg weist, bevor diese ihren Fang zwischen den über das Wasser gebauten Restaurantterrassen ausladen. In Le Grau-du-Roi ist die zweitgrößte Fischereiflotte des französischen Mittelmeers beheimatet, die den Touristenrummel mit Alltagsleben der malerischen Art vermischt – eine ausgesprochene Seltenheit an dieser Küste ! Im Hochsommer allerdings werden die Reize von Menschenmassen fast ganz zugedeckt, und der kommerzielle Fischfang

wurde in den letzten Jahren stark eingeschränkt (siehe unten im gelben Kasten).

Die Stellplatzbedingungen scheinen relativ erfreulich geblieben zu sein. Während zeitweise der Parkplatz hinter der Düne das ganze Jahr über nachts gesperrt war, konnte man zuletzt, wenn auch hinter einer Schranke, die das Wegfahren verhindert hat, die Nacht über stehen bleiben:

WOMO-Stell- und Badeplätze: Le Grau-du-Roi

(007) Plage de L'Espiguette
GPS: N 43°29'16" E 4°08'42", Route de l'Espiguette. **Max. WOMOs**: 40
Ausstattung/Lage: Mülleimer, Gaststätte, breiter Badestrand, klappstuhlgeeignet / außerorts, gut besucht.
Zeiten: Vermutlich nur von Anfang April bis Ende September nutzbar.
Zufahrt: Folgen Sie in Le Grau-du-Roi *(rive gauche)* dem Wegweiser ‚L' Espiguette' nach Osten, bis die Straße endet und Sie am Kassenhäuschen bezahlen müssen.
Gebühr: 15 €; auf den Platz fahren, gucken und wieder umdrehen geht nicht (bezahlt ist bezahlt). Am nächsten Morgen kommt um 8 Uhr der freundliche Mitarbeiter und weist darauf hin, dass ab 10 Uhr ein neuer Tagessatz fällig wird; also schnell Zähne putzen, bevor um 10.01 Uhr der nette Kollege die nächsten 15 Euro aufruft.
Hinweise: Die Kasse (und damit die Schranke) ist von Juli bis Sept. von 8 - 20 Uhr offen, von April bis Juni bis 18 Uhr. Man kann hinter der geschlossenen Schranke über Nacht am Strand bleiben. Lassen Sie sich nicht von der Höhenbarriere abschrecken.

(008) Westlicher Ortsrand *(Parking de la Plage)*
GPS: N 43°32'26" E 4°08'00", R. du Commandant Marceau. **Max. WOMOs**: 20.
Ausstattung/Lage: Ver- und Entsorgung, Toilette, Mülleimer, Gaststätten, Geschäfte, Badestrand, WOMOs bis etwa 7,50 m Länge, etwas laut, im Sommer früh belegt / im Ort.
Zufahrt: Fahren Sie in Le Grau-du-Roi *(rive droite)* Richtung ‚La Grande Motte' nach Westen; direkt westlich des Stadtkerns knickt die Straße ab; dort wenden Sie sich bei einem Kreisverkehr meerwärts.
Gebühr: Etwa 20 €, im Winter kostenlos.

(009) Les Arènes
GPS: N 43°32'19" E 4°08'29", Quai Colbert. **Max. WOMOs**: 20.
Ausstattung/Lage: Ver- und Entsorgung, Gaststätten, Geschäfte, tagsüber nur als Parkplatz zu empfehlen.
Zeiten: 1.4. - 30.9. als Ausweichplatz zu Platz Nr. 08.
Zufahrt: Direkt östlich des Kanals *(linkes Ufer = rive gauche)* am Nordende des Ortes bei der Arena, der Parkplatz heißt ‚Fanfonne', Wegweiser ‚Arènes' oder ‚Gare'. **Gebühr**: Je nach Dauer bis 20 €.

Womöglich ist einer der beiden Campingplätze die bessere Entscheidung (es gibt weitere, die nicht an den Strand grenzen):

WOMO-Campingplatz-Tipps: Le Grau-du-Roi

(010) *Camping L'Espiguette*
GPS: N 43°30'22" E 4°07'44"; **Ortszentrum**: 6 km. **Zeiten**: Anfang April - Ende Oktober. **Tel.** 04 66 51 43 92.
Ausstattung: Ein gigantischer Platz mit über 1.300 Parzellen, großer Pool, Supermarkt, Restaurant.
Zufahrt Folgen Sie in Le Grau-du-Roi *(rive gauche)* dem Wegweiser ‚L' Espiguette' nach Osten bis zum beschilderten Campingplatz.

Preis: 25 - 62 €.
Hinweise: Trotz Dauercamper und zahlreicher
Mobil-Homes (eigene Are-
ale) ein angenehmer Platz
mit natürlichen Bereichen,
wenn man nicht schon vor
dem Frühstück ins Meer
hüpfen will. Der Platz liegt
nämlich direkt an einem
breiten Strand; bis zum offenen Meer sind es aber zwischen 650 und 800
m (am linken, östlichen Teil des Platzes, dem schönsten, ist die Strecke
am kürzesten). Es verkehrt den ganzen Tag über ein Zubringerdienst. Nach
Starkregen stellenweise schlammig.

(011) *Le Boucanet*
GPS: N 43°33'16" E 4°06'26".   **Ortszentrum**: 2 km.
Zeiten: Ende März – Anfang Oktober.   **Tel**. 04 66 51 41 48.
Ausstattung: Direkt am Badestrand, Pool, Laden, Restaurant, sandiger
Untergrund.
Zufahrt: In Le Grau-du-Roi Wegweiser nach *‚Le Boucanet'*, bzw. *‚Rive
droite'* (das ist das westliche, sogenannte *rechte Ufer* des Kanals) zum
beschilderten Campingplatz.   **Preis**: 16 - 50 €.
Hinweise: Keine Hunde! Viele Mobil-Homes; Leser haben Anfang Sep-
tember keinen Platz bekommen.

Bei unserem letzten Besuch haben wir uns auf Camping
L'Espiguette eingemietet, um abends nochmals in den Ort fahren zu können. Nach vielen Jahren wollte ich mir den Rummel
mal wieder ansehen. Dabei animiert dieser in der Hauptstraße
eher zur Flucht. Lassen Sie sich stattdessen bei den dortigen,
an einen Jahrmarkt erinnernden Läden und Eisverkaufsstellen
noch vor der Brücke auf dem östlichen (linken) Uferkai meer-

Le Grau-du-Roi - Restaurant *Le Galion*

wärts schieben, vielleicht ist es kurz vor 19 Uhr. Etwa auf halber Strecke zum Strand werden Sie möglicherweise am **Restaurant** *Le Galion* die armen Urlauber bedauern, die an solch exponierter Stelle in die Fänge der Wirte geraten. Wir haben dort trotzdem, angeregt durch saubere Tischdecken, um einen Fensterplatz direkt am Kanal gebeten – und Le Grau-du-Roi von seiner schönsten Seite erlebt. Der Blick auf den alten Leuchtturm und das rechte Ufer, wo, wie auch in anderen französischen Mittelmeerhäfen, bunte Zierboote eingemischt sind, gehört zu den malerischsten Hafenansichten in Südfrankreich. Und die Preise des richtig guten Lokals sind erstaunlich moderat *(beispielsweise 26,50 € für ein Viergangmenu; man konnte nicht reservieren, sondern musste für den Fensterplatz einfach um Punkt 19 Uhr auf der Matte stehen; trinken Sie den Aperitif im Nachbarlokal, dann haben Sie alles im Griff).*

Nordwestlich des Strandes von Espiguette liegt der Ortsteil **Port-Camargue**. Das ist der größte Yachthafen Europas (!); angeblich gibt es 4.500 Ankerplätze, was nichts daran ändert, dass die gigantische Ansiedlung in ihrer Scheußlichkeit mit anderen ebenso hässlichen Ferienorten weiter westlich konkurrieren darf. Aber so viele Schiffer benötigen Ver- und Entsorgungseinrichtungen, dass man in Port-Camargue eine geräumige und sehr saubere Toilettenanlage findet. Sie müssen ein wenig durch die neu angelegten, für mich völlig unübersichtlichen Straßen kurven, dann werden Sie eine Werft finden, wo viele Schiffe im Trockenen auf bestimmungsgemäße Aufgaben warten. Von dort führt ein Gleis zum Wasser, und seitlich einer tagsüber stets offenen Schranke ist besagtes Toilettenhaus nicht zu übersehen. Sie werden es finden und können mit dem Wohnmobil direkt davor parken.

Um die westlich an Le Grau-du-Roi anschließende Retortenstadt **La Grande-Motte** haben wir einen Bogen gemacht, bis ich mich zu diesem Reiseführer entschlossen habe. Nun war es unumgänglich, den futuristisch aussehenden Badeort einer näheren Betrachtung zu unterziehen. Auch danach bleibe ich dabei: Wer sich nicht für Architektur, Baugeschichte oder den Tourismus als solchen interessiert, sollte drumherum fahren.

Interessant ist aber die Historie des Ortes, der quasi das Pilotprojekt für weitere Sommergroßstädte wurde: In der zweiten Hälfte der 60er-Jahre war die Côte d'Azur nicht nur voll erschlossen, sondern auch überfüllt. Die Spanier hatten sich an ihrer Costa Brava rechtzeitig darauf eingestellt, dass der Sommerurlaub zum festen Bestandteil mitteleuropäischen Daseins geworden war, quer durch alle Bevölkerungsschichten, und noch niemand düste in die Dominikanische Republik. Aber Millionen sonnenhungriger Urlauber rauschten an Frankreichs

La Grande-Motte

westlicher Mittelmeerküste vorbei. Oder sie steckten im Verkehrschaos, denn eine Autobahn gab es damals noch nicht. Am betrüblichsten war die Erkenntnis, dass das Geld anderswo ausgegeben wurde. Die weitsichtige Zentralregierung in Paris hatte jedoch, um der Bodenspekulation vorzubeugen, schon frühzeitig mehr als 25.000 ha Küstenland erworben, ehe im Jahre 1966 der erste Spaten in den Sand gestochen wurde. Man hob ein Riesenloch aus, den Étang du Ponant, um festen Bausand zu fördern, mit dem der Architekt Balladur, dem die Planung des Touristenzentrums übertragen war, gewaltige Betonklötze in die Landschaft setzen durfte – in Pyramidenform. Ein Pilotprojekt musste schließlich etwas hermachen, ein bekannter Architekt musste sich ein Denkmal setzen, die Hochhäuser durften nicht wie solche aussehen, und auch die unteren Stockwerkbewohner sollten sich über einen sonnigen Balkon freuen. Ein Heer von Maklern verdiente sich goldene Nasen, und längst hat sich der Moloch nach Westen voran gefressen. La Petite-Motte heißt diese Ansiedlung, und es hat den Anschein, als ob das Ende der Bautätigkeit noch nicht erreicht ist. 140.000 Menschen lassen sich hier gleichzeitig die Sonne auf den Bauch scheinen, sie bevölkern die Diskotheken und Einkaufsmärkte, nachdem sie auf vierspurigen Straßen und breiten Alleen, an deren Rand 20.000 Bäume gepflanzt wurden, angekommen sind. Sogar das Hinterland wurde chemisch, vielleicht auch ein wenig biologisch, behandelt, um den Moskitos den Garaus zu machen. Das und anderes ist aber bis heute nicht gelungen.

Was bleibt für uns Wohnmobilisten? Fast nichts! Wir halten es mit der Volksseele, die längst La Grande-Motte zu »La

Grande-Merde« (Die große Sch....) verballhornt hat. Aber der offizielle Stellplatz im Ort ist, wenn man mal davon absieht, dass er nicht direkt am Strand liegt, eher ein Lichtblick:

---

(012) WOMO-Stellplatz: La Grande-Motte

GPS: N 43°34'04" E 4°04'29", Avenue de la Petite-Motte.
Max. WOMOs: 20 - 25.
Ausstattung/Lage: Ver- und Entsorgung, klappstuhlgeeignet, im Sommer Toilette, Mülleimer, Gaststätten in der Nähe / Ortsrand, etwa 1,1 km zum Strand.
Zufahrt: Der Platz liegt zwischen Innenstadt und Étang nordwestlich des Ortes bei einem Campingplatz nahe der vierspurigen D 62 und ist fast flächendeckend mit dem Wegweiser *„Aire de Camping Car'* beschildert.
Gebühren: Okt. – April 11 €, Mai – Mitte Juni, Sept. 13 €, Hochsaison 16 €; Bezahlung nur mit Visa-Karte. **Hinweis**: Höchstens 3 Nächte.

Vielleicht möchten Sie auch einmal in einer Tristesse besonderer Art schwelgen. Dafür böte sich der Winter an, dann frösteln hier nämlich höchstens 5.000 Menschen in einer Geisterstadt, und Sie dürfen in Ihrem WOMO am Hafenbecken zwischen den Pyramiden schlafen.

Carnon-Plage (3.000 Einwohner) und Palavas-les-Flottes sind die Hauptstrände von Montpellier, der achtgrößten Stadt Frankreichs, und dementsprechend überlaufen. Die Motorboote werden hier in mehrstöckigen Garagen luftgetrocknet, und die Campingplätze sind nicht reizvoll. Man muss auch bezweifeln, ob ein Stellplatz vor einem solchen Campingplatz empfehlenswert ist, nur weil er ein Stellplatz ist. Da aber insoweit mit erheblich unterschiedlichem Maß gemessen wird, möchten wir ihn nicht ausklammern:

---

(013) WOMO-Stellplatz: Carnon-Plage *(Les Saladelles)*

GPS: N 43°33'04" E 3°59'38", Rue de l'Aigoual. **Max. WOMOs**: 20.
Ausstattung/Lage: Ver- und Entsorgung, klappstuhlgeeignet, Toilette, Dusche, Strom, Mülleimer, Gaststätten in der Nähe, es handelt sich um einen baumlosen Asphaltplatz / im Ort, etwa 0,3 km zum Strand.
Zeiten: Mitte April - Ende September.
Zufahrt: Der Platz liegt östlich des Zentrums, Richtung La Grande-Motte vor dem Campingplatz *Les Saladelles*.
Gebühr: 15 €, Juli/August 17 €. Bezahlung an der Rezeption des Campingplatzes, wo Ihnen die Schranke geöffnet wird.
Hinweise: Die Sanitäreinrichtungen des Campingplatzes dürfen mitbenutzt werden. Geräusche von der nahen Schnellstraße.

Das westlich folgende, aber häufig gescholtene **Palavas-les-Flots** (6.000 Einwohner), dessen Hafen dem von Le

Grau-du-Roi ähnelt, hält inzwischen zwei fast nebeneinander liegende offizielle Plätze für *Camping-Cars* bereit, hermetisch eingezäunt, ca. 700 m vom Strand entfernt, ein wenig malerisch am Bootshafen, aber auch an der meistbefahrenen Kreuzung des Ortes; gerne besucht, jedoch eindeutig nicht lauschig:

WOMO-Stellplätze: Palavas-les-Flots

(014) *Aire d'accueil Paul Riquet*
GPS: N 43°31'51" E 3°55'27", Av. du Général de Gaulle. **Max. WOMOs**: 135.
Ausstattung/Lage: Ver- und Entsorgung, Toilette, Dusche, Strom (2 €), Mülleimer, klappstuhlgeeignet (aber auf Asphalt), Gaststätten (Leser schwär-

men vom Drehrestaurant im Leuchtturm), Geschäfte, guter Sandstrand nach etwa 700 m / im Ort.
Zufahrt: Fahren Sie in Palavas Richtung ‚*Rive droite'* und westlich der Kanalbrücke am Kreisverkehr Richtung ‚*Halte Camping-Car'*.
Gebühren: 14 - 20 €, je nach Saison und WOMO-Länge.
Hinweise: Selbst in der Nebensaison bisweilen früh belegt. Denn es ist der deutlich schönere der beiden Plätze.
Man kann von hier gut mit dem **Bus nach Montpellier** fahren – erst Linie 131 und dann die Tram 1.

(015) *Aire municipal de Camping-Cars du Parc Attractif*
GPS: N 43°31'57" E 3°55'38", Av. de l'Abbé Brocardi. **Max. WOMOs**: 86.
Ausstattung/Lage: Ver- und Entsorgung, Toilette, Dusche, Strom (2 €), Mülleimer, klappstuhlgeeignet (aber auf Asphalt), Gaststätten, Geschäfte, Schwimmhalle, guter Sandstrand nach etwa 600 m / im Ort.
Zufahrt: Fahren Sie in Palavas Richtung ‚*Rive droite'* und westlich der Kanalbrücke am Kreisverkehr zum beschilderten Platz
Gebühren: 12 - 17 € bis 14 Uhr, je nach Saison und WOMO-Länge.
Hinweis: Wesentlich lauter und weniger schön als Platz Nr. 14. Nach unserem Geschmack allenfalls ein Notplatz.

Die beiden Asphaltplätze waren vielleicht Vorbild für den neu angelegten Platz bei **Villeneuve-lès-Maguelone** (9.400 Einwohner), der wegen seiner zwar schattenlosen, aber sonst sehr schönen Lage ein Lieblingsplatz sein könnte, hätte der Planer statt des brutalen Asphalts einen freizeitgemäßen Untergrund gewählt:

(016) WOMO-Wanderparkplatz Villeneuve-lèsMaguelonne

GPS: N 43°31'46" E 3°52'06". Av. René Poitevin. **Max. WOMOs**: 42.
Ausstattung/Lage: Ver- und Entsorgung, Strom, Mülleimer, klappstuhlgeeignet (aber auf Asphalt), Wanderweg / Ortsrand.
Zufahrt: Folgen Sie in Villeneuve-Maguelonne der Beschilderung; der Platz liegt meerwärts südlich des Ortes.
Gebühren: 9 - 14 €, je nach Saison und Dauer. Sie müssen vor der Zufahrt am Automaten die Aufenthaltsdauer festlegen (Sie können am nächsten

Tag verlängern), müssen dann die Taste ‚*Reserver une place*' drücken und mit der Visa-Karte bezahlen; danach öffnet sich das Rolltor. Wer nur Ver- oder Entsorgen möchte, drückt die Taste ‚*Vidange seule*'.

bei Villeneuve-lès-Maguelone

Von hier können Sie hervorragend zu Fuß oder mit dem Rad nach etwa 2 Kilometern die **Kathedrale von Maguelone** erreichen (ab Palavas-les-Flots beträgt die Distanz etwa 4,5 Kilometer, hier fährt auch ein Touristenbähnchen). Pinien und Weinreben bilden den würdigen Rahmen für das früher auf einer Insel gelegene und im 12. Jahrhundert erbaute Gotteshaus, das bis ins 16. Jahrhundert Bischofssitz war und im 17. Jahrhundert, weil es zuletzt Protestanten als Kirche gedient hat, von Richelieu zerstört wurde, bevor man sich vor über 120 Jahren wieder an die Restaurierung gemacht hat *(9 - 18 Uhr; 2 €)*.

Sie können bequem zum Badestrand weiterwandern. Auf der Strecke entdecken Sie malerische Stellen an den Étangs. Ich weise daher besonders auf die im Rother Wanderführer beschrie-

Kathedrale von Maguelone - im Hintergrund Stellplatz Nr. 16

bene **Wanderung von Frontignan nach Palavas-les-Flots** hin, die auch an der Kirchenruine vorbei führt und die man am Stellplatz Nr. 16 starten kann.

Den weiter westlich gelegenen **Strand von Aresquiers** müssen Sie allerdings vergessen. Sie können mit dem WOMO dort nicht mehr parken, es sei denn Sie besuchen den schön direkt am Strand gelegenen Campingplatz:

---

(017) WOMO-Campingplatz-Tipp: Frontignan-Plage
(Les Tamaris)

GPS: N 43°26'58" E 3°48'21". **Ortszentrum**: 2,5 km.
Zeiten: Anfang April bis ca. 25.9. **Tel**. 04 67 43 44 77.
Ausstattung: Direkt am Badestrand, großer Pool, Laden, Restaurant, Wanderweg.
Zufahrt Folgen Sie östlich von Frontignan-Plage an der D 60 der Beschilderung. **Preise**: Etwa 30 - 50 €.
Hinweise: Kleine Parzellen, Diebstahlgefahr, Lesern wurde ein Fahrrad geklaut.

Versprechen Sie sich in dieser Gegend einen schönen, breiten Strand, aber kein idyllisches Hinterland Die nahe Kleinstadt **Frontignan** ist zwar dank ihres dort schon seit dem 17. Jahrhundert gekelterten Muskatweins bekannt, schön ist sie aber wegen der Auswüchse des Baubooms dennoch nicht. Das gilt in verstärktem Maße auch für **Frontignan-Plage**, wo zum Einheitsbeton noch eine derzeit außer Betrieb befindliche Ölraffinerie hinzukommt. Der Strand von Les Aresquiers war bis vor einigen Jahren noch der Endpunkt der kleinen von Frontignan-Plage herkommenden Küstenstraße D 60. Nun gibt es in der Nähe von Platz 16 aber eine ampelgeregelte Brücke über den Canal-du-Rhône-à-Sète, die Wirkung zeigt. Umweltschützer konnten noch durchsetzen, dass die Brücke für Lastwagen gesperrt und so schmal gebaut wurde, dass das kleine Sträßchen nicht zur Rennbahn nach Montpellier entartet. Aber die Grundstücksbesitzer hocken weiter in den Startlöchern. Und die Parkplatzstrategen haben für die Übergangzeit der Ordnung zum Sieg verholfen: Mit ein paar Felsbrocken und dem einfachen Mittel dreier zusammengeschweißter Rohre erreichen sie, dass zwischen Brücke und Strand die Badegäste, vorwiegend FKK-ler, ausschließlich niedrigen Fahrzeugen entsteigen. Schade, denn der Strand ist schön und die Landschaft hier hinten, wo die Raffinerie fast nur noch in den Gedanken stört, durchaus akzeptabel. Mit Fahrrad oder nach einem kleinen Fußweg auf beschildertem Wanderweg, vielleicht auch in der einen oder anderen Ausbuchtung, kann man das Strandleben trotz der Beschrankung durchaus noch für ein paar Stunden genießen.

Barrieren, Schranken & Co

Von der menschlichen Intelligenz soll unter dieser Überschrift die Rede sein. Weniger von der Vernunft bedeutender Europäer und weitsichtiger Wirtschaftspolitiker, die Schlagbäume zwischen den Ländern Europas einreißen ließen. Auch nicht von jenen, die nach dem Krieg allmählich die Barrieren aus unseren Köpfen verbannt haben. Keine rot-weiße Schranke muss mehr hochgehoben werden, wenn wir an der Grenze unseres westlichen Nachbarlandes stehen. Klug ist also die große Politik.

Umso kleinkarierter entlarvt sich an den Küsten Südfrankreichs das Denken von Bürgermeistern, Gemeinderäten und Verwaltungsbeamten. Die nächste Kommunalwahl steht immer vor der Tür. Und es scheint, als habe nur der eine Chance, der den örtlichen Handwerker mit einem Kleinauftrag beglückt.

Als Erstes stellt sich dabei die Frage, wo man am wählerwirksamsten die Barriere platziert. Dabei macht man nichts falsch, wenn man sie überall dort einsetzt, wo ein Parkplatz in Meeressichtweite liegt. Welcher Kommunalpolitiker lässt sich schon gern vom Wählervolk eine Unterlassungssünde vorwerfen? Am besten ist es also, man nimmt das Problem flächendeckend in Angriff. In dieser Hinsicht, so glaube ich, kann inzwischen fast jeder Schultheiß getrost vor sein Küstenwählervolk treten. Denn die Parkplätze sind, von wenigen Ausnahmen abgesehen, verbarrikadiert.

Die zweite Frage hingegen scheint schwieriger zu sein. Sie ist getragen von dem Ringen nach der passenden Konstruktion, der Findung des persönlichen Geschmacks und der Suche nach der ökonomischen Lösung. Denn Schranke ist nicht gleich Schranke.

Nur Einfallspinsel tendieren zu der klassischen Variante, bei der drei Metallteile, eins rechts, eins links und eines quer drüber, zu verschweißen sind. Wenngleich sogar bei dieser Lösung für den eigenen Gusto noch Raum bleibt. So muss gut überlegt werden, ob man lieber der weicheren Form des runden Rohrs den Vorzug vor der brutalen Methode gibt, der Vierkant-Stahl-Konstruktion. Letztere hat immerhin den Vorteil, dass auch der Lehrjunge im örtlichen Schlossereibetrieb schon mal dem Bürgermeister sein Können präsentieren darf. In beiden Fällen kommt auch der Azubi des heimischen Malers zum Zuge, kann er doch beweisen, wie man mit weißer und mit roter Farbe dem durch die Salzluft stetigen Korrosionsprozess Einhalt gebietet. Aber das sind schon eher die Stümper, vor denen ein grün angehauchter Ortsvorsteher schnell die Nase rümpft. Der tendiert nämlich zum natürlichen Werkstoff Holz und wird schon fast ein erotisches Prickeln verspüren, wenn er mit der Hand über seine glatt geschmirgelte Holzbalkenbarriere streicht oder gar das rustikale Baumstammtor seiner Bestimmung übergibt. Die Holzlösung ist zwar weniger stabil, sie hat aber den Vorteil, dass man ihre Reste noch verheizen kann, wenn ein paar zornige Wutbürger den Ordnungssinn des Gemeindeoberhaupts nicht ganz einsehen wollten.

Die Zukunft gehört eindeutig der Versandhausschranke. Die in verschiedenen Ausführungen und Preisklassen in einem Katalog angeboten wird, in dem sich der gemeindliche Zeugwart die Bänke für die Uferpromenade, die Papierkörbe und die Pissoir-Becken aussucht. Das größte Loch in den Gemeindesäckel reißt dabei die multifunktionale Qualität, die Krone des Erfindergeistes. Sie erlaubt es dem Bürgermeister, die Belegung seines Parkplatzes den Jahreszeiten anzupassen. Der Querbalken lässt sich nämlich schwenken, zur Seite drehen oder ganz entfernen. Und sogar mit einem Vorhängeschloss sichern.

Nur die Höhe dieser Schranken und Barrieren hat man noch nicht normiert. Variiert sie doch zwischen 1,90 m und 2,10 m. Auf jeden Fall ist sie so angelegt, dass der *Maire* (Bürgermeister) hocherhobenen Hauptes unter ihr hindurch schreiten kann. Meist passt auch der VW-Bus noch drunter durch, der mit dem Hubdach, aber ohne Toilette; und natürlich alle Pkw. So stehen dann nur die im heiligen Bereich, deren Insassen die kleinen Geschäfte im Meer verrichten und die größeren auf den versifften Toiletten angrenzender Kneipen, hinter verschwiegenen Büschen – oder auch mal im Meer. Dass nur ja keiner auf den Parkplatz kommt, der auf einem Chemieklo ausscheidet und geregelt entsorgt!

Es bleiben aber mehrere Fragen offen: Gibt es unter den Wohnmobilisten tatsächlich so viele Schweine? Leben unter den Gemeinderäten von St. Tropez bis St. Cyprien nur Ignoranten, die von der Wirklichkeit keine Ahnung haben? Kann man derart locker auf das Geld der Wohnmobilbesatzungen verzichten? Und wann endlich wird die Barriere erfunden, die nur Wohnmobile durchlässt, aber keine normalen Autofahrer, die an den Strand pinkeln?

Die entscheidenden Fragen aber lauten: Wird es an der Küste mal wieder wie früher sein, als ein Parkplatz noch für alle zugänglich war? Wird sich der wohnmobile Mensch irgendwann so verantwortungsvoll verhalten, dass man sich auf ihn verlassen kann? Oder, darum geht es in erster Linie, wird er eines Tages so viel Geld vor Ort ausgeben, dass man nicht auf ihn verzichten will?

Stellplatzmäßig wird es nach Westen hin zunächst auch nicht besser, denn rostige Öllagertanks sind die Vorboten von Sète, an dessen Stränden ich zwar bemüht, aber vergeblich einen Übernachtungsplatz gesucht habe. Wenn wir die Welt jedoch nicht danach beurteilen, ob wir auf ihr unser Wohnmobil abstellen können, gehört **Sète**, eine Stadt mit immerhin 40.000 Einwohnern, zu den Orten, mit denen es der liebe Gott eher gut gemeint hat – ausgenommen die vielen nordafrikanischen Einwanderer und kleinen Fischer, die ein ärmliches Dasein fristen. So ist aber der Tourismus. Wo sich das Leben der Armen mit dem der Reichen vermischt, wo in Sichtweite von Spelunken die Gutbetuchten in feudalen Hotels absteigen, wo tagtäglich Frankreichs größte Fischereiflotte den silbrig glänzenden Fang schreienden Händlern abliefert (bzw. es getan hat – siehe gelber Kasten), und wo es dem, der seine Kredit-Karte in der Tasche trägt, an nichts fehlt, kommen wir Touristen auf unsere Kosten. Womit das Wesentliche schon gesagt wäre.

Sète - Blick vom Mont Saint-Clair

Die Aufzählung der Sehenswürdigkeiten ist dagegen eher kurz. Der berühmte **Mont Saint-Clair**, der Hausberg, bietet von seinen 182 Höhenmetern einen schönen Überblick. Es lohnt sich hoch zu fahren (das ist steil, es gelingt dennoch großen Reisebussen), weniger um die kleine Wallfahrtskapelle zu beehren, sondern wegen des grandiosen Rundblicks über die Stadt und den Hafen. Nach Sperrung des größten Teils der Fläche bleiben hinter der Balustrade nur noch zwei oder drei nicht sehr große Plätze, wenn einen das bisweilen hell erleuchtete Riesenkreuz nicht stört und auch nicht die Warnung vor dem Elektrosmog der vielen Antennen:

(018) WOMO-Stellplatz: Sète (Mont Saint-Clair)

GPS: N 43°24'08" E 3°41'06", Chemin de Saint-Clair.   **Max. WOMOs**: 5.
Ausstattung/Lage: Wasser, Toilette, tolle Sicht, Treppenweg hinunter ins Zentrum / Stadtrand.
Zufahrt: Suchen Sie im westlichen Ortsteil auf der Südseite (an der südwestlichen Ecke des Hafenbeckens) bei der *Cimetière marin* den Wegweiser *,Mont Saint-Clair'*. Es geht nun steil aufwärts bis zum Gipfel. Direkt nach der höchsten Stelle folgt ein weiterer Parkplatz.
Hinweise: Der erste Parkplatz ist seit der Umgestaltung und teilweisen Sperrung nur noch ein Behelf für Insider mit Fahrzeug unter 7 m. Aber der Blick belohnt auf jeden Fall für die kurze, steile Zufahrt. Der nach wenigen Metern folgende weitere Platz war zuletzt die bessere Alternative.

Der etwa 800 m nördlich gelegene Aussichtsbalkon **Pierres Blanches**, hingegen ist mit einem Schild *,Camping et Caravanning interdit'* verunziert (was immer das auch für die reine WOMO-Nacht bedeutet). Hier könnte man ausgezeichnet stehen; **GPS**: N 43°24'14" E 3°40'14".

Laut Internetseite der Stadt ist die Übernachtung auf den drei vorgenannten Plätzen (nur) zwischen dem 1.6. und 30.9. verboten.

Weitere früher von mir empfohlene Plätze gibt es nicht mehr, weshalb es für große Fahrzeuge richtig schwer ist, in Sète überhaupt zu **parken**. Wenn Sie Verbotszeichen für Wohnmobile als reines Nachtparkverbot interpretieren, finden Sie meistens Platz entlang des Kanals nach Frontignan-Plage (ab N 43°24'34" E 3°42'17") oder in Seitenstraßen dazu.

Zum festen Repertoire von Sète gehört auch der Bummel über die **Cimetière marin**, den Seefahrerfriedhof, seitlich der Küstenstraße an der südwestlichen Ecke des Fischereihafenbeckens. Der terrassenförmig den Hang des Mont Saint-Clair emporwachsende Gottesacker ist nicht nur einer der bekann-

in Sète

testen, sondern auch einer der schönsten Friedhöfe Frankreichs. Er ist allerdings nicht die letzte Ruhestätte von **Georges Brassens** (1921 - 1981), der ihn zwar mehrfach besungen hat, der aber wunschgemäß neben seiner Anhängerschaft, den Arbeitern, auf dem kommunalen Friedhof seine letzte Ruhestätte gefunden hat (diese liegt am Boulevard Camille-Blanc auf der nordöstlichen Seite – wenn man einmal um Sète herumfährt, kommt man daran vorbei). Der Chansonnier ist einer der berühmtesten Söhne der Stadt, leider versteht man mit Schulfranzösisch seine Lieder schlecht. Daran ändern auch die Kopfhörer im Museum des **Espace Brassens**, gegenüber dem Friedhof, wenig *(10 - 12 und 14 - 18 Uhr, im Winterhalbjahr montags geschlossen; 3 €).*

Thunfischfang im Mittelmeer

Mit Sète verbindet man in unserer Zeit weniger den Sänger Brassens als in allererster Linie den Fischfang. Tagtäglich können Sie am Fischereihafen, dem großen Becken westlich der Brücke mitten in der Stadt, die Rückkehr der Kutter beobachten und fotografieren, wie bärtige Männer mit sonnengegerbten Gesichtern ihre Beute direkt vom Schiff in die Kühllaster umladen, die gleich darauf zu den Abnehmern starten.

Aber als wir im Jahr 2011 am Hafenbecken flanieren, bestaunen wir bereits am späten Vormittag die größten Trawler, fest am Kai vertäut und schon leicht rostig. Wir sind Zeugen der Auswirkungen eines Konflikts, der in Sète für viel Unruhe gesorgt hat. Die EU-Kommission hatte Anfang Juni 2010 zum Schutz des auf der Roten Liste (der vom Aussterben bedrohten Tierarten) stehenden Roten Thunfischs die Fangsaison vorzeitig beendet und auch 2011 nur noch begrenzt wieder frei gegeben. Außerdem waren libysche Schwarzfänger unerlaubt in die fremden Gewässer eingedrungen und mussten ihre Schiffe still legen. Die EU erhofft sich, auf diese Weise die Fischbestände wieder zu vergrößern. Ohne solche

Beschränkungen wäre der Rote Thunfisch schon 2012 ausgestorben. In Sète gab es damals wütende Proteste der Fischer, die ihre Hochseekutter nicht mehr rentabel einsetzen konnten. Andernorts sind französische Thunfischjäger sogar mit Harpunen auf Greenpeace-Aktivisten losgegangen, als diese gefangene Thunfische aus 10 bis 20 Kilometer (!!) langen, an der Wasseroberfläche mit Bojen gehaltenen Treibnetzen befreien wollten.

Über diese grausamen Stell- und Treibnetze könnte man sich seitenlang auslassen, über mörderischen Beifang, über Raubbau an Edelfischbeständen, aber auch über unsere Verbrauchsgewohnheiten und den Speiseplan der Restaurants.

So ist es zu erwarten und notwendig, dass Fangbeschränkungen auch auf andere Fische ausgedehnt werden; zum Beispiel zum Schutz des Kabeljau. Wissenschaftlichen Untersuchungen zufolge würde schon eine Reduzierung der Fangmenge während nur zwei Jahren den Bestand im Mittelmeer nahezu vollständig wieder herstellen oder sogar noch verbessern.

Man muss schon aus ökologischen Gründen wirklich hinterfragen, ob man als Autor eines Reiseführers überhaupt noch eines der Fischlokale empfehlen soll, die sich wie Perlen an einer Schnur seitlich des Hafens aneinander reihen. Wer sich dort in der Adresse vertut, findet auch mal ein aufgetautes Produkt auf seinem Teller. Wobei klargestellt werden sollte, dass

ein tiefgekühltes Fisch-Filet mit leckerer Soße in Wattenscheid einen faden und überteuerten Frischfisch in Sète alt aussehen lassen kann.

Berühmt wie die Fischlokale ist auch die folkloristische Seite der Seefahrt. An vier Tagen um den 25. August finden die berühmten mittelalterlichen Lanzenstechturniere ‚Les Joutes' im Kanal von Sète statt. Rot und blau bemalte Boote stehen sich gegenüber, und der Jouteur, der auf dem Heck des einen Bootes steht, muss versuchen, mittels einer Lanze den Kollegen der feindlichen Mannschaft über Bord zu schubsen. Dabei gilt es zahlreiche, dem Fremden undurchschaubare Regeln zu beachten. Die Turniere sind nicht nur Volksfest- und Touristenattraktion, sie haben auch einen historischen Ursprung. Schon zu Zeiten der Kreuzfahrer (als es Sète noch gar nicht gab) hatten sich die Soldaten mit ähnlichen Scheingefechten die Warterei vor dem Ablegen an die nordafrikanische Küste vertrieben. Die Spiele werden seit der Gründung von Sète, das sich einst Cette nannte, im Jah-

Strand bei Platz Nr. 19

re 1666 zelebriert. Der Hafen von Sète war in dieser Zeit von Riquet konzipiert worden, als Endpunkt des Canal du Midi, einer Schifffahrtsstraße, die das Mittelmeer mit dem Atlantik verbindet (Näheres auf der 7. Tour).

In die Vorauflage konnte ich endlich den wunderbaren feinsandigen und langen Strand westlich der Stadt in unser Programm aufnehmen. Die ehemalige Durchgangsstraße wurde als Riesenparkplatz umfunktioniert, nachdem eine neue Straße daneben gebaut worden war. Und erfreulicherweise wurden auch die WOMOs nicht übergangen:

(019) WOMO-Badeplatz Les 3 Diques

GPS: N 43°22'00" E 3°36'57", D 912. **Max. WOMOs**: ca. 40.
Ausstattung/Lage: Ver- und Entsorgung (1 €), Toilette (häufig abgeschlossen), im Sommer Bäckereiwagen, klappstuhlgeeignet, Mülleimer, direkt am schönen Badestrand, im Sommer früh belegt / außerorts, aber stets besucht.
Zeiten: 1.5. - 30.9.
Zufahrt: Fahren Sie in Sète nach Westen, Richtung Marseillan-Plage, Cap d'Agde. Etwa 6 km westlich des Zentrums von Sète sehen Sie seitlich der D 912 einen als ‚Les 3 Diques' bezeichneten Parkplatz.
Gebühr: 10 €.
Hinweise: Deutliche Geräusche von der nahen Straße

und von der Bahn. Keine Infrastruktur, kein Schatten. Man kann vermutlich so lange bleiben, wie man will, aber nur für 48 Stunden ein Ticket kaufen.

Weiter westlich liegt, nur durch die (ehemalige Durchgangs-)Straße vom breiten Strand getrennt, *Camping Le Castellas*, ein Riesenplatz mit Pool und vielen Mobil-Homes, ehe der Strand an seinem südwestlichen Ende in den von **Marseillan-Plage** übergeht. Der Ort ist belanglos, zurückhaltend formuliert, aber Sie finden dort neben mehreren größeren einen kleinen, familiären Campingplatz direkt am Strand und einen geräumigen, offiziellen Stellplatz in 600 m Entfernung zum Meer:

(020) WOMO-Campingplatz-Tipp: Marseillan-Plage
(Le Paradou)

GPS: N 43°19'19" E 3°33'32".   **Ortszentrum**: 0,8 km.
Zeiten: Ostern bis 15.10..   **Tel**. 04 67 21 90 10.
Ausstattung: Direkt am Badestrand, Brotverkauf, Snack, kostenloses WiFi.
Zufahrt Der Platz liegt östlich des Zentrums und noch östlich eines Kanals in der Nähe der alten Küstenstraße.   **Preise**: 15 - 35 €.
Hinweis: Im Ort finden Sie weitere größere Campingplätze direkt am Strand.

(021) WOMO-Stellplatz Marseillan-Plage

GPS: N 43°19'09" E 3°32'56". Rue des Goélands.   **Max. WOMOs**: 122.
Ausstattung/Lage: Ver- und Entsorgung (Wasseranschluss nur mit einer Gardena-Kupplung ¾ Zoll oder dem Anschlussadapter des Verwalters), Mülleimer, klappstuhlgeeignet, Strand nach etwa 600 m, Gaststätten und Geschäfte in der Nähe / im Ort.
Zufahrt: Der Platz liegt gut beschildert an einem Kreisverkehr der Straße nach Sète.
Gebühren: 4 - 12 €, je nach Saison (nur mit Visa- oder Masterkarte).
Hinweise: Verkehrsgeräusche von der nahen Hauptverkehrsstraße, im Hochsommer Lärm bis in die Nacht vom nahen Freizeitpark.

Um das westlich angrenzende **Le Cap d'Agde** kann im Sommer der Bogen nicht groß genug sein. Nur so viel: 1,5 Mio. Besucher pro Jahr, 27.000 Wohnungen, 7 Strände, 4 künstliche Inseln mit Nightclubs und Diskotheken sowie ein zentral gelegenes Empfangsgebäude, von dem die Feriengroßstadt organisiert wird. Es muss eine Menge Leute geben, denen das gefällt, sonst wären sie nicht hier. Wahrscheinlich träumen viele davon, mit einem Wohnmobil alles das hinter sich lassen zu können, samt dem dortigen **Stellplatz**, einem fast schattenlosen Stück Asphalt, ca. 300 m vom Meer entfernt, das wir hier nur der Vollständigkeit halber und wegen der Ver- und Entsorgungsmöglichkeit erwähnen [**022**- *Place des Môles'*, Rue du Gouverneur, GPS: N 43°17'10" E 3°31'03"]. Sie finden daneben den beschilderten, an den Strand grenzenden **Campingplatz** *La Clape*, östlich des Ortes die riesige FKK-Campinganlage *René Oltra* und westlich weitere Plätze hinter dem Strand.

Einen Grund für den Besuch von Cap d'Agde gibt es aber auf jeden Fall: den griechischen Epheben im **Musée de l'Éphèbe** *(10 - 12 und 14 - 18 Uhr, Sa. u. So. bis 17 Uhr, im Juli/August keine Pause; 5 €)*. Die Rede ist von einer Mannsgestalt, deren anmutige Formen einst von einem griechischen Bildhauer geschaffen wurden. Im Jahre 1964 haben Taucher die steinerne Figur im Schlick des Flusses Hérault nahe der Brücke von Agde gefunden. Dort gab es aber noch kein Museum, und so wurde das Kunstwerk zunächst über 20 Jahre lang im Pariser Louvre gezeigt, sozusagen zwischengelagert, ehe in Cap d'Agde der museale Rahmen geschaffen worden war. Man

Agde

beißt die Zähne zusammen, am liebsten würde man bis zur Museumstür auch die Augen schließen. Rein ins Museum, die Augen wieder auf, das Mannsbild hinter Plexiglas betrachten und zurück nach Agde !

Der Haupturlauberstrom fließt in umgekehrter Richtung, wenn die nun nicht mehr Nackten (das Cap d'Agde ist eines der bedeutendsten FKK-Zentren in Europa) zwischen Après-Sun und Diskotheken-Cocktail für ein, zwei Stunden in **Agde** ein Stück normale Welt erleben möchten. Dann platzt die Stadt aus den Nähten, weshalb zwischen Mitte Juli und Mitte August auch der Stadtbummel in Agde ein eher zweifelhaftes Vergnügen ist. Aber in der restlichen Zeit liegt die Stadt, eine der ältesten Frankreichs, malerisch am Fluss Hérault und scheint noch mehr für ihre eigenen 15.000 Einwohner als für die Gäste zu existieren. Der Ort muss auch schon in der Antike seine Reize gehabt haben, sonst hätten die Griechen der Ansiedlung nicht den Namen *Agathe*, die *Schöne*, verliehen. Ihr Bild lebt heute von der Gegensätzlichkeit zwi-

Agde - Kathedrale

Agde - Rue de l'amour

schen den sommerlich bunten Farben und den schwarzen Repräsentationsbauten. Allen vorweg der wehrhaften Kathedrale (von 1173), die wie auch das Rathaus und einige Stadtpaläste wegen des schwarzen Lava-Basalts ziemlich finster wirkt. Die Baumeister haben sich an dem Gestein bedient, das vor der Haustür lag und das der nahe Mont St. Loup liefert, der erst vor weniger als einer Million Jahre, wie die Vulkane der Auvergne, aus dem Erdinneren aufgetaucht ist.

Agde ist kein Ort für große Besichtigungen, stattdessen bummelt man durch nette Gassen und ein intaktes Altstadt-

bild. Vielleicht lässt man sich auch, je nach Reisezeit, ein bisschen schieben. Aber man hat seine Freude dabei. Besonders in der **Rue de l'amour**, dem ursprünglichsten und weitgehend unsanierten Teil der Altstadt (beschildert).

Leider ist der Bereich, den ich früher als Stellplatz empfohlen hatte, inzwischen gesperrt, weshalb es schwer ist, einen Parkplatz zu finden (suchen Sie auch auf dem anderen, westlichen Ufer des Hérault).

Die ebenfalls am östlichen Ufer des Hérault, jedoch an der Küste gelegene Feriensiedlung **Le Grau d'Agde** kann einige kleinere Campingplätze (nicht am Strand) vorweisen. Die schöneren Alternativen finden Sie auf unserer nächsten Tour, die am anderen Flussufer beginnt. Aber es gibt auch ein schönes Lokal, mit dem Nachteil, dass Sie von allen unseren Stell- oder Campingplätzen extra hinfahren müssen. Vielleicht animiert es Sie trotzdem: Im **Restaurant *L'Envie*** sitzen Sie im Sommer direkt über dem Hérault und werden ebenso lecker bekocht wie freundlich bedient *(Tel. 04 67 21 13 00; am Sonntag- und Mittwochabend geschlossen).*

Le Grau d'Agde

Vor unserer Fahrt auf das westliche Flussufer liegt noch ein kleiner Abstecher ins Hinterland, an eine Küste fast ohne Badebetrieb und deshalb ohne Rummel. Wir fahren nämlich an die Nordseite des **Bassin de Thau**, eine Meerwasserlagune, die wegen ihrer Austern- und Muschelbänke, aber auch wegen ihres Fischreichtums, berühmt ist. Gerne würde man in der Kleinstadt **Marseillan** (Village) länger verweilen und am Rand des Sportboothafens die Früchte des Binnengewässers genießen. Wohnmobile liebt die Verwaltung in der Nähe des Wassers aber nicht. Man kann dort legal kaum parken. Wer sich daran nicht stört oder ein paar Schritte mehr geht, wird schöne Fotos mit nach Hause nehmen und vielleicht auch eine Flasche des Wermuts *Noilly Prat*, der hier hergestellt wird und mit dem viele Spitzenköche die Fischsoßen geheimnisvoll abschmecken. Sie

Marseillan

Bouzigues

können die Fabrik am Hafen besichtigen und die Erzeugnisse vor Ort kaufen *(Mittagspause von 12 – 14.30 Uhr)*.

Noch erfreulicher ist das Fischerdorf **Bouzigues**, nach dem die hier wachsenden **Austern** benannt werden. In der Nähe sehen Sie im Étang die Austerntische, angeblich insgesamt etwa 3.000. Es sind Gerüste von 15 auf 50 Meter, von denen jeweils 1.000 Seile ins Wasser hängen, wo die jungen Austern heranwachsen. Diese sogenannte Leinenkultivierung wurde in Europa vor allem bei Bouzigues entwickelt, nachdem übrigens erst 1904 im Bassin de Thau mit der Austernzucht begonnen worden ist. Hier gibt es heute fast 500 Betriebe für *Conchyliculture*, also für Muschel- und Austernzucht, die rund 8.000

Tonnen Austern und etwa 5.500 Tonnen Miesmuscheln im Jahr ernten (in Leucate tun das 26 Erzeuger). Einzelheiten erfahren Sie im **Musée de l'Étang de Thau** in Bouzigues *(Mittagspause von 12 - 14.30 Uhr; 4 €)*. Und verspeisen können Sie die frischen Produkte in zahlreichen Restaurants hinter einem lang gezogenen Strand, wo sogar gebadet wird und wo gerade im Herbst das Wasser deutlich wärmer ist als im offenen Meer.

An der westlichen Zufahrt beginnt das Nachtparkverbot für Wohnmobile erst nach zwei oder drei Parkbuchten. Mein Tipp: Bleiben Sie tagsüber am Strand und weichen Sie nach der Meeresfrüchteplatte (zum Beispiel im *La Côte Bleu*) auf den schön gelegenen, kleinen Campingplatz aus, der eigentlich nur unsere zweite Wahl ist, nachdem Sie davor, am Rand des Étang de Thau nicht mehr legal stehen können:

(023) WOMO-Campingplatz-Tipp: Bouzigues
(Lou Labech)

GPS: N 43°27'02" E 3°39'56", Rue du Stade.   **Ortszentrum**: 0,6 km.
Zeiten: Ostern bis Mitte Oktober. **T**   **el**. 04 67 78 30 38.
Ausstattung: Direkt am Étang, Brotverkauf, Getränke, kostenloses WiFi.
Zufahrt Der Platz liegt beschildert östlich des Zentrums. **Preise**: 16,50 - 30 €.

In Bouzigues treten Sie in unserer Tourabfolge entweder den Rückweg auf dem Hinweg an. Oder Sie umrunden das Bassin vollends und durchqueren Sète noch einmal. Jedenfalls geht es westlich davon auf der dritten Tour weiter.

Bassin de Thau - von Sète aus

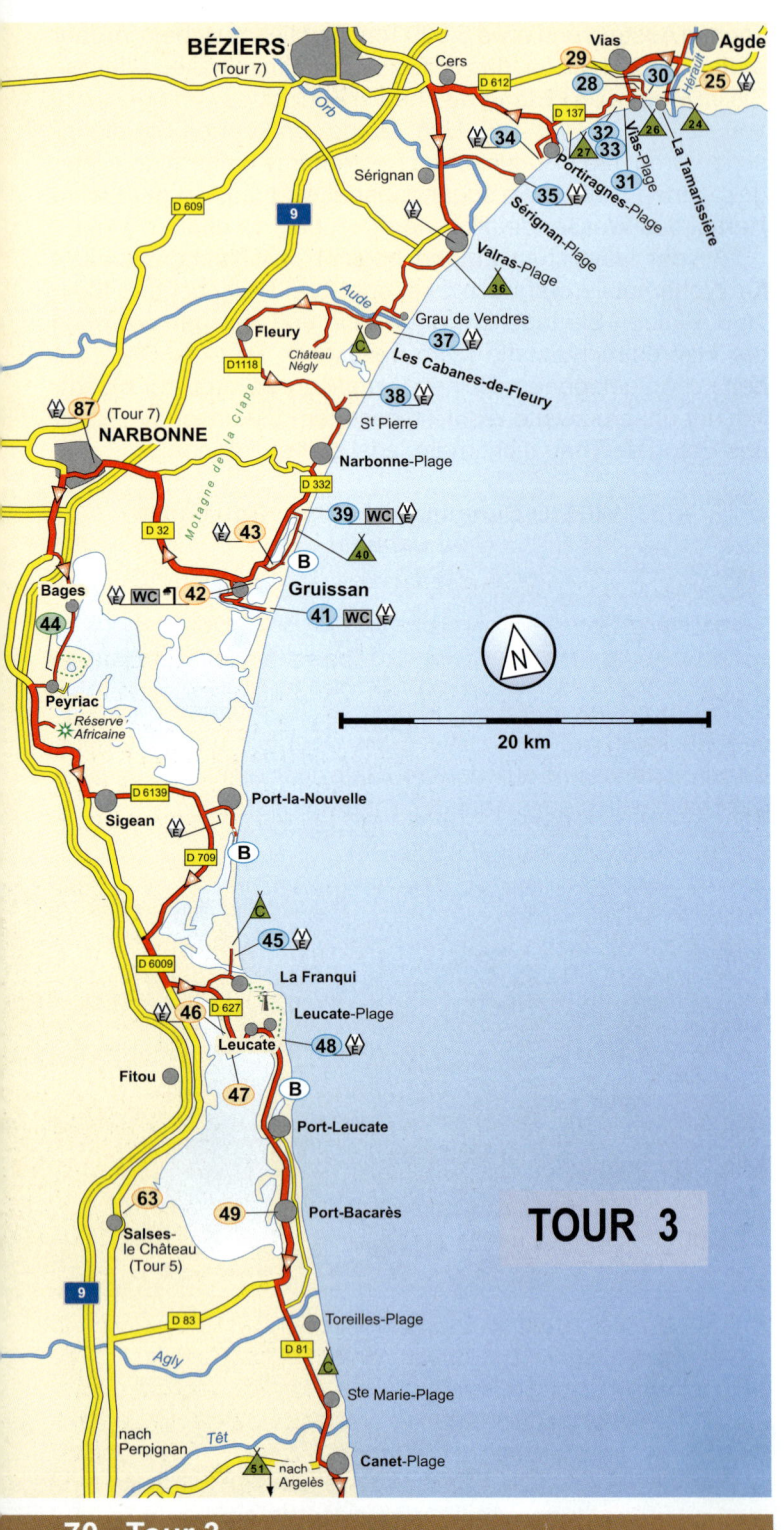

BÉZIERS
(Tour 7)

Orb

Cers

D 612

Vias

Agde

29

28

30

25

D 137

34

32
27
33

26

24

La Tamarissière

Sérignan

Portiragnes-Plage

31

Vias-Plage

35

Sérignan-Plage

D 609

9

Aude

Valras-Plage

Grau de Vendres

Fleury

C

37

Les Cabanes-de-Fleury

D1118

Château
Négly

87 (Tour 7)

NARBONNE

38

St Pierre

Montagne de la Clape

Narbonne-Plage

D 332

D 32

43

39 WC

B

40

Bages

WC 42

Gruissan

44

41 WC

Peyriac

Réserve
Africaine

D 6139

Port-la-Nouvelle

Sigean

D 709

B

D 6009

C

45

La Franqui

D 627

Leucate-Plage

46

Leucate

48

Fitou

47

B

Port-Leucate

63

49

Port-Bacarès

Salses-
le Château
(Tour 5)

9

D 83

Toreilles-Plage

Agly

D 81

C

Ste Marie-Plage

nach
Perpignan

Têt

51

nach
Argelès

Canet-Plage

N

20 km

TOUR 3

Tour 3: Sand, Lagunen und Mobil-Homes - Die westliche Küste 220 km

La Tamarissière - Vias-Plage - Gruissan - Sigean
Leucate - Argelès-sur-Mer

Stellplätze:	bei La Tamarissière, bei Vias-Plage, in Portiragnes-Plage, in Sérignan-Plage, in Cabanes-de-Fleury, bei Saint Pierre-sur-Mer, westlich von Narbonne-Plage, mehrere Plätze in und bei Gruissan, bei Peyriac-de-Mer, bei La Franqui, am Étang de Leucate, am Strand von Leucate-Plage
Campingplätze:	in La Tamarissière, in und bei Vias-Plage, in Valras-Plage, in Argelès-sur-Mer
Besichtigen:	Gruissan, das Dorf Bages, Tierpark von Sigean
Wandern:	um den Étang du Doul, zum Cap Leucate und nach La Franqui
Essen:	Restaurants *L'Estagnol* und *Le Lamparo* in Gruissan

Müsste ich eine Hitparade der schönsten an der Küste gelegenen Languedoc- und Roussillon-Orte aufstellen, Ihnen die *Top-Ten* nennen, würde es mir nicht leicht fallen, überhaupt zehn Hits zusammen zu klauben. Aber auf die vordersten Plätze käme die kleine Ansiedlung **La Tamarissière**, deren wenige Häuser, es sind tatsächlich nur einige Hände voll, das westliche Ufer des Hérault säumen.

am Hérault - Blick von La Tamarissière nach Le Grau d'Agde

Dieser Fluss, dessen Oberlauf uns bei der 8. Tour erneut gefallen wird, besticht kurz vor seinem Abtauchen ins Meer mit einer malerischen Kulisse, einer für die Gegend ungewöhnlichen Beschaulichkeit und Trägheit – relativ gesehen! Unerklärlicherweise sucht man das Nest in den meisten Reiseführern vergeblich, das, ebenfalls relativ betrachtet, fast noch als Geheimtipp durchgehen könnte. Freilich zeitigt auch hier die Hochsaison Auswüchse.

Camping La Tama

Aber immerhin gibt es keinen Massentourismus, wenngleich in den heißen sechs Wochen vom 10. Juli bis 20. August der *Camping la Tama* gut besucht und häufig ausgebucht ist. Die Rede ist von einem sehr großen Gelände unter Bäumen direkt hinter der Düne, so geräumig, dass sich in der Nebensaison die wenigen Besucher fast verlaufen. Das Terrain ist weitgehend naturbelassen, was sogar für mehrere deutsche Bunker zutrifft. Die deutsche Besatzungsarmee hatte im letzten Weltkrieg an Südfrankreichs Mittelmeerküste einen dichten Bunker-Sperrgürtel aufgebaut, um eine in dieser Gegend erwartete Landung der Alliierten abzuwehren. An den Stränden sind die schaurigen Betonklötze größtenteils verschwunden, bzw. durch als Behausung dienende Betonbauten ganz anderer Zweckbestimmung ersetzt. Auf dem Campingplatz hat man sich den mühevollen Abriss erspart. Dort diente *Le Block(h)aus*, wie die Franzosen sagen, lange Zeit als Wand für Klo und Dusche, bis neue Sanitärgebäude in Betrieb gestellt wurden. Wobei die unbestreitbare Atmosphäre dieses Platzes von seiner schönen Lage und Natürlichkeit herrührt und nicht von der Weltkriegserinnerung.

Das Flair ist geblieben, obwohl der ADAC-Campingführer den Platz entdeckt hat und der sich seitdem alle Mühe gibt, eine neuzeitliche Uniform anzulegen. Es wurden *Mobil-Homes* aufgereiht, sich wie eine Epidemie verbreitende und offensichtlich rentable Behausungen.

Wiedehopf

Außerdem hat man zu den Dünen einen Zaun gezogen und damit den Platz verkleinert und seiner schönsten Nischen beraubt. Aber solange Wiedehopf, Specht und Eichhörnchen nicht ausgerottet sind, werden wir unseren Lieblingsplatz, sicher einer der schönsten in dieser Gegend, weiter aufsuchen:

(024) WOMO-Campingplatz-Tipp: La Tamarissière
(Camping la Tama)

GPS: N 43°17'15" E 03°26'33".   **Ortszentrum**: 0,1 km.
Zeiten: 2.4. - 15.9.   **Tel**. 04 67 94 79 46.
Ausstattung: Direkt am sehr schönen Badestrand, Läden, Restaurants,
<u>kein</u> Pool.   **Zufahrt**: Biegen Sie in La Tamarissière fast
am Ende der Straße rechts ab – nicht zu verfehlen.
Preise: 15 – 28 €; es wird für einen oder mehrere Tage im Voraus kassiert,
man kann verlängern.
Hinweise: Es gibt auch hier, obgleich man das nicht erwartet, Stechmü-
cken, wie übrigens auch auf sehr vielen anderen, in diesem Buch empfohlenen Plätzen.

Genau kenne ich auch nicht die Gründe der Faszination von
Platz und Ort. Wahrscheinlich ist es der breite Fluss, der bislang verhindern konnte, dass die Gegend vom Tourismusbrei
völlig verklebt wurde. Lässt man sich von einer kleinen Fähre
ans andere, östliche Flussufer übersetzen, ist man in Le Grau
d'Agde sofort in der Welt ganz anderer Tourismusstrukturen.

Leider verkehren die beiden Personenfähren nur tagsüber.
Das ist deshalb schade, weil bei unserer letzten Recherche in
La Tamarissière die infrage kommenden Restaurants durchge-
fallen sind und wir deshalb abends mit dem Auto ans andere
Ufer fahren mussten, um in dieser Gegend überhaupt noch
ein Lokal anbieten zu können (siehe das Restaurant *L'Envie*
bei Tour 2). Gerade noch akzeptabel war in La Tamarissière
die spanische, aber etwas zu teure Küche des Restaurants *Le
K' Lamar*. In La Tamarissière, das ab Ende September in den
Winterschlaf fällt, speist man nur während weniger Monate im
Jahr auswärts, wovon ein seriös betriebenes Restaurant selten lange überleben kann.

Die Launen der Natur hatten dem Strand mehrfach übel
mitgespielt. Von dem einstmals breiten Sandstreifen war vor-

Strand bei La Tamarissière

übergehend nur noch ein kümmerlicher Rest geblieben. Inzwischen haben aber die künstlichen Wellenbrecher Wirkungen gezeigt. Der Strand hat wieder seine frühere Breite, so dass mehrtägigen Urlaubsfreuden nichts im Wege steht. Es sei denn, Sie fühlen sich nur wohl, wenn Sie es am Abend krachen lassen können.

In der Nähe finden Sie inzwischen auch einen privat betriebenen und schön gelegenen Stellplatz:

(025) WOMO-Stellplatz: La Tamarissière *(Peubliers)*

GPS: N 43°17'54" E 3°27'07", D 32.

Max. WOMOs: 50.

Ausstattung/Lage: Ver- und Entsorgung, Strom, Mülleimer, klappstuhlgeeignet / außerorts, nicht einsam.

Zeiten: Der Platz war im Jahr 2015 schon Anfang September geschlossen.

Zufahrt: Der Platz ist nördlich von La Tamarissière seitlich der Straße vor einem dazu gehörigen Campingplatz beschildert. **Gebühr**: 6 - 12 €.

Hinweise: Der Platz liegt etwa 1,6 km vom Strand entfernt. Sie können von hier sowohl nach Agde wie auch nach La Tamarissière laufen, besser noch radeln.

(024) Zumindest außerhalb der Hochsaison können Sie ebenso unter Pinien **außerhalb des Campingplatzes** *La Tama* stehen (Wasser finden Sie direkt neben der Campingplatzzufahrt) oder für eine Nacht seitlich der Straße am Fluss, wo es teilweise nicht verboten ist – am besten erst kurz vor Agde. Ich weiß allerdings nicht, ob vorbeifahrende Autos sehr stören.

Ein paar Kilometer weiter westlich, man kann auf einem Spaziergang entlang des Meeresrandes oder vom Campingplatz sogar hinlaufen (an einer Flussmündung muss man ein kurzes Stück landeinwärts bis zu einer Brücke gehen), ist der Strand ebenfalls fast durchweg wieder breiter geworden. Das ist gut so. Der Platz wird nämlich gebraucht. Nirgends an Frankreichs Mittelmeerküste ist die Campingplatzdichte höher als in diesem Raum. In älteren Reiseführern wird das Gebiet trotzdem als abgeschieden behandelt. Noch 1982, Deutschland spielte damals bei der Fußballweltmeisterschaft gegen Frankreich, hatte ich Mühe, überhaupt einen Campingplatz mit Fernsehgerät zu finden, als ich zwischen Weinfeldern auf unscheinbaren Sträßchen Platz nach Platz abgeklappert habe. Als ich 15 Jahre später für die literarische Aufbereitung die Erinnerung wachgerufen habe, rührte mich fast der Schlag. Schon die Michelin-Karte hätte mich warnen müssen: Die Ansiedlung am Strand hatte einen neuen Namen bekommen und hieß **Vias-Plage**, was den schalen Geschmack von Narbonne-Plage oder Valras-Plage aufkommen lässt. Sie beginnt auch schon einen Kilometer hinter der Küste mit einem sommerlichen Freizeitpark samt Achterbahn. Am Strand stehen Appartementhäuser, dahinter eine Feriensiedlung, und auf dem Weg dorthin gibt es so ziemlich alles, was einem den ruhigen Urlaub verdirbt. Sperrstunde ist im Sommer (in der Nebensaison bleibt es ruhig) um 1 Uhr. Der Deutschen liebster Rummel ist der des Campingplatzes *Farret* (wo Sie kaum Franzosen antreffen), das diametrale Gegenstück von *La Tama*, schon an Pfingsten beinahe voll, mit Poollandschaft hinter dem Badestrand und in der Hochsaison über 60 Euro teuer (pro Nacht und für 2 Personen). Man nennt sich *Club*, und wenn es nur eine Möglichkeit gibt, das Genörgel Ihrer halbwüchsigen, auf den schönsten freien Stellplätzen gelangweilten Kinder zu beschwichtigen, versprechen Sie ihnen ein paar Nächte im *Club Farret*. Aber fragen Sie vorher telefonisch, ob es Platz gibt:

(026) WOMO-Campingplatz-Tipp: Vias-Plage
(Club Farret)

GPS: N 43°17'27" E 3°25'08".   **Ortszentrum**: 0,3 km.
Zeiten: Ostern bis Anfang Oktober.   **Tel**. 04 67 21 64 45.
Ausstattung: Pool, Laden, Restaurant, Bestnoten in den Campingführern, teilweise schöne Parzellen direkt am Badestrand, zunehmend viele Mobil-Homes.
Zufahrt: Der Platz ist in Vias-Plage beschildert.   **Preise**: 20 - 61 €.

Fährt man am Campingplatztor vorbei, nachdem man von der Hauptstraße dahin abgebogen ist, kann man auf dem Weg zum Strand zumindest in der Nebensaison auch eine Nacht nahe dem Strand **frei stehen**.

Nach diesen Nächten werden Sie vielleicht wieder einen freien Stellplatz zu würdigen wissen. Aber mein Dienst am Leser und seinen heranwachsenden Kindern kennt keine Grenzen. Ich habe diverse Campingplätze inspiziert und einen weiteren – nach 29 Jahren, ohne ihn wieder zu erkennen – für zwei Nächte getestet. Gefallen haben mir dort die Parzellen hinter dem sehr stark besuchten Strand, während auf den anderen Platzteilen die Mobil-Homes überhandgenommen haben:

(027) WOMO-Campingplatz-Tipp: Vias-Plage
(Le Mediterranée-Plage)

GPS: N 43°17'03" E 3°22'17".   **Ortszentrum**: 7 km.
Zeiten: 1.4. - 30.9.   **Tel**. 04 67 90 99 07.
Ausstattung: Pool, Läden, Restaurant, teilweise schöne Parzellen hinter der Düne, direkt am Badestrand, wie überall viele Mobil-Homes.
Zufahrt: <u>Westlich</u> von Vias Plage – fast in Portiragnes-Plage.
Preise: Etwa 20 - 50 € (Preise waren vor Drucklegung nicht veröffentlicht).

Viele unserer Leser können sich die Reisezeit nicht aussuchen und stehen deshalb in der Hochsaison bisweilen vor voll

Camping Le Mediterranée-Plage

belegten Campingplätzen. Ich liefere daher noch eine Kurz-übersicht von Campingplätzen bei Vias-Plage direkt am Strand oder in Strandnähe (siehe auch dazu unter dem Stichwort *Campingplätze*) und allesamt vor Vias-Plage ausgeschildert:

Weitere Campingplätze bei Vias-Plage

Le France Floride, direkt am zu kleinen Strand, Tel. 04 99 43 00 42;

Les Flots Bleus, direkt am Strand, Tel. 04 67 21 64 80;

Roucan West, direkt am Strand, Tel. 04 67 21 64 64;

Hélios, 200 m zum breiten Strand, Tel. 04 67 21 63 66;

Californie-Plage, direkt am zu kleinen Strand; Tel. 04 67 21 64 69.

Auch nach freien Übernachtungsplätzen habe ich in Vias-Plage gesucht. Gefunden habe ich nur Nischen für Individualisten, aber keine regelrechten, offiziellen Stellplätze für größere Wohnmobilansammlungen, trotzdem ganz passable Möglichkeiten für eine oder zwei Nächte (noch) ohne Verbots-schilder. Je dichter diese am Meer liegen, umso mehr besteht der Eindruck, sie seien bislang als Stellplatz nicht wahrgenommen worden und nur deshalb nicht mit Verboten belegt. Vielleicht kommt in der Hochsaison auch niemand auf die Idee, hier zu übernachten. Sie müssen es ausprobieren:

WOMO-Bade- und Stellplätze: Vias-Plage

(028) Chemin du Clos

GPS: N 43°17'27" E 3°25'41", Chemin du Clos. **Max. WOMOs**: 4.

Ausstattung/Lage: Direkt am Badestrand, Gaststätte, kein Schatten, möglicherweise nur in der Nebensaison / Ortsrand.

Zufahrt: Fahren Sie geradewegs nach Vias-Plage hinein und biegen Sie an einer Kreuzung etwa 100 m nördlich von *Camping Farret* nach links in den *Chemin du Clos* (Richtung *'Surf Club'*); am Ende des Weges im Kreisverkehr ist Platz für vier Fahrzeuge (auf dem häufig Pkw stehen).

(029) <u>Canal du Midi</u>
GPS: N 43°18'10" E 3°25'45".   **Max. WOMOs**: 3.
Ausstattung/Lage: Am Canal du Midi, kein Badestrand / außerorts, einsam.
Zufahrt: Biegen Sie nördlich von Vias-Plage unmittelbar südlich der Brücke über den Canal du Midi nach Osten ab (wenn Sie vom Strand kommen, vor dem Kanal nach rechts), fahren Sie unter der Brücke nach Osten auf dem Südufer entlang des Kanals. Nach etwa 1 km sehen Sie bei einer weiteren kleinen Brücke schöne Plätze am Kanal.

(030) <u>Chemin du Barrage</u>
GPS: N 43°17'27" E 3°25'47, Chemin du Barrage.   **Max. WOMOs**: 3-4.
Ausstattung/Lage: Direkt am Badestrand, klappstuhlgeeignet / außerorts, einsam.
Zufahrt: Fahren Sie zunächst wie zum vorgenannten Platz Nr. 29 entlang dem Südufer des Canal du Midi bis zu einer Brücke, die einen rechtwinklig vom Canal du Midi abgehenden Kanal überspannt. <u>Sofort</u> <u>danach</u> (also östlich) biegen Sie nach rechts auf einen holprigen Feldweg; entlang diesem zum Meer führenden Kanal zielen Sie nun auf den Strand bis zu einem Wehr mit Fußgängerbrücke; bei Regen bleiben Sie wegen des Untergrundes hier; bei stabilem Wetter fahren Sie über eine Fahrzeugbrücke auf einem noch etwas schlechteren Weg rund 200 m weiter zum Parkplatz unter Büschen.
Hinweis: Während des Strandaufenthaltes Einbruchgefahr.

(031) <u>Avenue des Pêcheurs</u>

GPS: N 43°17'24" E 3°24'28", Av. des Pêcheurs.   **Max. WOMOs**: 3-4.
Ausstattung/Lage: Mülleimer, 120 m zum Badestrand / außerorts, nicht einsam.
Zufahrt: Der Platz liegt <u>westlich</u> von Vias-Plage. Fahren Sie am Freizeitpark *Euro-Park* vorbei und folgen Sie dem Wegweiser zu *Camping Hélios*. Kurz nach dem Campingplatz sehen Sie rechts des Weges einen kleinen Parkplatz am schmalen Bach Libron.

(032) <u>Chemin du Trout de Ragout / Chemin des Montilles</u>
GPS: N 43°17'18" E 3°23'47", Ch. du Trout de Ragout. **Max. WOMOs**: 2-3.
Ausstattung/Lage: Mülleimer, 150 m zum Strand, Gaststätte, Geschäfte (auf dem angrenzenden Campingplatz), kein Schatten / außerorts, nicht einsam.
Zufahrt: Fahren Sie <u>westlich</u> von Vias Plage (vor Vias Plage am *Euro-Park* vorbei) am gut beschilderten Campingplatz *Californie-Plage* (sieht aus wie eine Piratenburg) auf der Asphaltstraße *(Chemin du Trout de Ragout)* geradeaus weiter (Richtung Camping *'Le Roucan'*). Sie können nur noch am Rand eines größeren asphaltierten Platzes stehen.

(033) Alternativ können Sie gegenüber dieser Fläche in den **Chemin des Montilles** einbiegen und an ein paar Gartengrundstücken vorbei auf eine Fläche hinter dem Strand vorstoßen. **GPS**: N 43°17'16" E 3°24'00".

Am Canal du Midi, dem wir uns bei der 7. Tour näher widmen, besichtigen Technik-Fans das Wasserbauwerk **Ouvrages du Libron**, eine hochinteressante Konstruktion, die verhindert, dass der kreuzende Bach Libron bei Hochwasser Schlamm im Kanal ablagert (an der Brücke zwischen Vias und Vias-Plage, bzw. an der Strecke zum *Camping Californie-Plage* westlich des *Euro-Parkes* beschildert).

Weiter im Westen hat die Ansiedlung **Portiragnes-Plage**, ein Ferienort mit ansteigender Besucherkurve, aufgerüstet und einen Stellplatz mit kompliziertem Reglement geschaffen:

(034) WOMO-Badeplatz: Portiragnes-Plage

GPS: N 43°16'32" E 3°21'06", Av. de la Grande Maire. **Max. WOMOs**: 25. **Ausstattung/Lage**: Ver- und Entsorgung (etwa 150 m weiter nördlich – am ersten Kreisverkehr geradeaus), direkt am breiten Badestrand, klappstuhlgeeignet / Ortsrand.   **Zeiten**: Juni - September.

Zufahrt: Der Platz liegt beschildert westlich des Ortes an der Plage Ouest. **Gebühr**: 8 €. Die Geldabgabemöglichkeit wurde mehrfach geändert. Zuletzt musste man im Office de Tourisme bezahlen (Place Bicentenaire – N 43°16'40" E 3°21'27" – wenige Minuten zu Fuß, am ersten Kreisverkehr rechts und immer geradeaus) und das Ticket im WOMO aushängen – angeblich kontrolliert die *Police* häufig. **Die Schranke am Stellplatz konnte man ohne Bezahlvorgang aufdrehen**. **Hinweis**: Höchstens 72 Stunden.

Das westlich folgende **Sérignan-Plage** gefällt sich mit mehreren Campingplätzen direkt am Strand, auf denen der Mobil-Home-Anteil den der Zeltplätze weit übersteigt, und einer soliden Metalltorkonstruktion am großen Strand-Parkplatz. Genau genommen besteht der Ort nur aus Campingplätzen und neuerdings einem Stellplatz, auf dem das Bezahlen noch schwieriger ist als bei Platz Nr. 34:

(035) WOMO-Badeplatz: Sérignan-Plage

GPS: N 43°16'11" E 3°19'51".   **Max. WOMOs**: 45.
Ausstattung/Lage: Ver- und Entsorgung, Strom, 200 m zum breiten Badestrand, klappstuhlgeeignet / Ortsrand.   **Zeiten**: 15.3. - 15.10.
Zufahrt: Der Platz liegt am Ortseingang gegenüber Camping *Le Clos Virgile*.
Gebühren: 9,60 - 12 €. Der Platz gehört zur Kette *Camping-Car-Park*. Sie können den Platz nur mit einer Mitgliedskarte befahren, die sich *Pass' Etappes* nennt. Diese Karte kann man am Platz für 4 € mittels Visa- oder EC-Karte erwerben und aufladen, wenn man zahlreiche persönliche Angaben – vor allem zur Bank- und der Handyverbindung – gemacht hat. Der Stellplatzpreis wird vom Konto eingezogen. Es kommt dann per SMS ein Code zum Öffnen der Schranke.

Vielleicht machen die zuletzt genannten Orte in gar nicht so ferner Zukunft **Valras-Plage** Konkurrenz, einem der größeren Badeorte an der Languedoc-Küste. Hier wird durchweg das freie Übernachten verboten oder mittels Barriere unmöglich gemacht. Das betrübt uns wenig, denn außer einem schönen Strand und einem gerade noch akzeptablen Campingplatz (der vom Strand durch eine Betonsteinmauer abgegrenzt wird) gibt es nichts Positives zu melden. Der Beton lastet, wie könnte es bei Beton anders sein, schwer auf der Seele:

(036) WOMO-Campingplatz-Tipp: Valras-Plage
(La Plage et Bord de Mer)

GPS: N 43°14'08" E 3°16'08"; Route de Vendres.   **Ortszentrum**: 1 km.
Zeiten: Ende April bis Mitte September.   **Tel**. 04 67 37 34 38.
Ausstattung: Direkt am Badestrand, Pool, Laden, Restaurant.
Zufahrt: Westlich von Valras-Plage beschildert.
Gebühr: 22 – 48 €.   **Hinweis**: Keine Hunde.

In der Av. de Casino gibt es eine **Entsorgungsstation**; **GPS**: N 43°14'32" E 3°16'54", wo man in den Wintermonaten auch stehen kann.

Westlich von Valras-Plage ebbt der Trubel erst einmal ab. Aber **Grau de Vendres** ist ein Beispiel dafür, dass man dort weiter hochrüsten kann, wo es bis vor kurzem noch einen Rest von Natur gegeben hat. Einem Hafen für Freizeitboote folgte ein befestigtes Parkplatzgelände. Ein WOMO-Verbotsschild ist nicht nötig, wir streichen unsere frühere Empfehlung freiwillig !
Der riesige, schattenlose, aber offizielle Stellplatz auf dem anderen, dem westlichen Ufer des Flusses Aude, wird nie einen Schönheitspreis gewinnen, aber er liegt strandnah und wird so lange überleben, bis eines Tages auch hier die Baukräne zum Einsatz kommen. Der Weg dorthin ist kürzer als mancher denkt, denn die neuere Michelin-Karte verschweigt nicht mehr die Brücke über den Fluss, etwa 1,5 km im Norden, mit deren Hilfe Sie nach **Cabanes-de-Fleury** gelangen. Möglicherweise sind die Meerwasserqualitäten nicht die besten, weil Sie an der Mündung des Flusses Aude urlauben:

(037) WOMO-Badeplatz: Cabanes-de-Fleury

GPS: N 43°12'55"
E 3°13'59".
Max. WOMOs: 40.
Ausstattung/Lage: Ver-
und Entsorgung, Müllei-
mer, nach 200 m breiter
und nach kurzer Strecke
einsamer Strand, Gast-
stätte, Geschäft, Spielplatz,
Picknickbänke, klappstuhlgeeignet, schattenlos /
Ortsrand, einsam, aber meist besucht. **Gebühr**: 8 €.
Zufahrt: Fahren Sie in Cabanes-de-Fleury, also auf dem westlichen Ufer
der Aude vorbei am Campingplatz bis zum beschilderten Stellplatz.

Einen richtig schönen, offiziellen Stellplatz finden Sie bei **Saint Pierre-sur-Mer** am Rand des Étang de Pissevaches. Lästig sind nur die 400 m Fußweg zum Strand:

(038) WOMO-Badeplatz: Saint Pierre-sur-Mer

GPS: N 43°11'25" E 3°11'49".
Max. WOMOs: 60.
Ausstattung/Lage: Ver- und
Entsorgung (Jetons aus dem Au-
tomaten mit Kreditkarte), Strom,
Mülleimer, klappstuhlgeeignet,
breiter Strand nach 400 m – neh-
men Sie den Fußweg zwischen
Campingplatz und Étang, viele

Bäume und Büsche / außerorts, stets besucht.
Zufahrt: Fahren Sie in St Pierre am ersten Kreisverkehr nach links (nach
Osten). Sie gelangen so <u>östlich</u> von St Pierre unübersehbar hinter einem
großen Campingplatz (nicht mit dem Nudistencamping *La Grande Cosse*
zu verwechseln) auf den Stellplatz. **Gebühr**: 10 €.

Die Lage ist am Fuß einer hügeligen Küstenregion ein wenig anmutiger als an der restlichen Flachküste. Die steinernen
Karnickelställe jedoch, die Schlafstätten des urlaubenden Mas-
senmenschen, unterscheiden sich schon wenige Meter weiter im Westen kaum von denen anderer Bettenburgen. Und
sie sind in den letzten Jahren noch zahlreicher geworden. Der
Wunsch nach einem Ferienhäuschen, sei es noch so uniform,
ist in Frankreich ungebrochen.

Schon bald aber nehmen die landschaftlichen und wohnmo-
bilistischen Reize zu. Und kurz hinter Narbonne-Plage wurde
ein weiterer ansprechender Stellplatz direkt am Strand angelegt:

(039) WOMO-Badeplatz: Narbonne-*Plage (Aquajet)*

GPS: N 43°08'50" E 3°09'15", D 332.   **Max. WOMOs**: 150.
Ausstattung/Lage: Ver- und Entsorgung, Toilette, Mülleimer, klappstuhlgeeignet, sehr schöner breiter Badestrand, Bäckerwagen am Morgen, Obst-
und Gemüseverkauf / außerorts, nicht einsam.

Zeiten: Der Platz war im Jahr 2013 vorübergehend nur im Sommer geöffnet. Er ist jetzt vermutlich wieder ganzjährig nutzbar.
Zufahrt: Der Platz ist westlich von Narbonne-Plage an der D 332 beschildert.
Parkgebühr: 10 €.
Hinweise: Hunde sind auf dem Stellplatz, jedoch nicht am Strand erlaubt; das gilt auch für die meisten anderen Strände. Die Bäume sind inzwischen gewachsen.

(40) Ein paar Kilometer weiter westlich folgt der **Campingplatz *Les Aygades***. Hier können Sie auf geräumigen Parzellen direkt am breiten Sandstrand urlauben.   **GPS**: N 43°07'56" E 3°08'21".

Der unbestreitbar schönste Ort im weiten Umkreis ist **Gruissan**, ein Dorf, das etwas aufzuweisen hat, wovon andere nur träumen, eine Vergangenheit ! Gemeint ist natürlich nicht das moderne **Gruissan-Port** (Rive Droite oder Rive Gauche), eines der neuesten Ferienzentren an der Französischen Mittelmeerküste, das, was schon aus der Zweckbestimmung folgt, nur im Sommer bewohnt ist, wo man aber scheinbar aus den Sünden anderer, älterer Zentren gelernt und etwas weniger hässlich, aber nicht weniger Raum greifend gebaut hat. Die Rede ist vom alten Dorf, von **Gruissan-Village**, das auf

Gruissan-Village

eine Gründung im Mittelalter zurückblicken darf. Hier befand sich einst der Hafen von Narbonne, zu dessen Schutz eine Festung diente, deren Ruine heute noch das Dorf überragt, das fast kreisrund um den Burgberg gebaut ist, mit alten Gassen, kleinen Treppen – und richtigen Bewohnern, die hier das ganze Jahr über zu Hause sind.

Nachdem der Hafen im 14. Jahrhundert versandet war, wurde der Ort nie vollständig verlassen, so dass schon vor über 100 Jahren ein Minimum von Infrastruktur vorhanden war, um mit dem Badebetrieb zu beginnen. Durch diese Tradition unterscheidet sich Gruissan von fast allen anderen Badeorten. Es hat sich zwar auch herausgeputzt, wie man gerade beim Vergleich mit alten Fotografien sehen kann, aber die Modernisierungen sind erträglich geblieben. Das ist umso erstaunlicher, als es neben dem neuen Gruissan-Port auch noch ein geradezu uraltes Touristenghetto gibt: Das von **Gruissan-Les Châlets**, wo schon seit Ende des vorletzten Jahrhunderts merkwürdige Stelzenhäuser, so genannte *Pilotis*, die heute *Châlets* genannt werden, Urlauber beherbergen. Mehrere hundert Hütten stehen dort hinter dem Strand auf Pfählen, damit sich die Feriengäste früherer Zeiten keine nassen Füße holen mussten. Heutzutage scheint das Meer weniger bösartig zu sein, denn der Raum zwischen den Pfählen ist inzwischen ausgebaut, zum Erdgeschoss oder wenigstens zur Garage. Auch wird der Baustoff Holz, der einstmals vorherrschte, mehr und mehr ersetzt. Sie erraten es, durch Beton! Trotzdem hat die Siedlung ihre Eigentümlichkeit behalten, der allerdings bei schlechtem Wetter, oder wenn die Häuschen außerhalb der Saison leer stehen, eine bedrückende Tristesse anhaftet.

In der Nähe dieser Pfahlbauten, am Strand von Gruissan-Les Châlets, befindet sich auch einer von drei Stellplätzen bei Gruissan, der sich für einen mehrtägigen Aufenthalt eignet, weil er direkt am Strand liegt. Sie entdecken Toiletten (direkt am Strand vor den letzten Stelzenhäusern), mehrere Lokale und sogar ein paar Tamarisken, die zwar so gut wie gar keinen Schatten spenden, aber den großen Parkplatz etwas auflockern. Dies ist auch notwendig, stehen hier doch in der Hochsaison bis zu 50 Wohnmobile – mit Vordächern, Klappstühlen und Wäscheleinen. Die Reihen haben sich etwas gelichtet, seit man hier pro Auto und Nacht 9 Euro aufruft. Leider sind die nahen Sommerkarusselle am Abend etwas nervig, und insgesamt ist der Platz nicht übermäßig lauschig.

(041) WOMO-Badeplatz: Gruissan-Les Châlets
(Aire des Châlets)

Zudem gibt es auch noch einen weiteren offiziellen Übernachtungsplatz, auf dem ich in der Nähe des **Yachthafens** schon mehr als 60 WOMOs gezählt habe, der sehr ruhig ist und einigermaßen orts- aber nicht strandnah. Leider hat man auch hier das Kassenhäuschen nicht vergessen:

(042) WOMO-Stellplatz: Gruissan-Port – Rive Droite
(Aire de 4 Vents)

GPS: N 43°06'14" E 3°05'58", Quai d. l. Tramontane. **Max. WOMOs**: 120.
Ausstattung/Lage: Ver- und Entsorgung, Toilette, Dusche, Mülleimer, klappstuhlgeeignet, Gaststätten und Geschäfte in der Nähe / im Ort.
Zeiten: Vermutlich 1.3. - 30.11.   **Gebühr**: 9 €.

Zufahrt: Fahren Sie in Gruissan gut beschildert Richtung *Plage des Châlets'*, dann *Aire de 4 Vents'* und auf den *Quai de la Tramontane*; diese Straße endet auf einem Parkplatz zwischen Yachthafen und Binnensee.

Die Parkplätze am Strand im östlichen Teil des Ortes sind nachts gesperrt, und mehrere Leser haben von Knöllchen berichtet, was ich sonst wirklich selten höre und was auf ehrgeizige Ordnungshüter schließen lässt. Für Verwirrung und sogar zornige Leserbriefe habe ich gesorgt, weil ich in Vorauflagen nicht ausreichend deutlich klargestellt hatte, dass der nachfolgend erwähnte (in der Abfolge meiner Beschreibung aber als erstes an der Straße liegende) Stellplatz *Aire de Mateille* nur von Ende Juni bis Ende August offen ist. Während des restlichen Jahres hat man den Eindruck, bestenfalls unsere Eltern hätten hier in grauer Vorzeit ihren selbst ausgebauten Campingbus geparkt. Ehrlich gesagt, mir war das auch nicht so klar, und ich hoffe nur, dass ich jetzt nichts Falsches schreibe, denn im Juli/August war ich für dieses Update erneut nicht auf Ballhöhe:

(043) WOMO-Stellplatz: Gruissan-Port – Rive Gauche
(Aire de Mateille)

GPS: N 43°07'13" E 3°06'51", D 332.   **Max. WOMOs**: 100.

Ausstattung/Lage: Ver- und Entsorgung, teilweise Strom, Mülleimer, klapp-stuhlgeeignet, Badestrand für Kinder, Gaststätte, Surfschule, beliebt bei Surfern / außerorts, einsam, aber gut besucht.

Zeiten: Juli/August.

Zufahrt: Biegen Sie am östlichen Rand von Gruissan-Port (Rive Gauche) und noch östlich des ersten Kreisverkehrs auf den seitlich der Hauptdurch-gangsstraße D 332 liegenden Stellplatz am Étang ab.

Gebühr: 9 €.   **Hinweis**: Deutliche Straßengeräusche.

Auch nicht mehr für die Nacht, sondern nur noch zum An-schauen oder Parken während des Abendessens empfehle ich die kleine **Dorfumgehungsstraße**, welche erst in neuerer Zeit zwischen Dorf und Binnensee geklemmt worden ist. Im Schat-ten des runden Turms und in schöner Umgebung an einem Étang kann man eine richtige Idylle genießen. Einige Kähne dümpeln vor sich hin, im flachen Wasser stehen die Angler, und der Blick verliert sich in der Weite der großen Lagune. Auf diesem Sträßchen kommen Sie unweigerlich am **Restaurant L' Estagnol** (Tel. 04 68 49 01 27; montags geschlossen) vor-bei. Hier stimmt die Mischung: Gehabe und Preise sind nicht überzogen, das Essen ist lecker, es gibt hauptsächlich Fisch. Wir trinken einen köstlichen Weißwein des kleinen Anbauge-biets von La Clape, dem abwechslungsreichen Hügelland zwi-schen Narbonne und der Küste. Im Sommer muss man sich allerdings rechtzeitig anmelden, denn die Qualitäten des Hau-ses haben sich herumgesprochen.

Einmal bekamen wir keinen Platz und mussten in das **Le Lamparo** ausweichen Dieses schnuckelige Lokal liegt ebenfalls

Gruissan - Blick von der Tour Barberousse

seitlich der Dorfumgehung, kurz vor deren westlichem Ende. Die Preise sind hier so anständig, dass das *Lamparo* alles andere als eine Notlösung ist *(Tel. 04 68 49 93 65; sonntagabends und montags geschlossen; lange nicht mehr getestet).*

Wenn man schon mal seitlich der Dorfumfahrung verweilt, darf man auch nicht den kleinen Spaziergang hoch zur **Tour Barberousse** (Barbarossaturm) versäumen, von der man einen schönen Blick auf den Ort hat. Im Südwesten sieht man die Salzberge der Saline und zu Füßen des Turms den im Kreis gebauten Dorfkern, der aber zunehmend von Neubauten umzingelt wird. Solange nicht auch noch westlich, hinter dem einsamen Strand, westlich von Platz Nr. 41, ein weiteres Urlaubszentrum entsteht, bleibt die Zuversicht, dass Gruissan sich seinen Rest von Ursprünglichkeit und Romantik bewahren kann – und hoffentlich auch die Stellplätze.

In Gruissan wird uns wieder bewusst, wie schön die Landschaft der südfranzösischen Lagunen, der Étangs, ist, solange man dort keine Badegewässer erwartet und solange man mit einigen Moskitos leben kann. So nehmen wir erfreut hin, dass uns die Natur auf unserem weiteren Weg entlang der Küste zu einem großen Bogen um den **Étang de Bages et de Sigean** zwingt. Hierbei lacht uns auf der Michelin-Karte die grüne Umrandung des kleinen Sträßchens an, das südlich von Narbonne von der D 6009 nach Bages abzweigt. Die paar Kilometer der landschaftlich reizvollen Strecke wären gar nicht der

Bages und der Étang

Rede wert, würden sie nicht am schönsten Étang vorbeiführen und dabei die Dörfer Bages und Peyriac-de-Mer berühren. Vor allem Bages ist überraschend malerisch, auch wenn es sich vom Fischer- zum Künstlerort gewandelt hat, aber dennoch vom größten Rummel verschont geblieben ist.

Peyriac-de-Mer

Leider ist der Parkplatz des malerisch über dem Étang gelegenen Dorfes **Bages** nicht mehr zugänglich. Aber zumindest außerhalb der Hochsaison finden Sie südlich des Dorfes mehrere Parkbuchten (große Fahrzeuge finden tagsüber schlecht einen Parkplatz). Bleiben Sie notfalls etwas entfernt und suchen Sie sich zwischen kleinen morastigen Tümpeln und Salzkrusten einen Pfad zum Ufer. Es scheint, als würden die kleinen Fischerboote nicht mehr auslaufen, um die Flamingos nicht zu stören. Zu Hunderten stehen die Vögel dort, den Kopf zum Zweck der Nahrungssuche ständig unter Wasser. Hier kann man verweilen und sich vorstellen, dass so noch vor 50 Jahren die Küste bis zur Rhônemündung ausgesehen haben dürfte; nicht spektakulär, aber unglaublich ruhig und unter flimmernder Hitze.

Bei dem weiter südlich gelegenen **Peyriac-de-Mer** (950 Einwohner) wurde sogar ein Fußweg auf Brettern durch den Étang angelegt, den Sie auf einem Stück benutzen, wenn Sie vom sehr schönen Stellplatz ins beschauliche Dorf spazieren:

(44) WOMO-Wanderparkplatz: Peyriac-de-Mer
GPS: N 43°05'33" E 2°57'45", Route de Bages.   **Max. WOMOs**: 30.
Ausstattung/Lage: Wasser (bei unserem Besuch außer Betrieb), Müllei-

mer, klappstuhlgeeignet, Gaststätten und Geschäft in der Nähe, Wanderweg / außerorts, einsam, häufig besucht; in den Ort gehen Sie entweder
entlang der Straße oder, schöner, Sie überqueren die Straße und halten
Sich danach auf dem Pkw-Parkplatz gleich rechts abwärts.
Zufahrt: Der Platz ist etwa 300 m nördlich des Ortes am Sträßchen nach
Bages beim Tennisclub beschildert. **Gebühr**: 5 €.
Hinweise: Die Beschilderung innerhalb des ehemaligen Campingplatzes
erweckt den falschen Eindruck, WOMOs müssten gleich nach der Einfahrt
parken. Fahren Sie dort rechts um den Sportplatz zu den hinteren lauschi-
gen Stellen auf grasigem Boden. Die Parkplätze im Ort hingegen sind für
WOMOs gesperrt.

Um den Étang du Doul

Der **Stellplatz** Nr. 44 ist ein idealer Ausgangspunkt für eine Kurzwande-
rung, zu der uns der Rother-Wanderführer inspiriert hat:

Wir wandern direkt gegenüber dem Stellplatz auf gleicher Höhe geradeaus entlang eines Étangs, um diesen bei erster Gelegenheit auf einem
Damm zu überqueren. Auf der Straße spazieren wir wenige Meter links,
steigen auf einem Pfad bergan und auf der anderen Seite des Hügels
wieder hinunter auf das Meeresniveau. Wir wandern am Rand dieses
Tümpels, bis wir erneut auf eine Straße stoßen. Dort schickt uns die gelbe Markierung durch Buschwerk deutlich auf einen Weg bergauf, der
oberhalb des fast kreisrunden Étang du Doul auf einen breiten Weg trifft.
Am Étang du Doul gibt es einen kleinen Strand, obgleich das Gewässer fast doppelt so salzig ist wie normales Meerwasser.
Wir vertrauen der gelben Markierung und überqueren oberhalb des
Étang du Doul die Straße, um bald auf einen weiteren asphaltierten Weg
zu treffen, auf dem wir links bis zur Straße nach Bages wandern. Dort
halten wir uns erneut links und stehen nach etwa 2 Stunden wieder an
unserem Auto *(die IGN-Karte 2549 OT ist nicht unbedingt erforderlich,
wir wandern auf Sicht).*

Schon lange hat sich Ihnen die größte Touristenattraktion
der Gegend vielfach angekündigt. Bereits vor Narbonne stehen seitlich der Straßen riesige Plakate, um für den **Tierpark
von Sigean** zu werben, die ***Réserve Africaine de Sigean***. Der
Wildpark wurde 1974 gegründet und beherbergt heute an die

3.800 Tiere, darunter viele, die vom Aussterben bedroht sind. Hier leben mehr als 1.000 Vogelarten, Reiher, Pelikane, Wildgänse und natürlich alle Sorten von Flamingos. Zu einer afrikanischen Abteilung gehören Giraffen, Dromedare, Elefanten, Zebras und Geparden, die sich in einem einigermaßen freizügigen Lebensraum bewegen dürfen. Das gilt auch für die Löwen, Nashörner und Bären, die man nur auf einer Rundfahrt vor die Linse bekommt. Sie sitzen dabei in Ihrem WOMO und haben unerlaubterweise das Fenster geöffnet. Vor und hinter Ihnen staut sich der Verkehr, der durch etwa die Hälfte des Parks geschleust wird. Die andere Hälfte ist ein konventioneller Zoo. Im Sommer sind Wartezeiten angesagt. Trotzdem gefällt es den Kindern – und außerhalb der Saison auch den Alten. Meiden Sie unbedingt das Wochenende, kommen Sie schon vormittags und planen Sie drei Stunden ein *(9 - 18.30 Uhr, im Winter kürzer; 31 €, Kinder 23 €)*.

Das nächste Strandbad ist **Port-la-Nouvelle**, das Sie sich allerdings getrost schenken können [lauter, offizieller Stellplatz mit Ver- und Entsorgung abseits des Strandes; Chemin de Vignes; N 43°00'49" E 3°02'27"]. Die Zementfabrik überlagert alles, was man angesichts des weißen Staubes auf den Dächern durchaus wörtlich nehmen muss. Es gibt südlich des Ortes einen veritablen Strand, auf dem Wohnmobile allerdings verboten sind.

Auch von der anderen Richtung, vom südlichen **La Franqui**, ist die Zufahrt verrammelt. Aber man darf dort auf einem angenehm unterteilten, ansonsten naturbelassenen Parkplatz hinter einem extrem breiten Strand stehen:

(045) WOMO-Badeplatz: La Franqui

GPS: N 42°56'35" E 3°01'49", Chemin de Coussoules.
Max. WOMOs: 40.
Ausstattung/Lage: Ver-Entsorgung, Mülleimer, extrem breiter Badestrand, klappstuhlgeeignet, Moskitos, im Sommer Bäckereiwagen.
Zufahrt: Biegen Sie bereits nördlich des Ortes

Richtung ‚*Les Coussoules* und *Camping* ab, fahren Sie über eine Brücke und danach immer geradeaus zum Campingplatz. Der Stellplatz liegt direkt vor dem Campingplatz und besteht aus zwei Teilen. Ein Teil des Platzes ist eigentlich mit einer Teppichstange verbarrikadiert, die aber seit einiger Zeit fehlt. **Gebühr**: 7 €, der Automat war zuletzt außer Betrieb.
Hinweis: Sie können über den Strand auf kurzem Weg in den Ort laufen. Zeitweise sehr windig!

Empfehlenswert ist auch der benachbarte schlichte **Campingplatz** *Les Coussoules*.

Wenn Sie dann an diesem breiten Strand, dessen hinterer Teil hart wie Beton scheint, in der Klappliege hängen, werden Sie Ihrer Frau versprechen müssen, sich nach dem Urlaub im Fitness-Studio anzumelden oder wenigstens mit dem

Fahrrad zur Arbeit zu fahren. Sie werden aber selbst nach dieser körperlichen Ertüchtigung nicht so aussehen wie die coolen Sportler, die sich von drachenartigen Segeln (man nennt sie *Kite*) auf rollenden Brettern über den harten Sand ziehen lassen. Niemals werden Sie solche Sprünge und Kunststücke vollführen, die allerdings auch hier meistens misslingen. Lieber würden Sie sich auf eine Art Dreirad, einen *Char à voile*, setzen und gemütlich auf Rädern über den Strand segeln.

La Franqui - Stellplatz Nr. 45 und Campingplatz beim Pfeil

La Franqui ist ansonsten großflächig für Reisemobile verboten. Viel Platz wäre auch unterhalb der Klippen des Kaps von Leucate gar nicht vorhanden. Bereits seit Anfang des letzten Jahrhunderts kommen hierher Badegäste, zu deren Erholung ein Pinienwäldchen angelegt wurde, in dem nun die meisten Häuser stehen, deren Putz und Farbe abblättern. Was ja eigentlich ein gutes Zeichen ist, beweist es doch, dass die Massen woanders Urlaub machen. La Franqui ist ein reizender Ort. Schön sind auch die leuchtenden Klippen, die schon seit der antiken, griechischen Kolonisation dem nächsten Ort, Leucate, seinen Namen gaben (*leukos* ist das griechische Wort für *weiß*), von dem Sie auch nach La Franqui spazieren können (siehe dort).

Ähnlich angenehm ist das benachbarte **Leucate-Village**, ein ebenfalls seit Anfang des 20. Jahrhunderts gewachsenes Dorf, dem schon in den 50er Jahren die Feriensiedlung **Leucate-Plage** vorgesetzt worden ist. Es standen also schon Ferienhäuser da, bevor in den 70er Jahren anderswo in Südfrankreich die Bauwut begann. So konnte man in Leucate-Plage nicht mehr im großen und hässlichen Stil loslegen. Der Ferienort ist wegen des daher vollständig fehlenden Rummels heute einer unserer **Lieblingsorte** an der Languedoc-Küste – im Gegensatz zum südlichen **Port-Leucate**. Wie schon der aus dem Griechischen kommende Name beweist (siehe oben), ist Leucate (Village, also das alte) ein traditionsreicher Ort, in dem auch heute noch einige Enkel von dem leben, was schon den Großvätern den Unterhalt gesichert hat, von der Austern- und Muschelzucht sowie vom Wein.

Leucate-Plage - Stellplatz Nr. 48 beim Pfeil

Der Name Leucate ist in den Ohren der Wind- und Kitesurfer Musik. Der Étang de Leucate ist in seinem Nordteil sozusagen der mediterrane Gardasee, Gegenstand unzähliger Abhandlungen in einschlägigen Zeitschriften. Ich bin kein Surfer und erkläre es daher laienhaft: Die Berühmtheit des Gewässers hängt mit dem Wind zusammen (welch hintergründige Information), der an Südfrankreichs Küste häufig weht, jedoch eine unangenehme Eigenschaft besitzt: Wenn er zu einer Stärke auffrischt, bei der die echten Freaks erst damit anfangen, ihr trendiges Sportgerät auszupacken, weht er von der falschen

Richtung. Er ist dann ablandig und nennt sich Mistral (im Osten) oder Tramontana (im Westen). Ein Alptraum für manchen Segler, der entkräftet auf seinem Brett kauert und via Afrika treibt – bevor ihn ein Motorboot wieder zurückholt (genauso gefährlich ist der Wind auch für die Luftmatratzenpaddler und die Schwimmer, die den davonfliegenden Bällen hinterher kraulen). Da der gewöhnliche Surfer nur ungern das Mittelmeer überquert, sucht er sich einen Strandsee, weshalb die südfranzösischen Surfparadiese überwiegend in den Étangs zu finden sind, unter denen der Étang von Leucate wegen der nahen Berge durch besonders gute Windverhältnisse hervorsticht. Surfer sind naturverbundene Menschen, und sie besitzen oftmals auch ein Wohnmobil.

Einer der beliebtesten Stellplätze liegt bei Leucate-Village und ist auch für diejenigen interessant, die nicht zu den Freunden des Windes gehören. Falls es Sie nicht stört, bei Fachsimpeleien nicht mitreden zu können, werden Sie hier sicher einen schönen Tag verbringen – aber nicht gut baden. Die Landschaft ist vergleichsweise interessant, und in das Dorf Leucate kann man noch zu Fuß laufen. Nur steht man leider nicht am Sandstrand und nicht am offenen Meer. Außerdem kennen wir sogar noch eine Alternative:

WOMO-Stellplätze: Leucate-Village – Surfrevier

(046) *Le Goulet*
GPS: N 42°54'41"
E 3°01'08"
Max. WOMOs: 50.

Ausstattung/Lage: Ver- und Entsorgung, Mülleimer, klappstuhlgeeignet, morgens kommt der Bäcker, Surfstation / außerorts, nicht einsam.
Zufahrt: Von der D 627 zweigt eine Zufahrt (die nördliche) nach Leucate ab. In der Nähe dieser Einmündung führt ein Weg hinunter zur nördlich von Leucate gelegenen Lagune. Dort sehen Sie schon von weitem unzählige Reisemobile.
Gebühren: 7,80 - 13,80 €; ausschließlich mit der Visa-Karte ohne Geheimzahl. Heben Sie das Ticket vom Automat bei der Einfahrt auf, Sie benötigen den dort aufgedruckten Zifferncode für die Ausfahrt !! Geben Sie bei der Einfahrt eine Parkzeit von 24 Stunden an; falls Sie länger bleiben, können Sie bei der Ausfahrt nachzahlen.

(047) Halbinsel
GPS: N 42°53'52" E 3°00'55"   **Max. WOMOs**: 5-8.
Ausstattung/Lage: klappstuhlgeeignet, morgens kommt der Bäcker, Surfgelegenheit / außerorts, einsam, aber oft besucht
Zufahrt: Von der D 627 zweigt etwa 600 m südlich von Platz 42 und am Beginn einer lang gezogenen Kurve die Zufahrt zum Platz auf einer Art Halbinsel am Étang ab.
Hinweis: Holprige Zufahrt und zweifelhafte Legalität.

Außerdem kommt ein geräumiger Stellplatz direkt am breiten und wirklich schönen Badestrand in Frage:

(048) WOMO-Badeplatz: Leucate-Plage

GPS: N 42°54'01" E 3°03'09", Chemin de Mouret. **Max. WOMOs**: 200. **Ausstattung/Lage**: Ver- und Entsorgung, Mülleimer, **Gaststätte** *La Côte Revée*, wo wir gut und eher preiswert gegessen haben, der Bäckereiwagen kommt morgens um 8.15 Uhr, sonst Brot im Zeitungsladen seitlich der Strandpromenade (eine richtige Einkaufsmöglichkeit finden Sie erst am Kreisverkehr von Leucate-Village, also nach gut 1 km), sehr schöner Badestrand, klappstuhlgeeignet, Toilette in der Nähe des Zeitungsladens / Ortsrand.

Zufahrt: Im südlichen Teil des Ferienortes **Leucate-Plage** kommt man automatisch auf zwei große Parkplätze hinter dem Strand *(Aire de Camping-Cars)*.

Gebühren: 10,80 - 13,80 €; ausschließlich mit der Visa-Karte ohne Geheimzahl. Heben Sie das Ticket vom Automat bei der Einfahrt auf, Sie benötigen den dort aufgedruckten Zifferncode für die Ausfahrt !! Geben Sie bei der Einfahrt eine Parkzeit von 24 Stunden an; falls Sie länger bleiben, können Sie bei der Ausfahrt nachzahlen. **Hinweise**: Der Platz besteht aus zwei Bereichen, einem direkt am Strand und einem nördlichen etwas dahinter; auf dem nördlichen Teil bei Nordwestwind leichte Verkehrsgeräusche, auf dem südlichen Teil relativ schmale Parkbuchten mit naher Nachbarschaft. Zeitweise sehr windig !

Vom Stellplatz sollten Sie unbedingt auf einem sehr schönen Weg hinauf zum alten Leuchtturm und an das schon erwähnte Cap Leucate spazieren, oder sogar bis nach La Franqui wandern:

Von Leucate-Plage zum Leuchtturm und nach La Franqui

Wir starten in **Leucate-Plage** am Stellplatz Nummer 48 und spazieren auf der Strandpromenade nach Norden zu den deutlich sichtbaren Klippen. Etwa 200 m vor dem Ende der am Strand entlang führenden Straße nehmen wir links eine Treppe, gehen an deren Ende ein Stück rechts und gelangen über eine weitere Treppe auf ein Plateau vor dem alten **Leuchtturm**.

Hier nehmen wir entweder den Fahrweg nach rechts oder direkt an den Klippen einen der Pfade (Vorsicht keine Absturzsicherungen) und wandern so bis zur Militärstation am **Cap Leucate** (40 Minuten).

Die Väter solchen Augenschmauses unterliegen alle der gleichen Versuchung: Ihre Fotos sollen anmachen, dem Betrachter vorspiegeln, die unbestechliche Kamera habe die Realität eingefangen. Das Negative wird nicht belichtet. An Schreibtischen wird mit Computern geschönt, und wenn Sie es dann vor Ort den Profis nachtun wollen, stellt sich schnell eine gehörige Portion Desillusionierung ein. Kein Buch zeigt Ihnen nämlich Strände voller Leiber, und verstopfte Straßen kommen ebenso wenig vor, wie der genervte Tourist, der auf dem Einheits-Plastik-Stuhl sitzt und in einem überteuerten Eisbecher stochert. Auch mit Worten, zugegebenermaßen auch mit meinen, wird verfälscht. Denn der Leser will nicht nur informiert, er möchte noch mehr animiert werden, was man bei der Lektüre eines Reiseführers, gleich, von wem er stammt, nie vergessen darf.

Wenn aber auf den Kalenderblättern und auf den Titelfotos bestimmte Motive inflationär wiederkehren, wenn eine ganze Region in den farbigen Ansichten eines kleinen Teilgebietes kulminiert, waren nicht nur geschickte Kamerademagogen am Werk. Von einem solchermaßen belichteten Stück Erde soll nun die Rede sein:

Unsere 4. Tour führt durch einen der schönsten Flecken Frankreichs, aber die Ortschaften kann man mit einer Hand abzählen. Eine Felsenküste beschränkt nämlich unser Zielgebiet auf einen schmalen, steilen Randstreifen vor dem Meer. So ist es schon naturgegeben, dass ich Sie vor der zweiten Juli- und der ersten Augusthälfte warnen muss. Ich weiß, in dieser Zeit machen die meisten von Ihnen Urlaub, Sie wollen es auch gar nicht mehr hören und werden trotzdem dorthin fahren. Aber es ist, bitteschön, meine traurige Pflicht, Ihnen mitzuteilen, dass Sie in dieser Zeit gerade an der **Côte Vermeille** (Rote Küste) mit der Überfüllung besonders zu kämpfen haben. Auch dann ist es dort schön, sehr schön sogar. Aber Sie werden sich durchkämpfen müssen, unfreundlichen Kellnern begegnen und vor vollen Campingplätzen stehen. Sofern Sie aber dennoch Platz bekommen, für den wir nicht garantieren, werden Sie mit uns einig sein, dass die Côte Vermeille der schönste französische Küstenabschnitt westlich der Rhône ist.

Neben dem Touristenzustrom gibt es einen weiteren, kleinen Nachteil: Wegen der nahen Berge ist, besonders in der Übergangszeit, das Wetter hier eine Nuance wolkiger als an der Sandküste weiter im Norden.

Das gilt schon für **Collioure** (3.100 Einwohner), den nördlichsten und unbestreitbar schönsten Ort an der Côte Vermeille. Seine Kulisse ist das Kalenderblattmotiv schlechthin, obgleich man die bunten Boote nicht mehr zu Täuschungszwecken auf den Sand zieht – und, wie ich bei der letzten Recherche erstaunt bemerkt habe, sogar erst nach Ostern zu Wasser lässt. Gebraucht hat man sie schon lange nicht mehr, doch sahen die sogenannten *Lamparos* (sie waren früher mit einer hellen Lampe ausgerüstet, deren Lichtschein die Fische angelockt hat) in der geschwungenen Bucht ungemein malerisch aus. Aber die Touristen sind auf den Holzplanken herumgeklettert, und an dem ohnehin zu kleinen Strand brauchte die vorgegaukelte Folklore einfach zu viel Platz. Außerdem mussten sich die Stühle der Kneipen vermehren, weshalb das Gewinnstreben nicht mal heiligste Kühe geschont hat. Womöglich waren die Boote auch einfach nur kaputt.

Im Jahr 1905 waren die kleinen Kutter wesentlich zahlreicher, aber schon ähnlich bunt und vielleicht mit ein Grund, dass sich die sogenannten *Fauvisten* in dem damals noch verschlafenen Dorf niederließen. Der Erste war der Maler Matisse, weil er sich im Gegensatz zu seinen schon berühmteren Kollegen einen Aufenthalt an der Côte d'Azur (noch) nicht leisten konnte und der gerade heute wieder gerne in den Werbeprospekten zitiert wird: »*Es gibt in Frankreich keinen blaueren Himmel als den von Collioure. Ich brauche nur die Fensterläden zu öffnen, und schon habe ich alle Farben des Mittelmeers bei mir*«. In

ähnlicher Weise muss er anderen Künstlern vorgeschwärmt haben, denn ihm folgten Dufy, Derain und Juan Gris, die vom Licht zu solch malerischen Gefühlsausbrüchen hingerissen wurden, dass ein Kritiker einmal sagte, er fühle sich beim Anblick der Bilder in der Umgebung von *Wilden*, womit die *Fauvisten* ihren Namen weg hatten.

Nicht nur die *Wilden* wurden vom südlichen Roussillon angezogen. In Céret kamen Chagall, Picasso und Braque zusammen, und häufig traf man sich im einzigen Hotel von Collioure, in der **Hostellerie des Templiers**, deren Wirt den Künstlern unter die Arme griff. Manche Zeche wurde mit einem Bild bezahlt, und so hängt heute in der Gaststube noch Gemälde neben Gemälde (teils als Kopie). Die berühmtesten Werke befinden sich zwar längst in den Museen der Welt (oder sind gestohlen), aber von den Namenlosen ist noch so viel (angeblich 2.000 Werke) übrig geblieben, dass die Hostellerie einen der interessantesten Gasträume Südfrankreichs aufzuweisen hat (das Essen ist mittelmäßig, und die Preise sind relativ hoch).

Den frühen Touristen huldigt man in Collioure mit an den Hauswänden angebrachten Kopien ihrer authentischen Bilder, in deren Sog inzwischen unzählige Maler und Pfuscher das Arbeitsgerät aufstellen, um dem bereitwillig zahlenden Urlauber

Collioure

die ganze Bandbreite dessen feilzubieten, was irgendwie noch, wenn auch im Entferntesten, mit Malerei zu tun haben könnte. Das Motiv ist überall dasselbe: die geschwungene Bucht mit ihrem Badestrand und ein paar (inzwischen) dazu gemalten Booten, als seien sie gerade vom Fischfang eingelaufen.

Schon in vortouristischer Zeit hat der Mensch, wenn auch damals mit ganz anderer Absicht, das malerische Bild von Collioure gestaltet: Die Kirche auf der einen Seite und das Schloss auf der anderen rahmen die natürliche Bai ein und sind heute bei Fotografen und Malern gleichermaßen beliebt. Den **Glockenturm** hält man zunächst für einen Leuchtturm – und liegt damit gar nicht so falsch. Denn genau dem Zweck diente der Kirchturm, als Collioure bedeutendster Hafen des Roussillon war, bevor am Ende des 17. Jahrhunderts das benachbarte Port-Vendres wegen des inzwischen ausgehobenen Hafenbeckens diese Aufgabe übernommen hat. Etwa in dieser Zeit entstand auch die Église Notre-Dame-des-Anges, ein Barockbau mit reicher Innenausstattung *(9 - 12 und 14 - 18 Uhr)*. Leider ist die Beleuchtung derart schummrig, dass man die Schönheit der im Barockstil gehaltenen neun Altarblätter, sogenannter Schnitzretabel, die das bedeutendste katalanische Kunstwerk ihrer Art sind, kaum erkennen kann.

Collioure - Château

Auf der anderen Seite der Bucht thront das mächtige Schloss, das **Château Royal des Templiers**, welches im 13. Jahrhundert vom Templerorden gebaut worden ist und später den Königen von Mallorca und Aragon, also spanischen Herrschern (Collioure war damals spanisch), als Absteige diente. Heute ist der Anblick von außen am beeindruckendsten oder die Aussicht von den Mauern auf den Hafen und die Stadt *(10 - 18 oder im Juli/August bis 19 Uhr; zuletzt kostenlos)*. Das Schloss dient heute hauptsächlich Ausstellungen (Peitschen, Weinbau, Espadrillos u.a.).

Aber das ist im Grunde nur Beiwerk, denn nach Collioure reist man wegen seiner schönen Lage, des unbestreitbar malerischen Hafens und wegen des bunten Lebens. Das wird im Sommer durch diverse Festivitäten kräftig angeheizt, vor allem am 16. August, wenn anlässlich des Stadtfestes am Strand ein

Feuerwerk gezündet wird. Und die Vermarktung ist gnadenlos. Ich hätte eine Steigerung nicht mehr für möglich gehalten: In einem Ort, der sich mit Kuttern und dem Meer schmückt, gibt es nicht mal mehr ein Fischgeschäft. In seinen früheren Räumen wird heute Nippes verkauft, den niemand braucht – von April bis Anfang Oktober. Das ist lohnender als der ganzjährige Verkauf frischen Fisches.

Das Paradies hatte schon früher Risse bekommen, als amerikanische Verhältnisse mehr und mehr in Frankreich einzogen. Erst hat man im Jahre 1996 unter dem Eindruck eines schlimmen Überschwemmungsunglücks auf einem weit entfernten spanischen Pyrenäenplatz, bei dem es Tote gab, einen Campingplatz geschlossen. Der lag hinter dem Strand der **Calanque de l'Ouille**, die man inzwischen nicht mehr anfahren kann.

Camping *Les Criques de Porteils*

Später wurde auch der romantische Klippenweg von eben dieser Bucht nach Collioure gesperrt. Ein unvorsichtiger, aber prominenter Großvater war mit seinem Enkel in den Tod gestürzt. Was über Jahrzehnte eine Selbstverständlichkeit war, wurde über Nacht durch Gittertore und Sprengungen vernichtet. Aber es gibt einen markierten Ersatzweg über Land (dazu gleich mehr), so dass der von den Hochwasserschutzmaßnahmen nicht betroffene Campingplatz nach wie vor der vielleicht schönste in diesem Buch ist. Er heißt *Les Criques de Porteils* und ist der nördlichste, der größte sowie gepflegteste bei Collioure (eigentlich gehört er noch zu Argelès-sur-Mer). Er liegt wunderbar abgestuft auf einem traumhaften Felsplateau über drei kleinen Kiesbuchten. Von vielen Stellplätzen hat man einen weiten Blick nach Nordosten übers Meer zur angrenzenden Sandküste. Sofern Sie nicht zwischen Mitte Juli und Ende August wegen Überfüllung abgewiesen werden, könnten Sie hier einen ganzen Urlaub verbringen. Störend ist nur der an der ganzen Côte Vermeille mitunter sehr stark blasende Nordwind. Inzwischen hat der neue Besitzer die Anlagen renoviert, den Charme ein wenig verringert, aber die unvermeidlichen *Mobilhomes* dankenswerterweise nur im hinteren Teil platziert. Auf der Meerseite wurde dem Platz noch ein befestigter **Küstenwanderweg** abgezwackt, den nach Collioure zu gehen allein schon die Reise lohnt (Beginn direkt nördlich des Campingplatztores und gelb markiert; der Weg endet am Nordende von Collioure, er ist aber nicht der kürzeste dorthin):

(052) WOMO-Campingplatz-Tipp: Collioure
(Les Criques de Porteils)

GPS: N 42°32'03" E 3°04'13".   **Ortszentrum**: 2 km; zu Fuß 25 Minuten; auch mit dem Rad gut machbar, ältere Herrschaften müssen ein kurzes Stück schieben (am Campingplatzausgang beschildert und nicht mit dem Küstenwanderweg zu verwechseln).
Zeiten: 1.4. oder Woche vor Ostern bis etwa 20.10. **Tel**. 04 68 81 12 73.
Ausstattung: Pool, Laden (ab 1.5.), Restaurant, Kiesstrände, die im Spätsommer früh im Schatten liegen, Wanderweg, kostenloses Wifi beim zentralen Aufenthaltsraum.
Zufahrt: Der Platz liegt nördlich von Collioure, noch im Gemeindegebiet von Argelès. Wählen Sie auf dem Weg von Argelès nicht die neue D 914 (!), bzw. verlassen Sie diese bei der ersten Abfahrt südlich von Argelès und noch <u>vor</u> Collioure *(Abfahrt 13, Richtung ‚Racou Plage')*. Fahren Sie dann auf der alten Zufahrtsstraße nach Collioure, bis Sie nach <u>rechts</u>, also zum Berg hin (!) den Wegweiser zum Campingplatz finden. Sie unterqueren Straße und Bahnlinie und stehen dann am Campingplatztor.
Preise: 22 - 40 €.

Auf der Straße sind es noch 3 km bis ins Zentrum von Collioure, aber Sie können trotzdem Ihr WOMO tagelang un-

Bucht der Ouille - links die Plätze *Les Amandieres* und *La Girelle*

bewegt lassen und zu Fuß in den Ort laufen. Falls es Sie nach einem Feinkiesstrand gelüstet, sind es in die schöne **Bucht der Ouille** 15 Minuten zu Fuß (die Campingplatzzufahrt im Rücken sofort nach links und kurz hinter einer Fahrzeugschranke durch das ausgetrocknete Flussbett laufen oder seitlich des Campingplatzes auf einem ausgeschilderten Küstenwanderweg bergauf und zwischen Meer und Camping zu jener Bucht). Und zum klassischen Sandstrand ist es in die andere Richtung, also nach Norden, noch näher.

250 m hinter dem Strand von Ouille liegt zudem der **Campingplatz *Les Amandieres***, der an der Straße nach Collioure beschildert ist und als Alternative gut in Betracht kommt, zumal von hier der Fußweg nach Collioure etwas kürzer ist:

(053) WOMO-Campingplatz-Tipp: Collioure
(Les Amandieres)

GPS: N 42°31'53" E 3°04'19". **Ortszentrum**: 1,7 km, zu Fuß gut 20 Minuten – gehen Sie in die Sandbucht und an deren rechter Seite bergauf; der Weg ist alternativ auch auf der Straße mit dem Rad machbar, ältere Herrschaften müssen auch hier ein kurzes Stück schieben.
Zeiten: 1.4. oder Woche vor Ostern bis Mitte Oktober. **Tel**. 04 68 81 25 56.
Preise: 18,50 - 37 €.
Ausstattung: Beheizter Pool, Brotverkauf, Imbiss, Pizzeria, in der Nähe an einer schönen Feinkiesbucht, Wanderweg.
Zufahrt: Der Platz liegt ebenfalls nördlich von Collioure. Am besten fahren Sie am vorgenannten Platz vorbei, bis Sie schon vor einem Kreisverkehr einen Wegweiser sehen.
Hinweise: Der Platz liegt nahe einer Bahnlinie. Die Geräusche sind vermutlich nicht sehr störend, genau wissen wir es aber nicht. In der Hauptsaison nicht sofort auf den Platz fahren, sondern oberhalb parken und zu Fuß zur Rezeption gehen.

Die Leser mit einem kurzen Fahrzeug (keinesfalls länger als 6 m, aber meistens nur Busse oder Vans) werden noch mehr von dem **benachbarten** Paradies in einem Nachtigallental schwärmen, dem *Camping La Girelle*, das direkt an der Bucht von Ouille liegt. Das generelle WOMO-Verbotsschild an der Zufahrt gilt dort nicht für den Campingplatz.

Collioure hat auch einen brauchbaren offiziellen Stellplatz, weitab vom Strand, aber besser als nichts und in schöner Umgebung:

(054) WOMO-Stellplatz: Collioure

GPS: N 42°31'32" E 3°04'08", Route de Madeloc.
Max. WOMOs: 60-70. **Ausstattung/Lage**: Ver- und Entsorgung, Toilette, Strom, Mülleimer, klappstuhlgeeignet, aber Asphalt, Wanderwege/Ortsrand,

schöne Lage.
In der Zeit vom 1.5. - 30.6. fährt von 10 - 20 Uhr und vom 1.7. - 30.9. von 10 Uhr alle 20 Minuten ein **kostenloser Bus** ins Zentrum (im Bus keine Hunde).
Fußweg in den Ort und an den Strand etwa 1,8 km: Verlassen Sie dabei die Straße schräg gegenüber dem Platz <u>beim Durchbruch eines kleinen Mäuerchens</u>, und bummeln Sie 30 m unbefestigt und dann nach links auf Asphalt immer bergab. Auf dem <u>Rückweg</u> müssen Sie oberhalb der Post und am <u>Kreisverkehr</u> in die Route d'Argelès einbiegen, unter der Eisenbahnbrücke hindurch gehen, beim <u>Wegweiser</u> ‚*Maison de Retraite*' nach links und beim *Maison de Retraite* bergauf in die *Av. Augustin Hanicotte* abbiegen; nach einem längeren Anstieg wenden Sie sich scharf links in die *Rue Dufy* und nehmen nach etwa 250 m bei einer Laterne den Pfad nach rechts hinauf zur Straße beim Stellplatz.
Zufahrt: Der Stellplatz *Cap Dourats* liegt oberhalb nordwestlich des Ortes und ist mit ‚*Délestage*' beschildert.
Gebühr: 1.10. - 30.4.: 10 €/24 Std. – 1.5 .- 30.9.: 20 €/24 Std.
Hinweis: Offiziell gibt es nur 10 ausgewiesene Stellplätze (mit Strom), aber man darf auch auf den anderen Parkflächen stehen, wo die Markierung der Parkbuchten inzwischen für WOMOs vergrößert worden ist; die obersten Etagen sind die schönsten; dort ist aber für sehr lange Fahrzeuge der Kurvenradius etwas eng.

In Collioure beginnt eine ungewöhnlich schöne Wanderung, zu der man ebenso in der Bucht der Ouille bei den Campingplätzen aufbrechen kann. Dann nimmt man wenigstens auf einer Strecke den Küstenpfad und wandert insgesamt etwa eine Stunde länger (aber kaum länger als vom Stellplatz):

Von Collioure zum Fort St Elme und zur Einsiedelei Notre-Dame-de-Consolation

Wir flanieren zunächst in **Collioure** auf Meeresniveau entlang der südlichen, größeren Bucht auf der Straße nach Port-Vendres. Am Beginn der ersten Linkskurve zweigt rechts ein Sträßchen mit dem Wegweiser ‚*Fort St Elme*' ab. Es geht nun jenseits der Bebauung und vorbei an einer **Windmühle** auf einem Pfad steil bergauf, wobei wir häufig stehen bleiben, um unter uns den herrlichen Blick über die Bucht von Collioure fotografisch festzuhalten. Das ist aber erst der Appetitanreger für den **Superblick**, der sich uns oben beim **Fort St Elme** erschließt, einer ehemaligen Befestigungsanlage, die das ganze Land beherrscht und die man sogar noch von den Burgen des Corbières (Tour 6) erkennen kann *(Be-*

Blick beim Fort St Elme (Stellplatz Nr. 55) auf Collioure

sichtigung: März-Mitte November täglich 10.30 – 17 oder 19 Uhr). Picasso hatte sich übrigens vergeblich bemüht, das Luftschloss zu erwerben.

Ab dem Fort wandern wir auf der Straße, vorbei an einer weiteren ehemaligen Festung, bis zu einer sternförmigen Kreuzung. Hier nehmen wir den halblinks leicht ansteigenden unbefestigten Weg, der südlich um einen Berg herumführt und wieder an einer Asphaltstraße endet. Dort

entscheiden wir uns für die Strecke auf Asphalt scharf nach rechts bis zum Wegweiser *,Ermitage 6 km'* (keine Angst, Ihr Weg ist viel kürzer). Diesem Wegweiser folgen wir auf Asphalt, vorbei an einem einzelnen Haus und über eine kurze Brücke. 300 m nach dieser und verdeckt hinter einem Felsklotz klettern wir nach rechts auf einem markierten Pfad abwärts. Dieser Weg ist zunächst so steil, dass man die Hände zu Hilfe nehmen muss, er wird aber bald deutlich besser und endet – am Schluss wieder etwas steiler – an der **Ermitage Notre-Dame-de-Consolation**.

Wenn man für seinen Marsch nicht gerade einen Sonn- oder Feiertag ausgewählt hat, ist die *Einsiedelei*, wie sich das für eine *Ermitage* gehört, ein Ort himmlischer Ruhe. Der mit Platanen bestandene Platz vor dem Kirchlein ist bei picknickenden Franzosen sehr beliebt, es gibt ein kleines Ausflugslokal, und im dunklen Innern der Kapelle werden Weihgaben der Fischer aufbewahrt (im Jahr 2015 wegen Renovierung geschlossen).

Nun benötigen wir noch eine dreiviertel Stunde zurück nach Collioure, auf dem so genannten *Chemin de Consolation*, der dem Flussbett des Douy folgt (verlassen Sie die Einsiedelei nach rechts auf einem schmalen Betonweg und nicht auf der Zufahrtsstraße). Auf jenem Weg zogen früher, wenn die Einwohner in Trockenzeiten den Herrgott um Wasser bitten

Collioure, Windmühle und Fort St Elme

Die Gaststättenempfehlung fällt mir in dieser Auflage nicht leicht, wenn auch die Lage des **Restaurant *Neptune*** einmalig ist. Sie sitzen dort im Sommer auf einer phantastischen Terrasse, mit Glück auf der vordersten Bastion, direkt über dem Hafen. Mir fällt spontan kein Restaurant am nördlichen Mittelmeer ein, mit einer vergleichbaren Kombination von Panorama und erreichbarem Stell- oder Campingplatz. Die Preise sind nicht niedrig, und bei unserer letzten Reise sah alles eine Nuance grauer aus als früher *(Tel. 04 68 82 02 27; außerhalb der Saison dienstags geschlossen)*. Wir haben daher zuletzt an Ostern meine langjährige Empfehlung nicht erneut überprüft. Ebenso wenig wie wir das Niveau des benachbarten, noch teureren und gediegeneren **Restaurants *La Balette*** im *Hotel Relais des Trois Mas* auf die Probe gestellt haben, das über eine ebenfalls sehr schöne, wenn auch nicht ganz so spektakuläre Terrasse über dem Meer aufwartet und der noch besseren Küche, die seit Jahren den begehrten Michelin-Stern hält *(Tel. 04 68 82 05 07; Montag und Dienstag mittags sowie Mittwoch* *mittags geschlossen).* Wir haben stattdessen im **Côté Patio** im historischen Ortskern, aber ohne Blick auf den Hafen, richtig gut gespeist, nicht wenig gespart und betrachten dieses Restaurant als unseren heißen Tipp in dieser Auflage *(Tel. 04 68 82 00 71, im Sommer kein Ruhetag, 14 Rue du Docteur Coste, vom Hafen aus an der Autostraße nach Norden rechts in einer Altstadtgasse).*

Am bei der Wanderung schon erwähnten **Fort St Elme** finden Sie immer noch einen wunderbaren Stellplatz, ein Schild verbietet erst ab hier die Weiterfahrt. Falls alles noch so ist, wie ich es mir vorstelle und wie ich es bei der aktuellen Nachrecherche vorgefunden habe, werden Sie davon noch den Enkeln berichten. Denn solche individuellen Plätze sind eigentlich längst WOMO-Geschichte:

(055) WOMO-Stellplatz: Port-Vendres (Fort St Elme)

GPS: N 42°31'04" E 3°05'33".
Max. WOMOs: 2.
Ausstattung/Lage: Superblick (siehe Seite 105) / außerorts, einsam.
Zufahrt: Fahren Sie in Port-Vendres, von Collioure kommend, am Hafenbecken vorbei und dann an den beiden Kreuzungen, bzw. einem kleinen Kreisverkehr, jenseits des Hafens geradeaus Richtung *,Gendarmerie'* (Wegweiser *,Fort St. Elme'*). Sie gelangen nach einer Rechtskurve zur Polizeistation *(Gendarmerie)*, hinter der Sie scharf rechts die schmale Straße wählen *(*Wegweiser *,Fort St Elme')*, die sich zunächst durch ein Wohngebiet und nach einer scharfen Linkskurve am Hang entlang den Berg hinauf windet (Achtung, es könnten Ihnen das Touristenbähnchen oder ein anderer Leser entgegen kommen). Die Straße führt zum Fort und ist ab dort für WOMOs gesperrt, weshalb Sie die nach wenigen Metern folgenden, noch schöneren Nischen nicht anfahren dürfen.
Hinweise: Das ist nur ein Platz für unerschrockene Individualisten. Die Straße ist schmal und erfordert bei Gegenverkehr möglicherweise ein Zurückstoßen, was ungeübten Chauffeuren mit großen Fahrzeugen schwer fallen könnte. Generell gilt in Port-Vendres außerhalb des offiziellen Stellplatzes Nachtparkverbot für Wohnmobile. Ob der Platz am Fort dazu zählt, weiß ich nicht. Kein Leser hat von unangenehmen Erfahrungen berichtet. Lassen Sie tagsüber Ihr WOMO auf keinen Fall stehen. Sie könnten das Touristenbähnchen und den Parkplatz der Festung blockieren.

Bevor Sie sich hier oben zur Ruhe legen, werden Sie sich vielleicht im Angesicht der Berge und der Buchten von Collioure oder Port-Vendres ein Gläschen genehmigen, entweder von dem kräftigen Roten aus der Lage von Collioure oder von dem bekannten Banyuls, einem weltberühmten Süßwein. Und davor, möglichst nachmittags ab 16 Uhr, wenn die Fischkutter einlaufen (sofern die Fischerei noch nicht aufgegeben worden ist), werden Sie den Hafen von **Port-Vendres** (5.800 Einwohner) inspizieren, eines der schönsten Stücke Frankreichs am Meer, ein Highlight für die Fotografen. Wenn das halbe Dutzend von Fischfangschiffen am Kai festmacht, das als Rest einer einstmals beachtlichen Flotte den Existenzkampf weiterhin aufnimmt (und aufnehmen darf – siehe Tour 2), erwacht das Leben: Die Beute wird in Kühllastern oder in kleinen Fahrzeugen der Restaurantbesitzer und Fischhändler verstaut. Was danach übrig bleibt, gelangt zur Versteigerung in die Fischhalle; oder an einen Stand daneben, wo auch Sie als Normalverbraucher die Früchte des Meeres fangfrisch kaufen können. Leider ist das alles stark rückläufig. Bei unserer letzten Reise war ein Teil der aufgehäuften Netze schon so lange nicht mehr im Einsatz, dass daraus Unkraut gewachsen ist.

Auch die Kulisse ist, gleich auf welcher Seite des Hafenbeckens man steht, farbenfroh. Die Häuser sind in zarten Pastelltönen gehalten, und ein besonders schönes Foto gelingt, wenn die kleine, rosafarbene Kirche im Hintergrund das Szenarium überragt.

In den südlichen Teil des Hafens laufen gelegentlich noch richtig große Pötte ein und erinnern ebenfalls an bessere Zeiten. Die begannen für den Port de Vénus (Venushafen daher auch der heutige Name des Städtchens) unter der römischen Herrschaft und kamen in Schwung, als Vauban, ein Festungsbaumeister Ludwigs XIV., der sich bekanntlich in ganz Frankreich verewigt hat, im Jahre 1679 begann, ein Hafenbecken auszuschachten und mit einer Befestigungsanlage zu sichern. Bis zur Fertigstellung dauerte es zwar fast hundert Jahre, und beinahe wäre auch noch die Revolution dazwischen gekommen. Aber dann wuchs Port-Vendres zu einem der bedeutendsten französischen Mittelmeerhäfen. Ein großer Teil des Personen- und Güterverkehrs mit den ehemaligen Besitztümern in Nordafrika wurde hier abgewickelt, ehe das Kolonialreich in den 50er Jahren des 19. Jahrhunderts zerbrach. Schon vorher, im Jahre 1944, wurde das Befestigungswerk von den abrückenden Nazis teilweise gesprengt, aber der schöne Platz auf den ausgehobenen Erdmassen des Hafenbeckens, die **Place de l' Obelisque**, blieb erhalten. Deren Namensgeber, ein 25 m hoher Obelisk, reckt noch immer seine Spitze in den meist blauen Himmel (samstags ist Markt). Nur das Kriegerdenkmal von Aristite Maillol (siehe Kasten weiter unten) aus dem Jahre 1923, zu dem Kunstkenner einst hierher pilgerten, befindet sich seit Jahren in Paris.

Port-Vendres

Auf dem erhabenen Platz mit seiner klassizistischen Brüstung parkten früher auch Wohnmobile, bis diese prächtige Aussichtsplattform für WOMOs gesperrt worden ist, wofür ich hier Verständnis aufbringen kann. Nehmen Sie lieber den günstig und schön gelegenen offiziellen Stellplatz:

(056) WOMO-Badeplatz: Port-Vendres (offiziell)

GPS: N 42°31'04" E 3°06'49", Route de la Jetée. **Max. WOMOs**: 30. **Ausstattung/Lage**: Ver- und Entsorgung, Mülleimer, Supermarkt nach etwa 250 m, Zentrum und Gaststätten sind gut zu Fuß erreichbar, schmutziger Strand mit Badeverbot direkt am Platz, Bademöglichkeit nach einigen hundert Metern – auf dem Fußweg vor dem Tunnel links Richtung Cap Béar (legal möglicherweise erst nach der Hafenmole ohne Strand), nach etwa 350 m liegt auch eine Gaststätte am Strand, klappstuhlgeeignet, Wanderweg / Ortsrand. **Zufahrt**: Folgen Sie südlich des Ortes an der Straße nach Banyuls beim Kreisverkehr dem Wegweiser ‚Aire Camping Car'. **Gebühr**: 5,50 € wird morgens kassiert. **Hinweise**: Früh kommen! Der Platz ist auch außerhalb der Saison von Urlaubern, die hier tagelang stehen bleiben, gut besucht, weshalb man auch relativ eng steht.

Wenn Sie beim Stellplatz an das angrenzende Hafenbecken treten, erkennen Sie am gegenüberliegenden Kai auf der unteren Ebene das moderne Gebäude des **Restaurants *Côte Vermeille***. Wir sind vom Stellplatz aus, schneller als erwartet, um den ganzen Hafen dorthin spaziert,. Wir speisten weniger gediegen als befürchtet. Und auf dem Heimweg schwebten wir, von der ausgezeichneten Fischküche, vielleicht der besten auf dieser Reise, stärker begeistert als erhofft sowie vom trockenen Weißwein des regionalen Weingutes *Abbe Rous* getragen (siehe beim Stichwort *Wein*) leichten Schrittes nach Hause *(Tel. 04 68 82 05 71; montags geschlossen; gehobene Preise)*.

Von hier aus sollten Sie auch unbedingt wandern oder wenigstens ein Stück spazieren:

Zum Cap Béar und in die Bucht von Paulilles

Am Stellplatz Nr. 56 von Port-Vendres beginnt ein idealer **Küstenwanderweg** zum **Cap Béar**, den Sie dank der gelben oder später roten Markierung kaum verfehlen können. Kehren Sie um, wenn es Ihnen reicht und vergessen Sie nicht das Badezeug.

Den **Stellplatz** von **Port-Vendres** im Rücken gehen Sie rechts und biegen nach wenigen Metern vor einem Tunnel links auf einen Schotterweg ein. Mit der gelben Markierung wandern Sie zu Häusern kurz vor der langen Hafenmole und steigen auf einem Pfad bergan, bis Sie die Straße erreichen. Sie könnten von dort weiter den markierten Weg durch die Garrique wählen oder auf der fast nicht befahrenen Straße weiterwandern und dabei Ihre Kräfte schonen.

Cap Béar im leichten Nebel

Denn nach der Antennenstation und ab dem **Leuchtturm** am **Cap Béar** (bis hierhin brauchen Sie knapp eine Stunde) müssten Sie, falls Sie sich nicht für die Straße entscheiden, mehrfach auf schmalen, schattenlosen Pfaden bis auf Meeresniveau absteigen, was nicht wenig anstrengend ist. Auf einem phantastischen Wanderweg gelangen Sie nach etwa weiteren 75 Minuten (ab Cap Béar) in die **Bucht von Paulilles**, etwa auf halber Strecke nach Banyuls-sur-Mer.

Möglicherweise verlassen Sie die Küste schon an der **Plage Bernardi**, einen Strand früher und vor einer ehemaligen Dynamitfabrik, um an der Autostraße nach Port-Vendres zurück zu laufen. Wir haben heimwärts erneut den Küstenpfad genommen (die Karte Nr. 2549 OT ist nicht erforderlich).

Leider gelangen Sie südlich von Port-Vendres in der Bucht von Paulilles nicht mehr an den Strand (Sie können kaum legal parken), weshalb Sie bis **Banyuls-sur-Mer** (4.300 Einwohner)

Banyuls-sur-Mer - unten links der Campingplatz

durchfahren müssen, das genauso lebhaft, im Sommer aber auch ähnlich überfüllt ist wie die Nachbarorte. Es fehlen die Größe und die Zweckdienlichkeit des Hafens von Port-Vendres oder die schöne Lage von Collioure. Aber auch hier flaniert man an den üblichen Urlaubslokalen und an Hunderten von Segelbooten vorbei. Banyuls zählt ohne Zweifel zu den besseren Adressen am französischen Mittelmeer, weshalb wir uns für diese Auflage den landeinwärts gelegenen Campingplatz angeschaut haben. Sein einziger Nachteil ist die Strandferne. Dafür ist er beschaulicher und kaum teurer als die meisten offiziellen Stellplätze (und im Sommer sogar etwas preiswerter und wesentlich strandnäher als der Stellplatz von Collioure):

(057) WOMO-Campingplatz-Tipp: Banyuls-sur-Mer (La Pinède)

GPS: N 42°28'37" E 3°07'10", Route du Mas Reig (Foto Seite 111).
Ortszentrum: 1,2 km Fußweg an den Strand in der Ortsmitte (gehen Sie aus dem Campingplatz links und am ersten Kreisverkehr halblinks – vorbei am Friedhof und durch die Bahnunterführung).
Zeiten: Februar - Mitte November. **Tel**. 04 68 88 32 13. **Preise**: 12 - 18 €.
Ausstattung: Großer Supermarkt auf der anderen Straßenseite, Gaststätten im Ort, Wanderweg.
Zufahrt: Der Platz liegt beschildert an der Strecke zum Ortsteil Mas Reig.

Für Kurzaufenthalte kommt auch ein Plätzchen mit schöner Sicht (Foto Seite 111) infrage:

(058) WOMO-Stellplatz: Banyuls-sur-Mer

GPS: N 42°28'30" E 3°07'10", Route du Mas Reig. **Max. WOMOs**: 3-4.
Ausstattung/Lage: Schöne Sicht, Wanderweg / Ortsrand – ca. 1,5 km Fußweg an den Strand in der Ortsmitte (gehen Sie das Sträßchen am Weingut vorbei und über einen Pfad abwärts und an der Straße schräg rechts geradeaus).
Zufahrt: Fahren Sie am Campingplatz vorbei bergauf, um eine scharfe Linkskurve. Links einer großen Rechtskurve erkennen Sie etwas schräge Plätze auf Asphalt für nicht zu lange Fahrzeuge. Nehmen Sie dort, bei einem Weingut, das schmale Sträßchen über den Parkplatz abwärts, liegt bald links ein weiterer, ruhigerer kleiner Naturplatz mit Sicht bis zum Meer.
Hinweis: Der untere (Natur-) Platz ist als Parkplatz des Weingutes und der Tennisplätze beschildert. Der Platz ist abends leer und ohne Beanstandung nutzbar. Sie sollten dort aber tagsüber Ihr WOMO nicht stehen lassen, vor allem nicht während einer Wanderung.

Im Gegensatz zu seinen Nachbarn kann Banyuls mit echten Sehenswürdigkeiten aufwarten: Südlich des Hafens hat sich das **Meeresbiologische Institut** der Pariser Universität *Sorbonne* installiert, das *Laboratoire Arago*, eine der wichtigsten französischen Forschungsstellen für Meeresbiologie. Hier wacht man über die Wasserqualität der Küste bis nach Spanien, weshalb das Meerwasser an der Côte Vermeille klarer ist als anderswo. In einem öffentlichen Aquarium wird außerdem die örtliche Meeresflora und -fauna zur Schau gestellt. In 36 Becken ist zu besichtigen, was sonst nur mit Glück und durch die Taucherbrille zu sehen ist: Seepferdchen, Kraken, Schildkröten, Krebse und Hummer, um nur einiges zu nennen *(Observatoire Océanologique, Biodiversarium – täglich 10-12.30 und 14-18 Uhr; 5 €; eine Erweiterung ist im Bau).*

Vom Ausgang des Aquariums sind es nur ein paar Schritte zu einem brandungsumschäumten Felsvorsprung, der **Ile Grosse**, wo man dem Bildhauer **Aristide Maillol** huldigt, dem größten Sohn des Dorfes. Das altarähnliche **Denkmal**, mit dem der Künstler 1930 vor dem Krieg warnen wollte, ist nur noch eine Nachbildung, deren Original man zum Schutz vor den Widrigkeiten des Meeres hinter das Rathaus von Banyuls gestellt hat.

Aristide Maillol

Aristide Maillol gilt neben Rodin als bedeutendster französischer Bildhauer der Wende zum 20. Jahrhundert. Sie entdecken in Banyuls-sur-Mer unweit des zentralen Platzes mit Hilfe einer Gedenktafel das Haus, in dem er am 8.12.1861 geboren wurde. Nach Arbeiten in der Textilkunst sowie als Maler und als Restaurateur von Stuckarbeiten widmete er sich ab etwa 1900 nahezu ausschließlich der Herstellung von Skulpturen und dabei dem weiblichen Akt. Bei vielen Werken wurde er inspiriert durch eine Griechenlandreise, die er gemeinsam mit den Deutschen

La jeune fille allongée

Graf Kessler und Hugo von Hofmannsthal (Schriftsteller und Verfasser von Opernlibretti) unternommen hat.

Seine bekannteste Bronzeskulptur hingegen, *La Méditerranée,* war schon vorher entstanden, wie die meisten der von ihm geformten Frauenkörper mit kräftigen, relativ kurzen Beinen, üppigem Hintern, aber grazilem Oberkörper. So hatte der liebe Gott nämlich Clotilde, Maillols Frau, erschaffen, die sich meines Wissens auch nicht von ihm getrennt hat, als er mit höherem Alter ab 1934 der damals 15-jährigen **Diana Vierny** verfallen ist, dem Modell seines Spätwerkes – mit weniger drallem Körper.

Diana Vierny stand der französischen Widerstandsbewegung, der *Résistance*, nahe und wurde deshalb 1943 von den deutschen Besatzern inhaftiert und musste mit der Hinrichtung rechnen. Maillol dagegen soll über so gute Kontakte zu den Nazis verfügt haben, dass er die Freilassung von Diana Vierny erreichen konnte. Infolgedessen wurde von vielen sein Tod am 27.9.1944 nicht als schierer Unfall abgetan, bei dem Maillol als Beifahrer in einem Auto saß, das von der Dorfstraße von Banyuls abgekommen ist und sich überschlagen hat.

Diana Vierny kümmerte sich fortan um Maillols Werk, dessen bedeutendste Stücke, im Wesentlichen Skulpturen, im Pariser Maillol-Museum untergebracht sind. Viele der dort ausgestellten Statuen, *La Méditerranée* zum Beispiel, stehen auch anderswo, wobei ich ohne tiefgreifende Studien nicht herausbekommen habe, ob die Bronzeskulpturen von vorn-

L'île de France sans bras

herein in mehrfacher Stückzahl gegossen oder später nachgebildet worden sind (ich warte schon länger vergeblich auf die Zuschriften kluger Leser).

Das **Haus** bei Banyuls, in dem Maillol zum Zeitpunkt seines Todes und in den letzten Lebensjahren davor gewohnt hat, wurde zu einem Museum umgebaut. Hier ruht der Meister im Garten neben der bronzenen Nachbildung von *La Méditerranée*. Das ***Musée Maillol*** ist auf der Michelin-Karte südwestlich des Ortes eingezeichnet: Biegen Sie in Banyuls beim Rathaus in der Ortsmitte landeinwärts ab und fahren Sie immer geradeaus, bis nach einigen Kilometern bei einem großen Parkplatz nähere Beschilderungen folgen *(montags und an Feiertagen geschlossen, Oktober - April 10-12 und 14-17 Uhr, Mai - Sept. 10-12 und 16-19 Uhr, 5 €)*.

Zwei weitere Maillol-Statuen – ich vermute, dass es Kopien sind – finden Sie an der Strandpromenade von Banyuls: ***L'île de France sans bras*** (bei der Touristen-Info am südlichen Rand des Strandes) und ***La jeune fille allongée*** (weiter südlich, Richtung Cerbère, auf einem Halbrund in Höhe der Mitte des Hafens).

Banyuls-sur-Mer ist der Hauptort eines der kleinsten Weinanbaugebiete Frankreichs, des **Banyuls-Weines**, der auch in Collioure, Port-Vendres und Cerbère unter dem Namen *Banyuls AOC* (das ist die geschützte Ursprungsbezeichnung) etikettiert werden darf. Es handelt sich um einen natursüßen Rotwein, welcher in der Gegend seit etwa 2.000 Jahren erzeugt wird. Das Verfahren zu seiner Herstellung wurde angeblich schon im Mittelalter von den Tempelrittern entdeckt: Während der Gärung wird dem hauptsächlich aus der Rebsorte Grenache gewonnenen, durch die Schieferböden mit einem hohen Anteil an natürlichem Traubenzucker ausgestatteten Wein, Alkohol oder Branntwein zugesetzt. Dadurch bleibt ein Teil des Zuckers erhalten. Außerdem wird das Produkt auf diese Weise haltbarer für die 3- bis 15-jährige, oftmals unter freiem Himmel stattfindende Lagerzeit in (Eichen-) Fässern. Die Süße ist also nicht das Ergebnis nachträglich zugefügten Zuckers, sondern naturgegeben, weshalb man dem *Banyuls* ohne Angst vor Kopfschmerzen zusprechen kann. Das ist auch gut so, denn den Wein trinkt man nicht nur als Aperitif, er ist auch ein vorzüglicher Begleiter zu Edelschimmel- und Ziegenkäse; auch bei der Nachspeise darf man sich ungeniert nachschenken. Leider ist er in Restaurants relativ teuer.

Der Anbau ist eine Schinderei, da auf den Terrassen am Meer kaum Maschinen eingesetzt werden können. Zum Teil muss selbst die vom Regen weggespülte Erde wieder mühselig in die Weinberge zurückgebracht werden. Die Tempelritter hatten sich die Arbeit erleichtert. Sie ließen den Wein oben auf den Bergen gären und erst danach durch ein System aus Tonröhren in die Keller weiter unten fließen. Sogar im letzten Jahrhundert wendete man diese Methode noch an. Aktuelle Weingüter, bei denen Sie auch einiges zur Geschichte des Weins erfahren, empfehle ich unter dem Stichwort *Wein*. Einen Teil des Anbaugebietes durchstreifen Sie bei einer reizvollen Wanderung:

Rundwanderung bei Banyuls-sur-Mer

Die Idee entstammt dem Rother Wanderführer. Ich habe Sie etwas abgeändert und lasse die Streckenführung am **Campingplatz** von Banyuls Nr. 57 beginnen: Falls Sie nicht auf dem Campingplatz verweilen, können zwei Fahrzeuge in einer Ausbuchtung schräg gegenüber abgestellt werden; außerdem finden Sie ausreichend Parkraum, wenn Sie am Campingplatz noch ein Stück aufwärts fahren.

Sie gehen also den Campingplatz im Rücken links und am Kreisverkehr beim Supermarkt halbrechts in die *Rue Amiral Vilarem*. Kurz vor deren Ende zweigt nach rechts bei der *Gendarmerie* ein Fußweg bergauf ab. Über diesen und ein anschließendes Straßenstück spazieren Sie an einem Weingut und an vorgenanntem Stellplatz vorbei, bis Sie wieder auf die eigentliche Straße treffen. Hier wandern Sie halblinks <u>vor</u> einem runden Natursteinturm geradeaus und direkt links eines weißen Gartentors (vor einer Zeder) leicht bergauf und weiter geradeaus (nicht links!). Hier war bei unserer Wanderung wegen Bauarbeiten die Orientierung etwas schwierig; Sie dürfen nicht nach links in das neu erschlossene Gebiet abdriften. Nach weiteren etwa 150 m verlassen Sie die Straße und marschieren nun deutlich steiler auf einem Weg bergauf, den Sie am Beginn des Waldes nach halblinks auf einen Pfad verlassen, der seinerseits bei der **Kapelle Notre-Dame de la Salette** endet, wegen der großartigen Sicht ein Traumplatz für ein Picknick zur falschen Zeit.

Die kleine Kirche im Rücken stiefeln Sie nun landeinwärts und bei der gelben Markierung im Prinzip immer geradeaus und deutlich ansteigend, (nie nach seitlich abwärts) bis Sie auf die Autostraße D 86 stoßen. Hier haben Sie den größten Teil der Steigung hinter sich und entspannen seitlich des Asphaltes auf den letzten Metern bis zum **Col des Gascons** (den Wegweiser ,*Ball Trap*' lassen Sie unbeachtet – das ist übrigens ein Platz zum Tontaubenschießen).

Kurz vor dem Sattel treffen Sie auf den rot-weiß markierten GR 10 (und vielleicht auf einen Wandersmann, der auf dieser Strecke vom At-

lantik ans Mittelmeer spaziert und sich nun nach Wochen der Mühen auf ein kühles Zielbier in Banyuls freut). Sie steigen steil ab und entscheiden sich beim Erreichen der nächsten, unteren Straßenschleife dafür, den größeren Bogen auf der Straße nach links auszuwandern anstatt erneut steil abzukürzen. Am besten bleiben Sie auf der D 86, während Sie meerwärts gehen und bei einem Haus geradeaus die Straße wieder verlassen. Die Strecke ist bis hinunter nach Banyuls so perfekt rotweiß markiert, dass der Atlantikfußgänger sein Bier auf gar keinen Fall verfehlt und man daher auch Ihnen nichts mehr erklären muss.

Falls Sie allerdings direkt beim Auto ankommen wollen, ohne vorher den Strand erreicht zu haben, müssen Sie ziemlich genau oberhalb des deutlich sichtbaren Campingplatzes auf einer breiten Straße (wo der Pfad auf die Straße trifft) rechts gehen.

Je nach Wegführung und Kondition brauchen Sie 3 bis 4 Stunden; die IGN-Karte 2549 OT ist sinnvoll, aber nicht notwendig, Schatten gibt es nur selten.

Der reizvollste Platz für das Fläschchen Banyuls liegt auf den Klippen des **Cap Peyrefite** und ist genaugenommen ein Campingplatz im Gewande eines freien Stellplatzes. Schöner stehen Sie mit diesem Buch selten – schon gar nicht am Meer. Sie müssen nur Ihr WOMO so platzieren, dass es den Blick zu einigen Dauerwohnwagen verstellt (und Sie im Schatten des mitunter sehr heftigen Windes die Flasche entkorken – siehe unser Foto), während Sie über die Felsen weit hinaus aufs Meer und bis an die spanische Costa Brava schauen:

(059) WOMO-Campingplatz-Tipp: Cerbère / Cap Peyrefite

GPS: N 42°27'23" E 3°09'48". **Ortszentrum**: 3 km; wahrscheinlich gibt es zwischen Bahnlinie und Meer einen Fußweg nach Cerbère.
Zeiten: Vermutlich ganzjährig, jedenfalls an Ostern geöffnet.
Tel. (zeitweise) 04 68 88 41 17.
Ausstattung: Ein Sandstrand ist nördlich nach 10 Minuten Fußweg zu erreichen, dort gibt es auch ein angeblich gutes Restaurant und einen **Unterwasserlehrpfad** für Schnorchler *(Réserve Naturelle Maritime de Cerbère-Banyuls)*.
Sie finden weitere, nähere Badebuchten, wenn Sie sich umsehen.

Zufahrt: Biegen Sie von der D 914 nördlich von Cerbère beim Wegweiser zu einem (auf der Michelin-Karte eingezeichneten) Krankenhaus ab, Wegweiser ‚Sentier Sous marine'. Sie gelangen so auf die Zufahrt zum Krankenhaus und fahren aber geradeaus zum Campingplatz, am Sportplatz vorbei. Fahren Sie <u>links</u> am verwaisten Empfangsgebäude vorbei und lassen Sie sich nicht vom ersten Eindruck abschrecken.

Preis: Bei unserem letzten Besuch an Ostern war ein Sanitärgebäude geöffnet (kaltes Wasser), es gab Strom, aber man konnte nirgends bezahlen – es kam auch kein Kassierer. Wir wissen nicht, wann welcher Betrag zu anderen Zeiten verlangt wird.

Hinweise: Der Platz wird schöner, wenn Sie auf die unterste Etage fahren. Er sieht seit Jahren so aus, als werde er in Kürze geschlossen, aber der Zustand verschlechtert sich ebenfalls seit Jahren nicht mehr. Nach neueren Landabbrüchen kann man leider nicht mehr direkt vom Platz ans Meer klettern und demnach auch nicht mehr baden. Sie müssen daher ein Stück nach Norden gehen. Mitunter sehr heftiger Nordwind.

(060) Vermutlich besteht kein Bedarf zur Benutzung des dazugehörigen **freien Stellplatzes**:
Es handelt sich um einen offiziellen Stellplatz, eine schattenlose Fläche rechts des Empfangsgebäudes oberhalb des eigentlichen Campingplatzes, von welcher aus Sie die bescheidenen Campingplatzeinrichtungen mitbenutzen dürfen;   **GPS**: N 42°27'23" E 3°09'43".

Südlich des Campingplatzes wurde ein nicht störendes Neubaugebiet an den Hang geklebt. Und der Bauboom hatte auch vor der schönen, nördlich angrenzenden **Sandbucht** keinen Respekt, wenngleich nur wenige Häuser und ein einfaches, aber richtiges Restaurant an einen immer noch etwas improvisiert wirkenden Strand grenzen, der im Hochsommer aber gut besucht ist, handelt es sich doch um den Hauptbadestrand von Cerbère. Leider darf man dort kein Wohnmobil mehr parken (was in der Nebensaison nicht jeder beachtet).

Nicht mehr ganz so einladend ist das kleine Grenzstädtchen **Cerbère** (1.700 Einwohner), merkt man ihm doch seine Zweckbestimmung als Bahnstation deutlich an, da hier die Züge enden, weil sie auf der breiteren Spur der spanischen Schienen nicht weiterfahren können. Mir scheint, dass sich daran bis zu dieser Auflage trotz der Angleichung europäischer Normen immer noch nichts geändert hat (welcher Eisenbahnfreak schreibt mir endlich, wann die Spanier schmalere Gleise bekommen? Absolut lohnend ist gleich hinter Cerbère und etwa 2 km vor der Grenze ein Stop am **Cap Cerbère**, wo Sie weit nach Spanien bis zum Cap Creus (mit ‚C') blicken können.

Cerbère

Tour 5: Besichtigungstour im Roussillon 120 km

Elne - Castelnou - Perpignan - Salses

Stellplätze:	in Thuir, Castelnou und Salses-le-Château
Besichtigen:	die Kathedrale von Elne; das Bergdorf Castelnou, Perpignan, die Festung von Salses
Essen:	Restaurant *L'Hostal* in Castelnou

Einer der großen Vorteile der Wohnmobilreise liegt bekanntlich darin, dass man seinen Urlaub nicht nur am Strand vertrödelt, sondern dass man unbeschwert auf Besichtigungstour gehen und jederzeit wieder in den faulen Teil der Ferien überwechseln kann.

Dabei liegt eine bedeutende Sehenswürdigkeit gleich hinter der Küste, der Kreuzgang der **Kathedrale von Elne**. Von außen macht die im 11. Jahrhundert begonnene Kirche einen schmucklosen, festungsartigen Eindruck und wäre für den Normalurlauber kaum einen Umweg wert, wäre da nicht dieser wundervolle Kreuzgang, den Sie sich unbedingt ansehen sollten. Romanische und gotische Stilelemente kommen hier zum Tragen, da man zwei Jahrhunderte gebraucht hat, um die kunstvollen Bildhauerarbeiten an den Säulen und Kapitellen aus dem Stein herauszumeißeln. *(Juni - Sept. tägl. 9.30 - 12.30 und 14 - 18 Uhr: Okt. –*

Elne - Kreuzgang

Apr. montags geschl., 9.30 - 12.30 und 14 - 17 Uhr; 4,50 €).

Den Kreuzgang hatten die Pharmazeuten in der Mache, als ich mich auf ein Mäuerchen zwischen die Säulen knien wollte, um die richtige Perspektive für das veröffentlichungsreife

Foto zu suchen. Ich darf Ihnen aber in diesem Buch nur die zweite Wahl präsentieren. Denn vor dem entscheidenden Druck auf den Auslöser vertrieb mich eine entrüstete Wächterin mit dem Hinweis auf die Absperrung und ein dort angebrachtes Plakat. Der Stein sei »krank« und werde antibiotisch behandelt, meine Jeans seien Bakterienträger und könnten das Bauwerk anstecken.

Einzelheiten zur Geschichte der Kathedrale darf ich mir hier ersparen, denn vor Ort bekommen Sie mit der Eintrittskarte einen Prospekt in astreinem Deutsch, der keine historische Frage offen lässt. Der Eintritt gilt übrigens auch für ein gegenüber der Kathedrale eingerichtetes kleines Museum mit sehr schönen Bildern des Fauvistenfreundes Terrus.

In Elne müssen Sie entscheiden, ob Sie sich sofort Perpignan ansehen, einen lohnenden Umweg wagen, oder ob Sie sogar gleich auf unserer 6. Tour weitermachen. Für die beiden zuletzt genannten Alternativen empfehle ich Ihnen, auf der D 612 die Strecke über Thuir zu wählen. Weniger wegen des Städtchens **Thuir** (6.400 Einwohner), das eher einen gemütlichen Eindruck macht und Ihnen wenig Sehenswürdigkeiten zu bieten hätte (im Sommer sind in der Stadt Skulpturen aufgestellt), wenn Sie nicht gerade Aperitif-Liebhaber sind. Denn Thuir ist die Wiege des in Deutschland wenig bekannten alkoholischen Appetitanregers mit dem Namen *Byrrh*, einem Schnaps auf Rotweingrundlage, versetzt mit Kräuterwurzeln und Rinden (!), der in den 60er Jahren heftig mittels beschrifteter Hausfassaden beworben worden ist (wenn Sie ihn im Café bestellen, kommt meist ein *Bier*). Auch *Cinzano*, *Dubonnet* und andere Aperitif-Getränke werden hier gebraut. Wer sich den Herstellungsvorgang nebst ausführlicher Kostprobe nicht entgehen lassen möchte, kann in der Großkellerei *Les Caves Byrrh* eine Führung *(4 €)* mitmachen und dabei auch davon träumen, das angeblich größte Eichenfass der Welt, welches immerhin 1 Million Liter fasst, leer zu trinken. In der Nähe der Kellerei könnte man den Rausch ausschlafen:

(061) WOMO-Stellplatz: Thuir

GPS: N 42°38'06" E 2°45'31", Allée Hector Capdelayre. **Max. WOMOs**: 5.
Ausstattung/Lage: Mülleimer, Gaststätten und Geschäfte in der Nähe / im Ort.
Zufahrt: Der geräumige Parkplatz liegt östlich der Kellerei und seitlich der Ausfahrtstraße und am Beginn der Grünanlagen, ist aber trotz der Palmen an seinem Rand eher ein Notplatz.

Hauptgrund für diese Strecke ist aber nicht die Sauferei, sondern der kurze Abstecher zum 5,5 km westlich von Thuir gelegenen Felsennest **Castelnou**, einem Dorf, das man mit Sicherheit unbeachtet ließe, würde einen nicht der Reiseführer darauf aufmerksam machen. Es darf sich mit dem Attribut *'Eines der schönsten Dörfer Frankreichs'* schmücken – und hat das auch verdient. Besonders im Frühjahr und Winter, wenn der westlich aufragende Pyrenäenriese, der Pic du Canigou (2.784 m), sich nicht hinter Wolken versteckt und sein mit Schnee bedecktes Haupt den Kontrast zu den fast spielzeughaft herausgeputzten Häusern bildet. Die werden zwar kaum noch von richtigen Einwohnern benutzt, und es gibt daher auch keine dörfliche Struktur mehr, mit Bäcker und Leuten, die einer normalen Erwerbstätigkeit nachgehen. Umgekehrt aber fehlen auch weitgehend die Souvenirshops, so dass der kurze Bummel durch die engen Gassen des am Hang liegenden Ortes zu den Urlaubserlebnissen der erfreulichen Art zählt. Wie es

Castelnou

sich gehört, thront oben auf der Kuppe ein Schloss, das erst vor wenigen Jahren nach einem Feuer restauriert worden ist – und für teures Geld besichtigt werden kann.

Sogar für einen beschaulichen Urlaubsabend ist gesorgt: Sie finden mehrere Lokale, von denen das **Restaurant** *L'Hostal* wegen seiner katalanischen Gerichte einen guten Ruf genießt. Wir haben allerdings die inzwischen schlichte und eher preiswerte Küche seit Jahren nicht mehr getestet und empfehlen deshalb das Ausflugslokal nur wegen seiner schönen Terrasse *(von Juni bis September täglich mittags und abends geöffnet, in der Nebensaison täglich mittags und nur dienstag- und mittwochabends; Tel.: 04 68 53 45 42)*. Bei Castelnou liegt zudem ein **Übernachtungsplatz** schön in der Landschaft, der noch besser wäre, wenn er nicht überwiegend zugewachsen wäre:

(062) WOMO-Stellplatz: Castelnou
GPS: N 42°37'18" E 2°42'09". **Max. WOMOs**: 5-8.
Ausstattung/Lage: Toilette (rechts des Stadttores), Gaststätte, abends nach Abreise der Tagestouristen klappstuhlgeeignet / Ortsrand, etwas einsam.
Zufahrt: Der mit ‚P' beschilderte, geräumige und einzige Parkplatz ist unterhalb des Dorfes nicht zu verfehlen.
Hinweise: Leser haben sich über den nächtlichen Glockenschlag der benachbarten Kirche mokiert. Tagsüber ist der Platz bisweilen zugeparkt, was sich gegen Abend auf jeden Fall ändert. **Gebühren**: 3 €/4 Std.; 15 €/24 Std.

Auf der ganzen Strecke von der Küste bis hierher haben Sie die Pyrenäen im Blick, und leicht, besonders in Castelnou, reift der Wunsch, dieses Gebirge und damit auch die in vorliegendem Reiseführer nicht behandelten Teile des südwestlichen Roussillon näher kennen zu lernen. Dabei wird Ihnen sicher Band 20 der *WOMO-Reihe, Mit dem Wohnmobil durch die Pyrenäen,* wertvolle Dienste leisten, in dem Jürgen Engel, was in der Natur der Sache liegt, auch Bereiche des hiesigen Buches beschreibt, wenn auch unter etwas anderem Blickwinkel.

Unsere Reise geht weiter nach **Perpignan**, der mit 120.000 Einwohnern größten Stadt des Roussillon, die man oft achtlos durch- oder umfährt. Es fehlen hier nämlich bedeutsame Sehenswürdigkeiten. Auch ich hatte Perpignan nicht in guter Erinnerung, seit ich an einem gluthheißen Tag Anfang der 70er diverse Autowerkstätten auf der Suche nach einer Lichtmaschine für meinen VW-Käfer abgeklappert habe. Umso überraschender ist Jahrzehnte später das Wiedersehen, die Entdeckung einer fast unverfälschten, lebhaften Altstadt mit zahlreichen netten Plätzen.

Sogar die **Parkplatzsuche** gestaltet sich (bei mehreren Besuchen in neuester Zeit) problemlos: Sie werden überall im Zentrum zu dem Parkhaus *Castillet* geleitet, an dessen Einfahrt Sie links vorbeifahren. Gleich dahinter erstreckt sich eine schattige, mit Palmen und Platanen bestandene Anlage, an deren Rand die Einheimischen wegen des Parkscheinautomaten ungern parken und uns die Plätze frei lassen (Leser hatten auch dort nicht immer Glück).

Von hier aus ist es ein Katzensprung in die Altstadt und zu den paar Bauten, die man dort sehen möchte. Das Wahrzeichen der Stadt liegt gleich am Weg und ist ein ausgezeichneter Orientierungspunkt. Es ist das rundliche Türmchen aus

Perpignan - Le Castillet

rotem Backstein, genannt **Le Castillet**, im 14. Jahrhundert als Torbefestigung gebaut. Die Besichtigung des Innern, bei der man sicher auch von der Epoche erfährt, als der ovale Turm Gefängnis und Folterkammer war, habe ich mir bislang verkniffen. Im Gegensatz zur Haupttouristenattraktion, dem **Palast der Könige von Mallorca** (Palais des Rois de Majorque). Ihn zu finden ist nicht schwer: Gehen Sie beim genannten Türmchen in die Altstadt und dann zunächst geradeaus bis zu dem schmalen Platz mit einem Frikadellenbetrieb. Das »Restaurant« verunstaltet eines der schönsten Häuser der Stadt, die gotisch dekorierte Seehandelskammer, **Loge de Mer** (14. bis 16. Jahrhundert), vor der man rechts abbiegt und den kleinen, aber belebtesten Platz der Altstadt überquert. An dessen Ende sollten Sie sich links halten und allmählich bergauf bummeln. Sie stoßen dann bald auf eine Mauer der Zitadelle, eben jenes Palastes. An ihr muss man nun wieder nach rechts gehen, denn der Eingang zum Palais ist auf dessen Westseite. Dort legt man hinter einem gewaltigen, mit Millionen von schmalen Backsteinen errichteten Gemäuer einen Obolus auf die Kasse, um mit Hilfe eines deutschsprachigen Faltblattes die schmucklosen Gemächer des Königs und seiner besseren Hälfte zu durchwandeln. Andere – ich weniger – sehen den mediterranen Charakter der Treppen, Galerien und Arkaden. Ich freue mich vor allem darüber, dass ich mich nicht der einstündigen Führung anschließen muss und den Palast auf eigene Faust kennen lernen darf, was weniger lange dauert *(Juni - September 10 - 18 Uhr, sonst 9 - 17 Uhr; 4 €)*.

Perpignan - im Araberviertel

Am interessantesten finde ich noch die Geschichte des kurzlebigen Königreiches von Mallorca – und seiner beiden Hauptstädte, von denen Perpignan die eine war. Der König von Aragon (im heutigen Spanien), Jakob I., hatte zwei Söhne, von denen der älteste das Königreich Aragon, Katalonien und Valencia erbte, während für den jüngeren, Jakob II., ein neuer Staat geschaffen werden musste, aus dem Königreich Mallorca, dem Roussillon und einigen weiteren Gebieten. Das neue Reich ließ sich von der Inselhauptstadt Palma nicht gut regieren, weshalb eine zweite Residenz und ab dem Jahre 1274 dieser Palast notwendig wurden. Nach 68 bewegten Jahren war die Welt wieder um einen Staat ärmer, das Königreich kam zu Aragon, und Perpignan verlor an Bedeutung. Zweifelsfrei stammt der Hubschrauberlandeplatz in der Zitadelle nicht aus der Zeit der doppelten Hauptstadt.

Der Weg durch die Altstadtgassen führt zugleich durch einen Schmelztiegel unterschiedlicher Volksgruppen, unter denen die Franzosen fast schon die Minderheit bilden. Vogelkäfige, Wäscheleinen und Kräutertöpfe schmücken die Fassaden schmaler Häuser, in den dunklen Kneipen lungern auch mal zwielichtige Gestalten und aus den geöffneten Fenstern schallt es arabisch, katalanisch oder im Dialekt der Sinti und Roma. Was daran liegt, dass Perpignan eine Metropole dieser Volksgruppe geworden ist. Ein ganzer Bezirk wurde außerdem zum **Araberviertel**, wo vor allem samstags und sonntags am Vormittag ein bunter Gemüsemarkt aufgebaut wird. Es ist der Stadtteil Puig/St-Jacques, den Sie leicht finden, wenn Sie sich hinter unserem Ausgangspunkt, dem Castillet, nach links wenden und an der sehenswerten **Kathedrale** bergauf gehen. Halten Sie danach auf die **Kirche St Jacques** zu, wo am Karfreitag die berühmte **Prozession** zur Kathedrale beginnt und das Mittelalter wach ruft. Bis zu 600 Männer werfen sich dann in bodenlange Kapuzenmäntel und ziehen mit dumpfem Trommelschlag durch die Gassen. Es ist nicht nur die schaurige Ähnlichkeit zu Mitgliedern des Ku-Klux-Klan, die Touristen und Einheimische gleichermaßen auf Trab bringt:

Die La Sanch-Prozession

Für die Vorauflage haben wir uns endlich auch selbst unter die Schaulustigen und Gläubigen – die in der Mehrzahl scheinen – der berühmten Karfreitagsprozession gemischt. Dabei mussten wir erst einmal unser von unzähligen italienischen Umzügen gleicher Zweckrichtung eingeprägtes Vorurteil revidieren: Die La Sanch-Prozession findet schon nachmittags und im Hellen statt. Sie beginnt mit dem Schlag des Anführers an eine Eisenplatte und mit drei dumpfen Trommelschlägen überraschend pünktlich um 15 Uhr an der Kirche St Jaques und dauert etwa drei Stunden.

Um danach noch in die ruhigeren Gefilde der 6. Tour weiterfahren zu können, haben wir uns zum Ausgangspunkt bei der Kirche St Jacques begeben (siehe Beschreibung in vorstehendem Text), was sich als sinnvoll herausgestellt hat. Weniger schön war die Warterei auf einer erhöhten Position, die wiederum Voraussetzung für einigermaßen brauchbare Fotos ist. Vom Straßenniveau aus gelingen die gruseligen Fotos von den Kapuzenmännern deutlich schlechter. Wir standen eine knappe Stunde zu früh am Start, aber gerade noch rechtzeitig für einen freien Platz auf dem Mäuerchen gegenüber St Jacques. Bei der Tour de France mussten wir uns einst länger wartend langweilen.

Die berühmten Kapuzenmänner, es sind gläubige Mitglieder der religiösen Gemeinde, kamen so daher, wie wir sie erwartet haben, ein wenig schaurig, aber auch wie verkleidete Aktivisten deutscher Karnevalsumzüge. Überraschend eindrucksvoll war daneben die inbrünstige Frömmigkeit, die von den Teilnehmern des Aufzuges trotz aller touristischen Verbreitung weiter ausgeht. Und nirgendwo sonst habe ich vielfältigere Darstellungen zum Leiden Christi gesehen, da fast jede Gruppe der Prozessionsteilnehmer eine lebensgroße Figur des Gekreuzigten trägt. Achten Sie vor allem darauf!

Die Karfreitagsprozession geht in Perpignan auf das Jahr 1416 zurück, als man Anteil nehmen wollte an dem Leid der Gefangenen und der zum Tode Verurteilten sowie deren Familien. Die Mitläufer der Prozession versuchten durch blutige Selbstgeißelung am eigenen Leib, das Leiden Christi zu erleben und mussten sich vermummen, weil der Papst schon im 14. Jahrhundert die öffentliche Sühne verboten hatte. Später, zur Zeit der Aufklärung, wurde die Tradition, die längst unzeitgemäß geworden war, eingestellt, ehe die Sanch-Bruderschaft im Jahr 1950 das Ritual wiederbelebt hat. Der Wunsch nach Geißelung steht auch heute bei vielen Teilnehmern im Vordergrund, wenn Frauen schwere Statuen auf Gestellen tragen, die sie nur beim Stocken des Umzugs auf speziellen Hölzern abstützen. Oder wenn Männer drei Stunden barfuß durch die kalte Stadt laufen – auf Straßen, die vorher mit Wasser gesäubert und mit Schildern versehen sind, die das Koten von Hunden verbieten.

Im Sommer werden wir Zuschauer eines Aufzuges der ganz anderen Art. Es sind die Wochen der Pfirsichernte, die

Zeit der Überproduktion. Und einen aktuellen Anlass für den Protest finden die südfranzösischen Bauern immer. Womit ich den Landwirten in ganz Europa den Grund zur Wut nicht absprechen will. Aber muss man deswegen 60 Wagenladungen schönster praller Früchte auf die Straßen und vor die Tür der Departementsverwaltung kippen? Die militante Aktion mit Barrikaden brennender Lkw-Reifen legt für Stunden den Verkehr in der Innenstadt lahm und würde in Deutschland zu einem Aufschrei und zu massiven Polizeieinsätzen führen. In Perpignan regeln nur ein paar Schupos den Verkehr, die Presse zeigt sich am nächsten Tag voller Verständnis, und die Bevölkerung ist ohnehin, nicht nur wegen der kostenlosen Vitaminversorgung, solidarisch. Auch wir füllen eine Plastiktüte mit Pfirsichen, wie man sie sonst nur aus handverlesenen Obststeigen kennt.

Bauernproteste in Perpignan

So dauert es etwas länger, bis wir die Stadt wieder verlassen und wenige Kilometer südlich der Nordgrenze des Roussillon und 15 km nördlich von Perpignan eine der größten Sehenswürdigkeiten dieser Region besichtigen können. Die **Festung von Salses** gilt als Meisterwerk der Militärarchitektur und ist trotz des hohen Eintrittspreises wirklich lohnend. Es gibt im Rahmen der Führung (auf eigene Faust darf man nur einen Teil der Anlage erkunden) alles zu sehen, was in einer solch großen Festung einstmals für die Verteidigung und die Selbstversorgung notwendig war: Bäckerei, Molkerei, Pferdeställe, einen als Kühlsystem konstruierten Kamin, einen Kornspeicher, den Speisesaal (die Vertiefungen sind angeblich eingebaute Fingerschälchen), 60 Toiletten und das Badezimmer des Kommandanten; natürlich auch alle Arten von Schießscharten, Wehrgängen und Türmen. Erbauer des Châteaufort de Salses war der Spanier Ferdinand von Aragon, bzw. sein Kriegsminister Ramirez, die zum Ende des 15. Jahrhunderts ihre Nordgrenze nach Frankreich - das Roussillon gehörte damals zu Spanien - sichern wollten. Die Festung wurde im 17. Jahrhundert mehrfach belagert, es gab 35.000 Tote, aber eingenommen wurde die Burg nie. Die französischen Truppen haben sie auf der Landzunge von Leucate (das ist die mit der touristischen Schwerindustrie unserer 3. Tour) umgangen, als sie nach Perpignan marschierten, um die Südgrenze Frankreichs bis an die Pyrenäen zu verschieben. Die Spanier gaben das Fort auf, das Ludwig XIV. später durch seinen Architekten Vauban (wen sonst) um einen weiteren Festungsgürtel erweitern ließ – ohne dass die Anlage in kriegerischer Hinsicht noch einmal in Erscheinung treten musste *(Forteresse de Salses, Juni - Sept. 10 - 18.30 Uhr, sonst 10 - 12.15 und 14 - 17 Uhr, 7,50 €).*

Festung von Salses

Danken wir Ludwig, dass er die eindrucksvolle Anlage nicht kurz und klein schlagen ließ, schleifen, wie es im Fachjargon heißt. Sonst würden Sie es am Ende den früheren Soldaten gleichtun und statt über Salses-le-Château den Weg an der Küste wählen. Sie würden durch Port-Leucate und Port-Barcarès fahren und sich fragen, ob Sie bei der Auswahl Ihres Urlaubsziels wirklich richtig lagen.

Das Châteaufort kann man übrigens auch von der Autobahn aus besichtigen, wenn man in nördlicher Fahrtrichtung auf dem nach der Festung benannten Rastplatz parkt (Diebstahlgefahr). Bei klarem Wetter hat man von hier einen imposanten Blick auf das Bauwerk, den dahinter sich ausbreitenden Étang und, am Horizont, auf die Urlaubersilos der Küste als Kontrast. Von der Autobahn sind es zu Fuß zum Fort nur wenige Minuten. Nimmt man den Besuch von der anderen Seite in Angriff, fährt man im Ort Salses-le-Château auf einen teils schattigen, geräumigen Parkplatz, der für die Schlossbesucher angelegt worden ist. Hier kann man wesentlich ruhiger **übernachten** als auf den meisten Plätzen der nahen Küste:

(063) WOMO-Stellplatz: Salses-le-Château

GPS: N 42°50'17" E 2°55'13", Rue du Stade.   **Max. WOMOs**: 10.
Ausstattung/Lage: Toilette, Mülleimer, Gaststätte, Geschäfte / Ortsrand.
Zufahrt: Der Platz ist am nördlichen Rand von Salses nicht zu verfehlen, wenn man den Parkplatz der Festung sucht (Wegweiser *,Forteresse'*).
Hinweise: Störung von der relativ nahen Bahnlinie. Guter Weinverkauf mit Verkostung direkt neben dem Parkplatz.

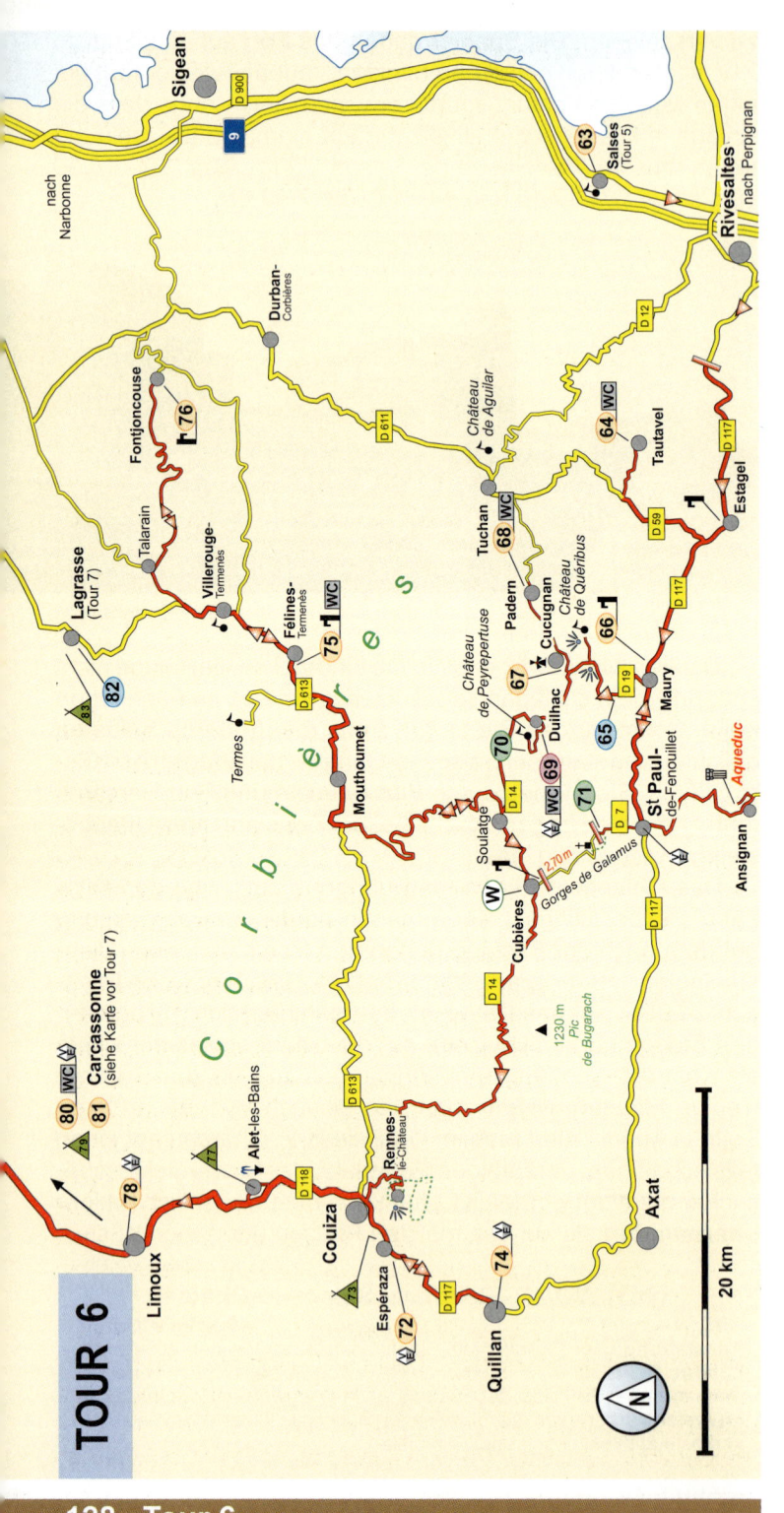

Château Quéribus - Cucugnan - Château de Peyrepertuse
Rennes-le-Château - (Félines-Termenès - Fontjoncouse)
Limoux - Carcassonne

Stellplätze:	in Tautavel, in und bei Maury, in Cucugnan, in Padern, in Duilhac, am Château de Peyrepertuse, vor den Gorges de Galamus, in Espéraza, in Félines-Termenès, in Fontjoncouse, in Limoux, in Carcassonne
Campingplätze:	in Espéraza, in Alet-les-Bains und in Carcassonne
Besichtigen:	frühgeschichtliches Museum in Tautavel, Ruinen der Schlösser von Quéribus und Peyrepertuse, Aquädukt von Ansignan, Rennes-le-Château, Villerouge-Termenès, Limoux, Carcassonne
Essen:	*Auberge du Vigneron* oder *Auberge La Table du Curé* in Cucugnan; Restaurant *Auberge du Vieux Puits* in Fontjoncouse; Restaurants *La Carabene* in Limoux oder *La Table d'Alais* in Carcassonne
Wandern:	von Duilhac zum Château de Peyrepertuse, bei Rennes-le-Château

Meine erste Begegnung mit den **Corbières**, einer Landschaft, fand vor einem Weinregal statt. Das war in Deutschland und vor weit mehr als meinem halben Leben, als ich mich vom Mosel- und Rheinwein zu französischen Rotweinen emporgearbeitet hatte (nichts gegen diese deutschen Gewächse, die aber zu dieser Zeit in niedrigen Preisklassen eher zum Abgewöhnen schmeckten). Die ausländischen Flaschen hatten, damals wie heute, die klassische gerade Form, die alleine schon einen Hauch von Luxus verkörperte, und die Preise waren erschwinglich, was sie immer noch sind. Wo aber liegen die Corbières ?

Die Frage blieb lange Zeit unbeantwortet, denn auf meiner Michelin-Karte suchte ich vergeblich, wenngleich ich schon damals den Geschmack des Midi erahnte. Das Rätsel wurde erst gelüftet, als ich auf einer Fahrt nach Spanien, südlich von Narbonne wegen einer Sperrung der Landstraße nach Westen umgeleitet wurde. Den nur mäßig überzeugenden Wein hatte ich schon wieder vergessen, als ich auf schmalen, äußerst kurvenreichen Sträßchen unversehens zwischen Rebstöcken hindurchgelotst wurde.

Was mir damals eher lästig war, hat sich dann später zu einer Zuneigung entwickelt, die umso heftiger wurde, je mehr ich in den Trubel der südwest-französischen Mittelmeerküste eintauchte. Nach ein paar Tagen mediterraner Badefreuden war ein Verlangen nach Ruhe entstanden, nach abwechslungsreichen Landschaften und kleinen Orten. Da kam mir wieder die Umleitung hinter Narbonne in den Sinn, und ich zog erneut die Karte zu Rate; die mit dem kleinen Maßstab 1:1 Mio. Da staunte ich nicht schlecht: Gibt es das wirklich, im zivilisierten südlichen Mitteleuropa, nahe der bekanntesten Urlauberhochburgen? Ein fast weißer Fleck auf der Landkarte, nur von zwei, drei Straßen durchzogen ? Den gibt es weiterhin, denn die Landkartenzeichner mussten in den letzten 50 Jahren kaum nachbessern!

Die Rede ist von jenem Stück Land, das im Süden von den Ausläufern der Pyrenäen und im Norden vom Aude-Tal begrenzt wird. Genauer, von der D 117 im Süden, der D 118 im Westen und der Autobahn A 61 im Norden; ein Viereck, dessen östliche Grenze die Autobahn nach Spanien bildet. Auf diesen Fernstraßen kann man zwar an einem Tag die Corbières zügig umrunden. Um sie allerdings einmal in nord-südlicher Richtung zu durchqueren, reicht ein Tag kaum, und um sie richtig kennen zu lernen, braucht man schon fast eine Urlaubswoche. Eine lohnende Woche, die aber dem Beifahrer und den Kindern auf den hinteren Sitzen so viel an Reisefestigkeit abverlangt, dass ich mit dem Wohnmobil die Durchquerung in einem Zug nie geschafft habe. Es geht auf schmalen Straßen bergauf und bergab, durch Kurven, Kurven und nochmals Kurven. Deshalb gleich am Anfang mein guter Rat: Muten Sie sich nicht zu viel zu und dosieren Sie die Strecken.

Wenn Sie das beherzigen, wenn Sie sich erst einmal auf die Sträßchen trauen, die auch auf der Michelin-Karte mit dem großen Maßstab nur wenig breiter sind als ein Bleistiftstrich, wird es für Sie kaum noch eine Reise nach Südwestfrankreich ohne Stippvisite in den Corbières geben. Allerdings sollte die Sonne scheinen, denn diese Landschaft braucht das Licht; das gilt für die Corbières mehr noch als für andere Teile des Midi. Dann aber werden Sie begeistert sein von einer Landschaft zwischen Melancholie und Anmut, von einer Mittelgebirgswelt mit baumlosen Höhenzügen, die noch bis ins 18. Jahrhundert dicht bewaldet waren, wo aber heute auf dünnem Erdboden zwischen reichlich Gestein nur noch immergrünes Gestrüpp und krüppelige Kiefern wachsen. Die kreuz und quer verlaufenden Berge, deren höchster 1.230 m erreicht, bilden den Rahmen für Täler und Senkungen einer kargen, aber lieblichen Kulturlandschaft. Kleine Bäche haben sich ihren Weg durch die Einsamkeit gegraben, bunte Schmetterlinge flattern durch die Stille, der gelbe Ginster sorgt im Frühsommer für Farbtupfer, Zypressenreihen beschatten kleine Friedhöfe und (fast) nur die neuzeitlichen Gebäude der Winzergenossenschaften erinnern uns daran, dass hier die Zeit nicht schon vor 100 Jahren stehen geblieben ist. Weinbauern muss es allerdings eine ganze Menge geben, was nicht nur daraus zu schließen ist, dass ihr Produkt in jedem deutschen und französischen Supermarkt steht. Millionen von Weinstöcken ducken sich unter der Sonne, und der fahrende Betrachter nimmt wohlwollend zur Kenntnis, dass der – fast ausschließlich rote – Rebensaft nicht von unübersehbaren Weinfeldern gewonnen wird.

Beim Thema Wein muss ich gestehen, dass mir der geschmackliche Durchbruch noch nicht gelungen ist. Zu sehr erinnert mich der *Corbières* an die Massenprodukte des Languedoc, in deren Nähe er auch preislich liegt. Aber ich arbeite daran und warte auf die Offenbarung.

Nach so viel vorweggenommener Schwärmerei erwarten Sie endlich Fakten; Ortsnamen, Streckenbeschreibungen, Sehenswürdigkeiten und Übernachtungsplätze:

Wir kommen von der Küste und suchen auch dieses Mal die Stille. Nördlich von Perpignan biegen wir auf der D 117 nach Westen ab. Obgleich wir uns auf einer übergeordneten Verbindungsstraße befinden, wird es schon nach wenigen Kilometern ungewohnt einsam. Wie schnell das Meer seine Anziehungskraft verliert! Als wir dann 2 km hinter **Estagel** (interessant bemalter Torturm) nach **Tautavel** (900 Einwohner) abgebogen sind (die Zufahrt westlich von Estagel ist die empfehlenswertere), begegnet uns kein ausländisches Fahrzeug mehr. Dabei hat man zwei Kilometer nördlich von Tautavel im Jahre 1971 in einer Höhle einen der ältesten Menschen Europas gefunden, den *Homme de Tautavel*. 455.000 Jahre hat dieser schon auf dem Schädel, wie man im dortigen **Museum** erfahren kann *(10 - 12.30 und 14 - 18 Uhr, Juli/August 10 - 19 Uhr; 8 €)*. Angeblich hat der Schädelknochen eine männliche Hirnmasse umschlossen. Es sei die Frage erlaubt, an welchen Merkmalen man das Geschlecht feststellen konnte – war der Raum für die Hirnmasse besonders groß oder auffallend klein? Glaubt man der Literatur, konnten die Forscher ermitteln, dass der Besitzer eines solchen Denkapparates noch nicht über die intellektuellen Fähigkeiten zum Feuermachen verfügte, wohl aber schon den Weinstock beerntet hat. In der Nähe des Museums finden Sie einen ruhigen Stellplatz:

(064) WOMO-Stellplatz: Tautavel

GPS: N 42°48'55"
E 2°44'37".
Max. WOMOs: 5-7.
Ausstattung/Lage: Toilette, Mülleimer, Gaststätte, Geschäfte / Ortsrand.
Zufahrt: Der Platz ist am nördlichen Rand von Tautavel nicht zu verfehlen.

Trotz seiner prähistorischen Bedeutung ist Tautavel meistens aber nur ein Durchgangspunkt auf dem Weg zu den Ruinen der drei bedeutendsten Burgen der Corbières. Die erste, die des Château d' Aquilar bei Tuchan, nördlich von Tautavel, lassen wir aus – diese Kurven! Dafür kehren wir zurück zur D 117, um in Maury nach Norden zum **Grau de Maury**, einem schon im Altertum benutzten Pass, abzubiegen.

Auf halbem Weg kommen wir an einer kleinen **Badestelle** vorbei, wo ein Bachlauf schön in Beton gefasst worden ist;

mit einer Treppe zum gefahrlosen Einstieg ins hüfttiefe Wasser und mit Bäumen zum schattigen Picknick. Ein Ort, um sich im Hochsommer für die kommenden Strapazen der Burgbesichtigungen zu erfrischen. Gegenüber finden Sie einen kleinen Stellplatz, wo sich bei unserer Nachschau ein paar Kollegen allerdings zu sehr als Camper mit langer Wäscheleine breit gemacht hatten:

(065) WOMO-Badeplatz: Grau de Maury

GPS: N 42°49'05" E 2°35'27", D 19.　　　　　**Max. WOMOs**: 3-4.
Ausstattung/Lage: Manchmal nur hüfttiefe Badestelle, klappstuhlgeeignet / außerorts, einsam.
Zufahrt: Der Platz liegt an der D 19 zwischen Maury und Cucugnan südlich des Kamms.
Hinweis: Ich bin nicht sicher, ob noch bzw. wieder Wasser im Becken ist; ohne Wasser können Sie die Stelle vergessen.

(066) In **Maury** finden Sie eine weniger einsame Alternative. Folgen Sie auf der D 117 östlich des Ortes dem Wegweiser ‚*Parc Auto*' zu Parkmöglichkeiten am Sportplatz mit Wasser.　　　　　**GPS**: N 42°48'36" E 2°35'47".
Hinweis: Die folgenden Plätze in Padern sowie in und bei Duilhac sind eindeutig schöner.

Schon auf der folgenden Passhöhe nördlich von Maury ist der Blick prächtig, was Ihnen schon die Markierung auf der Michelin-Karte verraten hat. Er ist aber nur die Ouvertüre für das, was Sie erleben, wenn Sie gleich danach die steile Zufahrtsstraße zum **Château de Quéribus** wählen. Am Beginn dieses Weges finden Sie einen großräumigen Parkplatz, auf dem sicher schon das eine oder andere WOMO steht. Sie brauchen aber keine Angst zu haben, dass Ihr Gefährt den Anstieg nicht schafft, der Dank der vielen Ausweichmöglichkeiten problemlos ist. Allerdings stehen Sie oben, am Fuß der Burg, uneben, weshalb sich der dortige Parkplatz, von der Einsamkeit abgesehen, nicht für die Übernachtung eignet. Die Ruine ist zwar nicht die größte und bekannteste der Burgen der Corbières, jedoch die eindrucksvollste. Wenn man an der Kasse seinen Obolus entrichtet hat *(6,50 €; 10 - 18 Uhr, Juli/August bis 20 Uhr)* schleppt man seinen Körper noch 15 Minuten schattenlos bergauf und verflucht bei jedem Schritt die unerbittliche

Château de Quéribus

südfranzösische Sonne. Aber die Kühlung folgt auf dem Fuße: Auf 728 m Höhe klettert man über Steine, die aussehen wie Stufen - und wehe, man hält sich nicht ordentlich fest. Denn plötzlich, wenn man den Bergkamm erreicht hat, zerrt der Wind an den Gliedern, und unwillkürlich sucht man nach Tafeln mit Kreuzen, die abgestürzter Touristen gedenken. Ich übertreibe ein wenig, denn von Unglücksfällen ist mir nichts bekannt, aber die Ruine ist nicht ungefährlich und mit Badeschlappen tabu! Nehmen Sie Ihre Kinder an die Hand und suchen Sie, bevor Sie zur Kamera greifen, erst einmal einen festen Standort! Ist man solchermaßen vorsichtig, gehört Quéribus zu den Höhepunkten einer Südfrankreich-Reise. Im Osten glitzern das Meer und die Étangs in der Sonne, man sieht die Türme von Perpignan, und auf der anderen Seite schweift der Blick weit über die Berge der Corbières. Dazu pfeift der Wind derart stark, bei Tramontana geradezu brutal, dass ich mich frage, wie die menschliche Kreatur es hier oben überhaupt aushalten konnte – von den Schwierigkeiten ganz abgesehen, mit bescheidenen handwerklichen und technischen Mitteln an dieser Stelle eine Burg zu errichten. Denn Quéribus wurde bereits im 11. Jahrhundert als Beobachtungsposten an der Südgrenze des französischen Königreichs gebaut und war später das letzte Widerstandsnest der Katharer, die hier im Jahr 1255 endgültig besiegt worden sind. Sehenswertester Bauteil von Quéribus ist der spektakuläre Säulensaal, ein zweigeschossiges, gotisches Deckengewölbe mit Rundbogenfenstern, das von einer einzigen, kräftigen Säule getragen wird. Man kann noch gut nachvollziehen, weshalb die trutzigen Mauern niemals wirklich erobert werden konnten, was aber auch gar nicht nötig war: Man belagerte die Festung einfach so lange, bis die auf dem Gipfel hoffnungslos eingeschlossenen Verteidiger ausgehungert waren.

Katharer

Die Geschichte des Midi ist im Grunde traurig. In ihr widerspiegelt sich die Geschichte der ganzen Erde, einer ständigen Wiederkehr von Unterdrückung, Vertreibung und Ausrottung der Schwachen durch Starke, Mächtige und grausam Rücksichtslose. Wir könnten ein ganzes Buch mit dem Kampf der Minderheiten in Südfrankreich füllen – und mit ihren Niederlagen. Wir müssten von der Besetzung durch die Römer berichten, vom Kampf gegen die Hugenotten und vom Widerstand gegen die deutschen Besatzer im Zweiten Weltkrieg, um nur einige Epochen zu nennen, deren schreckliche Erinnerung Ihnen auf allen unseren Touren begegnen wird.

Am häufigsten aber werden Sie mit einer geschichtlich vergleichsweise kurzen Episode konfrontiert, mit der Zeit der Katharer und mit deren blutiger Unterwerfung. Die Bezeichnung dieser Religionsgemeinschaft geht auf das griechische Wort *katharos* (*rein*) zurück und war von deren Gegner eher abfällig gemeint, wenngleich treffend.

Es war die Zeit des finstersten Mittelalters, des 11. Jahrhunderts, ein Menschenleben galt nicht viel, und die Welt war böse, ein Horror, der nicht das Werk Gottes sein konnte. Die Erfüllung des Lebens, dessen Ziel oder was man sonst noch alles unter den Begriff *Heil* versteht, konnte nach Auffassung der Katharer nur eintreten, wenn man sich von diesem schlechten irdischen Dasein distanzierte, von materiellen Gütern und vor allem von der Kirche, die Reichtum und Macht, also irdische Güter, schon lange für sich in Anspruch genommen hatte.

In der Mitte des 12. Jahrhunderts waren vom Balkan Anhänger der Askese, der Nächstenliebe und der Toleranz bis nach Südfrankreich vorgedrungen und fanden dort mit ihrer an genanntem Prinzip orientierten Lebensweise in fast allen Bevölkerungsschichten Gefolgsleute. Nicht nur die Besitzlosen, auch Kaufleute, Handwerker und selbst weniger begüterte Adlige, insgesamt aber der unterprivilegierte Teil der Bevölkerung, dem schon wegen fehlender materieller Vorgaben wenig anderes übrig blieb, als mit der Wunschlosigkeit glücklich zu werden, fanden in dieser Lehre ein Lebensziel. Wer nichts hatte, das waren die meisten, brauchte auch nichts aufzugeben, um mit der Entsagung zu leben. *Rein* zu sein war also vergleichsweise einfach und hatte nur den entscheidenden Nachteil, nicht zur weltlichen Macht der Kirche zu passen, die ja, was die Macht so an sich hat, nicht auf nichts gebaut sein konnte, sondern nur auf irdische Errungenschaften. Nach Meinung der Katharer also auf das Werk des Bösen.

Es entwickelte sich daraus aber weniger, wie sonst gelegentlich in der Geschichte, ein Kampf der Besitzlosen gegen die Besitzenden, sondern es waren die Mächtigen, die Kirche und der ihr nahe stehende König von Frankreich, die ihren Einfluss schwinden sahen. Wer nichts besitzt, kann auch keine Abgaben zahlen, so blieb der Tribut an die Kirche, der »Zehnte«, aus. Hinzu kam, dass auch Graf Raymond VI. von Toulouse, der mächtigste Mann im Süden, auf den Zug mit aufgesprungen war. Zwar stellte er sich nicht offen gegen die Kirche, er lehnte es aber ab, die Katharer zu verfolgen, war es ihm doch recht, dass der König im Midi an Einfluss verloren hatte. Papst und König hatten also allen Anlass, der religiösen und auch wirtschaftlichen Stärke des Midi mit Waffengewalt Einhalt zu bieten. Wie zumeist in der Geschichte bedurfte es nur noch eines Vorwandes zum Krieg.

Die Gelegenheit bot sich im Jahre 1208, als ein päpstlicher Legat umgebracht wurde. Papst Innozenz III. rief zum Kreuzzug gegen die Ketzer auf, zu dem ihm Adlige des Königs, denen Ländereien versprochen worden waren, zu Hilfe eilten. Zum Feldherrn wurde Simon de Montfort berufen, ein rücksichtsloser Mann, der eine blutige Spur durch Südfrankreich zog. Das Morden begann im Jahre 1209 in Béziers, wo man kurzerhand die ganze Bevölkerung niedermetzelte, und keine Rücksicht darauf nahm, ob man nun Feind oder Katholiken traf. »*Tötet sie alle, der Herr wird die seinen schon erkennen*«, soll ein päpstlicher Würdenträger dem zusammengewürfelten Kreuzfahrerheer zugerufen haben. Mit der Aufzählung der Grausamkeiten könnte man viele Seiten füllen. Die eine oder andere Stadt, zum Beispiel Narbonne, ergab sich freiwillig, andere wurden dem Erdboden gleich gemacht. Im Jahre 1213, in der Schlacht von Muret, erlitten die okzitanischen Truppen unter der Führung von Raymond VI. von Toulouse dann eine entscheidende Niederlage, von der sie sich auch nicht mehr erholten, als Simon de Montfort ein paar Jahre später von einem Stein tödlich getroffen wurde.

Die Katharer konnten sich noch eine Weile in mehrere schwer zugängliche Felsenburgen zurückziehen, von denen aber eine nach der anderen eingenommen oder belagert und ausgehungert worden ist. Einige von diesen Rückzugsstätten, beispielsweise Quéribus und Peyrepertuse, liegen auf unserer Tour. Peyrepertuse fiel 1240 und Montségur 1244. Die meisten Katharer waren zu dieser Zeit schon geflohen, viele nach Norditalien und Katalonien. Die Zurückgebliebenen und einige wenige *Parfaits* (*Reinen*) gingen in den Untergrund. Trotzdem dauerte es noch bis zum Jahre 1255, bis Quéribus ebenfalls fiel. Und erst im Jahre 1321 war endgültig Schluss mit der Häresie, als Guillaume Bélibaste, der letzte Katharer, in Villerouge-Termenès auf dem Scheiterhaufen starb. Damit waren nicht nur die Religionsgemeinschaft der Katharer, sondern auch die okzitanische Kultur ausgemerzt.

Von der Ruine Quéribus betrachten wir uns schon den nächsten nordwestlichen Bergkamm, auf dem wir kaum sichtbar die Ruinen der größten Katharer-Burg erkennen, des Château de Peyrepertuse. Zwischen den beiden Bilderbuchruinen erkennen wir aber auch die roten Dächer des Bilderbuchdorfes **Cucugnan**

Cucugnan

(120 Einwohner), das zwar jeder Reiseführer erwähnt, das aber noch nicht vom Tourismus verdorben worden ist. Es gibt nur einen Nippesladen, ein Not-Lebensmittelgeschäft, eine kleine Trinkkneipe, zwei Restaurants – und, seit man nicht mehr auf die höher gelegenen Dorfparkplätze fahren darf, einen beliebten Stellplatz zweiter Klasse, den ich dennoch weiterhin empfehle, weil uns das Dorf immer noch sehr gefällt:

(067) WOMO-Stellplatz: Cucugnan

GPS: N 42°50'59" E 2°35'58".   **Max. WOMOs**: 4-5.
Ausstattung/Lage: Gaststätten, kleiner Laden, aber kein Brot trotz Schaubäcker und Schaumüller in der nahen Windmühle, Toilette bei der Touristeninfo an der D 14 / Ortsrand.
Zufahrt: Der Platz liegt gegenüber der Touristeninfo direkt an der D 14.

in Cucugnan

In der Kirche von Cucugnan gibt es sogar eine kleine Sehenswürdigkeit zu bewundern, die dortige Maria ist dank eines wenig bibelfesten Künstlers schwanger. Und dann gibt es an der Dorfstraße die traditionelle, aber schlichte **Auberge du Vigneron**, die seit Jahren nicht nur wegen der reizvollen Terrasse in allen Publikationen steht, aber trotzdem bezahlbar geblieben ist *(Tel. 04 68 45 03 00, montags geschlossen)*. Neu etabliert hat sich die von uns noch nicht getestete **Auberge La Table du Curé** mit einer Michelinauszeichnung für ein besonders gutes Preis-/Leistungsverhältnis (Tel. *04 68 45 01 46, mittwochs geschlossen*). Wer hier nicht speist, fährt besser weiter nach Duilhac oder 6 km nach Osten, wo Sie in **Padern** (120 Einwohner) einen ruhigeren und schöneren Platz in der Nähe eines ausgetrockneten Flusses finden:

(068) WOMO-Stellplatz: Padern

GPS: N 42°52'04" E 2°39'30".   **Max. WOMOs**: 10.
Ausstattung/Lage: Toilette im nahen Ort, Mülleimer, Wanderweg, klappstuhlgeeignet, Blick auf die Rückseite des Château de Quéribus / im Ort.
Zufahrt: Der Platz liegt in Höhe der Ortsmitte unterhalb der D 14.
Hinweis: Keine Einkaufsmöglichkeit.

Stellplatzmäßig stellt auch das nahe **Duilhac** Cucugnan in den Schatten. Allein schon wegen des Blicks zum Château de Peyrepertuse (das man allerdings von den Felsen kaum unterscheiden kann) und wegen der schattigen Picknickbänke finden Sie einen Super-Platz:

(069) WOMO-Picknickplatz: Duilhac-sous-Peyrepertuse

GPS: N 42°51'42" E 2°33'55".   **Max. WOMOs**: 10.
Ausstattung/Lage: Ver- und Entsorgung, Toilette (zeitweise abgeschlossen), Bänke und Tische, bedingt klappstuhlgeeignet, Mülleimer, Gaststätten, Épicerie mit Brotverkauf an der D 14 auf der anderen Seite des Dorfes (nur im Sommerhalbjahr oder inzwischen geschlossen), Wanderweg zum Château de Peyrepertuse / im Ort.
Zufahrt: Biegen Sie von der D 14 beim Wegweiser ,*Château de Peyrepertuse*' ab, Sie finden den Stellplatz dann vor Duilhac an der Zufahrt zum Château.

Alternativ und falls der Platz belegt ist, was wir nicht für unwahrscheinlich halten, finden Sie nach den letzten Häusern von Duilhac eine große Fläche links der Straße zum Château.

Das nahe **Restaurant *La Batteuse*** hat uns trotz seiner Durchschnittlichkeit nicht enttäuscht. Die äußerlich deutlich schönere *Auberge du Vieux Moulin* an einer Quelle bietet leider nicht ständig am Abend Essen an.

Wer sich vor einer Nacht in der Einsamkeit nicht fürchtet und sich am Fernblick berauscht (ein zusätzliches Gläschen besseren *Corbières* würde ich, aus dem Weinglas getrunken, nicht für einen Fehler halten) greift zum 3 km entfernten **Non-**

Duilhac - Stellplätze bei den Pfeilen

plusultra (und flüchtet auf den vorgenannten Stellplatz von Duilhac, wenn ihm in dunkler Nacht Angst und Bange wird und sich kein weiterer Leser von mir hat überzeugen lassen):

(070) WOMO-Wanderparkplatz: Château de Peyrepertuse

GPS: N 42°52'12" E 2°33'31".   **Max. WOMOs**: 6-8.

Ausstattung/Lage: Mülleimer, Picknickbänke in der Nähe, klappstuhlgeeignet, Wanderwege / außerorts, sehr einsam, aber häufig besucht.

Zeiten: Die Zufahrt bis ganz nach oben ist im Juli/August gesperrt. Dann ist ein Stück vorher auf der linken Seite ein Stellplatz für Wohnmobile ausgewiesen, der auch schön liegt. Auf halber Höhe gibt es noch einen dritten Platz, der weniger windig ist.

Zufahrt: Biegen Sie von der D 14 beim Wegweiser ,Château de Peyrepertuse' ab und fahren Sie bis zu den Parkplätzen bei der Ruine. Sie können dort auf mehreren Terrassen parken.

Hinweise: Der obere Stellplatz liegt rechts vor der letzten Kehre. Je nach

Fahrzeuggröße kommt dort eine weitere Fläche links in Frage. Die Zufahrt ist nur für Fahrzeuge bis 8 m sinnvoll, für größere WOMOs wäre der Parkplatz auch zu kurz. Fahranfängern ist die Strecke ganz hoch wegen einer Kehre kurz vor dem Stellplatz nur bedingt zu empfehlen.

Von den oberen Parkflächen sind es nur wenige Meter zu einer Picknickbank mit wunderbarem Blick auf die markanten Mauern des Château Quéribus auf der einen Seite, die schneebedeckten Fast-Dreitausender der Pyrenäen im Westen und dazwischen auf ein tiefes Tal, aus dem sich die Straße hoch windet. Diese alleroberste, nicht anfahrbare Stelle am **Château de Peyrepertuse** (Foto Seite 138) sollten Sie unbedingt zu Fuß besuchen.

Dort befindet sich auch das Kassengelände der Burganlage, wo Ihnen beim Kauf der Eintrittskarten eine Warnung mit auf den Weg gegeben wird: »Passen Sie bei der oberen Burg auf«. Das sollte Sie zum Tragen fester Schuhe motivieren, aber gefährlich wird es allenfalls bei feuchtem Gestein. Dann rate ich Ihnen von der Herumkletterei in der Anlage ab. Da die Wetterverhältnisse im Roussillon zu unseren Reisezeiten meistens stabil sind, können wir uns die gewaltigste der Katharer Burgen ungestört vornehmen. Die untere Burg ist die ältere, ihre Anfänge reichen bis in das 9. Jahrhundert. Sie diente zeitweilig auch den Katharern als Unterschlupf, ehe sie im Jahre 1240 in die Hand des französischen Königs fiel. Auch wenn es teilweise schwer fällt, die Überbleibsel der Festung vom gewachsenen Fels zu unterscheiden, aus dem die Steine geschlagen worden sind, kann man noch die kräftige Festungsmauer mit ihren beiden Halbtürmen und, mit Hilfe der an der Kasse ausgehändigten Lageskizze, auch die ehemaligen Quartiere und Latrinen erkennen. Erst nach den Katharern verstärkte Ludwig *,der Heilige'* das Bauwerk durch eine zweite Burg, die Sie auf einer in den Fels gehauenen imposanten Stiege erklettern werden. Auf ihr hangeln Sie sich an einem Seil zu einem einzigartigen Ausblick, von dem man gut erkennen kann, dass der schräg gestellte Felsklotz mit dem Namen *St Jordi* in die neuere, kleinere Anlage einbezogen wurde. Hier sind Sie am Ziel der schweißtreibenden Mühe angelangt, auf dem Höhepunkt Ihrer Corbières-Reise *(6,50 €, im Juli/August 9 €; 9 - 19 Uhr, Okt. - März kürzer, im Juli/August bis 20 Uhr, bei Gewitter geschlossen).*

Die militärische Bedeutung der Burg schwand, als sich Frankreich und Spanien im Pyrenäen-Frieden von 1659 geeinigt hatten. Danach brauchte mangels Feinden hier oben niemand mehr Wache zu halten. Die Festung wurde aber erst während der Französischen Revolution gestürmt, als sie längst ihre militärische Bedeutung verloren hatte, weshalb man an den Steinen noch recht ordentlich die einzelnen Bauperioden ablesen kann.

Nur wer von Duilhac zur Burg gewandert ist, kann deren exponierte Höhenlage vollends erfassen:

Von Duilhac zum Château de Peyrepertuse

Sie wählen die hier beschriebene Laufrichtung mit Eintrittsgebühren und steilerem Abstieg, weil Sie nämlich in **Duilhac** am Stellplatz auf der zur Burg führenden Straße bergauf aus dem Ort herauswandern. In der ersten Linkskurve zweigt rechts ein markierter Pfad ab, der *Sentier Cathare*. Sie spazieren dort zunächst relativ gemütlich bergauf, stoßen noch zweimal auf die Straße und müssen beim dritten Aufeinandertreffen, am Anfang einer weiträumigen Wiese, darauf achten, dass Sie frühzeitig wieder den Pfad finden. Falls das misslingt, ist das auch nicht schlimm, weil weitere kleine Wege nach rechts bergauf führen. Sie überqueren ein viertes Mal die Straße, möglicherweise müssen Sie auf ihr auch ein kleines Stück bergauf wandern, ehe Sie mit der rot-weißen Markierung wieder nach links ins Unterholz abbiegen.

Inzwischen hat die Steigung zugenommen, und Sie sind ein wenig außer Atem, wenn Sie auf den Parkplätzen der **Burg Peyrepertuse** ankommen, von denen wir Ihnen einen als Traumstellplatz empfohlen haben (siehe oben Nr. 70). An der Kasse des *Château* bezahlen Sie Ihren Eintritt und besichtigen normalerweise die Burg, was wir hier nicht noch einmal erläutern (siehe oben).

Danach wandern Sie zum Ausgang zurück, suchen den weiteren Weg – und ärgern sich, weil nämlich der rot-weiß markierte GR, auf dem Ihr **Abstieg** stattfindet, schon weit <u>innerhalb des Burggeländes</u> (!) in die Tiefe führt, und zwar unmittelbar vor dem Tor in der Burgmauer – ebenso steil wie überraschend. Wer unter Höhenschwindel leidet wird sich bald an einer Seilsicherung festhalten und erleichtert sein, dass das problematische Stück wirklich ganz kurz ist. Diese Stelle ist übrigens ein Argument, die Wanderung in umgekehrter Richtung zu wählen, da man auf diese Weise an jenem Steilstück leichter bergauf kraxeln würde. Außerdem käme man bei dieser Gehrichtung an keinem Kassenhaus vorbei und dürfte die Burg demnach unentgeltlich besichtigen. Der Aufstieg wäre hier steiler als auf der anderen Seite, und ist offenbar so mühsam, dass nur Wandersleute mit guter Kondition solchermaßen die Kasse umgehen.

Aber auch ein steiler Abstieg ist nicht ganz mühelos, wenngleich außer besagtem kurzen Stück völlig unproblematisch. Trotzdem sind Sie froh, wenn Sie am Fuß des Burgberges auf der **D 14** angekommen sind, an deren Rand Sie gut 1 km Richtung Duilhac wandern. Das klingt unzünftig, ist es aber nicht, weil uns am Ostersamstag, also nicht außerhalb jeder Saison, auf diesem Weg weniger als zehn Autos begegnen.

Nachdem von links ein Zufahrtsweg auf die Straße eingemündet ist, folgt der **Col de la Croix dessus**, wo Sie eine gelbe Markierung finden. Sie müssen allerdings das richtige Wegzeichen wählen, das <u>nicht</u> rechtwinklig nach links, sondern fast in Verlängerung der Gehrichtung unmittelbar links neben der Fahrbahn zunächst ein kleines Stück parallel zur Straße ins Tal führt. Sie bleiben für den Rest der Wanderung relativ dicht an der Straße und durchschreiten am Ende Gärten von **Duilhac**.

Falls Sie Eintritt sparen und die Wanderung in umgekehrter Richtung bewältigen möchten, finden Sie den Einstieg des Weges an der D 14 unterhalb des Dorfes, bei einer Wandertafel zwischen dem Lebensmittelgeschäft (falls es das noch gibt) und der *Auberge du Vieux Moulin*.

Sie sollten ohne Besichtigung der Burg drei Stunden einkalkulieren. Vermutlich kommen Sie ohne die *IGN-Karte 2447 OT (Tuchan)* zurecht, die Sie im Kassenhaus der Burg erwerben können. An warmen Sommertagen halten wir die Wanderung, die Sie großenteils schattenlos auf fast 800 m Höhe führt, nicht für machbar. Bei Regen ist der Abstieg in der von uns beschriebenen Gehrichtung äußerst beschwerlich und rutschig. Und bei Gewitter lohnt sich der Weg ebenfalls nicht, weil dann die Burg wegen ihrer exponierten Lage nicht besichtigt werden darf.

Wollen Sie 10 km weiter westlich die **Gorges de Galamus** ansteuern, müssen Sie in **Cubières** wegen eines Verbotsschildes (es ist wegen der niedrigen Felsen in der Schlucht und wegen eines Tunnels für Fahrzeuge über 2,70 m Höhe berechtigt) ernüchtert anhalten und, so Sie nicht im Kleinbus reisen, mit dem Fahrrad oder zu Fuß in die sehenswerte Schlucht vorstoßen. Parken Sie am östlichen Ortsrand (der Picknick-Platz an der

Ermitage de St Antoine

D 14 ist auch ein Stellplatz; Wasserhahn gleich links nach der Abzweigung in die Gorges an einer Hauswand) und **wandern** Sie in die Schlucht, zumindest bis zur nächsten **Badestelle** auf mehr als halber Strecke zur Ermitage, etwa 1 km südlich der auf der Michelinkarte eingezeichneten Vieux Moulin. Knapp 5 km sind es zur **Ermitage de St Antoine** (Foto Seite 141). Die kleinen Häuser der aus dem 15. Jahrhundert stammenden Klause schmiegen sich an eine schroffe Bergflanke und sind vom Fels nur durch die bräunlichen Dachziegel zu unterscheiden. Die Lage ist so traumhaft, dass man die früheren Einsiedler zu ihrer Berufswahl nur beglückwünschen kann. Heutzutage hätten die Herren allerdings etwas weniger Spaß an ihrem Job, denn unfrommen Stressmenschen steht vorwiegend der Sinn nach der angenehmen Gartenwirtschaft im Hof.

Auf der anderen, **südlichen** Seite der Schlucht, etwa 4 km nördlich von **St Paul-de-Fenouillet**, können Sie mit dem WOMO bis zur Einsiedelei vorstoßen, Sie dürfen aber auf dem dortigen Parkplatz nicht parken. Zwei Fahrzeuge finden vor dem Verbotsschild in der Grauzone der Legalität Platz, und kleinere WOMOs missachten die Regel, was meistens kein Problem ist. Von diesem Parkplatz spazieren Sie in wenigen Minuten zur Klause. Etwa 1,5 km südlich der Kartause finden Sie im Sommer an der D 7 einen Parkplatz, von dem Sie bisweilen sogar ein kostenloser Bus zur früheren Behausung der Eremiten bringt, falls Ihnen der knapp halbstündige Fußweg – leider entlang der Straße – zu beschwerlich ist:

---

(071) WOMO-Wanderparkplatz: Gorges de Galamus

GPS: N 42°50'09" E 2°29'26".   **Max. WOMOs**: 10.

Ausstattung/Lage: Klappstuhlgeeignet, Wanderweg / außerorts, sehr einsam, im Sommer aber besucht.

Zufahrt: Biegen Sie in St Paul-de-Fenouillet von der D 117 beim Wegweiser ‚Gorges de Galamus' ab und fahren Sie etwa 4 km bis zu einem unübersehbaren Parkplatz links der Straße.

Hinweis: Der große Parkplatz ist in der Nebensaison (auch an Ostern) mit Wackersteinen versperrt und nicht nutzbar. Die Obrigkeit geht offenbar davon aus, dass Sie in dieser Zeit ohnehin bis zum Parkplatz an der Ermitage (siehe oben im Text) weiterfahren und dort parken (aber nicht übernachten).

Ver- und Entsorgung finden Sie in St Paul-de-Fenouillet an der Hauptstraße auf der Place St Pierre;   **GPS**: N 42°48'38" E 02°30'16".

Von der D 117 empfiehlt sich ein Abstecher von St Paul-de-Fenouillet nach Süden zum 10 km entfernten **Aquädukt** von **Ansignan**, einer gewaltigen Wasserbrücke, von der die Forscher immer noch nicht wissen, zu welchem konkreten Zweck die Römer sie vor 2000 Jahren konstruiert haben. Unter der immer noch in Betrieb befindlichen Wasserrinne des aufwändigen Bauwerkes sehen Sie einen Tunnel, der möglicherweise dem Warenverkehr diente. Der Wasserkanal selbst

Aquädukt von Ansignan

sollte wahrscheinlich Heilbäder speisen, die aber nie ausgeführt worden sind. Der Aqueduc ist überraschend gut erhalten, und man wundert sich, weshalb er nicht viel berühmter ist. Sie können mit dem WOMO hinfahren und müssen dort beim Wenden ein wenig rangieren. Vor dem Ort Ansignan gibt es zwischen zwei Kurven außerdem einen Parkplatz mit kurzem Fußweg zum Aquädukt – N 42°45'51" E 02°30'47". Viele Leser fahren von hier auf der **Südstrecke** nach Limoux und Carcassonne.

Die landschaftlich schönere, aber kurvenreichere Gegend durchqueren Sie auf der **Nordstrecke** nördlich der Gorges de Galamus ab Cubières westwärts (das ist weniger verwirrend, wenn Sie sich unsere Tourenkarte genau anschauen). Das Sträßchen am Fuße des **Pic de Bugarach**, dem mit 1.231 m höchsten Berg der Corbières, windet sich durch liebliche Wiesen.

Pic de Bugarach

Der Bürgermeister des kleinen Dorfes Bugarach (200 Einwohner) musste im Dezember 2012 einen in einer eher touristischen Gegend ungewöhnlichen Hilferuf absetzen: »Ich richte einen Appell an die ganze Welt, kommen Sie nicht nach Bugarach!«

Am 21.12.2012, die Älteren werden sich erinnern, drohte nämlich angeblich das Ende der Welt, weil an diesem Tag der alte Maya-Kalender geendet hat (was Forscher zu dieser Zeit mit ähnlichen Appellen heftig bestritten haben). Aus diesem Grund drohte auf mehreren Bergen der Erde ein Massenansturm oder, wie in Argentinien, sogar ein Massensuizid.

Auch der Pic de Bugarach gehörte zu den Erhebungen, von denen sich Esoteriker die Rettung erhofft haben, weil hier oben die Ufo-Landebahn vermutet worden war, von der Außerirdische Auserwählte zur Reise in den Orbit abholen. Die Verwaltung befürchtete den Ansturm von bis zu 100.000 Spinnern und Neugierigen und sah den einzigen Ausweg in der tagelangen Sperrung des Berges.

Aber Bugarach leidet nach dem ausgeblieben Weltuntergang weiter unter seinem Ruf, am Fuß eines magischen Berges zu liegen, auf dem manche sogar den Heiligen Kral vermuten. Die Bevölkerung hat sich, für die abgelegene Region völlig untypisch, in den letzten Jahren fast verdoppelt, auch weil im Internet Wanderer Bilder veröffentlicht haben, auf denen die Landung der Aliens zu sehen ist (www.youtube.com/watch?v=nT7w7WRoIUA). Sogar die Grundstückspreise sind wieder gestiegen.

Und was unternimmt ein Schultheiß zusätzlich, wenn er merkwürdige Fremde fürchtet? Er verbietet von 22 bis 7 Uhr im gesamten Gemeindegebiet Wohnmobilen das Parken.

Rennes-le-Château - Bibliotheksturm

Sobald Sie auf dieser Nordstrecke bei Couiza wieder die breite D 118 erreichen, atmen die von der Kurverei geplagten Hinterbänkler auf, und Sie sind versucht, auf schnellem Weg nach Carcassonne zu brausen. Ziehen Sie lieber noch einmal die für jeden Frankreichtrip unverzichtbare Michelin-Karte zu Rate und lassen Sie sich von kreisförmigen blauen Strichen und dem Aufforderungscharakter dieser auf der Landkarte eingezeichneten Aussichtspunkte zu einem kleinen Umweg nötigen. Es wäre ein echter Fehler, wenn Sie sich und Ihren Lieben die 3,5 km hinauf nach **Rennes-le-Château** (50 Einwohner) nicht zumuten – richtiger gönnen – würden. Sie werden mir Recht geben, wenn Sie das kleine Dorf in Traumlage auf der Kuppe des Berges erreicht haben.

Wohnmobile werden schon 400 m vor dem Dorf auf einen Parkplatz geleitet, auf dem Sie nur kurz bedauern, trotz der Traumsicht hier nicht übernachten zu dürfen. Das Gelände ist nämlich zudem abschüssig. Spazieren Sie von hier entlang der Straße in die Ortschaft, staunen Sie, wandern Sie und fahren Sie anschließend weiter.

Mit Sicherheit würde man Sie aber sehr böse anschauen, wenn Sie beim Rundgang den Klappspaten schultern. Auf Schatzgräber reagieren die Einheimischen nämlich allergisch. Das hat Gründe:

Der Schatz von Rennes-le-Château

Rennes-le-Château war ein ärmliches Dorf, als im Jahre 1885 der Pfarrer Saunière in diese gottverlassene Gegend versetzt wurde. Nach einigen Jahren begann er jedoch, mit dem Geld um sich zu werfen. Er restaurierte die Kirche und ließ sie prunkvoll ausschmücken. Dabei schien es, als habe ihn der Größenwahn überkommen. Er baute eine Prunkvilla, einen parkähnlichen Garten und als Krönung am Rande des Steilhangs einen wie ein Schlösschen wirkenden neogotischen **Bibliotheksturm** (Tour Magdala).

Auch anderen weltlichen Genüssen war der Kirchenmann nicht abgeneigt. So gab er rauschende Feste mit Ministern und Würdenträgern aus dem ganzen Land. Sogar eine Pariser Operettensängerin soll zeitweise bei (?) ihm verkehrt haben. Wie es sich für einen Priester gehörte, beschäftigte er auch eine Haushälterin, die der Nachwelt ein Haushaltsbuch hinterlassen hat: 4,5 Millionen Goldfranken, ein unglaubliches Vermögen, stehen dort auf der Ausgabenseite! Das kam nicht aus dem Klingelbeutel! Woher der Reichtum stammte, hat Monsieur Saunière, bevor er im Jahre 1917 das Zeitliche segnete, weder seiner Gemeinde noch der Nachwelt verraten. Die weiß wohl, dass es damals noch keine Lotteriegewinne dieser Größenordnung gab und erkannte eine Marktlücke. So hat noch in jüngster Zeit eine Reihe ernst zu nehmender Forscher die Theorie aufgestellt, der Pfarrer habe einen Schatz verjuxt, der einst von den Herren von Rennes verbuddelt worden war. Denn Rennes-le-Château war zur Zeit der Westgoten (etwa 400 - 700 n.Chr.) eine Großstadt mit 30.000 Einwohnern. Später siedelten hier Katharer und Tempelritter, jeweils Leute, denen man ein solches Vermögen ebenfalls zutraut. So liegt der Verdacht nahe, dass noch nicht der ganze Reichtum verbraten ist. Goldgräber zogen nach Rennes, und einer soll sich sogar mit einem Presslufthammer in der Kirche zu schaffen gemacht haben. Die Bürger des Dorfes sahen das mit einem lachenden und einem weinenden Auge; man untersagte zwar schon im Jahr 1965 die Schatzgräberei (am Ortseingang sehen Sie rechts sogar ein Verbotsschild), man verstand es aber dennoch, die Geheimniskrämerei geschäftlich zu verwerten (sehen Sie sich die Internetseiten der Gemeinde an – www.renneslechateau.com – sogar auf Deutsch und mit dem Haushaltsbuch): Die Kirche kostet Eintritt, der Beleuchtungsautomat nochmals extra, und ein Laden bietet Esoterik-Literatur feil, mit der ganzen Palette von Hintergrundinformationen, Lageplänen, Pendel und ähnlichem Schnickschnack. Sogar eine Fernsehserie *(Das Gold des Teufels)* wurde gedreht, und in der gediegenen Behausung des Pfaffen darf man sich eine Ton-Schau zu Gemüte führen – gegen stattlichen Obolus. Nur das Schloss mit seinen Rundtürmen, den Namensträger des Ortes, das es schon vor Saunières Zeiten gab, hat man noch nicht touristisch aufbereitet und lässt es verfallen.

Das Beste ist an klaren Tagen der Blick von der Balustrade oberhalb des Steilhangs und seitlich des Bibliotheksturmes zu den bis in den Sommer schneebedeckten Pyrenäen-Gipfeln.

Für diese Auflage haben wir den 3 ½ stündigen Wanderweg ‚Sentier du Ritou' (Pfad des Priesters) erkundet:

Sentier du Ritou bei Rennes-le-Château

Vom **Wohnmobilparkplatz** unterhalb von **Rennes-le-Château** erreichen Sie entlang der Straße das Dorf, das Sie geradeaus durchqueren. An der phantastischen Aussichtsbalustrade halten Sie sich rechts und erkennen spätestens hier einen **gelben Wegweiser**, der Sie unterhalb des **Bibliotheksturms** rechts hinter dem Dorf wieder zum **Ortseingang** zurückführt. Dort zweigt bald

unterhalb von Rennes-le-Château (oben im Bild der Bibliotheksturm)

links ein Pfad ab, der bergab bei Ihrem WOMO endet. Am Anfang des **Parkplatzes** schickt Sie die gelbe Markierung auf einem Weg ins Tal, links eines Brunnens mit schönen Löwenskulpturen (unser Foto) und links unterhalb einer ehemaligen Windmühle.

Den Rest der Streckenführung muss ich Ihnen nicht beschreiben, weil Sie sich wegen der lückenlosen Zeichengebung nicht verlaufen können (falls Sie längere Zeit keine Markierung sehen, sind Sie sicher falsch und müssen umkehren). Im **Mittelteil** wird die Wanderung zwar schattig, dafür aber etwas eintönig, weil Sie keine weite Sicht mehr haben. Umso spektakulärer ist das letzte Drittel, wenn Sie aus dem Wald auf einen schmalen Grat mit wunderbarer Fernsicht getreten sind, ehe Sie am **Pic de la Valdieu** allmählich absteigen und im Tal wieder auf den Hinweg stoßen und bald danach an Ihrem WOMO (nicht im Dorf) ankommen. Auf unserer IGN-Wanderkarte war die Wegführung (noch) nicht eingetragen.

Wenn Sie nun ein nahes Nachtlager suchen, kommen mehrere gute Möglichkeiten infrage:

(072) WOMO-Stellplatz: Espéraza

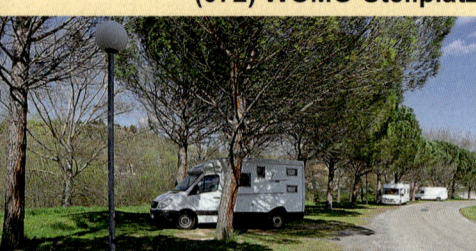

GPS: N 42°56'01" E 2°12'57", Promenade F. Mitterand.
Max. WOMOs: 10.
Ausstattung/Lage: Ver- und Entsorgung, Mülleimer, Gaststätten und Geschäfte im nahen Ortszentrum / Ortsrand, schöne Lage am Fluss.
Zufahrt: Der Platz liegt südlich des Ortszentrums unmittelbar südlich der Flussbrücke und westlich der D 46. **Hinweis**: Höchstens 48 Stunden.

(073) WOMO-Campingplatz-Tipp: Espéraza *(Municipal)*

GPS: N 42°55'57" E 2°27", Rue des Jardins.   **Ortszentrum**: 0,3 km.
Zeiten: 1.4. – 30.9.   **Preis**: 12 €.

Etwa 15 km südlich von Rennes-le-Château finden Sie am Bahnhof von **Quillan** (3.500 Einwohner) einen offiziellen Stellplatz mit Ver- und Entsorgung, der uns aber nicht gefallen hat, weshalb wir hier nur die Koordinaten preisgeben: **[074:** N 42°52'26" E 2°10'56"**]**.

Hat man die Corbières erst einmal bis Couiza oder Espéraza durchquert, wird man sich auf der D 118 beeilen, um im Norden Carcassonne zu erreichen. Ich erwähnte bereits, dass es sich wegen der Kurven empfiehlt, die Corbières von deren Rand aus zu bereisen. Die nächsten Ziele sind daher auch von Norden, von der Strecke Carcassonne - Narbonne, gut zu erreichen.

Alternativ zu dieser Strecke kann man sich aber auch beim Château de Peyrepertuse langsam nach Norden voran arbeiten, um auf diesem Wege die Dörfer Lagrasse (7. Tour), Mouthoumet, Termés (sehenswerte, beim Erklettern aber nicht ganz ungefährliche Katharer-Burg aus dem 13. Jahrhundert) und vor allem **Villerouge-Termenès** kennen zu ler-

Villerouge-Termenès

nen. Im Jahre 1321 starb hier Guillaume Bélibaste, der letzte Kartharische Führer, auf dem Scheiterhaufen. Grund genug, um im August ein mittelalterliches Festival zu veranstalten, mit Ausstellungen, einem traditionellen Markt, Theateraufführungen und sonstigem Brimborium. Dazu gibt es ein *Repas Médiévaux*, ein mittelalterliches Gelage, im Burghof, bei welchem zeitgemäß kostümierte Fräuleins dem freudigen Zahler eine Mahlzeit auftischen, während Gaukler die Gaumenfreuden erst so richtig rauskitzeln. Die Völlerei ist im Sommer mehrfach angesagt, möglicherweise sogar ganzjährig. Das Festival hingegen gibt es nur einmal, an einem Samstag, Mitte August. Wir kennen aus eigener Anschauung weder das eine noch das andere und haben uns auch deshalb nicht näher um Übernachtungsmöglichkeiten in Villerouge gekümmert. Zur Ehrenrettung der Bewohner muss man aber anführen, dass das Gedankengut der Katharer in Villerouge-Termenès auch sonst noch hochgehalten wird, und dass die Burg gut erhalten ist. Der offizielle Stellplatz dieser Gegend liegt schön am südlichen Rand von **Félines-Termenès**, einem kleinen Dorf mit 110 Seelen und ohne Infrastruktur:

---

(075) WOMO-Stellplatz: Félines-Termenès

GPS: N 42°59'14" E 2°36'47", D 613.   **Max. WOMOs**: 7-10.
Ausstattung/Lage: Wasser, Toilette, Strom, klappstuhlgeeignet / Ortsrand.
Zufahrt: Der Platz liegt an der D 613 südlich des Dorfkernes beim Tennisplatz.

Darüber enttäuscht, in Félines-Termenès nichts einkaufen zu können, ziehen wir die *Michelin-App* unseres Smartphones (siehe dazu unter *Restaurants*) zurate und staunen nicht schlecht, dass uns in der Nähe ein Restaurant mit drei Michelinsternen empfohlen wird, eine der besten Küchen Frankreichs, tief in den Corbières.

»Ruf' doch mal an, die haben ohnehin nichts frei«.

An einem gewöhnlichen Dienstag, Mitte Juni, hatten sie in der ***Auberge du Vieux Puits*** in **Fontjoncouse** aber sogar noch mehr als einen freien Tisch, an den wir bald geleitet wurden – und zunächst angespannt ein wenig mit unserem Mut haderten. Das legte sich aber, als uns mit großer Freundlichkeit kreative Speisen serviert wurden, wie wir sie nicht für kochbar gehalten hätten, das beste Essen aller unserer Reisen ! Wer bereit ist, sich auf ein solches Lokal und seine hier nicht ganz so steifen Kellner einzulassen, wer nicht entscheiden möchte, ob das wahre kulinarische Erlebnis tatsächlich in fast künstlerischer Küchenkunst (oder anderswo eher in gekonnter Hausmacherküche) liegt, wer ohne Reue bis zu 190 Euro für ein Spitzenmenü ausgeben möchte, kann sich ein solches Erlebnis vermutlich an keinem Ort in Südfrankreich besser gönnen *(Tel. 04 68 44 07 37; im Sommer von Dienstagabend bis Sonntagabend, im Winter von Mittwochmittag bis Sonntagmittag)*. Am fehlenden Stellplatz scheitert das Abenteuer jedenfalls nicht:

(076) WOMO-Stellplatz: Fontjoncouse

GPS: N 43°02'49" E 2°47'19", Rue de la source.   **Max. WOMOs**: 2.
Ausstattung/Lage: Wasser, Spitzenrestaurant, Wanderwege / im Ort.
Zufahrt: Der Platz liegt romantisch bei der ergiebigen **Quelle**, nach der das Dorf benannt ist. Verlassen Sie von Osten kommend die D 323 am nordwestlichen Ortsende (bei einem Hydranten, wo die D 323 nach rechts abknickt) nach links und biegen Sie gleich wieder links in die **Rue de la source** ab. Bei nächster Gelegenheit fahren Sie rechts und sehen dann bald links der Straße einen Platz, den zu befahren man sich nicht sogleich traut, der aber ein Parkplatz ist.

Hinweise: Nicht für Fahrzeuge über 7,50 m; begehen Sie am besten die relativ schmalen Gassen vorher zu Fuß (mir scheint alles breit genug; zwischenzeitlich gab es aber eine Teilsperrung). Der Stellplatz wird hier hauptsächlich wegen des nahen Spitzenrestaurants erwähnt. Er taugt nicht für WOMO-Massen. Am ersten und letzten Julisamstag und vielleicht in den Tagen davor und danach wegen Festivitäten nicht zugänglich.

Alternativ finden Sie Möglichkeiten hinter der Burg (am vorgenannten Stellplatz scharf rechts bergauf bis hinter die Burgruine) oder – für große Fahrzeuge – am nordwestlichen Ende des Dorfes bei den letzten Häusern links bergauf nach etwa 150 m auf eine grasige, etwas einsame Fläche.

Wir erlauben uns nun literarisch einen großen Sprung und machen dort weiter, wo wir oben bei Espéraza unterbrochen haben und überlegen uns, ob wir nicht schon in **Alet-les-Bains** (480 Einwohner) erneut pausieren sollten. Vor allem die Ruine der während der Religionskriege 1557 von Hugenotten zerstörten **Kathedrale** lohnt den Besuch, den man nicht auf die Sommermonate beschränken muss. Der zwischen Kirchenruine und dem Fluss Aude liegende, anheimelnde Campingplatz ist nämlich ganzjährig geöffnet und wirbt sogar an Weihnachten um Gäste:

(077) WOMO-Campingplatz-Tipp: Alet-les-Bains
(Val d'Aleth)

GPS: N 42°59'47" E 2°15'17".   **Ortszentrum**: 0,3 km.
Zeiten: Ganzjährig.   **Tel**. 04 68 69 90 40.
Ausstattung: Gute und neue Sanitäranlagen, Laden und Restaurant in der Nähe.   **Preise**: 16 - 18 €
Zufahrt: Der Platz liegt mitten im Ort am Rand des Flusses Aude.

10 Kilometer weiter im Norden durchqueren wir auf unserem Weg nach Carcassonne das Städtchen **Limoux** (10.000 Einwohner), einen netten Ort ohne jeden Massentourismus. Den hat die Stadt auch gar nicht nötig, ist sie doch ohnehin in ganz Frankreich berühmt. Wegen des *Blanquette de Limoux*,

einem Schaumwein, der nicht etwa in neuerer Zeit kreiert worden ist, in der allenthalben die Winzer das perlende Getränk ins Sortiment holen. Der *Blanquette* wird hier schon als ältester Schaumwein seit dem 16. Jahrhundert gekeltert, einer Zeit, als man in der Champagne noch nicht an Champagner dachte. Die Winzer müssen aber lange beim Marketing schlecht beraten gewesen sein, denn was ich früher (in anderen Gegenden Frankreichs) als *Blanquette* aus den Supermarktregalen gezogen habe, war meist eine klebrige Brühe. Umso größer ist meine Freude, als ich in der erstbesten *Alimentation* von Limoux eine Flasche mit der Aufschrift *Brut (Trocken)* erstehe, die mit den besten Schaumweinen konkurrieren kann.

Limoux - Place de la République

Genauso verhalten präsentiert sich das Städtchen, das Sie bei knapp bemessener Zeit durchstreifen sollten. Sie werden bei den Ansichtskartenständern feststellen, dass hier der Karneval Tradition hat. Wein und Fastnacht bilden also nicht nur in Mainz eine Symbiose. Richtig gut hat uns an Ostern der Stellplatz nördlich (nicht wie in den Vorauflagen südlich!) der Innenstadt gefallen:

(078) WOMO-Stellplatz: Limoux

GPS: N 43°03'28" E 2°12'54", Rue Lois Braille.   **Max. WOMOs**: 18.
Ausstattung/Lage: Ver- und Entsorgung, klappstuhlgeeignet, Gaststätten u. Geschäfte in der nahen Innenstadt (Bäcker ca. 250 m), Bouleplatz / im Ort.
Zufahrt: Biegen Sie nördlich der Altstadt und etwa 150 m nördlich eines Kreisverkehrs von der D 118, das ist die Straße nach Carcassonne, im spitzen Winkel nach rechts und gleich wieder nach links ab.

Von hier aus erreichen Sie mit wenigen Schritten die noch nicht verödete Innenstadt und überlegen, nachdem Sie sich vielleicht auf dem zentralen Platz (Foto Seite 150) ein wenig erfrischt haben, wo Sie speisen könnten. Das haben wir uns genauso gefragt und waren, weil das Lokal unserer Präferenz Ruhetag hatte, ziemlich sicher, diesen Teil des Abends nicht weiter erwähnen zu dürfen. Denn das Restaurant unserer Verlegenheitswahl fiel durch bunte, an der Gasthausdecke die Farben wechselnde LED-Leuchten, grausame Plastikdekorationen und vor der Tür rauchende Gäste auf. In Frankreich wird aber bisweilen auch in solchen Schänken vorzüglich gekocht. Und wir hatten nicht einmal den Verdacht, im *La Carabene* zufällig eine Sternstunde des Kochs erwischt zu haben, als uns für 28 Euro ein feines Menü serviert worden ist, dessen Käsegang nicht

aus vorgeschnittenen Stücken bestand, sondern die Wahl von einer Platte bestens sortierter Provenienzen erlaubt hat *(an der zentralen Place de la République, Reservierung nicht erforderlich, montags geschlossen, Sie müssen möglicherweise mit wechselnder Qualität rechnen).*

Sie werden noch einmal wehmütig an die schmalen Straßen, die alten Arkaden und die charmanten Bürgerpaläste von Limoux denken, vor allem an die provinzielle Stille, wenn Sie sich 23 km weiter nördlich, in Carcassonne, durch die Gassen schieben lassen.

Schon mit dem klangvollen Namen **Carcassonne** verbinden sich hohe Erwartungen, die ich nur ungern trübe. Halten Sie mich daher nicht für schulmeisterlich, wenn ich Ihnen dringend rate, das Besichtigungsprogramm strategisch anzugehen: Die Rede ist ja nicht von der eigentlichen, eher uninteressanten

Stadt (43.000 Einwohner), sondern von der **Cité**, der auf einem Hügel so malerisch daliegenden Festungsstadt, der größten in Europa und mit Recht von der UNESCO geschützt.

Die Mauern und Zinnen, vor allem aber die 52 Türme, wirken perfekt nur von der Ferne, und so stellt sich das Aha-Erlebnis erst ein, wenn man die Festung aus gebührendem Abstand und vor allem von der richtigen Stelle aus in Augenschein nimmt – und fotografiert. Dann aber ist der Eindruck gewaltig und tröstet über den Rummel im Innern des Festungsrings hinweg. Nicht nur **Fotofreunde** bevorzugen wegen des schrägen, schon gelblichen und mit den Schatten spielenden Lichts den Nachmittag, um sich von Süden an die richtige Stelle zu pirschen: Fahren Sie auf der D 118 – von Limoux kommend – unter der Autobahn durch und wählen Sie bei nächster Gelegenheit an einem großen Kreisverkehr auf der D 104 den Weg nach rechts – Richtung ‚*La Cité*' und ‚*Camping la Cité*'; Sie unterqueren erneut die Autobahn (Wegweiser ‚*La Cité*'), um nach einer langgezogenen Linkskurve die *Autoroute* ein drittes Mal zu kreuzen; nun liegt die Cité in ihrer ganzen Breite vor Ihnen; das hat sich so sehr herumgesprochen, dass hier Halteverbotszeichen angeschraubt worden sind; Sie parken daher unmittelbar vor der Autobahnbrücke und gehen ein paar Meter zu Fuß: GPS. N 43°11'36" E 2°20'26".

Carcassonne - La Cité

Sie sind auf diese Weise für das ultimative Foto und das Nachtlager gleichermaßen auf dem richtigen Weg. Mehrere Möglichkeiten kommen dabei in Frage:

(079) WOMO-Campingplatz-Tipp: Carcassonne *(La Cité)*
GPS: N 43°12'01" E 2°21'14", Route de Saint Hilaire.
Ortszentrum: 1 km, die Cité ist zu Fuß erreichbar. **Zeiten**: 10 Tage vor Ostern bis Anfang Oktober. **Tel**. 04 68 10 01 00.
Ausstattung: Pool, Laden, Restaurant. **Preis**: 19 – 28 €.
Zufahrt: Der Platz liegt südlich der Cité und ist überall beschildert.

Der Platz liegt südlich der Festung und so nahe, dass man auf einem 20-minütigen Fußweg die Besichtigung angehen kann. Von vielen der großräumigen Parzellen können Sie sich nachts an der angestrahlten Burganlage ergötzen. Das Gelände ist sehr gepflegt, besitzt ein Schwimmbad und ist nicht so teuer wie man denkt. In der Hochsaison muss man wegen Überfüllung (früh anreisen!) allerdings gelegentlich auf andere Plätze ausweichen. Beispielsweise auf den sehr kleinen **Campingplatz** *La Bastide de Madame*, 6 km südlich der Stadt an der D 118, Richtung Limoux (auf der Michelin-Karte ist das Dörfchen *Madame* eingezeichnet). Oder noch weiter im Süden, 9 km von Carcassonne, ebenfalls an der D 118 und angeblich mit Bademöglichkeit, auf den Platz von **Preixan** *(geöffnet von Ostern bis Ende Oktober).*

Der offizielle Stellplatz grenzt in fußläufiger Entfernung fast an die Cité und hat nur den Nachteil, dass jeglicher Schatten fehlt. Trotzdem ist der Großparkplatz nachts deutlich angenehmer als man ihn an solcher Stelle erwartet:

(080) WOMO-Stellplatz: Carcassonne *(La Cité)*

GPS: N 43°12'19" E 2°22'25", Chemin de Montlegun.
Max. WOMOs: Etwa 80.
Ausstattung/Lage: Ver- und Entsorgung, Toilette, Mülleimer, klappstuhlgeeignet, überraschend schöne Lage am Rand eines Weinfeldes / Ortsrand.
Zufahrt: Der Platz liegt östlich der Cité und ist beschildert.

Gebühren: 5 € für die ersten 6 Std., danach 1 €/Std.; 20 - 8 Uhr kostenlos (Kasse auf Pkw-Parkplatz nebenan).

Wer es kostenlos, individueller und mit Blick auf *La Cité* liebt, schaut sich unseren Geheimtipp für kurze Fahrzeuge und Glücksritter an:

(081) WOMO-Stellplatz: Carcassonne (St Gimer)

GPS: N 43°12'26" E 2°21'43", Place St Gimer. **Max. WOMOs**: höchstens 5.
Ausstattung/Lage: Gaststätten, Geschäfte, Blick zur Festung / im Ort.

Zufahrt: Der Platz liegt westlich direkt am Fuß der Cité. Fahren Sie zunächst bis zum beschilderten Campingplatz (siehe oben). Von dort steuern Sie auf die Festung zu und folgen dem Wegweiser ‚*Centre'*, bis Sie in einer kleinen Vorstadt direkt unterhalb des Burgberges an der Kirche St Gimer vorbeifahren; rechts der Straße und links des Gotteshauses liegt Ihr Stellplatz.

Hinweis: Nur für relativ kurze Fahrzeuge, tagsüber häufig vollgeparkt; Sie finden auch gegen Abend nicht sicher eine Lücke.

Hoffen wir, dass Sie für den **Besichtigungsrundgang** einen Sonn- oder Feiertag vermieden haben, wenn Sie sich von einem der beiden Stellplätze oder vom Campingplatz ins Getümmel stürzen. Das ist dann ziemlich genau so, wie man es sich vorstellt, mit Lokalen und Andenkenläden *en masse*. Genau betrachtet gibt es außer den baulichen Sehenswürdigkeiten nichts anderes. Unsere Kinder waren einst begeistert! Am Foltermuseum, dessen Schlepper die Kundschaft auf der Straße abfangen, konnte ich sie noch vorbeilotsen. Wir einigten uns aber auf einen Kompromiss, Verabredung eines Treffpunktes und individuelles Besichtigungsprogramm: Die

Kinder zum Nippes, die Alten zu den Altertümern. Die haben stellenweise gar nicht die Jahre auf dem Spitzdach, die man ihnen zutraut. Denn ein gewisser **Viollet-le-Duc**, dem die Bewohner allabendlich beim Kassensturz auf Knien danken, hat um 1850 dem Mittelalter kräftig auf die Sprünge geholfen und dabei weniger das Vorhandene restauriert als es phantasievoll ergänzt. So bekam die Mauer Türmchen, Zinnen und spitze Dächer verpasst, die es bis dahin gar nicht gab, und die *Cité* wurde mehr ein Produkt der romantischen Vorstellungen des Architekten als ein naturgetreues Abbild der Vergangenheit. Aber vieles ist einigermaßen echt, und sobald ich mich ein paar Meter vom Hauptstrom der Touristen entfernt habe (was nur selten gelingt), überkommt mich immer wieder Staunen.

Zum Beispiel in der **Kathedrale**, der Basilique Saint-Nazaire *(9.30 - 18 Uhr, Juli - Sept bis 19 Uhr).* Der ehemals romanische Kirchenbau aus dem 11. Jahrhundert wurde bis ins 15. Jahrhundert erweitert und besticht durch ein hohes, harmonisch proportioniertes Kirchenschiff. Besonders beeindruckend sind die Fenster, die als die schönsten in ganz Südfrankreich gelten. Sehenswert

sind auch das Weihwasserbecken aus dem 12. Jahrhundert und die schöne Orgel aus dem 16. Jahrhundert, beide unverfälscht, während der Turm der Kathedrale von Viollet-le-Duc verunstaltet wurde. Der Architekt hielt ihn für einen Bestandteil der alten Befestigungsanlage und stattete ihn mit Zinnen aus.

Interessant ist auch das **Château Comtal**, die um 1130 errichtete Burg in der Festung, in der zu Beginn des 13. Jahrhunderts der Vizegraf Raymond Roger Trencavel die Katharer vor dem Legaten des Papstes, Simon de Montfort, der zuvor ein Massaker in Béziers veranstaltet hatte, in Obhut nahm. Die bis zu diesem Zeitpunkt als uneinnehmbar geltende Stadt hielt aber nur zwei Wochen der Belagerung stand, da sie von den mitsamt ihrem Vieh aus der Umgebung in die Stadt geflüchteten Menschen überbelegt war. Nachdem das Wasser ausgegangen war und sich Seuchen ausgebreitet hatten, musste Raymond Roger Trencavel kapitulieren, nicht ohne zuvor die Schonung der Bevölkerung ausgehandelt zu haben. Nur er wurde in einem finsteren Verlies gefangen gehalten, während Simon de Montfort für die Dauer von 8 Jahren die Burg zum Hauptquartier für seinen Vernichtungsfeldzug gegen die Katharer in Besitz nahm. Wie die Geschichte sich wiederholt: Während des Ersten Weltkriegs diente das Château Comtal als Gefängnis für 300 deutsche Offiziere und im Zweiten Weltkrieg als Hauptquartier der Nazis.

Da wir gerade in die Geschichte tiefer einsteigen, lassen Sie mich den Rundumschlag noch vervollständigen: Nach Montfort übernahm der französische König die Besitztümer von Carcassonne und vergrößerte die Festung. Insbesondere stattete er sie wegen der Nähe zur katalanischen Grenze mit einem zweiten Mauerring aus, der vom ersten durch einen breiten Streifen, die Lices, getrennt war. Erst nach dem Frieden mit den Katalanen verlor Carcassonne seine strategische Bedeutung und gammelte vor sich hin, bis Viollet-le-Duc Hand anlegte. Dies gilt auch für das Château, das heute kaum mehr als ein Modell der alten Anlage ist. Die Eintrittskarten *(Führungen, von April - September 10-18 sonst bis 16.30 Uhr; 8,50 €; die Cité selbst ist kostenlos)* berechtigen sowohl zur Besichtigung des **Musée lapidaire**, einer Sammlung von Architekturfragmenten und sonstigen Funden aus der Umgebung von Carcassonne, unter anderem römische Meilensteine und Grabmäler, wie auch zum Besuch eines **Kostümmuseums**.

Carcassonne - Les Lices

Mich beeindrucken besonders die oben schon erwähnten **Lices**, die Freiflächen zwischen den beiden Mauerringen, auf denen die Angreifer, hätten sie die erste Mauer überwunden, von den Verteidigern auf der inneren Mauer beharkt worden wären. Wenn es je dazu gekommen wäre und man die Stadt nicht, wie oben beschrieben, durch Belagerung in die Knie gezwungen hätte. Wer Carcassonne richtig auf sich wirken lassen möchte – damit meine ich nicht die Touristenfallen, muss am frühen Morgen oder späten Nachmittag den Spaziergang zwischen den Mauern in Angriff nehmen, man fühlt dann tatsächlich eine Mischung aus Mittelalter, Film und Kindheitstagen, als man mit der Ritterburg spielte.

Den meisten der zahlreichen Gasthäusern, besonders rund um die Place Marcou, sieht sogar der unerfahrene Urlauber an, dass die Wirte nur auf schnellen Umsatz hoffen und die Widerkehr eines zufriedenen Gastes nicht in Betracht ziehen. Weshalb jener Feriengast, sollte er auf dem baumlosen Stellplatz ausnahmsweise keine Spagetti kochen, dankbar nachliest, dass wir im **Restaurant *La Table d'Alais*** eindeutig das erfreuliche Gegenteil kennen gelernt haben. Wir haben dort sogar ein *Cassoulet* gekostet, das Vorzeigegericht der Gegend, vor dem man eher warnen muss, solange man nicht weiß, welche Zutaten der Koch im Eintopf unter die weißen Bohnen mischt *(gehen Sie vom Stellplatz durch die Porte Narbonnaise in die Cité und durch die*

erste Gasse links, das Lokal liegt nach dem kleinen Platz, vor dem wir Sie schon gewarnt haben, auf der linken Straßenseite; mit schönem Freisitz; Tel. 04 68 71 60 63; mittwochs und donnerstags Ruhetag, maßvolle Preise).

Die eigentliche Stadt Carcassonne, die *Ville Basse* (Unterstadt), ist eher uninteressant und wirkt etwas verschlafen. Das ändert sich allerdings am 14. Juli, dem französischen Nationalfeiertag, wenn oben auf der Cité ein unglaubliches Illuminations- und Feuerwerkspektakel entfacht wird, wenn die Schaulustigen aus dem ganzen Departement, ja fast aus ganz Frankreich, anreisen.

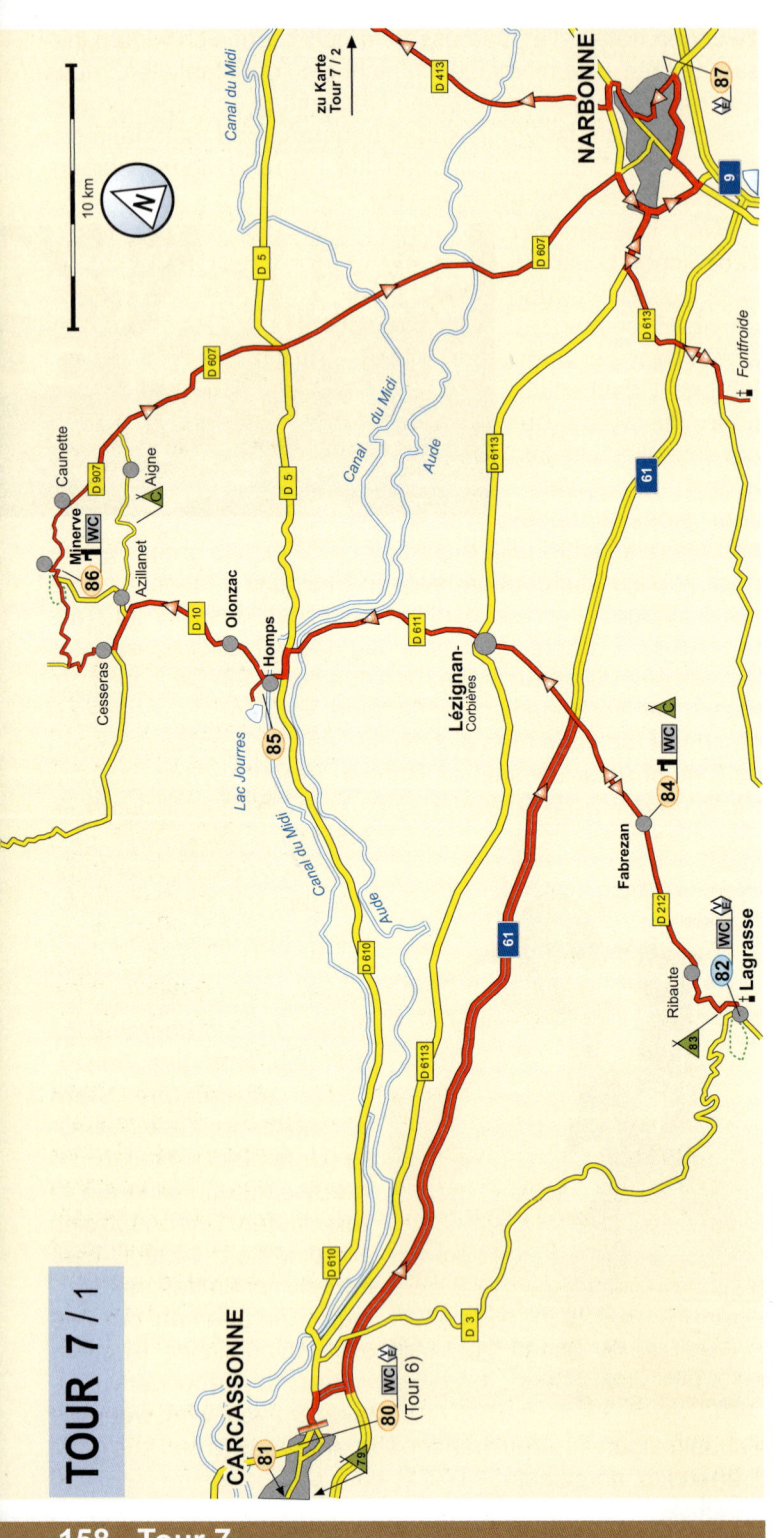

Lagrasse - Minerve - Kloster Fontfroide - Narbonne
Olargues - Bédarieux - Roquebrun - Béziers

Stellplätze:	in Lagrasse, in Fabrezan, in und bei Homps, bei Minerve, in Narbonne, in Poilhes, beim Oppidum d'Ensérune, in Olargues, in den Gorges d'Héric, in Bédarieux, in Béziers
Campingplätze:	in Lagrasse, in Olargues, in Roquebrun
Besichtigen:	Lagrasse, Minerve, Kloster Fontfroide, Narbonne, Oppidum d'Ensérune, Olargues, Béziers, Canal du Midi
Wandern:	Rundweg bei Lagrasse, von Minerve durch die Gorges de la Cesse, Spaziergang beim Kloster Fontfroide, in die Gorges d'Héric, Spaziergang zu den Schleusen von Fonsérannes
Essen:	Restaurants *Le Temps de Courges* oder *Hostellerie des Corbières* in Lagrasse, Weinstube *La Table des Cuisiniers Cavistes* in Narbonne, Pizzeria *La Salsa* in Bédarieux

Ausgangspunkt unserer 7. Tour ist Carcassonne. Fast noch besser starten Sie von Narbonne zur Rundreise in die Hügel links und rechts des Flusses Aude. Oder Sie arbeiten sich vom Süden, vom Kernland der Corbières, nach Norden vor und besuchen dabei Villerouge-Termenès und vielleicht Fontjoncouse, also den Teil, der bei Tour 6 als Abstecher nach Norden beschrieben worden ist. Wie man es auch macht, auf allen Strecken müssen zahlreiche Kurven bewältigt werden. Nicht mehr ganz so schlimm ist die Kurbelei beim Durchmessen des breiten Aude-Tals, was man sehr zu schätzen weiß, liegen doch die Ziele dieser Tour ziemlich weit voneinander entfernt. Alles zusammen sollte Sie nicht abschrecken, denn die nachfolgenden Orte sind mehr als nur einen Umweg wert.

Wir nähern uns von Westen durch ein landschaftlich schönes Tälchen, und stoßen so automatisch auf die Schokoladenseite von **Lagrasse** (700 Einwohner), *‚Eines der schönsten Dörfer Frankreichs'* und einer unserer Lieblingsorte im südwestlichen Midi, in dem die mittelalterlichen Häuser mit ihren Ziegeldächern auf einen kleinen Felsvorsprung über den Wasserlauf geklebt scheinen. Und wo das schönste Bauwerk des Ortes, die in einem kühnen Bogen geschwungene **alte Brücke**, die Altstadt mit der bekannten Abtei verbindet; ein Motiv für Fotokalender – und unser Titelbild.

In dieser **Abbaye Sainte-Marie**, einem ehemaligen 1.200 Jahre alten Benediktinerkloster, sind – im Anschluss an das nördliche Querhaus – die Reste eines ursprünglich dreigeschossigen

Lagrasse

Turmes aus vorromanischer Zeit, der Abtspalast und ein renovierter Kreuzgang aus dem 18. Jahrhundert zu sehen; außerdem ein Schlafsaal mit schönem Deckengerippe, eine Kapelle mit glasierten Bodenkacheln, Vorratsräume und die Klosterkirche aus dem 11. bis 15. Jahrhundert. Die Krönung ist der 40 m hohe Glocken- und Wehrturm, den man aber nur noch im Rahmen einer Führung besteigen kann. Ein Freund Karls

Lagrasse - Klostergarten

des Großen soll im 8. Jahrhundert die Abtei gegründet haben, die zwischen dem 13. und 18. Jahrhundert eine der reichsten in Südfrankreich war und religiös wie weltlich weite Landstriche beherrscht hat, ehe sie, wie die meisten Klöster, während der Französischen Revolution aufgelöst worden ist. Zur Besichtigung muss man aber zweimal Eintritt bezahlen, weil der Teil mit der Kirche, dem Kreuzgang und einem Klostergarten einer Glaubensgemeinschaft gehört, der Rest jedoch einem anderen Eigentümer (Kloster:15.6. - 14.9. 10 - 18 Uhr, 1.11. - 31.3. bis 16 Uhr, sonst bis 17 Uhr; 4 €; Kreuzgang, Kirche und Garten: Mitte April - Mitte November tägl. außer donnerstags 15.15 - 17.25 Uhr, sonst nur Sa., So. und Feiertage; 4 €).

Mindestens so lohnend ist der Bummel über die Brücke und durch die engen Gassen der **kleinen Altstadt**, bis hin zur großen **Markthalle** mit einer interessanten Balkenkonstruktion aus dem 14. Jahrhundert. Besonders gut gefällt uns, dass sich Lagrasse nicht ausschließlich den Touristen anbiedert, die übrigens den Ort keineswegs über-

Lagrasse - Markthalle

schwemmen und dass die kleine Stadt neben den üblichen Töpferläden auch noch eine normale Seite bewahrt hat, mit kleinen Geschäften und Cafés.

Lagrasse gilt als die alte Hauptstadt der Corbières und ist trotz seiner Winzigkeit auch heute noch ein gesellschaftliches Zentrum mit einem **Restaurant**, das überwiegend von Einheimischen besucht wird. Hier trifft man sich zu einem Tratsch oder einem Gläschen Wein (gutes Angebot an Corbières-Weinen). Große Küchenkunst wird Ihnen im *Le Temps des Courges* nicht geboten, dafür bleiben Ihnen routinierte Kellner erspart, die nur darauf warten, dass sich die schweigenden Paare an den Zweiertischen möglichst bald wieder erheben *(im Herzen des historischen Zentrums nahe der Markthalle beschildert; Tel. 04 68 43 10 18; dienstags und mittwochmittags geschlossen).* Leider ist das Haus außerhalb der Saison öfters mal geschlossen, und in einem solchen idealen Urlaubsort, wie Lagrasse, sucht man deshalb eine Alternative. Wir haben daher noch die

Hostellerie des Corbières getestet, wo anspruchsvoller gekocht wird, man aber weniger gemütlich sitzt *(Tel. 04 68 43 15 22; donnerstags geschlossen).*

Der angenehme Stellplatz, einer unserer Lieblingsplätze in dieser Gegend, liegt schön am nordwestlichen Ortsrand. Wir nennen ihn ab dieser Auflage einen *Badeplatz*, weil wir bemerkt haben, dass man nach etwa 350 m wunderbar im Flüsschen Orbieu baden kann:

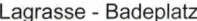
Lagrasse - Badeplatz

(082) WOMO-Badeplatz: Lagrasse

GPS: N 43°05'35" E 2°37'12".   **Max. WOMOs**: ca. 25.
Ausstattung/Lage: Im Juli/August sogar überwachter Badestrand am gestauten Orbieu nach etwa 350 m (gehen Sie unterhalb der neuen Brücke in die erste Gasse und dann immer geradeaus bis zu einem Stauwehr, wo das Wasser flussaufwärts immer tiefer wird), Ver- und Entsorgung, Toilette (unter der Brücke links), klappstuhlgeeignet, Gaststätten, Geschäfte, Wanderwege / im Ort.   **Gebühr**: 5 €/24 Std.
Zufahrt: Sie finden den mit ‚*P 2*' beschilderten Parkplatz nördlich der D 3.

Es könnte Ihnen aber leidtun, wenn Sie sich gegen den Campingplatz entscheiden. Der besticht nämlich durch eine Traumlage: Das Städtchen, seine Brücken und das Kloster liegen Ihnen zu Füßen, eingebettet in eine mehr als anmutige Landschaft. Und man kann auf einem direkten Pfad während etwa 8 Minuten in den Ort spazieren. Aber der Höhepunkt des Tages ist das letzte Glas oben auf dem natürlichen Aussichtsbalkon:

(083) WOMO-Campingplatz-Tipp: Lagrasse
(Municipal de Boucocers)

GPS: N 43°05'43" E 2°37'06", Route de Ribaute. **Ortszentrum**: 1 km, zu Fuß 8 Minuten auf einem nur am Anfang steinigen Weg. **Zeiten**: 15.3. - 15.10.
Ausstattung: Kostenloses WiFi, von einigen Bereichen Traumblick auf Lagrasse (siehe Foto oben auf dieser Seite).   **Preis**: 13 €.
Zufahrt: Der Platz ist an der D 212 auf dem Weg nach Ribaute beschildert.
Hinweis: Bescheidene Sanitäranlagen, aber gute Duschen.

Zu einem derart liebenswerten Ferienort gehört auch eine Wanderung:

Rundweg bei Lagrasse

Ehrgeizige Wanderer werden sich nicht mit den schönen Ausblicken auf Lagrasse am Anfang und Ende des Weges begnügen, sondern unsere kurze Strecke, die sie einen **Spaziergang** nennen, mit Hilfe der IGN-

Karte 24460 ausweiten: Gehen Sie zunächst in **Lagrasse** vom Stellplatz bzw. der Altstadt aus über die Straßenbrücke (nicht zu verwechseln mit der alten Bogenbrücke). Am anderen Ufer werden Sie eine Wandertafel mit verschiedenen Wegbeschreibungen und einer rot-weißen Markierung entdecken, die Sie bergauf führt. Sie werden mehrfach den schönen Blick zurück auf die Altstadt und die Abtei von Lagrasse fotografieren und schon nach deutlich weniger als einer Stunde auf einem Bergkamm eine markierte Wegweisung zurück nach Lagrasse entdecken, bei der Sie links abbiegen.

Auf einem breiten geschotterten Weg verlieren Sie nun allmählich wieder Höhe, bis erneut der markante Turm der Abteikirche auftaucht. Unmittelbar nach dem Klostergelände halten Sie sich rechts und gehen ein Stück entlang des Flusses, den Sie am Stauwehr auf einer flachen Betonbefestigung, der Passerelle de L'Orbieu, überqueren – unser oben gerühmter Badeplatz *(insgesamt etwa 1 Stunde und 45 Minuten, eine Karte ist nicht erforderlich)*.

Als Badeplatz beliebt ist auch das Ufer von **Ribaute**, dem nächsten Dorf nördlich von Lagrasse. Dort können Sie mit dem Wohnmobil an den Fluss fahren (zwischen Lagrasse und Ribaute sehen Sie eine zum Fluss führende Asphaltstraße), Sie dürfen hier allerdings nicht übernachten und kommen wegen der berüchtigten ‚Teppichstangen‘ auch nicht auf die schönsten Parkplätze. Nach unseren Beobachtungen konnte man im linken Teil wenige Fahrzeuge abstellen. Weiter rechts sprudelt der Fluss über hohe Steine, was als *Cascade* bezeichnet im Sommer viele Einheimische zu Badetagen animiert.

Vielleicht steht Ihnen der Sinn nach einem beschaulichen Städtchen des *Midi*, einem von der unspektakulären Sorte, aber typisch und mit einer langen Platanenallee, in der Sie bestens die Nacht verbringen dürfen (das Schild, welches das Aufstellen von Wohnwagen verbietet, betrifft Sie nicht). Ob allerdings so nahe bei Lagrasse wirklich mal jemand in **Fabrezan** (1.2080 Einwohner) übernachtet, muss man bezweifeln. An uns soll das nicht scheitern:

(084) WOMO-Stellplatz: Fabrezan

GPS: N 43°08'14" E 2°42'05". Avenue de l'Ancienne Gare.
Max. WOMOs: 5.
Ausstattung/Lage: Toilette, Wasser (beides nur im Sommer), Mülleimer, Gaststätte, Geschäfte / Ortsrand.
Zufahrt: Verlassen Sie in Fabrezan die D 212 beim Wegweiser ‚*Complexe Sportif*‘ bergab unter die Platanen.

Weiter hinten gibt es einen nur vom 15.5.-31.8. betriebenen, sonst aber auch offen stehenden **Mini-Campingplatz**.

Die Kurven sind nun weniger geworden, entsprechend eintöniger wirkt die Gegend. Dies gilt auch für den touristisch uninteressanten Hauptort der Gegend, **Lézignan-Corbières** (7.900 Einwohner), den wir auf schnellstem Weg von Süden nach Norden durchqueren, um bald danach auf den Fluss Aude zu stoßen, wo wir uns nach Norden zum Dorf **Homps** wenden. Das hat einen Stellplatz und liegt am **Canal du Midi** sowie wegen des nahen Badestausees und damit einhergehender Ferienhausbebauung im touristischen Aufwind:

(085) WOMO-Stellplatz: Homps

GPS: N 43°16'08" E 2°43'03", seitlich der Route du Lac. **Max. WOMOs**: 15.
Ausstattung/Lage: Mülleimer, Gaststätte, Geschäfte / Ortsrand.
Zufahrt: Fahren Sie am Ortseingang vom Homps rechts, über den Kanal und am 1. Kreisverkehr nach der Brücke links, danach links auf eine Wiese am Kanal und Hafenbecken.
Hinweis: Man darf kein Wasser entnehmen, dessen Zapfstelle nur den Booten dient.

Der nahe **Stausee**, der **Lac Jourres**, wirkt oft bräunlich, er ist aber ein richtiger Badesee, auch wenn das Ufer steinig ist, besonders bei niedrigem Wasserstand. Allerdings darf man hier nicht mehr übernachten.

Über Olonzac geht es weiter nordwärts, immer zwischen Weinfeldern hindurch, ehe die Straße kurz vor Minerve wieder ansteigt (an der Steigung schöner Blick zurück in das Aude-Tal).

In **Minerve**, *‚Einem der schönsten Dörfer Frankreichs'*, wohnen nur 100 Menschen, wobei ich diese Zahl schon für übertrieben halte. Trotzdem hat es einer ganzen Gegend, dem **Minervois**, seinen Namen verliehen und ist im Grunde ein Freilichtmuseum; nicht eines, in dem Gegenstände präsentiert sind, sondern Minerve stellt sich selbst zur Schau und besteht wirklich nur aus alten Häusern, gebaut in Schwindel erregender Höhe auf einem Felsen am Zusammenfluss der Bäche Brian und Cesse. Äußerst eindrucksvoll und folglich Bestandteil des südwestfranzösischen Pflichtprogramms ist die Ansicht von außen, der Blick von diesseits der gewaltigen Bogenbrücke, für das Felsennest eigentlich zwei Nummern zu groß, auf die verschachtelten Weinberge, die den Ort in die Zange nehmen, und auf den unermesslich tiefen, im Sommer ausgetrockneten Bachlauf unter der Brücke.

Das darüber liegende Dorf war ursprünglich eine Festung, in der sich Katharer angesiedelt hatten. Im Jahre 1209 zog der berüchtigte Simon de Montfort zusammen mit dem Bischof von

Minerve - Blick von Platz Nr. 86

Minerve

Narbonne und einem Kreuzfahrerheer vor die Burg, um diese zu belagern (Näheres zu diesen Kreuzzügen siehe bei Tour 6 unter dem Stichwort *Katharer*). Nach Wochen mussten die Bewohner wegen Wasserknappheit aufgeben, ein Geschoss der Angreifer hatte den Brunnen zerstört. Wer seinem Glauben abschwor, durfte weiterleben. Die anderen, das waren die meisten, wurden in Gottes Namen auf einem im trockenen Flussbett geschichteten Scheiterhaufen verbrannt. Angeblich spielten wirtschaftspolitische Gründe eine Rolle, denn den papsttreuen Bewohnern von Narbonne war der zunehmende und rentable Weinanbau im Minervois schon zu dieser Zeit ein Dorn im Auge.

Man könnte glauben, das in den Himmel ragende, turmähnliche Skelett, die Tour la Candéla, sei das Überbleibsel der damaligen Zerstörung. Richtig ist aber, dass der achteckige Turm erst nach dem Kreuzzug gebaut worden ist.

Es ist wohl weniger die düstere Geschichte als mehr die Bilderbuchlage, die zur Bekanntheit von Minerve geführt hat, zu einem Ruhm, unter dem der Ort an Sonn- und Feiertagen bisweilen leidet, wenn sich allzu viele Touristen durch die Gassen schieben und etwas enttäuscht sind, dass die wenigen Häuserwinkel nicht ganz so spektakulär wirken, wie man das von weitem vermutet – und dass die Töpfereien und die Weinverkaufsstellen noch nicht die Oberhand gewonnen haben. Und die gar nicht bemerken, dass hier kein Lebensmittelgeschäft mehr überleben konnte.

Am Abend wird es aber ruhiger, unerwartet still, fast zu still. Die Restaurants verköstigen die letzten Esser, und ein paar Wohnmobilurlauber erfreuen sich auf dem leicht abschüssigen Parkplatz oberhalb des Dorfes an der schönen Silhouette:

An der Abzweigung vor der Brücke stößt man auch auf den Wegweiser zum **Campingplatz** von Cesseras, der allerdings nicht jedermanns Sache sein dürfte; er ist nämlich ein Nudistenrefugium. Für den bekleideten Menschen gibt es einen schlichten Zeltplatz zwischen Azillanet und Aigne, südlich von Minerve.

Minerve gehört zu den Zielen, bei denen man nach Wanderwegen giert, weil man überall liest, die Hauptattraktion des Ortes sei ein **unterirdischer Flusslauf**, die so genannten *Ponts naturels*. Nichts liegt demnach näher als der Versuch, diese Wassertunnels trockenen Fußes zu durchwandern. Kein Wanderbuch, weder auf Deutsch noch auf Französisch, kann auf die Anleitung zu diesem Abenteuer verzichten. Wenn man sich derart animiert aber Anfang April auf den Weg macht, wird man danach gemeinsam lustige Fotos belächeln:

Von Minerve durch die Gorges de la Cesse

Steigen Sie auf der Dorfseite von Minerve, das Dorf im Rücken, links der zum Dorf führenden hohen Brücke in das Flussbett. Den Weg seitlich dieser Brücke können Sie nicht verfehlen, zumal er mit dem Wegweiser *'Poterne Sud'* beschildert ist. Sie gelangen so zum Anfang des ersten Flusstunnels und werden sich bei einem Wasserstand, wie wir ihn Anfang April angetroffen haben, fragen, ob alle diejenigen noch bei Trost waren, die Ihnen einen Fußweg durch diese Laune der Natur empfohlen haben. Im Sommer werden Sie andere Bedingungen vorfinden und locker durch den Tunnel marschieren. Es mag Ihnen bei höherem Wasserstand helfen, dass wir bereits umgekehrt waren, bevor wir einen ernsthaften, zwei-

ten Anlauf gewagt und dazu erst einmal auf Steinen den Fluss überquert haben. Das geht besser als man denkt und noch besser mit Wanderstöcken. Danach spaziert man bequem auf einer Kiesbank in die Dunkelheit, die schneller heller wird als befürchtet, und wir konnten an deren Ende mit dem nötigen Mut ein weiteres Mal über Steine turnen.

Bis hierhin blieben unsere Füße trocken und unsere Entschlossenheit zur Bewältigung des zweiten Tunnels ungebrochen. Der folgt schon bald nach dem ersten und ist sogar kürzer. Nur leider war der Wasserstand so hoch, dass ein Durchqueren in Schuhen unmöglich war. So haben wir für die Wanderung eine Alternative entdeckt, die wir gerne empfehlen, zumal man sich dann auch keine Sorge über den weiteren Wegverlauf im Flussbett machen muss:

Etwa 10 bis 30 m vor dem zweiten Tunnel, zu dem ein deutlicher Fußweg führt, sehen Sie links desselben eine Abzweigung, von der wir hoffen, dass sie Vegetationsschüben zukünftiger Jahre trotzt oder von den Stiefeln unserer Leser weiter breit getreten wird. Sie müssen also einen Trampelpfad nach links finden, vorbei an einer zerfallenden Gartenhütte, der Sie auf einem kurzen, steilen Anstieg hoch zur Straße führt. Falls der Trampelpfad nicht mehr erkennbar ist, machen Sie nichts falsch, wenn Sie sich nach links durchs Unterholz schlagen und einfach zur Straße aufsteigen. Das relativ kurze Stück müsste stets jedem gelingen. Sie stehen dann am Rand der nach Westen führenden D 10E1 und fragen sich berechtigterweise, warum Sie nicht einfach vom Parkplatz, auf dem Ihr Wohnmobil steht, nach Westen (nicht bergauf, sondern bergab und dann rechts) gewandert sind. Die Antwort ist einfach: Weil Sie sich dann nicht an den lustigen Fotos im ersten Tunnel erfreuen und noch Ihren Enkeln von der kurzen Pfadfinderkraxelei vor dem zweiten Tunnel berichten könnten. Außerdem ist der Begriff Straße für diesen Teil der Strecke nur deshalb zutreffend, weil Sie auf Asphalt gehen. Autos fahren dort so gut wie keine.

Sie wandern trotzdem auf der »Straße« nach Westen, bis Sie rechts eine Etage tiefer einen Picknick-Platz sehen (der Ihnen schon oben bei der Stellplatzempfehlung als Alternative angedient worden ist) und biegen nach rechts auf einen Fußweg ab (vom Erreichen der »Straße« bis hierher ca. 50 Minuten). Sie werden kurz von einer gelben Markierung begleitet, die Sie bei der nächsten Gabelung schon wieder verlassen. Nun spazieren Sie nach rechts bergab, und lassen sich bis zur Rückkehr in Minerve von grünen Metallpfosten seitlich des Weges leiten.

Steil geht es bergab und ins Flussbett der Cesse bis zu einer Schutzhütte, der Moulin d'Azam, wo Sie mal wieder den Entschluss fassen, sich irgendwann mehrtägig mit Rucksack und Zelt auf die Socken zu machen, um in einer solchen Hütte zu übernachten. Im Frühjahr werden Sie hier die Strümpfe

dann doch noch ausziehen müssen, weil Sie auch die kühnsten Versuche von Stein zu Stein zu springen vernünftigerweise aufgegeben werden. Pfarrer Kneipp wäre mit Ihnen zufrieden, aber die wenigen Schritte durch das kalte Wasser sind keine wirkliche Herausforderung.

Nachdem Sie die Füße getrocknet und die Schuhe wieder geschnürt haben, steigen Sie erneut hinauf auf die Hochebene und unternehmen, etwa auf halber Strecke nach Minerve, kurz bevor Sie eine weitere Straße erreichen, einen Seitensprung nach links. Hierbei gehen Sie etwa 300

Schritte, um dann links des breiten Weges **4000 Jahre alte Steingräber** zu entdecken.

Sie kehren dort um, gehen die 300 Schritte zurück und folgen nun wieder den grünen Metallpfosten bis zum Parkplatz von Minerve. Das ganze Unterfangen würde ohne Balanceakte im Flussbett etwa drei Stunden dauern, eine Karte ist nicht unbedingt erforderlich; wenn es Sie beruhigt, nehmen Sie die IGN 2444 ET.

Andere Wanderführer empfehlen Ihnen auch einen Weg durch die Gorges du Briant, das ist die Schlucht nördlich von Minerve. Wir hatten uns die Streckenbeschreibung des früheren Rother-Wanderführers zu Herzen genommen, der uns einen Einstieg in den Wanderweg in der Nähe der Candéla empfohlen hat, dem Turmrest zwischen dem Parkplatz und Minerve. Wir glauben, dass dieser Weg für viele Alltagswanderer ungeeignet ist. Uns jedenfalls wurde es schon nach wenigen Metern auf ausgesetztem Pfad oberhalb brutal steiler Hänge zu mulmig.

Beachten Sie auch den Nachbarort von Minerve, das fast genauso schöne ehemalige Katharerdorf **Caunette**.

Bevor Sie auf unserer Streckenführung Narbonne besuchen, ist vorher, 15 km südwestlich von Narbonne, eine der größten Sehenswürdigkeiten Südwestfrankreichs angesagt, das **Kloster Fontfroide** (das Kloster kann inzwischen ohne Führungen besichtigt werden: 1.11. - 31.3. von 10 - 12.30 Uhr und 13.30 - 16.30 Uhr, 1.4. - 30.6. und 1.9. - 31.10 von 10 - 17.30, im Juli/Aug. bis 18.30 Uhr; 10,80 €, Familienermäßigung). Um das Jahr 1093 zogen sich ein paar fromme Mönche in ein einsames felsiges Tal und in die Nähe einer alten Römerbrücke zurück. Sie unterwarfen sich zunächst den Regeln der Benediktiner, schon bald aber wurden sie in den Bann der Zisterzienser gezogen, einer Reformbewegung, die vor allem Bernhard von Clairvaux im 12. Jahrhundert im südlichen Frankreich verbreitete. Man besann sich wieder auf Askese, Zurückgezogenheit und echte Religiosität. Das Kloster Fontfroide entsprach auch dem Wunsch des neuen Mönchordens nach Abgeschiedenheit, denn man lebte an schwer zugänglichen Orten, in entlegenen Tälern, Sümpfen oder tiefen Wäldern, meist weitab größerer Städte.

Kloster Fontfroide

Typische Beispiele für Klöster der Zisterzienser sind die in meinen Provencebüchern beschriebenen Abteien von Sénanque und Le Thoronet

Die Architektur des Ordens war wie dessen Glaube, schlicht und geradlinig unter Verzicht auf Prunk und Pomp; es gab nicht einmal Türme. Deren Funktion als Glockenträger wurde von einem Dachreiter übernommen, der allerdings in Fontfroide noch turmähnlicher ausgebildet ist als bei anderen Zisterzienser-Klöstern. Der Kreuzgang (erste Hälfte des 12. Jahrhunderts) hingegen, in den wegen der großen Bogenfelder viel Licht gelangt, vor allem auch die gut proportionierte Klosterkirche, entsprechen eher den vorgenannten Idealen. Architektonisches Glanzstück der Abtei ist der Kapitelsaal, eines der ältesten Bauteile und ein hervorragendes Zeugnis der damaligen Säulenarchitektur: Gewaltige Rundbogengewölbe werden von Säulchen getragen, die so dünn sind, dass man sich fragt, wie sie die schwere Last über

Fontfroide - Kapitelsaal

Jahrhunderte aushalten konnten. Dieselben schmalen Säulenstangen wurden auch an den Arkaden des Kreuzgangs verwendet, wo sie allerdings doppelt gestellt sind, um das Gewicht aufzufangen. Lehnen Sie sich an die Rückwand des Kapitelsaals, um den Blick nach vorne, zum Hof hin, zu genießen, der in einem Reiseführer als der Blick durch einen »Wald von Säulen« beschrieben wird. Die vierfache Staffelung der Säulen durch unterschiedlich ausgeleuchtete Räume ist wirklich ein Erlebnis. Interessant ist auch der Wandelgang *(Promenoir)* im ersten Stock, dessen Terrasse den Kreuzgang überragt und diesem zugleich als Dach dient. Mit Hilfe des leichten Gefälles konnten die Mönche hier das Regenwasser sammeln.

Andere Teile des Klosters sind neueren Datums, so stammt der mehr an ein französisches Schloss erinnernde Ehrenhof *(Cour d'Honneur)* mit seinem klassizistischen Eingangsportal aus dem 17. Jahrhundert. Und der Rosengarten *(Roseraie)* wurde sogar erst 1990 zur Besichtigung freigegeben. Über 2.000 Rosenstöcke erfreuen dort im Sommer den Besucher, wobei einige Züchtungen schon Preise gewonnen haben. Sehr gut kann man von dort erkennen, dass die Mauerquader des Klosters so sorgfältig behauen wurden, dass sie praktisch nahtlos aufeinander gefügt werden konnten.

Falls Sie sich beim Klosterrundgang einer französischsprachigen Führung anschließen oder einem deutschsprachigen *Audioguide* lauschen, erfahren Sie einiges über die Geschichte der Abtei. Eher Unrühmliches! Denn im 12. und 13. Jahrhundert war Fontfroide zu einem einflussreichen Bollwerk des rechten Glaubens, der Orthodoxie, gewachsen, als Papst Innozenz III. den Abt von Fontfroide, Pierre de Castelnau, zu seinem persönlichen Legaten, einer Art päpstlichen Statthalter, machte, zu einem Vorkämpfer gegen die Katharer. Als der Abt im Jahre 1208 ermordet wurde, war dies das Signal für Krieg. Von dem nun folgenden Kreuzzug gegen die Albigenser war bei dieser Tour und in früheren Kapiteln unseres Buches schon öfter die Rede. Auch die Nachfolger des Ermordeten waren treue Kirchenmänner, das waren damals in erster Linie rücksichtslose Machtpolitiker. So ist fast zwangsläufig im Jahr 1334 ein Abt des Klosters unter dem Namen Benedikt XII. zum dritten Papst von Avignon aufgestiegen und hat dort den im strengen zisterziensischen Stil gehaltenen Teil des Papstpalastes bauen lassen (siehe *WOMO-Reihe,* Band 37). Vielleicht hat diese Entwicklung dem Herrgott nicht ganz so gut gefallen, denn im Jahr 1348 ereilte die Pest auch Fontfroide, und das Kloster erfuhr allmählich seinen religiösen Niedergang, an dessen Ende es schließlich während der Französischen Revolution aufgelöst worden ist. In der zweiten Hälfte des 19. Jahrhunderts kehrten noch einmal Mönche in die Abtei zurück, was aber nur eine kurze Episode war, ehe Fontfroide 1908 endgültig in private Hände übergegangen ist, die im Laufe der Jahrzehnte umfangreiche Restaurierungsarbeiten ausgeführt haben.

Außerhalb der Klosteranlage ist ein kleiner **Spazierweg** zum Gipfelkreuz *(Hin- und Rückweg ca. 30 Minuten)* sehr lohnend, bei dem man einen schönen Eindruck von der abgeschiedenen Lage der Anlage bekommt.

Ich zitiere noch einmal einen früheren *DuMont*: »*Der von der Patina der Zeit umflorte, leicht rötlich gewordene Sandstein der Konventgebäude verschmilzt mit den Tonwerten seiner Umgebung zu einer ganz eigenen Harmonie mit der Natur, die ja gerade die zisterziensischen Baumeister einzugehen wussten*«. Womit der Unterschied zwischen einem Kunst- und einem WOMO-Reiseliteraten deutlich geworden ist und zudem alles gesagt wäre.

Der schöne Parkplatz des Klosters mit seiner Picknickabteilung darf nicht zu Übernachtungszwecken missbraucht werden.

Waldbrände

Als wir beim Kloster Fontfroide unsere fahrbare Behausung besteigen, brummen plötzlich im Tiefflug Löschflugzeuge über uns hinweg. Haben wir nicht gerade im Klosterprospekt eine fette Warnung vor den Wald- und Buschbränden gelesen und dass vor einiger Zeit das Strauchwerk rund um die Abtei Opfer einer Feuersbrunst geworden ist ? Tatsächlich sehen wir auch nach kurzer Fahrtstrecke in der Nähe Rauch aufsteigen. Unter den französischen Touristen hat kaum jemand beim Vernehmen des Flugzeuggeräusches auch nur den Blick zum Himmel gerichtet, zu alltäglich ist das Feuer, wie man immer wieder im *Midi Libre* oder in anderen Zeitungen lesen kann.

Auch wir sind keine Gaffer, niemals würden wir bei einem Unfall auf der Autobahn auch nur den Blick zur Seite wenden. Und selbstverständlich nähmen wir auch nicht Notiz von dem Feuerwehrwagen, der gerade an uns vorbeibrettert, wenn da nicht die Verantwortung als Autor wäre, die Verpflichtung gegenüber dem Leser. So schauen wir, wenn auch von weitem und mit Fernglas, etwas genauer dahin, wo Flammen an kleinen Bäumen emporzüngeln, rote Feuerwehrautos hin und her eilen und wo die Löscher aus der Luft mit ihren Canadairs in unglaublich langsamen und beängstigt tiefem Flug eine Wolke von Wasser auf den Brandherd zirkulieren. Sofort werden die Flammen weniger, eine weiße Dampfwolke signalisiert den Erfolg. Weitere Flugzeuge folgen, und bald scheint der Brand unter Kontrolle zu sein.

Vermutlich handelt es sich bei diesem Feuer um eine Lappalie, gemessen an den Katastrophen, die in den 80er und 90er Jahren über die südfranzösischen Regionen hereingebrochen sind und unter denen die Provence besonders gelitten hat. Man hat seitdem aufgerüstet, die Flotte der in Kanada hergestellten (daher der Name) und zum Manöver im Luftstrom über dem Feuer speziell konstruierten Flugzeuge verstärkt. Es gibt mehr und mehr Brandwachen, die Bevölkerung wird durch Presseberichte sensibilisiert – und gegen das wilde Campieren in gefährdeten Regionen wird rigoros eingeschritten (denken Sie daran, dass Sie sich selbst gefährden, wenn Sie an einer abgelegenen, feuergefährdeten Stelle nächtigen, genauso aber auch, wenn Sie selbst offenes Feuer machen). Schätzungen zufolge sind für etwa die Hälfte aller Busch- und Waldbrände Brandstifter verantwortlich, darunter ein Großteil von Pyromanen, jedoch auch viele Geschäftemacher, die sich auf diese Weise die Erschließung von Bauland erhoffen. Aber auch eine nicht ausgetretene Zigarette, ein Lagerfeuer, eine von Hirten abgefackelte Weide, die Brennglaswirkung einer weggeworfenen Flasche, womöglich auch schiere Selbstentzündung können die Ursachen einer nicht wieder gutzumachenden ökologischen Zerstörung sein.

Wo es keinen Wald mehr gibt, wird der Erdboden weggeschwemmt, so dass fortan der Regen nicht mehr aufgefangen werden kann und die Quellen austrocknen. Außerdem wächst die Überschwemmungsgefahr, weshalb es kein Wunder ist, dass es in Südfrankreich immer wieder zu Überflutungskatastrophen mit Todesopfern gekommen ist. Der Artenreichtum der Tierwelt lässt nach, und viel zu oft haben die Brandstifter Erfolg, wenn abgefackeltes Gelände zum Bauplatz wird. Besonders gefährlich ist es in der Zeit vom 1.7. bis Mitte September (in dieser Zeit ist auch das Wandern in vielen Wäldern verboten), wenn es längere Zeit nicht geregnet hat und ein kräftiger Wind ein kleines Feuerchen in kürzester Zeit zum Inferno pustet. Diesmal ist das Unglück nicht so schlimm, denn »unser« Brand scheint erstickt zu sein, was die Feuerwehr nicht daran hindert, aus der Luft und vom Boden vorbeugend weiter Wasser zu spritzen.

Für den Rest der Tour sollte Ihre Bereitschaft zu Besichtigungen groß sein. Sie wird nämlich in der Hauptsache eine Städtereise. Aber eine erfreuliche, denn **Narbonne**, Ihr nächstes Ziel, ist mit seinen 46.000 Einwohnern ausgesprochen sehenswert und dabei überschaubar.

Wer sich bei der Parkplatzsuche nicht ärgern möchte, parkt am besten dort, wo andere ihr Haupt betten. Aber der Parkplatz liegt etwas außerhalb und ist fürs reine Parken zu teuer. Damit sich die Ausgabe lohnt, übernachten hier viel mehr Urlauber, als man das am Rand einer vierspurigen Straße erwartet:

(087) WOMO-Stellplatz: Narbonne

GPS: N 43°10'49" E 3°01'25", Av. de la Mer. **Max. WOMOs**: 30.
Ausstattung/Lage: Ver- und Entsorgung, Strom, Mülleimer, Supermarkt (auf der anderen Straßenseite ca. 250 m nach Süden), klappstuhlgeeignet / Ortsrand, kostenloser (bei Vorzeigen des Einfahrtstickets) Shuttle-Bus in die Innenstadt, zu Fuß 15 Minuten.

Zufahrt: Der Platz liegt an der südlichen vierspurigen Zufahrt zwischen Autobahn und Innenstadt beim Stadion (siehe Michelin-Karte).
Gebühr: 9 € – nur mit Visa-Karte ohne PIN.
Hinweise: Tagsüber laut, da an einer breiten Zufahrtsstraße, nachts bei geschlossenem Fenster aber gut erträglich. Reisen Sie früh an, da der Platz schon vor 20 Uhr stark belegt ist und dann nur laute Plätze nahe der Straße oder halblegal gleich nach der Schranke frei sind. Schwierig ist die Technik: Bei der Einfahrt müssen Sie an einem funzeligen Display Ihr Kfz-Kennzeichen eingeben und danach auf der Tastatur die untere mittlere große Taste drücken – und den ausgedruckten Zettel für den Bezahlvorgang bei der Abreise gut aufheben.

Eine weitere **Entsorgungsstation** ohne Stellplatz finden Sie beim Supermarkt *Casino* in der Av. de Général Leclerc am westlichen Stadtrand, an der D 6009, der Straße nach Perpignan, bei N 43°10'34" E 2°59'39".

Narbonne kann man auch gut ab Gruissan per Bus besichtigen; außerdem beginnt dort ein Radweg nach Narbonne; beachten Sie ferner die nahe gelegenen **Stell- und Campingplätze der 3. Tour**.

Auf dem Weg vom Stellplatz zur Innenstadt stößt man an die Lebensader der Stadt, den Canal de la Robine, mit dem im Revolutionsjahr 1789 nachgeholt wurde, was Riquet mehr als 100 Jahre vorher versäumt hat, Narbonne an den Canal du Midi anzubinden. Dieses Jahrhundert der Vernachlässigung reichte aber, um Narbonne zu dem zu machen, was es heute noch ist, eine Provinzstadt; wenn auch, der nahen Küste sei Dank, mit lebhaftem Charakter. Solche Städte liebt der gestresste Tourist, der in drei Urlaubswochen seinen Bildungshunger an einem knappen Nachmittag stillen möchte. Alles liegt beisammen: der malerische Kanal, der quirlige Rathausplatz, das Museum und als wahrhafter Höhepunkt die **Cathédrale Saint-Just** *(9-12 und 14-18 Uhr)*. 40 m Höhe misst das Kirchenschiff, eines der höchsten Frankreichs, das sich bei genauem Hinsehen als Chor entpuppt. Die Kathedrale ist nämlich unvollendet, weil man sich im 13. und 14. Jahrhundert technisch wie auch finanziell übernommen hat; hier, ebenso wie bei anderen französischen Kathedralen. Die Gigantonomie des Bau-

Narbonne - Kathedrale

meisters Jean Deschamps verfehlt auch heute ihre Wirkung nicht, wenn man unter der extrem hoch wirkenden, schlanken Gotik mit ihrer vorgetäuschten Schwerelosigkeit steht, oder wenn man von der Autobahn die Kathedrale von Ferne sieht, viel höher als alle Häuser, ein unvergesslicher Anblick. Die geplante Größe von stolzen 100 m Länge kann man gut erahnen, wenn man sich auf der Rückseite die halbfertigen Bögen des unvollendeten Kirchenschiffs anschaut, was allein schon sehr sehenswert ist. Beachten Sie auch im Innern die mit musizierenden Engeln verzierte Orgel, das Chorgestühl und die

Glasfenster in den Seitenkapellen. Etwas bescheidener hingegen ist der Kirchenschatz, darunter ein mit Gold durchwebter Wandteppich und eine Elfenbeintafel aus dem 9. Jahrhundert. Den Kreuzgang schließlich darf man getrost auslassen, wird er doch von einem gestrengen Kunstführer als *»abscheulich unproportioniert«* disqualifiziert.

Südlich an die Kathedrale angebaut ist der ehemalige **Erzbischöfliche Palast**, der zwei Museen beherbergt *(Archäologisches Museum und Museum für Kunst und Geschichte – 10-12 und 14-17 Uhr; dienstags geschlossen; Juni - Sept. kein Ruhetag und 10-18 Uhr; 9 €, die Karte gilt für alle Museen, ein Museum 6 €)*. Nachdem ich mir noch das **Horreum** zu Gemüte geführt habe, einen römischen Lagerkeller, der das einzige Zeugnis einer ehemals bedeutenden antiken Stadt ist *(Öffnungszeiten wie die Museen)*, setze ich mich auf dem Rathausplatz vor dem Erzbischofspalast in ein Straßencafé und lasse das pulsierende Leben des Stadtzentrums auf mich wirken. Es ist nicht der *Pastis*, der eine gewisse Freude daran aufkommen lässt, dass die Portale des prunkvollsten neuzeitlichen Gebäudes, des Kaufhauses, nicht mehr nur denjenigen offen stehen, für die es einstmals gebaut war, wie es in Stein gemeißelt an der Fassade steht: *Aux dames de France (Den Damen Frankreichs)*. Der Warenhauskonzern *Monoprix* hat längst von dem Prachtbau Besitz ergriffen und dafür gesorgt, dass gerade die weniger betuchten Bevölkerungsschichten Zugang finden. So ist das auch mit dem Stadtzentrum von Narbonne: Man muss sich nicht zum Bildungsbürger zählen, um einfach einen schönen halben Urlaubstag zu genießen.

Aber man sollte zu den geschmacksorientierten Fischliebhabern zählen, wenn man in der **Weinstube *La Table des Cuisiniers Cavistes*** reserviert hat. Und man muss als Sättigungsbeilage Weißbrot akzeptieren *(4 pl. Lamourguier, Tel. 04 68 03 29 60 45; So. und Mo. geschlossen; mittleres Preisniveau, interessante Austernvariationen, gute Weine glasweise)*. Sie finden das schlichte Lokal hinter der verzierten **Jugendstilmarkthalle** *(vom Stellplatz auf die linke Seite des Kanals, hinter der Markthalle rechts und wieder links gegenüber einer ehem. Kirche, dem heutigen Musée lapidaire).*

Narbonne - Markthalle

Bédarieux

Mons

Gorges d'Héric

93

Lamalou-les-Bains

94

D 908

Olargues

Tarassac

Riols

C

D 14

Orb

Berlou

Roquebrun

92

95

D 612

St. Chinian

Cessenon

Murviel-lès-Béziers

Orb

D 14

N

Cazouls-lès-Béziers

10 km

D 612

Puisserguier

Orb

Canal du Midi

Capestang

BÉZIERS

D 11

Montady

90

Oppidum d'Ensérune

88

91

Canal

Canal du Midi

Poilhes

Tunnel

Écluses de Fonsérannes

96

D 413

D 37

89

nach Narbonne

D 6009

Nissan-lez-Ensérune

9

Weniger Zeit beansprucht die Kleinstadt **Capestang** (2.800 Einwohner), die man ebenfalls wegen ihrer hohen gotischen, von weitem sichtbaren Kirche ansteuert, aber eher wegen des großen Platzes davor und wegen der illusionistischen Malerei an zwei Hauswänden (zwischen diesem Platz und der D 5) in Erinnerung behält. Wo Sie mit Ihrem WOMO gerne länger verweilen würden, am Canal du Midi nördlich der Innenstadt, wird es Ihnen verboten. Weichen Sie deshalb in das

Capestang

illusionistische Malerei in Capestang

südwestlich gelegene Dorf **Poilhes** aus, das ebenfalls interessant am Canal du Midi liegt und mit einer schönen Stellplatzmöglichkeit am Rand dieser Wasserstraße einlädt (siehe bei der nachfolgenden Stellplatzübersicht).

Von hier ist es nicht mehr weit zum **Oppidum d'Ensérune**, wo die Archäologen auf einer Anhöhe die Reste einer Stadt aus dem 4. vorchristlichen Jahrhundert ausgegraben haben. Im Museum sind Stücke aus der Zeit bis zum 1. Jh. v. Chr. ausgestellt, wobei ich gestehen muss, dass ich interessantere Relikte kenne *(Mai - August 10 - 19 Uhr, sonst kürzer und Mittagspause von 12.30 - 14 Uhr sowie montags geschl.; 7 €)*. Der Reiz des Ausgrabungsfeldes liegt auch mehr im Blick, der nach Norden auf einen im Mittelalter trockengelegten See reicht, den Étang de Montady. Man erkennt noch gut dessen kreisrundes Überbleibsel und das von ihm wegführende, sternförmige Entwässerungssystem, das zwischen der Jahrtausendwende und dem Ausbruch der Pest im Jahre 1348 angelegt worden war (sehenswert ist insoweit *Google Earth*). Später brauchte man Landwirtschaftsfläche und schritt daher schon in so früher Zeit zum technischen Landgewinn. Südöstlich des Oppidum finden Sie den (beschilderten) **Malpas-Tunnel**, den ersten

Stellplatz beim Oppidum d'Ensérune (Nr. 89)

Schiffstunnel der Welt, wo der Canal du Midi auf 173 m durch den Berg geleitet wird (siehe auch den nachfolgend beschriebenen Stellplatz).

Beim Ausgrabungsgelände kann man übernachten, wobei ich kaum glaube, dass viele von unseren Lesern angesichts der nahen Küste von dieser Stellplatzmöglichkeit Gebrauch machen – trotz der schönen Umgebung:

WOMO-Stellplätze: Poilhes und Oppidum d'Ensérune

(088) Poilhes
GPS: N 43°18'21" E 3°04'45", Chemin du Cimetière. **Max. WOMOs**: 5-10.
Ausstattung/Lage: Geschäfte und Gaststätten in der Nähe, klappstuhlgeeignet / Ortsrand.
Zufahrt: Fahren Sie im Ort über die Kanalbrücke geradeaus Richtung ,Stade'.
Hinweis: Im Sommer war hier ein ganz bescheidener Campingplatz geöffnet (3 €), eher ein freier Stellplatz, der befahrbar bleibt, auch wenn er außer Betrieb ist. Ich bin nicht sicher, ob der Platz noch nutzbar ist, jedenfalls ist das wegen einer Höhenbegrenzung nicht ganzjährig der Fall.

(089) Ausgrabungsgelände
GPS: N 43°18'36" E 3°07'05". **Max. WOMOs**: 5.
Ausstattung/Lage: Schöne Sicht, abends klappstuhlgeeignet / außerorts, einsam.
Zufahrt: Fahren Sie von der d 6009 beschildert auf der D 162 bis zum Parkplatz beim Ausgrabungsgelände.

(090) Étang de Montady
GPS: N 43°18'32" E 3°07'20".
Max. WOMOs: 3-4.
Ausstattung/Lage: Schöne Sicht auf die Felder beim ehemaligen See, abends klappstuhlgeeignet / außerorts, einsam.
Zufahrt: Der Platz liegt etwa 300 m unterhalb des vorgenannten Platzes in einer Ausbuchtung seitlich der kleinen Straße.

(091) Malpas-Tunnel
GPS: N 43°18'31" E 3°07'42". **Max. WOMOs**: 5-8.
Ausstattung/Lage: Lohnende Sicht auf die durch den Tunnel tuckernden Schiffe, klappstuhlgeeignet / außerorts, einsam.
Zufahrt: Fahren Sie beim Tunnel von Malpas auf der D 162 über den Kanal und biegen Sie nördlich des Kanals nach rechts ab. Nach kurzer Strecke stehen Sie schön am Ufer.

Béziers liegt hier fast vor der Tür, und es bietet sich an, dort sogleich weitere Wasserbauwerke am Canal du Midi zu bestaunen. Wie fahren trotzdem oben herum – im ganz großen Bogen und mit Abstecher. Anders kann man nämlich den Weg über **Olargues** (600 Einwohner) nicht in unser Tourenprogramm einbauen, in welches das Dorf, ,Eines der schönsten Dörfer Frankreichs', schon wegen des hohen Brückenbogen des **Pont du Diable** (Teufelsbrücke aus dem 13. Jahrhundert) unbedingt gehört. Von allen ,Schönsten Dörfern', die ich

Olargues und Pont du Diable

schon gesehen habe, ist kaum eines weniger aufgebrezelt. In Olargues wünscht man sich fast schon ein wenig mehr touristische Infrastruktur. Sie sollten sich das Dorf ansehen, bevor es das Schicksal anderer *‚Schönster Dörfer'* erleidet und nicht mehr bewohnt, sondern nur noch bereist wird. Der Campingplatz liegt hübscher als die freie Alternative:

(092) WOMO-Campingplatz-Tipp: Olargues *(Municipal Le Baous)*

GPS: N 43°33'33" E 2°54'46". **Ortszentrum**: 0,5 km. **Zeiten**: 1.5 - 15.9. **Ausstattung**: Bademöglichkeit im angrenzenden Fluss.   **Preis**: 12 €. **Zufahrt**: An der D 908 nordöstlich von Olargues beschildert.

Die **freien Alternativen** liegen im Bereich des ehemaligen Bahnkörpers, bzw. des alten Bahnhofes; wenn Sie von Westen auf die Altstadt zufahren, etwa 120 m oberhalb der Autobrücke rechts. Leider werden Sie der schönen Lage von Olargues nicht ganz gerecht; **GPS**: N 43°33'19,5" E 2°54'45".

Eine gute Verwendung hat man für die ehemalige Bahntrasse gefunden. Man hat sie nicht verunkrauten und verfallen lassen, sondern als *,La Piste Verte'* für Wanderer und Radfahrer aufbereitet.

Wanderer schwärmen von den **Gorges d'Héric**, rund 5 km weiter östlich, die auf einfacher Strecke zu durchwandern knapp 2 Stunden dauert. Sie spazieren auf einem schmalen Asphaltsträßchen durch die Schlucht, das an den wenigen Häusern des Dorfes Héric endet. Der beschilderte Parkplatz am Eingang der Schlucht, östlich von Mons, wird gerne als Stellplatz genutzt:

(093) WOMO-Wanderparkplatz: Gorges d'Heric

GPS: N 43°34'25" E 2°58'04". **Max. WOMOs**: 20.
Ausstattung/Lage: Ver- und Entsorgung, Toilette, Mülleimer, klappstuhlgeeignet, tagsüber Kiosk, Wanderweg / außerorts, beliebt.
Zufahrt: Der Platz liegt östlich von Mons am Anfang der Schlucht.
Gebühr: 5 €.

In etwa 1,5 km Entfernung liegt an der D 14, das ist die Straße nach Béziers, nahe dem Dorf Tarrasac ein *Camping Municipal* am Fluss.

Wer von hier aus auf schnellstem Weg zu Tour 8 gelangen möchte, fährt durch das Tal des Orb flussaufwärts durch Bédarieux. Man kommt dabei durch **Lamalou-les-Bains**, auf dessen städtischem Campingplatz im September 2014 vier Menschen vom Hochwasser mitgerissen wurden und ums Leben kamen. Nach heftigsten Regenfällen hatte sich ein kleiner Nebenfluss des Orb durch angeschwemmte Stämme und Äste an einer Brücke gestaut, weshalb der Wasserstand in kurzer Zeit unerwartet stark angeschwollen ist. In diesem Zusammenhang verweise ich auf meine Unwetterwarnungen bei Tour 13. In **Bédarieux** (6.200 Einwohner), 9 Kilometer flussaufwärts, waren im nächsten Jahr die Schäden der Überschwemmung längst nicht vollständig beseitigt, und in der Fußgängerbrücke nahe dem Übernachtungsplatz hingen noch in unglaublicher Höhe die Reste des Treibgutes. Der Stellplatz war neu gestaltet und mit einem Schutzdamm abgesichert. Der Maßnahme fielen die Bäume zum Opfer, weshalb Sie inzwischen ohne Schatten, aber dennoch schön am Fluss stehen:

(094) WOMO-Stellplatz: Bédarieux

GPS: N 43°36'38" E 3°09'10", Av. Jean Moulin. **Max. WOMOs**: 20.
Ausstattung/Lage: Ver- und Entsorgung, Mülleimer, klappstuhlgeeignet, das Zentrum ist bequem zu Fuß erreichbar / außerorts, sehr beliebt.
Zufahrt: Der Platz liegt beim Schulzentrum (Wegweiser *'Campotel'*).

Dem Ort sieht man an, dass die besseren Zeiten endgültig vorbei sind, als in der Nähe noch Kohle gefördert worden ist. Entsprechend wenige Gäste haben neben uns die ausgezeichneten Pizzas im **Restaurant *La Salsa*** gelobt und der Wirtin gedankt, die uns uneigennützig vor der Bestellung von zwei Salaten als Vorspeise gewarnt hat. Wir haben uns einen geteilt und wurden mehr als satt.

Wählen Sie nicht diese Abkürzung zu Tour 8, sondern folgen Sie unserem weiteren regulären Tourverlauf, biegen Sie einen Kilometer östlich der Gorges d'Héric nach Süden auf die D 14 ab, die Straße durch die **Gorges de l'Orb**. Diese Schlucht kann ab hier im nördlichen Teil mit fast jeder anderen südfranzösischen Schlucht konkurrieren. Das sandige südliche Flussufer in **Roquebrun** (530 Einwohner) ist im Sommer

Roquebrun

ein gut besuchter Badestrand, und gerne würde man auf dem Parkplatz nördlich der langen Brücke übernachten, allein das Nachtparkverbot steht dem entgegen (was bei unserem Besuch mehrere Franzosen nicht beeindruckt hat). So bleibt dem gesetzestreuen Badegast nur der kleine, schön gelegene Campingplatz, wo man von einigen Parzellen die fotogene Flussrandlage des Dorfes im Blick hat und nach wenigen Schritten am Wasser steht:

(095) WOMO-Campingplatz-Tipp: Roquebrun
(Camping Le Nice)

GPS: N 43°29'52" E 3°01'41". **Ortszentrum**: 0,4 km. **Zeiten**: 15.3. - 15.11. **Ausstattung**: Badestrand, Kanuvermietung, Geschäft und Gaststätten jeweils in der Nähe.
Zufahrt: Südlich des Orb nicht zu verfehlen. **Preis**: 10 - 12 €.

Von hier sind es noch etwa 30 Kilometer in die Altstadt von **Béziers** (71.000 Einwohner), wo Sie möglichst nicht über Mittag flanieren sollten. So sehr um diese Tageszeit die Parkplatzsuche erleichtert wird, so ausgestorben ist dann die ansonsten relativ quirlige Stadt. Außerdem ist dann die **Cathédrale Saint-Nazaire** geschlossen *(9 - 12 und 14.30 - 17.30 Uhr, im Juli/August keine Mittagspause)*, was schade wäre. Denn die im Durchmesser 10 Meter messende Fensterrosette aus dem 15. Jahrhundert ist ein überaus elegantes Zeugnis gotischer Baukunst. Auch das spätgotische Gewölbe der Sakristei, links vom Chor, scheint ebenfalls gut proportioniert, während die weiteren Kunstschätze etwas wahllos zusammengetragen sind, bis hin zu einer Kanzel aus dem 19. Jahrhundert. Wenig stimmig sind auch die Proportionen des unfertigen Kreuzgangs, in dem aber sehenswerte Skulpturen ausgestellt sind. Am eindrucksvollsten finde ich die Kathedrale von außen, der Blick von der angrenzenden Balustrade auf den Fluss und die Kanalbrücke sowie das **Foto** von unten, von der anderen Seite des Orb. Sie können auf dem Südufer der benachbarten Brücke seitlich der Straße gut anhalten (N 43°20'16" E 3°12'27").

Béziers

Der Kirchenbau ist vergleichsweise jung und wurde erst nach der schwersten Heimsuchung errichtet, die Béziers in seiner Geschichte erlebt hat: Im Jahre 1209 hatte der Kreuzzug gegen die Katharer hier seinen unrühmlichen Anfang genommen. Die Stadt war durch ihre mächtigen Mauern gut befestigt, weshalb das Bürgertum und die von diesem beschützten religiösen Abweichler durchaus darauf vertrauen durften, dass sich die bunt

Béziers - Blick von der Balustrade bei der Kathedrale

zusammengewürfelten, feindlichen Belagerer wieder verziehen würden. An den Kreuzzügen, deren Ziel zunächst gar nicht das »Heilige Land« war, nahm der kriegerische Christ teil, um Vergebung seiner Sünden zu erlangen. Der liebe Gott, so glaubte man damals, würde das sündige Leben verzeihen, wenn man möglichst viele Ungläubige mit dem Schwert niedergestreckt, aber auch, wenn man sich redlich darum bemüht hatte. Dabei reichte es, eine Stadt 40 Tage lang zu belagern, die Zeit der so genannten Quarantäne (womit wir auch die Herkunft dieses Begriffs erklärt hätten). Danach durfte man unverrichteter Dinge weiterziehen – neuen Untaten entgegen.

In Béziers kam es aber anders: Aus von Historikern bis heute nicht geklärten Gründen konnten die Kreuzfahrer schon nach 24 Stunden in die Stadt eindringen, um nun auf höchst blutige Weise dem Herrgott zu gefallen. Mehr als 20.000 Menschen fielen dem Morden zum Opfer, Christen und Ketzer, Frauen, Kinder sowie Kranke. Und es war ausgerechnet ein Zisterzienserabt, der das blutrünstige Heer mit dem historischen Satz aufgestachelt haben soll: »Tötet sie alle, Gott wird die seinen schon erkennen«. Die Stadt Béziers war danach praktisch vom Erdboden verschwunden, und die heutige Kathedrale wurde an der Stelle der zerstörten Kirche errichtet, als Zeichen des Sieges der katholischen Kirche.

Béziers war auch in unserem Jahrhundert noch einmal Schauplatz der Geschichte, als im Jahre 1907 der Winzeraufstand hier seinen Ausgang nahm.

Von alledem sieht man natürlich heute nichts mehr, wenn man durch die relativ kleine Altstadt bummelt, vorbei an einer hervorragend restaurierten **Markthalle** (montags geschlossen) hin zur nahe liegenden **Kirche Sainte Madeleine**, einem ro-

Béziers - Platanenallée Paul Riquet (im April)

manischen Gotteshaus, in dem im Jahre 1209 besonders viele Menschen umkamen. Schön ist ebenfalls die romanische **Kirche Saint Jacques** am südlichen Rand der Altstadt, wobei ich auch hier wieder die Lage für das eigentlich Sehenswerte halte.

Das Herz von Béziers schlägt auf der **Platanenallee Paul Riquet**, die am Theater (aus dem vorletzten Jahrhundert) ihren Anfang nimmt und mit den Errungenschaften unserer Zeit bestückt ist, auf die auch der Südfranzose nicht mehr verzichten kann. Die meisten Marken der Geschäfte sind Ihnen geläufig. Wer aber war Paul Riquet? Er ist zweifellos der »größte Sohn der Stadt«, einer der fanatischsten Baumeister der Jahrhunderte, ein Genie seiner Zeit:

Canal du Midi

Es geschah während der Regentschaft Ludwigs XIV., und man schrieb das Jahr sechzehnhundertsoundso, als es **Paul Riquet** zu einigem Reichtum gebracht hatte. Er war der »Pächter der Salzsteuer des Languedoc« (angesichts dieser historischen Bedeutsamkeit muss mal klargestellt werden, dass es richtigerweise **der** Languedoc heißen müsste, dass wir in unserem Reiseführer sprachlich also unkorrekt zu Werke gehen). Paul Riquet erfüllte sich einen Traum, der schon den Römern schlaflose Nächte bereitet hatte, das Mittelmeer durch einen **Kanal** mit dem Atlantik zu verbinden. Der Tüftler hatte entdeckt, dass die Flüsse zwischen den Meeren fast zu gleichen Teilen in Richtung Mittelmeer und atlantischem Ozean strömten, eine natürliche Gegebenheit, die er ausnutzen wollte, um den Kanal mit Wasser zu füllen.

Verständlicherweise wurde er zuerst nicht ernst genommen, als er seinen Plan an höchster Stelle vortrug. Mit Hilfe des Bischofs von Toulouse gewann er aber schließlich Zugang zu Colbert, der so etwas war wie der Wirtschaftsminister des Sonnenkönigs, also ein höchst einflussreicher Vertrauter Ludwigs, der ständig Geld brauchte und sich schließlich durch den *Canal entre deux mers* Steuereinnahmen versprach. Der König zeigte Interesse, beteiligte Riquet an den zu erwartenden Erlösen, versprach kräftige finanzielle Zuschüsse und gab schließlich grünes Licht. So konzipierte Riquet den neuen Hafen von Sète und ließ im Jahre 1666 die Arbeiter mit Hacken, Spaten und Schippen anrücken. 12.000 Menschen

Canal du Midi - bei Capestang

mussten Hand anlegen, um eine 240 km lange Fahrrinne auszuheben, um 64 Schleusen, 126 Brücken und 55 Aquädukte zu bauen. Außerdem wurden entlang des Kanals rund 100.000 Platanen gepflanzt (angeblich waren es zunächst Pappeln, die aber zu viel Wasser aus dem Kanal absaugten), damit die Schiffer keinen Sonnenbrand bekamen. Dass daneben noch die Kleinigkeit von 2 Talsperren erforderlich war, um den Wasserstand zu gewährleisten, sei am Rande erwähnt.

Nur war leider auf den König wenig Verlass. Er knauserte zunehmend mit den Subventionen, was Riquet zwang, diverse Privatleute zu ködern, denen er, der Steuereintreiber, Abgabennachlass gewährte. Als das Geld immer noch nicht reichte, setzte er auch noch sein Privatvermögen ein, er versilberte Häuser und Ländereien, um sich schließlich finanziell wie körperlich zu übernehmen. Ein halbes Jahr, bevor das erste Schiff von Toulouse (also noch nicht am Atlantik) startete, starb er völlig verarmt. Aber er hinterließ lachende Erben. Für die erwies sich nämlich der Geniestreich des Erblassers als wahre Goldgrube, durften sie doch die Zoll- und Benutzungsgebühren ein-

streichen, bis Napoléon am Anfang des 19. Jahrhunderts die Wasserstraße zwischen Toulouse und Sète für den Staat beschlagnahmte. Erst Mitte des 19. Jahrhunderts wurde der Garonne-Seitenkanal fertig gestellt, der den **Canal du Midi**, wie die Wasserstraße heute heißt, endgültig mit dem Atlantik verband. Zu diesem Zeitpunkt interessierte man sich aber fast nur noch für ein neuzeitliches Transportmittel, die Eisenbahn, mit welcher

Béziers - Aqueduc des Kanals über den Orb

die Güter schneller von Meer zu Meer bewegt werden konnten. Aber bis dahin war der Kanal von Sète nach Toulouse die Sensation und brachte diesem Teil des Midi für 200 Jahre einen ungeahnten Wohlstand. Fast alles wurde auf diesem Wasserweg verschifft, an dessen Ufer entstand, was die Kapitäne der Wasserstraße damals brauchten: Gasthäuser, Kapellen und Bordelle. Ein Postservice wurde geschaffen, und wenn drei

Pferde das Schiff zogen, schaffte man die Strecke Toulouse – Sète in nur 5 Tagen. Womit auch gesagt wäre, mit welcher Kraft sich die Schiffe damals bewegten: mit der Stärke von Pferden, die auf Treidelpfaden zwischen den Platanen und dem Wasser geführt wurden. Fragen Sie mich bitte nicht, wie man an den Brücken zu Werke ging.

Béziers und dem regionalen Weinhandel bescherte Riquets Jahrhundertwerk einen Aufschwung, der bis heute zu spüren ist und erklärt, weshalb Béziers größer ist als Narbonne, eine Stadt, die abseits des Kanals liegt.

Was ist von dem Canal du Midi geblieben? Eigentlich alles, nur wird die heute geradezu als niedlich anzusehende Wasserrinne seit einigen Jahrzehnten ausschließlich freizeitmäßig genutzt. Am Rande sind hier und da noch einige Lastkähne vertäut, die aber nur noch pittoreske Funktion besitzen. Dafür hat sich die Zunft der Hausbootverleiher etabliert, deren Klientel zu den begüterten Bevölkerungsschichten gehören muss. Da ich mir nicht vorstellen kann, dass Sie Ihr WOMO für einige Tage mit einem Freizeitboot vertauschen werden, darf ich darauf verzichten, Ihnen die hohen Preise zu nennen.

Leider sind die Platanen von einem Pilz befallen und müssen nach und nach abgeholzt werden, da ein wirksames Mittel gegen den sogenannten **Platanenkrebs** fehlt. In Südfrankreich rechnet man mit dem Schlimmsten, nicht nur am Canal du Midi.

Noch können Sie die Idylle des Canal du Midi auf sich wirken lassen, das grünliche Wasser, die spiegelnden Platanen, die Libellen und vielleicht auch mal am Abend die quakenden Frösche. Denn in der Nähe vieler **Bootsanlegestellen** kann und darf man auch mit dem Wohnmobil übernachten. Sie werden den Kanal oftmals überqueren und an ihm entlang fahren. Vielleicht werden Sie auch an seinen Ufern sitzen, sich einen *Ricard* genehmigen und darüber sinnieren, ob Monsieur *Ricard* der begnadete Baumeister war und *Riquet* der Schnapsfabrikant – oder umgekehrt?

bei den Écluses de Fonsérannes

Der Canal du Midi steht schon seit dem Jahr 1996 in der **UNESCO-Liste des Welterbes**. Wer sich näher mit ihm beschäftigt, braucht Wochen und betrachtet sich vorher die perfekten Internetseiten, wo jedes bedeutende Kanalbauwerk beschrieben und abgebildet ist (www.canalmidi.com).

Man kann fast überall auf langen Strecken entlang des Kanals **radeln**. Wer es eilig hat und nur einen kleinen Eindruck davon gewinnen möchte, dass der Kanal sein Aussehen aus dem 17. Jahrhundert erstaunlich gut bewahrt hat, nimmt sich am westlichen Ortsausgang von Béziers das Ensemble von acht hintereinander gebauten **Schleusen** vor, genannt **Les Écluses de Fonsérannes** und unübersehbar an der D 609 beschildert (siehe Michelinkarte). Sechs Schleusenkammern sind noch immer in Betrieb, zwei werden nicht mehr benutzt. Aber weshalb ist auf französischen Wegweisern von neun (neuf) Schleusen die Rede? Vermutlich weil 1983 noch ein Schiffshebewerk zur Entlastung der historischen Schleusen (jährlich bis zu 10.000 Freizeitboote, im August etwa 60 täglich) daneben gebaut worden ist. Die künstliche Rinne ist noch immer zu sehen, obgleich sie im Jahr 2001 wegen ständiger technischer Störungen wieder außer Betrieb gesetzt worden ist.

Nach der Besichtigung der Schleusen fährt man südlich von Béziers bei der kleinen **Ortschaft Cers** und direkt neben der D 612 an das Wasser und erlebt ein weiteres Stück von der Romantik, die wir an Frankreich so sehr lieben.

Sie können zu den vorerwähnten **Schleusen von Fonsérannes** und zusätzlich über den berühmten **Aqueduc**, mit welchem der Kanal über den Fluss Orb geleitet wird, wunderbar spazieren (30 Minuten die einfache Strecke), wenn Sie in Béziers am Kanal **parken** und vielleicht sogar übernachten:

(096) WOMO-Stellplatz: Béziers

GPS: N 43°20'04" E 3°13'01", Rue René Boyer.   **Max. WOMOs**: 3-4.
Ausstattung/Lage: Bedingt klappstuhlgeeignet, Spazierweg / Ortsrand: das Zentrum von Béziers ist **zu Fuß** erreichbar: Sie müssen dazu die Bahngleise überqueren; gehen Sie vom östlichen Teil des Wasserbeckens (dieses im Rücken auf der rechten Seite) in Verlängerung der Brücke durch die Rue des Péniches Richtung Stadt, nach der Unterquerung der Bahn links bis zu einem Denkmal vor einem Park, dort rechts in die Rue de la Rotonde und am Ende des Parkes rechts die Treppe hoch; Sie gelangen so zur Allée Paul Riquet.

Zufahrt: Der Platz liegt auf dem Südufer des Hafenbeckens des Canal du Midi. Überqueren Sie die südöstlichste der drei Brücken und biegen Sie am Kreisverkehr danach Richtung *Agence Retraite'* zum Kanal hin ab. Fahren Sie am Hafenbecken entlang und an dessen östlichem Ende auf einer Brücke ans Südufer, wo auch einige Hausboote ankern.
Hinweis: Mit einem längeren Fahrzeug würde ich - anders als auf unserem Foto - erst drehen und dann parken. Nicht für sehr lange WOMOs.

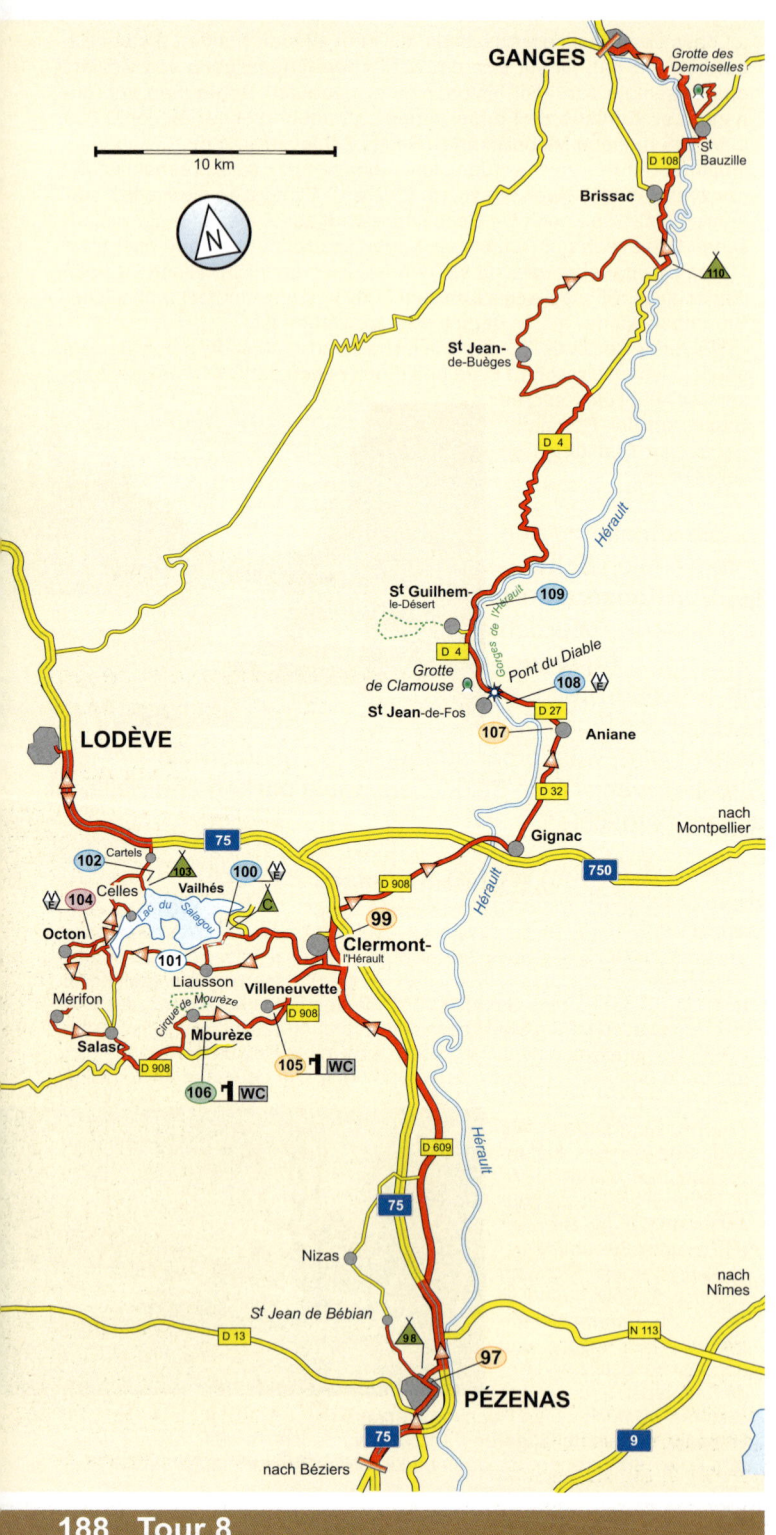

Tour 8: Zwischen Meer und Cevennen   160 km

Pézenas - Clermont-l'Hérault - Lac du Salagou
Saint-Guilhem-le-Désert - Ganges

Stellplätze:	in Pézenas, in Clermont-l'Hérault, am Lac du Salagou, bei Octon, in Villeneuvette, in Mourèze, in Aniane, am Pont du Diable, am Hérault
Campingplätze:	in Pézenas, am Lac du Salagou, bei Brissac
Besichtigen:	Pézenas, Clermont-l'Hérault, Lodève, ehemalige Texilmanufaktur von Villeneuvette, den Cirque de Mourèze, Grotte de Clamouse, Saint-Guilhem-le-Désert, Grotte des Demoiselles
Wandern:	durch den Cirque de Mourèze auf die Montagne de Liausson, von Saint-Guilhem-le-Désert durch den Cirque de l'Infernet
Essen:	Restaurants *Le Tournesol* in Clermont-l'Hérault, *Auberge du Lac* am Lac du Salagou, *Hostellerie Saint Benoît* in Aniane

Im richtigen Urlaubsleben werden Sie sich nach der vorangegangenen Tour nicht schon wieder eine Stadtbesichtigung zumuten, sondern eher für ein paar Tage an der Küste entspannen. Aber literarisch liegt **Pézenas** (8.000 Einwohner und 23 km nordöstlich von Béziers) am Weg zu den ruhigeren Gefilden der südlichen Cevennen-Ausläufer. Bis wir dort sind, müssen wir noch einer touristischen Pflicht nachkommen, wie uns die Reiseführer lehren. Die uns zwar darauf hinweisen, dass der Ort ein hervorragendes Abbild der Lebens- und Wohnkultur des 16. und 17. Jahrhunderts ist, aber verschweigen, dass sich die Stadt noch nicht übertrieben museal zur Schau stellt. Sie ist nämlich noch von ganz normalen Leuten bewohnt, die zu einem

Pézenas - Hôtel de Lacoste

großen Teil einer anderen Beschäftigung nachgehen, als den Touristen die Füße zu küssen. Gewiss, im Erdgeschoss der alten Häuser gehen auch hier die Euros schnell über den Tisch, aber einen Stock höher und hinter prächtigen Fronten wohnen nicht nur die Alten, die den Wegzug nicht mehr schaffen. Und unvergleichlich ist das Ensemble der Bauten, der Gassen sowie der pittoresken In-

nenhöfe.

Das schönste Haus ist (unweit des Parkplatzes und dem von mehreren Kneipen gesäumten Zugang zur Altstadt) das **Hôtel de Lacoste** mit einem einzigartigen Treppenhaus hinter einer gotisch gewölbten Vorhalle, in welcher der Fürst von Conti den König Ludwig XIV. im Jahre 1660 empfangen hat. Der Fürst war Statthalter des Königs im Languedoc. Er war aber auch ein Literaturfreund und Mäzen einer jungen Schauspielertruppe. Deren Stückeschreiber und Kopf war kein geringerer als **Molière**, Frankreichs größter Dramatiker, der hier in den Jahren 1650 bis 1656 einige seiner Werke erstmals aufführen durfte. Souvenirs an Molière sind im **Musée de Vulliod-Saint-Germain**, im nordöstlichen Teil der Altstadt, nahe dem Hôtel de Lacoste ausgestellt *(10-12 und 14-17.30 bzw. von*

in Pézenas

Juni - Sept. bis 19 Uhr, montags geschlossen; 2,50 €)

Lassen Sie sich Zeit beim Bummel, zu dem Sie überall kleine Wegweiser finden, die Ihnen den Rundgang und das Auffinden der schönsten Ecken erleichtern. Die Visite beginnt man am besten beim Fremdenverkehrsamt (beim Parkplatz), wo ein in deutscher Sprache verfasster Prospekt ausliegt, mit Erläuterungen, nummeriert wie die Wegweiser. Wo Sie in der Nähe von Pézenas ausgezeichneten Wein kaufen können, verrate ich Ihnen hinten beim passenden Stichwort.

Man kann in Pézenas unmittelbar vor der Altstadt auf einem mit Platanen bestandenen Parkplatz übernachten, der allerdings etwas unruhig wirkt, und wo die Übernachtung trotz Fehlens von Verbotsschildern vielleicht auch nicht legal ist:

(097) WOMO-Stellplatz: Pézenas

GPS: N 43°27'37" E 3°25'34", Av. du Maréchal Leclerc. **Max. WOMOs**: 5.
Ausstattung/Lage: Mülleimer, Gaststätten, Geschäfte / innerorts.
Zufahrt: Nordöstlich der Altstadt mit ‚*P*' und dem Zusatz ‚*Pré St. Jean*' beschildert; parken Sie in der Seitenallee.
Hinweise: Der Platz ist tagsüber oft belegt. Leser wurden abends von der Polizei weggeschickt.

(098) Vom 1.4. - 15.9. ist daher der stadtnahe **Campingplatz St Christol** wahrscheinlich die bessere Alternative: Chemin de St Christol, nordöstlich der Innenstadt, **GPS**: N 43°27'59" E 3°25'26", mit Pool.

Uns haben zuletzt die Bedingungen für eine innerörtliche WOMO-Nacht 21 km nördlich, in **Clermont-l'Hérault** (7.400 Einwohner), deutlich besser gefallen, auch wenn die Stadt selbst nicht so herausragend ist, aber immerhin die stattliche gotische Kirche Saint-Paul mit riesiger Fensterrose in der Westfassade vorzuweisen hat. Ich halte zudem das *Monument aux morts pacifiste*, das **Antikriegsdenkmal** von 1920, für eine echte Sehenswürdigkeit. Der Bildhauer Paul Dardé lässt in einem Scheingrab, einem sogenannten Cenotaph, einen gefallenen Krieger von einer nackten Frau beweinen, die wie eine Cabaret-Tänzerin aussieht. Näheres zu diesen Denkmälern erfahren Sie weiter unten. Sie finden das Kunstwerk ganz in der Nähe unseres Stellplatzes, auf dem Sie ohnehin parken sollten, im Schnittpunkt der Alleen beim Kreisverkehr.

Ob wir im Sommer den Parkplatz zweckentfremden würden, ist zu bezweifeln. Über Ostern hingegen fanden wir die geräumige Möglichkeit in der Nachbarschaft einiger WOMO-Kollegen mehr als nur brauchbar. Das mag vielleicht auch daran liegen, dass wir um die Ecke (auf der breiten Straße Richtung inneres Zentrum) ein wirklich empfehlenswertes, nicht überteuertes Lokal mit einfallsreicher Küche gefunden haben, in dem wir am Dienstag nach Ostern den letzten Tisch bekamen. Wegen des **Restaurants *Le Tournesol*** würden wir in dieser Jahreszeit sofort wieder in Clermont-l'Hérault übernachten *(2 rue Roger Salengro, Tel. 04 67 96 99 22; in der Nebensaison, sonntagabends und montags geschlossen)*:

(099) WOMO-Stellplatz: Clermont-l'Hérault

GPS: N 43°37'33" E 3°26'13", Boulevard Paul Bert.   **Max. WOMOs**: 15.
Ausstattung/Lage: Geschäfte, Gaststätten / in der Stadt.
Zufahrt: Fahren Sie in der Innenstadt Richtung ehemaliger Bahnhof, der östlich des historischen Zentrums liegt; Sie können den großen Parkplatz seitlich des früheren Bahnhofs nicht verfehlen.
Hinweis: Der Platz ist nachts ruhiger als befürchtet, jedoch für laue Sommerabende nicht geeignet.

Lac du Salagou im Frühjahr

Nutzen Sie in Clermont-l'Hérault die Einkaufsmöglichkeiten, denn der nahe **Lac du Salagou** ist ein Bade-, Surf- und Campingplatzparadies in freier karger Natur (und deshalb eher nur im Sommer empfehlenswert), die wegen der roten Erde etwas gewöhnungsbedürftig und bei trübem Wetter nicht einladend ist. Supermärkte gibt es dort nicht, und die noch verbliebenen freien Stellplätze sind ein kleines Wunder. Gewiss, *Camping sauvage interdit (wildes Zelten verboten)* heißt es schon auf einigen Tafeln, aber Nächte im WOMO und Tage auf Klappstühlen werden seit Jahren toleriert, wo keine Barrieren installiert oder Erdwälle aufgeschüttet sind (ausgenommen die Beschilderung bei Platz Nr. 101):

WOMO-Badeplätze: Lac du Salagou

(100) <u>Südostecke</u>
GPS: N 43°38'48" E 3°23'22".   **Max. WOMOs**: 10.
Ausstattung/Lage: Ver- und Entsorgung, Badestelle, Restaurant, / außerorts, nicht einsam.
Zufahrt: Am Ende der Straße von Clermont-l'Hérault zum See fahren Sie <u>rechts</u> vor einen Campingplatz.   **Gebühr**: 7 €.
Hinweis: Höchstens 24 Stunden.

Wahrscheinlich können Sie am Ende der Straße zum See auch weiterhin <u>links</u> stehen.

(101) <u>Liausson</u>
GPS: N 43°38'41" E 3°22'28".   **Max. WOMOs**: 40.
Ausstattung/Lage: Mülleimer, Surfschule, Badestelle / außerorts, nicht einsam.
Zufahrt: Fahren Sie am Südufer des Sees in Liausson bergab zum See. Sie können auch im Uhrzeigersinn von Platz 90 hierher fahren.
Hinweis: Den Platz habe ich wegen Übervölkerung schon lange totgesagt. Er war es zuletzt auch. Das war er aber früher auch schon mal, bevor man hier wieder stehen konnte. Sie sollten also nachsehen. **Wahrscheinlich ist der Platz weiterhin zumindest nachts gesperrt !**

(102) *Les Vailhés*
GPS: N 43°40'13" E 3°21'14".   **Max. WOMOs**: 12.
Ausstattung/Lage: Bäckereiwagen, Mülleimer, Tische und Bänke, Gaststätte am schönen Badestrand, Surfschule, Bootsvermietung / außerorts, stets besucht.
Zeiten: April - September.
Zufahrt: Nehmen Sie die Autobahnabfahrt Nr. 55 über Cartels und fahren Sie ans Nordufer. Dort wählen Sie die Abzweigung von der D 148 (E4) Richtung ,Camping les Vailhés', Auberge du Lac', nach etwa 550 m vor der Barriere rechts oder direkt am See.
Gebühren: 5 - 8 €, je nach Saison; der Betreiber des nahen Campingplatzes kassiert abends.

Den letztgenannten Badeplatz, er ist im Sommer sehr beliebt, erwähne ich auch wegen des **Restaurants** *Auberge du Lac*, wo wir zu akzeptablen Preisen ordentlich bekocht wurden *(Reservierung scheint nicht erforderlich zu sein, für diese Auflage nicht erneut getestet)*.

Außerdem gibt es in Ufernähe rund um den See vier sparsam ausgestattete Campingplätze, deren eindeutig bester ist der

(103) WOMO-Campingplatz-Tipp: Lac du Salagou (Les Vailhés)

GPS: N 43°40'15" E 3°21'21".   **Ortszentrum**: 5,5 km.
Zeiten: 1.4. - 30.9.   **Tel**. 04 67 44 25 98.   **Preise**: 14 - 16 €.
Ausstattung: Bäckereiwagen um 8.30 Uhr, schöner Badestrand, Bootsvermietung, einige Dauercamper.   **Zufahrt**: wie zu Platz 102.

Von allen Plätzen schweift der Blick über das ungewöhnlich rote Ufer aus zerbröseltem Buntsandstein, der noch aus vulkanischer Zeit stammt. Der See wurde zwar im Jahr 1969 von

Liausson

Menschenhand angelegt, er bedeckt aber dennoch einen erloschen Krater. Am Tag herrscht je nach Stelle unterschiedlich intensiver Bade- und Surfbetrieb; aber am Abend, wenn die Frösche ihr Gequake angestimmt haben, wird es richtig lauschig.

Um die Ecke von Les Vailhés kommt ein weiterer Campingplatz infrage. Die Wiese beim angrenzenden Örtchen **Celles** war hingegen durch Erdwälle unzugänglich. Auch wenn damit der schönste Stellplatz am See wahrscheinlich nicht mehr existiert, sollten Sie sich das verlassene Dorf ansehen. Es ist auf der Michelin-Karte als *Village ruiné* eingezeichnet. Ganz so weit ist es noch nicht gekommen, auch wenn die Häuser mehr und mehr verfallen und sie zum Schutz vor Vandalismus mit Drahtgittern abgesperrt werden mussten. Dass sie überhaupt noch zu sehen sind, ist auf einen Berechnungsfehler beim Bau des Stausees zurückzuführen. Nur das Ortsschild und eine

Celles

Scheune mussten daran glauben, als nach zwei Jahren das Befüllen des Sees abgeschlossen war und der Wasserstand nicht ganz die vorausgesagte Höhe erreicht hatte. Einen Nutzen hat die Enteignung der Bewohner dennoch, der Weiler diente des Öfteren als Filmkulisse. Und neuerdings werden die Bauwerke wieder bezogen. Möglicherweise kann die Wiese auf der dem See abgewandten Seite mal wieder befahren werden. Die Bedingungen haben sich in der Vergangenheit mehrfach geändert. Zuletzt kam man mit dem WOMO hin, man durfte aber nicht über Nacht parken.

In Seenähe liegen **Octon** sowie **Salasc**, beides nette, auch in der Hochsaison verschlafene Dörfer. Zwischen Octon und dem See liegt ein offizieller Stellplatz leider nicht am Wasser:

(104) WOMO-Picknick-Platz: Octon
GPS: N 43°39'15" E 3°19'06", D 148. **Max. WOMOs**: 10.
Ausstattung/Lage: Ver- und Entsorgung, Mülleimer, Picknick-Bänke / außerorts, einsam, aber bisweilen besucht.

Lac du Salagou - südliches Ufer, östlich von Liausson

Nördlich des Sees ist ein Bummel durch die Kleinstadt **Lodève** (6.900 Einwohner) kein Fehler. Die ehemalige Kathedrale steht in allen Büchern, das anrührende Denkmal am Park dahinter wird nur selten erwähnt:

Kriegerdenkmäler in Frankreich

Wer häufig in Frankreich unterwegs ist, hat sich daran gewöhnt, dass in nahezu jeder der rund 35.000 französischen Gemeinden ein Rathaus allen Gebietsreformen trotzt, eine Telefonzelle das Handyzeitalter überdauert und ein Denkmal an die Gefallenen des Ersten Weltkriegs erinnert. Oft steht man in winzigsten Dörfern erschüttert vor einem langen Register gefallener junger Männer. Die meisten dieser Gedenksteine sind schlichte Sockel oder Obelisken, manchmal auch nur Tafeln mit eingravierten Auflistungen der Toten. Nicht selten begegnet man aber auch skurrilen Exemplaren oder sogar großen Kunstwerken.

Und ungewöhnlich häufig sieht man Monumente mit pazifistischem Hintergrund. Denn von etwa 8,1 Millionen im Ersten Weltkrieg zum Wehrdienst eingezogenen Franzosen überlebten 1,3 Millionen den Krieg nicht (im Deutschen Reich kamen auf 13,25 Millionen eingezogener Männer 2 Millionen Tote), und die meisten französischen Familien hatten einen

Lodève - Antikriegsdenkmal

oder mehrere Söhne verloren. So widmete sich zu Beginn der 20er Jahre in Frankreich eine einflussreiche Bewegung der Aufgabe, Kriegerdenkmäler nicht nur zur Erinnerung an die tapferen Söhne des Vaterlandes zu errichten, sondern um vor allem vor den Folgen des Krieges zu mahnen. Statt glorifizierender Gedenkstätten schuf man Mahnmale mit antimilitaristischem Inhalt und nennt diese heute *Monuments aux morts pacifiste*. In großer Anzahl sind in ganz Frankreich Ehrenmale dieser Zielrichtung zu sehen.

Das Antikriegsdenkmal von Lodève gehört dazu. Bildhauer war Paul Dardé, der auch schon den Cenotaph von Clermont-l'Hérault geschaffen hat (siehe oben). Sie sollten sich unbedingt die Figurengruppe ansehen, bei der vier Frauen und zwei Kinder den gefallenen Vater beweinen. Die Mütter symbolisieren mit ihrer Kleidung die Jahreszeiten aber auch die unterschiedlichen Bevölkerungsschichten.

In Lodève ist im Hôtel Dardé dem Bildhauer auch eine Dauerausstellung gewidmet. Sie finden das Gebäude im südöstlichen Teil der Innenstadt seitlich der Rue du Mazel.

Ein weiteres *Monument aux morts pacifiste* steht ganz in der Nähe, im kleinen Ort Aniane (dazu gleich unten).

Nach angenehmen Badetagen steht wieder die Kultur auf dem Programm: Wir fahren auf der kleinen Straße westlich um den See herum, biegen zwischen Octon und Salasc nach Mérifons ab und erreichen hinter dem zuletzt genannten Dorf die Häuser von La Lieude, wo eine Tafel mit einem Fußabdruck eines Dinosauriers zu bewundern ist.

Nach diesem kurzen Abstecher in die frühe Geschichte unseres Erdballs machen wir wieder kehrt, um nahe bei Clermont-l'Hérault ein viel späteres Zeugnis der menschlichen Entwicklung zu betrachten: Das Industriedenkmal heißt **Villeneuvette** und ist der Rest eines französischen Zentrums der Textilherstellung aus dem 17. und 18. Jahrhundert. Die Manufaktur war unter der Regentschaft des Sonnenkönigs gegründet worden, weil der König Röcke für seine Soldaten brauchte. Ein Teil der Klamotten wurde zur Geldbeschaffung sogar exportiert. Bis zu 800 Weber und Färber waren am Werke – und strengen, kasernenartigen Regeln unterworfen. Die

in Villeneuvette

Inschrift ‚*Ehre der Arbeit'* über dem Eingang der spätbarocken Fabrikationsanlage, die bis 1957 in Betrieb war, erinnert uns, zugegebenermaßen zu Unrecht, an den unrühmlichsten Teil der deutschen Geschichte. Aus den Arbeiterhäuschen werden allmählich Ferienwohnungen, der Parkplatz der Manufaktur ist stimmungsvoll:

(105) WOMO-Stellplatz: Villeneuvette

GPS: N 43°36'38" E 3°24'07". **Max. WOMOs**: 10.
Ausstattung/Lage: Wasser, Toilette, Mülleimer, Gaststätte / Ortsrand.
Zufahrt: Der Platz ist vor dem Tor der Anlage unter hohen Bäumen an der D 908 nicht zu verfehlen.

Am besten halten Sie schon vorher an und wandern am nördlichen Dorfrand von **Mourèze** in das Felsenmeer des Cirque de Mourèze. Der Parkplatz des auch *Cirque de Dolomitique* genannten Naturwunders ist offiziell als Stellplatz ausgewiesen und hat uns gut gefallen:

(106) WOMO-Wanderparkplatz: Mourèze

GPS: N 43°37'02" E 3°21'41". **Max. WOMOs**: 10.
Ausstattung/Lage: Wasser, Toilette, Mülleimer, klappstuhlgeeignet, Gaststätte, Wanderweg / Ortsrand, leicht einsam, häufig besucht.
Zufahrt: Der Stellplatz liegt östlich von Mourèze direkt an der D 8, wenn Sie von Villeneuvette kommen, auf der linken Seite, und ist nicht zu verfehlen.
Gebühren: In der Saison tagsüber 2 €, nachts 6 €.

Der **Cirque de Mourèze** ist ein lohnendes Naturerlebnis, das Ihnen nicht viel Zeit und körperliche Mühen abverlangt. Folgen Sie dazu in Mourèze dem Wegweiser und gehen Sie bei den letzten Häusern geradeaus. Die Wunderwelt aus verwittertem Gestein ist noch kostenlos und großartiger als man sie erwartet, wenn man bedenkt, dass es in Südfrankreich viele ähnlich hochgelobte Steinsehenswürdigkeiten gibt, unter denen der Cirque de Mourèze aber eine Ausnahmestellung einnimmt. Wegen des fantastischen Blicks auf den Lac du Salagou steigern Sie das Erlebnis, wenn Sie uns (und anderen Publikationen) nachwandern:

Cirque de Mourèze

Durch den Cirque de Mourèze auf die Montagne de Liausson

Folgen Sie in **Mourèze** den Schildern zum Cirque und wählen Sie bei den letzten Häusern gleich <u>links</u> den Weg ins Gebüsch zum '*Col de Portes*' (blaue Markierung, die am Anfang fehlt, <u>nicht</u> der gelben Markierung folgen). Auf jeden Fall leitet Sie bald der blaue Balken stetig durch einen weniger spektakulären Teil des Cirque bergan. Immer wieder müssen Sie auf einer nordwestlichen Route ein wenig über Steine klettern, bis Sie bei einem Bachbett auf einen Schotterweg treffen. Die ganze Zeit ist die Strecke so gut markiert, dass Sie sich nur dann verlaufen, wenn Sie nicht auf den blauen Pinselstrich achten.

Auf jenem Weg gehen Sie rechts hinauf zum **Col de Portes**, wo Sie auf keinen Fall auf dem gelb markierten Weg geradeaus wandern dürfen, sondern sich scharf links halten müssen. Bis hierhin haben Sie eine Stunde gebraucht.

Wenn Sie am Col de Ports unsere Anweisung artig befolgt haben, brauchen Sie noch eine weitere halbe Stunde, bis Sie auf dem Kamm der **Montagne de Liausson** stehen, wo Sie sich vermutlich zu einer Rast niederlassen werden, weil Sie derart malerisch den Lac du Salagou kein zweites Mal zu Gesicht bekommen (siehe Fotos S. 192, 195 und unten).

Blick von der Montagne de Liausson

Danach wandern Sie auf dem Gipfelkamm weiter nach Osten, passieren die Ruinen der **Einsiedelei von St. Jean d'Aureillan** und müssen nun gehörig aufpassen, dass Sie den **Einstieg zum Abstieg** nicht verpassen (was uns leider widerfahren ist, weshalb wir schon fast in Liausson waren, bis wir unser Missgeschick bemerkt haben und wieder aufsteigen mussten). Denn es ist falsch, vertrauensvoll der gelben Markierung bergab zu folgen. Falls Sie an einem großen Felsklotz vorbeikommen, der links des Pfades aufragt, sind Sie mehrere Hundert Meter zu weit gegangen und hätten vorher abbiegen müssen. Den Abstieg übersieht man deshalb so leicht, weil er unerwartet steil beginnt; dafür ist er bei genauem Hinsehen blau markiert.

Wenn Sie derart von uns vorgewarnt sind, kann fast nichts mehr schief gehen: Sie mühen sich an manchen Stellen ziemlich steil bergab, freuen sich über den flacheren zweiten Teil des Abgangs und tauchen an der schönsten Stelle wieder in den Cirque de Mourèze ein. Dort vertrauen Sie erneut und diesmal zu Recht einer gelben Markierung, die Sie an den aufregendsten Steingebilden vorbei ins Dorf führt (knapp drei Stunden, eine Karte ist nicht erforderlich).

Im wirklichen Urlaubsleben kehrt man von hier häufig zur Küste zurück, während Sie auf unserer Tour im nördlich gelegenen **Aniane** (2.700 Einwohner) wieder anhalten, falls Sie noch ein weiteres Antikriegsdenkmal ansehen, auf einem mittelmäßigen Stellplatz übernachten oder in einem Restaurant dinieren möchten:

(107) WOMO-Stellplatz: Aniane

GPS: N 43°41'12" E 3°34'57", Lot. Enclos Vernière.
Max. WOMOs: 20.
Ausstattung/Lage: Toilette auf dem großen Dorfplatz, etwa 200 m entfernt, Mülleimer, klappstuhlgeeignet, Gaststätten, Geschäfte / Ortsrand.
Zufahrt: Biegen Sie in Aniane von der D 32 nach links auf die D 27 Richtung St Guilhem ab. Danach fahren Sie bei erster Gelegenheit erneut links (blaues *'P'* bei der Feuerwehr, relativ schmale Straße), danach leicht links versetzt bis zum Ende der Straße.

In dem Lokal, der **Hostellerie Saint Benoît**, wird Ihnen ein Menü mit großzügigen Portionen serviert und in einer Qualität, die Sie hier nicht erwartet hätten *(vom Stellplatz zurück auf die Hauptstraße und nach links in die Route de St. Guilhem; Tel: 04 67 57 71 63)*. Auf dem Weg dahin kommen Sie am bekannten **Monument aux morts pacifiste** von Jacques Louis Robert Villeneuve vorbei (westliche Seite der D 27).

Der Stellplatz von Aniane hat etwas an Bedeutung verloren, seit die Mächtigen 4 Kilometer nordwestlich ein langjähriges Übernachtungsverbot aufgehoben und einen beliebten Parkplatz freigegeben haben. Wo der Hérault gerade aus einer Schlucht heraustritt und leicht aufgestaut ist, überspannt eine im Jahre 1030 erbaute romanische Steinbrücke den Fluss, der man den klangvollen Namen **Pont du Diable** (Teufelsbrücke) gegeben hat. Sie können hier zu einem wunderbaren Strand absteigen und sich in dem klaren, an den Felsen jenseits der Brücke allerdings

Pont du Diable

nicht ganz ungefährlichen Fluss aalen. Der **Strand** hat wegen vieler Mietboote aber nicht mehr ganz die Größe von früher, und der Parkplatz wurde nach Süden verlegt. Der touristische Auftrieb ist nämlich stetig gewachsen, da gleich nördlich der Teufelsbrücke die **Grotte de Clamouse**, eine Tropfsteinhöhle mit drei Michelinsternen, die Massen anzieht *(Führungen 1 Std.; Juni u. Sept. 10.30-17.20, im Juli/August bis 18.20 Uhr, sonst bis 16.20 Uhr; 9,80 €)*.

Auf dem Parkplatz wurde ein Bereich für Wohnmobile ausgewiesen, während der Rest durch Höhenbarriere gesperrt ist:

(108) WOMO-Badeplatz: Pont du Diable

GPS: N 43°42'09" E 3°33'39".
Max. WOMOs: 15.
Ausstattung/Lage: Ver- und Entsorgung, Strom, Mülleimer, Bademöglichkeit nach einem kurzen Fußweg, klappstuhlgeeignet, Gaststätten in Saint-Jean-de-Fos

auf dem anderen Ufer in fußläufiger Entfernung, im Sommer Shuttle nach Saint-Guilhem-le-Désert / außerorts, einsam, häufig besucht.
Zufahrt: Biegen Sie südlich des Pont du Diable beim Wegweiser zum großen Parkplatz ab. **Gebühr**: 14 €/24 Std.
Hinweis: Das Reglement wurde in den letzten Jahren mehrfach geändert, scheint aber zuletzt stabil zu bleiben.

Wenn ein Teil eines so prominenten Parkplatzes nach vielen Jahren plötzlich für WOMOs frei gegeben wird, danke ich schon lange nicht mehr der Einsicht eines Gutmenschen in irgendeiner Verwaltung. So ist die Öffnung des Platzes auch hier nur ein Zugeständnis für eine andere, schlimmere Restriktion: Zur Grotte de Clamouse können Sie von diesem Parkplatz noch in Ruhe spazieren, während Sie nach **Saint-Guilhem-le-Désert** (entlang der Straße) wandern oder im Sommer mit dem Shuttle-Bus fahren müssten. Denn Sie dürfen neuerdings mit dem Wohnmobil nicht mehr zum 3,5 Kilometer entfernten Ort fahren, in dem richtige Einwohner bald ohnehin nicht mehr vorkommen, weil das Dorf zu den schönsten Frankreichs zählt und deshalb mit Andenken- und Fastfood-Läden immer weiter aufrüstet. Trotzdem ist Saint-Guilhem-le-Désert an ruhigeren Tagen weiterhin sehenswert, jedenfalls der große Platz an der über 100-jährigen gigantischen Platane. Und weil zu viele Menschen diese Auffassung teilen, sollen sie schon am Pont du Diable parken.

Saint-Guilhem-le-Désert - Platane Anfang April

Das Nest zwischen schroffen Felsen wird dominiert von einer romanischen Kirche mit religiöser Legende: Der 752 geborene Herzog Wilhelm (Guilhem) von Aquitanien war ein berühmter Heerführer. Man nannte ihn »Wilhelm Kurznase«. Als er eines

Tages von einem erfolgreichen Kriegszug gegen die Araber zurückkam, war seine Frau gestorben. Wilhelms Trauer übermannte ihn so übermächtig, dass er die Rüstung an den Nagel hängte und sich in die Steinwüste (*Désert*) zurückzog, um dort ein Kloster zu gründen. Das wurde bald von Karl dem Großen, der seinem Mitstreiter zu Dank verpflichtet war, mit einem Splitter vom Kreuz der heiligen Helena bestückt, was, übertragen auf die heutige Zeit, gleichbedeutend war mit der Lizenz zum Gelddrucken. Denn mit dieser Reliquie konnte man die Pilger

St. Guilhem-le-Désert

auf dem Weg nach Santiago de Compostela ködern. So war ein geräumiger Kirchenbau eine verkehrs- wie religionspolitische, vor allem aber auch wirtschaftspolitische Notwendigkeit. Mit eben diesem sehenswerten Gotteshaus lassen sich nun tausend Jahre später abermals Touristen gewinnen, wenn auch weniger fromme. In der Kirche, die von 12 bis 14 Uhr geschlossen ist, befindet sich eigentlich Guilhems Grab, doch sein Sarkophag ist verschwunden. Genauso wie Teile des Kreuzgangs, die demontiert wurden und heute irgendwo in New York zu sehen sind – oder auch nicht.

Das forsche Auftreten Wilhelms im Kreuzzug gegen die Ungläubigen wurde übrigens mehrfach literarisch aufbereitet, unter anderem in Deutschland zu Beginn des 13. Jahrhunderts von Wolfram von Eschenbach, der neben seinem bekannteren Meisterwerk, dem *Parzival*, auch die Taten des kurznasigen Herrn besang und in dem Verswerk *Willehalm* für ein versöhnliches Nebeneinander mit den Heiden eintritt.

Auf den örtlichen Großparkplatz dürfen nur noch Fahrzeuge unter 2 m Höhe, weshalb der Parkplatz am Pont du Diable zum Ausgangspunkt für Wohnmobile auserwählt worden ist. Aber Sie können das vermeiden, wenn Sie 1 km südlich von Saint-Guilhem-le-Désert eine Parkbucht für wenige Fahrzeuge ansteuern (N 43°43'27" E 3°33'02", im Sommer leider häufig besetzt) oder etwa 1,8 km nördlich unseren Stellplatz Nr. 109. Reisen Sie am Vormittag frühzeitig an, möglichst nicht an einem Wochenende, betrachten Sie Kirche, Dorf und Platane und gönnen Sie sich eine abwechslungsreiche Wanderung:

Von St Guilhem-le-Désert durch den Cirque de l'Infernet

Wandern Sie in **St Guilhem** am Parkplatz vorbei ins Tal hinein und bleiben Sie zunächst auf dem Niveau des Baches. Vor einem ehemaligen Fußballfeld wenden Sie sich nach links zu den Felsen und gewinnen auf einem rot-weiß markierten GR mit mehreren Windungen etwas Höhe. Bald zweigt nach links ein rot-weiß markierter Weg ab, hier kommen Sie auf dem Rückweg an; Sie gehen also halbrechts weiter.

Unterhalb gigantischer Felswände wandern Sie nun hoch über dem Tal in den **Cirque de l'Infernet**, einen Felsenkessel, in dem Sie auf von Mönchen gebauten, mit Natursteinen gepflasterten Serpentinen aus der

Schlucht steigen. Vom mit Mauern gestützten Weg am oberen Ende dieses Schlangenweges, den sogenannten **Fénestrelles**, genießen Sie einen fantastischen Blick durch das Tal zurück nach Saint-Guilhem-le-Désert.

Oberhalb der Serpentinen folgen Sie weiter dem markierten Weg und biegen nach einer Quelle nach links ab. Nun geht es längere Zeit bergauf, bis zu einer Forststraße, wo Sie

Fénestrelles

sich erneut nach links wenden. Sie treffen auf diese Weise wieder auf die rot-weiße Markierung und genießen am Aussichtspunkt **Max Nègres** den Blick, ehe Sie zu zwei nacheinander folgenden Geländern absteigen und nach insgesamt drei Stunden wieder auf den Hinweg treffen.

Damit habe ich Ihnen verraten, dass die ganze Strecke gut 3 ½ Stunden dauert. Die IGN-Karte 2642 ET, die Sie in Saint-Guilhem-le-Désert kaufen können, ist sinnvoll. Der Streckenverlauf ist auch im Rother-Wanderführer beschrieben.

Der beste Ausgangspunkt für eine Besichtigung von Saint-Guilhem-le-Désert ist ein feines Badeplätzchen 1,8 Kilometer flussaufwärts. Die Freude wird selten getrübt, wenn der Hérault mal nicht aufgestaut ist. In solchen Zeiten plätschert nur ein zum Baden zu flaches Rinnsal:

(109)
WOMO-Badeplatz:
Gorges de l'Hérault
GPS: N 43°44'37"
E 3°33'59", D 4.
Max. WOMOs: 20.
Ausstattung/Lage:
Schöne Badestelle mit Kiesstrand, klappstuhlgeeignet / außerorts, einsam, im Sommer aber inzwischen immer besucht.
Zufahrt: Sie sehen den Platz ca. 1,8 km nördlich von Saint-Guilhem-le-Désert bei einer Staumauer direkt seitlich der D 4.

Hinweis: Es gibt einen einzigen Nachteil: Der Platz liegt direkt an der nachts fast nicht befahrenen, relativ schmalen Straße.

Fahren Sie auf der D 4 – schmal und kurvenreich, aber unproblematisch – weiter nach Norden in Richtung Ganges und gönnen Sie sich noch einen kleinen Umweg über das malerische **Saint-Jean-de-Buèges** (200 Einwohner), wo Sie alles antreffen, was Sie in einem fast verlassenen Dorf Südwest-

Saint-Jean-de-Buèges

frankreichs erwarten: hoher Felsen, Burgruine, Café, plätschernder Bach – und kaum noch echte Einheimische. Wir kennen Leute, die seit Jahrzehnten hier urlauben und mit uns nicht mehr reden würden, besäßen wir den Mut, zu erwähnen, auf dem nicht geräumigen Parkplatz fänden zwei nicht zu große Wohnmobile eine Bleibe. Wir raten demnach zum nicht sehr weit entfernten Campingplatz beim Nachbarort, der allerdings Anfang August auch mal belegt und sonst von zu vielen *Mobilhomes* geprägt ist:

(110) WOMO-Campingplatz-Tipp: Brissac
(Val de l'Hérault)

GPS: N 43°50'47" E 3°42'18". **Ortszentrum**: 4,5 km. **Zeiten**: 15.3. – 31.10. **Tel**. 04 67 73 72 29. **Ausstattung**: Badestelle im etwa 100 m entfernten Fluss, Pool, Laden, Restaurant. **Preis**: 15 - 20 €. **Zufahrt**: 11 km südlich von Ganges an der D 4 beschildert.

In diesem Teil des Hérault-Tales hat sich vieles nachteilig verändert. Sogar in Brissac, einem Kaff, steht nun ein WOMO-Verbotsschild.

Irgendwann kommt man einfach nicht mehr an ihr vorbei, an einer Höhle, die von Kennern als die schönste Tropfsteinhöhle in ganz Frankreich beschrieben wird, die **Grotte des Demoiselles** (ebenfalls drei Michelinsterne). Ich muss hier erneut gestehen, dass ich die schier unermessliche Freude der Franzosen an ihren Höhlen nicht ganz nachvollziehen kann. Eine jede Grotte gleicht der anderen (zur Ausnahme siehe Tour 14), und überall muss man langatmige und, weil auf Französisch, schwer verständliche Führungen (damit niemand heimlich Stalaktiten abschlägt) über sich ergehen lassen, bei denen der *Guide* in irgendwelchen Tropfsteingebilden Feen, Zwerge oder den halben Zoo wieder erkennt. Aber die Wegweiser am Straßenrand sind zumeist so reißerisch, dass man doch dem Lockruf der – sehr kühlen – Unterwelt erliegt und brav seinen Geldbeutel zückt. Bei der Grotte des Demoiselles ist der Werberummel allerdings berechtigt. Hauptraum des schon sehr früh, im Jahre 1770, erforschten so genannten *Aven*, der so heißt, weil er sich zur Erdoberfläche trichterförmig öffnet, ist ein riesiger Saal, 120 m lang und 80 m breit, mit bis zu 50 m hohen Stalagmiten und Stalaktiten. Er wirkt wie eine von Zauberhand erbaute Halle, die mittels Scheinwerfern bizarr illuminiert ist *(Oktober - März 14 - 17.30, sonntags 10 - 17.30 Uhr, sonst 10 - 19 Uhr; 9,40 €)*

Die Kleinstadt **Ganges** (4.200 Einwohner), ein paar Kilometer nördlich, hat die besten Zeiten schon lange hinter sich. In der Vor-Nylon-Zeit war hier wegen der umfangreichen Seidenraupenzüchtungen der südlichen Cevennen, wo die Maulbeerbäume besonders gut wachsen (Näheres Tour 14), das Zentrum der Seidenstrumpffabrikation. Schon zu Lebzeiten Ludwigs XIV. fertigte man 80.000 Paar pro Jahr. Die landwirtschaftlichen Erzeugnisse heutiger Tage sind etwas trivialer, es sind Zwiebeln. Vom früheren Wohlstand ist nicht mehr viel geblieben. Die Stadt, alles andere als ein Touristenmekka, wirkt leicht abgeschabt, mit etwas traurigen Kneipen und einer Markthalle, in der trotz südlicher Sonne die Farben der Früchte ein wenig grau scheinen.

Und den früher von mir empfohlenen Campingplatz mit dem Namen *Isis* (bei St. Julien-de-la-Nef), nördlich von Ganges, sollten Sie wegen seiner Dauercamper, seiner Düsterheit (die Bäume sind einfach unbeschnitten zu hoch gewachsen) und seines miserablen Pflegezustandes tunlichst meiden.

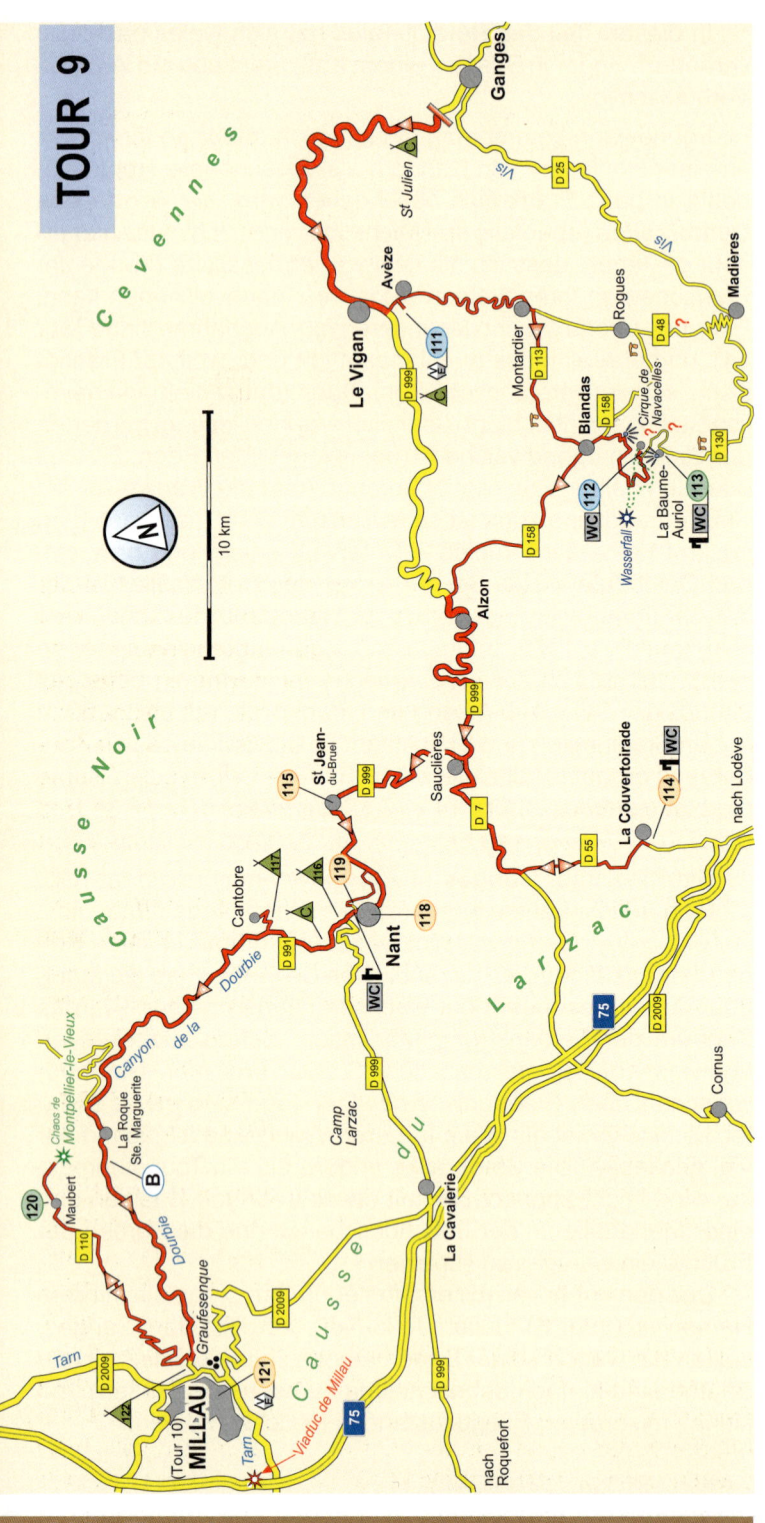

Cirque de Navacelles - La Couvertoirade - St Jean-du-Bruel
Nant - Gorges de la Dourbie - Chaos de Montpellier-le-Vieux

Stellplätze:	bei Avèze, in Navacelles, bei St Maurice-Navacelles, in La Couvertoirade, in St Jean-du-Bruel, in Nant, beim Chaos de Montpellier-le-Vieux
Campingplätze:	bei Avèze, bei Nant
Besichtigen:	die Gorges de la Vis, den Cirque de Navacelles, La Couvertoirade, Nant, Cantobre und die Gorges de la Dourbie, das Chaos de Montpellier-le-Vieux
Wandern:	von Navacelles zu den Moulins de la Foux, im Chaos de Montpellier-le-Vieux
Essen:	*Midi-Papillon* in St Jean-du-Bruel, *Chez Yves* in Cantobre

Die Überschrift zu unserer 9. Tour ist auch für einen Kenner der französischen Sprache, der sich noch nie in dem auf den nächsten Seiten beschriebenen Gebiet aufgehalten hat, einigermaßen unverständlich: Dass man unter dem Wort **Gorges** Schluchten oder enge Flusstäler versteht, hat sich weitgehend herumgesprochen. So waren auch Sie bei der vorangegangenen Tour in den Gorges de l'Hérault. Die bekannten Gorges du Tarn werden Sie während der 10. Tour kennen lernen und die nicht weniger berühmten Gorges de l'Ardèche anlässlich der 14. Tour.

Was aber, um auf die Überschrift zurückzukommen, versteht man unter den **Causses**? Die Rede ist von einem riesigen Kalkplateau, das vor 200 Millionen Jahren noch vom Meer überspült war. Vor 80 Millionen Jahren platzte die Oberfläche, und es bildeten sich die steilen, tiefen Täler, die **Gorges**, die sich dann in oder nach der Eiszeit vor ca. 2 Millionen Jahren mit Flussläufen füllten. Genau genommen bestehen die Causses also aus mehreren Plateaus, 600 bis 1.000 Meter über dem heutigen Meeresniveau.

Diese Höhenangaben lassen erahnen, dass der Mensch hier zu jeder Zeit den Kampf gegen die Natur aufnehmen musste. Im Winter wird es empfindlich kalt, und oftmals liegt der Schnee bis zum Frühjahr. Damit konnten sich die Bewohner über Jahrhunderte, wenn nicht sogar Jahrtausende, arrangieren; auch noch, nachdem die Bäume des einst waldreichen Plateaus abgeholzt waren. Hier, wie in den östlich gelegenen eigentlichen Cevennen (Näheres bei der 12. Tour), lebte man in Einklang mit der Natur – und von der Natur. Vor allem züchtete man Schafe, die von Wanderhirten über die grasigen Hochflächen getrieben wurden. Aber dann schlugen die Errungenschaften des technischen Zeitalters erbarmungslos zu: Bessere Transportmöglichkeiten führten zu einer rasanten Ausbreitung der Weinfelder an den Südrändern der Cevennen und der Hochplateaus. In Bereiche also, die von den Herden seit altershehr im Winter und Frühling als Weideplätze genutzt worden waren. Dazu kam, ebenfalls begünstigt durch die Technisierung, billige Importwolle nach Mitteleuropa, und Hirten sowie Alteingesessene hörten mehr und mehr von einem bequemeren Leben. Die Einwohnerzahl ging zurück, und die Herden schrumpften; heute gibt es höchstens noch 30.000 Tiere. So begegnet man inzwischen auf den so genannten *Drailles* eher einem Wandersmann als einem Schäfer, obgleich es sich doch eigentlich um die über Jahrhunderte benutzten Schafs-Wanderwege handelt (viele in Wanderbüchern verzeichnete Strecken verlaufen heutzutage auf den *Drailles*).

auf den Causses

Die Landwirtschaft ging natürlich auch zurück und ist inzwischen fast zum Erliegen gekommen. Zu den Gründen, die auch anderswo den Niedergang des bäuerlichen Lebens bewirkt haben, kam hier noch hinzu, dass der Dung fehlte. Denn ein Hirte durfte seine Schafsköpfe nur auf fremdem Gelände fressen lassen, wenn er auch für den natürlichen Nährstoff in Form von Schafsknotteln sorgte. Als die ausblieben, versteppte die Vegetation, die dann auch noch von den wenigen Schafen unkontrolliert kurz und klein gefressen wurde.

Warum erwähne ich das? Damit Sie verstehen, weshalb die Landschaft so verlassen ist, warum die Häuser leer stehen oder verfallen; genauso wie die über Jahrhunderte mühsam von Menschenhand aufgeschichteten Steinmäuerchen. Damit

Sie sich vorstellen können, dass es einst Kulturlandschaften gab, wo heute die Dürre vorherrscht. Das Land ist braun, nur braun – und vielerorts unglaublich still. Gäbe es inzwischen nicht die Touristen, die Landschaftsfanatiker oder die Höhlenliebhaber – das Land wäre gänzlich ausgestorben.

Um das heute noch Vorhandene späteren Generationen zu bewahren, wurden die Causses und die Cevennen im Jahr 2011 wegen ihrer landschaftlichen Schönheit und wegen der Schäferkultur in die **UNESCO-Liste** des Welterbes aufgenommen (neben 182 anderen natürlichen Welterbestätten). Die offizielle Formulierung klingt etwas hochtrabender: Die Ehre wurde zuteil aufgrund der »universellen Rolle«, die dem »Agropastoralismus« (Anm.: der Kombination von Land- und Weidewirtschaft) bei der Gestaltung und beim Erhalt offener Lebensräume des 3.000 Quadratkilometer großen Gebietes zukommen.

Nachdem wir nun eine Bildungslücke geschlossen und Sie eine Vorstellung für den Begriff *Causses* entwickelt haben, wollen Sie sicher diesen Teil Europas auch kennen lernen:

Seit Ganges allgegenwärtig ist der Wegweiser zum **Cirque de Navacelles**, einer Natursehenswürdigkeit, von welcher der französische Fastmonopolist unter den Reiseführern, der grüne *Michelin*, meint, die Besichtigung verdiene eine ganze Reise (und ihr drei Sterne zuerkennt). Für die Fahrt dorthin empfehle ich nur noch die **Strecke über Le Vigan** und Montardier, weil Sie auf diesem Weg keine Schwierigkeiten wegen der Straßenbreite befürchten müssen, auch wenn die südliche Alternative auf der D 25 durch die schmalen und wildromantischen **Gorges de la Vis** aufregender ist – und am Anfang mit einigen schönen Badeplätzen samt ausgeschilderter Parkplätze neben der Straße glänzt.

Die Route über Le Vigan hingegen ist auch deshalb erste Wahl, weil Sie noch vor der Schlucht einen lauschigen Badeplatz finden, im Hochsommer auf einem bescheidenen Campingplatz und in der übrigen Zeit auf dem Stellplatz davor:

(111)
WOMO-Badeplatz:
Avèze
GPS: N 43°58'31"
E 3°35'54". **Max. WOMOs**: 6.
Ausstattung/Lage: Ver- und Entsorgung, Bademöglichkeit vor einer alten Bogenbrücke (vermutlich tief genug zum Schwimmen – u.U. auch ein paar Meter flussaufwärts an einem

Bald fahren Sie, nachdem Sie sich ab Avèze über Montardier auf die Hochebene geschraubt haben, durch die Landschaft, von der ich Ihnen so ausführlich berichtet habe, durch ein Stück der *Causses*. Der weitere Weg zum Cirque de Navacelles ist dank der Beschilderung leicht zu finden. Man kommt noch, Asterix und Obelix lassen grüßen, an steinzeitlichen Menhiren vorbei, an rosafarbenen »Hinkelsteinen«, und wäre wegen des sich plötzlich hinter einer Kurve auftuenden tiefen Talkessels geradezu erschreckt, würde man nicht am **Panorama de Blandas** von einem neu angelegten und etwas trostlosen (und daher nicht stellplatztauglichem) Parkplatzgelände mit architektonisch ambitioniertem Gaststättengebäude aufgehalten. Sie müssen hier parken und ein Stück zu Fuß gehen

Cirque de Navacelles - Sicht vom Panorama de Blandas

– für den schönsten Blick das Gasthaus im Rücken halbrechts schräg bergauf (vermutlich als *Belvédère de la Cascade* beschildert). Sie tasten sich hinter einer Glasscheibe förmlich an den Schwindel erregenden Abgrund des *Cirque* heran, also an einen rundlichen, steilen Felsentrichter, den die Laune der Natur über Jahrtausende geschaffen hat. Einem *Cirque* begegnet man in Südfrankreich vielerorts (häufig ist er nicht rund, sondern lässt nur einen Hauch von Biegung erkennen), der von Navacelles ist perfekt und kann noch mit einer Besonderheit aufwarten: Das Flüsschen Vis hat in Urzeiten mäandert, es hat entlang der Felswände einen Bogen geschlagen, wie weiland sein großer Bruder, ein Fluss in Kleinasien, der zu antiken Zeiten Mäander hieß. Durch die Flussschlinge entstand im früheren Bachbett eine fruchtbare Schwemmlandfläche, nicht mehr als eine große Wiese. Das würde aber für die drei Sterne des *Michelin* noch nicht reichen, wäre nicht in der Mitte ein spitzer Kegel übrig geblieben, der dem Tal zu seinem einmaligen Anblick verhilft und den ich, wie mir Leser aufgetragen haben, geologisch korrekt *Umlaufberg* nennen muss.

Sie haben nun mehrere Alternativen: Die erste, Sie staunen, fotografieren und fahren weiter; die zweite, Sie **wandern** auf dem markierten Pfad nach unten – und auf dem Rückweg wieder steil bergauf (ebenso schön wie schweißtreibend, aber nicht so langwierig wie befürchtet). Die dritte Alternative ist wahrscheinlich die gebräuchlichste. Sie trauen sich mit dem Wohnmobil hinunter auf den Talboden zum Dorf **Navacelles** (190 Einwohner). Die Straße ist passabel (6 km, am Anfang vier Serpentinen und nur vor den ersten Häusern von Navacelles – gleich nach der Abzweigung zur weiteren Zufahrt – gibt es eine kurze, etwas unangenehme Engstelle), und am Ende der Straße finden Sie einen der romantischsten **Badeplätze** Südfrankreichs.

Navacelles - Badestelle

Die Vis sprudelt dort in Form kleiner Wasserfälle. Entweder ist das Vergnügen grenzenlos oder aber der Bach ist sehr kalt. Die Schreie der Badenden sind jedenfalls noch oben auf dem Aussichtsbalkon zu hören. Am nahen Stellplatz fehlen bislang die an solchen Stellen üblichen Verbotsschilder, und für diese Auflage habe ich erneut nachgesehen:

(112) WOMO-Bade- und Wanderplatz: Navacelles

GPS: N 43°53'39" E 3°30'39".
Max. WOMOs: 5.
Ausstattung/Lage: Toilette, Gaststätten, Bademöglichkeit, Wanderweg, abends klappstuhlgeeignet / außerorts.
Zufahrt: Fahren Sie auf dem im Text beschriebenen Weg ab dem Panorama de Blandas in den Talkessel und dann am Ende der Straße seitlich unter Bäume (die angrenzende Wiese ist gesperrt).

Hinweise: Im Juli/August herrscht bis gegen 20 Uhr großer Trubel; sonntagnachmittags würde ich wegen der im Text beschriebenen Engstelle erst nach dem Rückreiseverkehr nach unten fahren.

Hier beginnt ein Wanderweg mit einem spektakulären Ziel an der Quelle der Vis:

Von Navacelles zu den Moulins de la Foux

Wir wandern in **Navacelles** in Verlängerung der Straße kurz links und gleich wieder rechts an den kleinen Fluss, ohne ihn zu überqueren. Die gelbe Markierung leitet uns auf einen Pfad, der nach etwa 25 Minuten auf die Straße stößt. Dort wenden wir uns nach links, 300 m bergauf, und entscheiden uns an der Einmündung der von La Baume-Auriol herkommenden Straße und bei einer **Wegtafel** für den weiterhin gelb und gut markierten Weg nach rechts.

Ab hier folgen wir dem Lauf des Flusses, teils auf dessen Niveau und immer wieder vorbei an verlockenden Badestellen, einmal sogar mit einer kurzen Seilsicherung, bis wir nach insgesamt 2 Stunden (ab Navacelles) unter uns das Tosen der **Visquelle** vernehmen, die mit unglaublicher Macht und mit Wassermassen, die wir in diesem Umfang nicht erwartet hatten, unter dem restaurierten Mühlengebäude der ehemaligen **Moulins de la Foux** hervorbricht. Wir bedauern den armen Müller, der über diesem Lärm seinem schweren Tagwerk nachgehen und sich zuletzt vor Hochwasser auf das Dach seiner Mühle retten musste, was uns auf Schautafeln ebenso gut erläutert wird, wie die technische Funktion des Mahlwerkes.

Wir müssen ein wenig über große Steine ans **andere Ufer** klettern (schon wegen des Fotos von dieser Seite) und uns von der gelben Markierung bergauf bis zu einem kleinen Parkplatz an der **D 713** leiten lassen (Achtung, kurz nach der Mühle links gehen). Hier wandern wir auf der Straße ein kurzes Stück bergab, ehe uns die Markierung nach links

Moulins de la Foux

schickt. Der Weg wirkt dort zunächst gemütlich, er wird aber bald sehr schmal und führt in einem großen Bogen durch steil abfallendes Gelände. Wer nicht trittsicher, bei Regen, mit Kindern oder mit Hund unterwegs ist, bleibt daher für den Rest des Rückweges schon vorher lieber auf der wenig befahrenen Straße. Das ist kaum weiter und belohnt Sie mit ähnlich schönen Blicken auf Navacelles, wo Sie 90 Minuten nach der Rast an der Mühle wieder eintreffen *(die IGN-Karte 2642 ET ist hilfreich, aber entbehrlich)*.

Eine Alternative zum Betrachten des Cirque de Navacelles, bzw. zum Fußweg in denselben, ist der Aussichtspunkt von **La Baume-Auriol** südlich des Talkessels (auf Foto von Seite 210 am oberen Bildrand zu sehen), von wo die meisten Ansichtskartenmotive aufgenommen werden. Allerdings kann ich Ihnen von hier die Fahrt nach unten nicht empfehle (ich habe sie wegen der Warnung auf der Michelinkarte trotz meines schmalen WOMOs nicht ausprobiert – Straße siehe auf Foto von Seite 210). Um nach La Baume-Auriol zu gelangen, müssen Sie von Ganges durch das Tal der Vis fahren oder von Lodève (Tour 8) anreisen:

(113) WOMO-Wanderparkplatz: La Baume-Auriol
GPS: N 43°53'15" E 3°30'31".   **Max. WOMOs**: 6-8.
Ausstattung/Lage: Wasser, Toilette, Mülleimer, abends nach Abzug der Touristen vermutlich klappstuhlgeeignet, Gaststätte, Wanderweg, nach einigen Schritten eine grandiose Sicht auf den Cirque / außerorts, etwas einsam.
Zufahrt: Biegen Sie in St Maurice-Navacelles nach Norden auf die D 130 nach La Baume-Auriol ab und stellen Sie sich neben das Informationsgebäude. Für normal breite WOMOs endet hier die Straße.

Weiter im Norden, bei Alzon, stoßen wir an den Rand der Cevennen. Auf der D 999 wählen wir den Weg nach Westen, Richtung St Jean an der Dourbie. Bevor wir uns in die kalten

Fluten dieses Flüsschens stürzen, ist erst noch ein Abstecher angesagt: Beim Dorf **Sauclières** (Automatenmuseum) geht es auf den Causse du Larzac zum mittelalterlichen **La Couvertoirade**. Das mit Mauern und Türmen ringsum befestigte Dorf, *„Eines der schönsten Dörfer Frankreichs'*, ist auf dem Weg zum Hauptort der Causses und wirkt auf der menschenleeren, graubraunen Hochebene wegen seiner abgeschiedenen Lage und seiner Niedlichkeit fast spielzeughaft. Es waren Templer, die hier im 12. Jahrhundert eine Fliehburg zur Unterbringung der Alten und Kranken gegründet haben. Nach der zwangsweisen Auflösung des Templerordens (benannt nach der Stammburg auf

La Couvertoirade

dem Tempelberg von Jerusalem) übernahm im 14. Jahrhundert der Johanniterorden die Festung und baute die Mauer aus. Der gute Erhaltungszustand ist vor allem darauf zurückzuführen, dass der Ort ab der Wende zum 20. Jahrhundert aus den oben schon beschriebenen Gründen unter einer starken Entvölkerung zu leiden hatte. Es war also niemand mehr da, der Mauern und Burg für neue Häuser niederreißen konnte. Heute leben hier nur noch 142 Einwohner, und Jahr für Jahr werden es weniger. Es sind

fast nur noch Künstler oder solche, die sich dafür halten – ein Wirt und jedes Jahr mehr Souvenirverkäufer. So ist, wie häufig an solchen Orten, sehr stark der Eindruck eines Freilichtmuseums entstanden, gleichwohl eines sehenswerten. Die

Mauern kann man gegen Eintritt besteigen *(10-12 und 14-18 Uhr, Juli/August 10-19 Uhr; 3 €),* und Sie entdecken einen richtig guten Stellplatz:

(114) WOMO-Stellplatz: La Couvertoirade

GPS: N 43°54'39"
E 3°18'49".
Max. WOMOs: 15.
Ausstattung/Lage: Toilette (am weiteren Parkplatz direkt vor dem Ort), Mülleimer, Gaststätte / Ortsrand.
Gebühr: 3 €.
Zufahrt: Fahren Sie von der D 55 durch die Schranke auf den Parkplatz vor dem Ort. Dort ist ein Bereich für Wohnmobile ausgewiesen.

Wir befinden uns nun im Zentrum des **Causse du Larzac**, einer Landschaft, die in meiner Jugend im Blickpunkt ganz Europas gestanden hat. Wenn Sie auf Ihrer Karte genauer nachsehen, erkennen Sie weiter nördlich einen Truppenübungsplatz, das Camp Larzac, welches einen erschreckend großen Teil der Hochfläche einnimmt. Es galt lange Zeit als Synonym für den Widerstand von Bürgerbewegungen gegen staatliche Umweltzerstörung: Anfang der 70er Jahre wollte man das Soldatentrainingsgelände nachhaltig vergrößern, einschließlich Militärflugplatz und allem Drumherum. Etwa 100 landwirtschaftliche Betriebe sollten ihre spärliche Existenzgrundlage verlieren. Eine komplette Region trat daraufhin in aktiven Widerstand. Es kam zu Protestversammlungen mit bis zu 100.000 Menschen, und aus ganz Frankreich, ja sogar aus dem benachbarten Ausland, waren Leute nach Larzac gereist, um verlassene Bauernhöfe samt deren Land wieder in Betrieb zu nehmen, vor allem soweit dieses im Bereich des geplanten Militärübungsplatzes lag. Zehn Jahre, bis 1981, dauerte der Kampf, und es bedurfte noch eines Regierungswechsels in Paris, ehe das Militärprojekt zu den Akten gelegt wurde – mit Recht, wie uns die Geschichte längst lehrt. Die Parolen auf den Hauswänden sind längst verblasst oder aktualisiert. Protest und Widerstand werden im Larzac trotzdem weiter leben, wenn auch immer weniger bewirken, wie beispielsweise die neue (allerdings äußerst sehenswerte – siehe Tour 11) Autobahnbrücke über das Tarntal beweist. Am Ende der 11. Tour fahren Sie nochmals über den Causse du Larzac.

Bei **St Jean-du-Bruel** treffen wir auf das Flüsschen Dourbie, das hier noch in einem lieblichen Tal plätschert und wenig *Gorges* erahnen lässt. Es ist früher Nachmittag, also Zeit, um

St. Jean-du-Bruel - Midi Papillon

für das Abendessen zu sorgen. Dafür gibt es in St Jean-du-Bruel, einem wenig aufregenden, aber angenehmen Städtchen, im **Restaurant *Midi-Papillon*** die passende Adresse *(Tel. 05 65 62 26 04, nur von Mitte März bis Mitte November geöffnet, kein Ruhetag).* Wir kommen gerade noch dazu, den Tisch zu reservieren und uns im Ort etwas umzusehen, ehe ein kräftiges Sommergewitter über uns hereinbricht, vor dem wir uns in die Markthalle flüchten. Es ist eine willkommene Flucht, wie wir alsbald feststellen. Denn in der nach drei Seiten offenen Halle entdecken wir einen Ausschank mit Tischen und Stühlen, auf denen nun der halbe Ort scheinbar auf besseres Wetter, insgeheim aber auf einen verfrühten *Pastis* wartet. Ohne Regen hätten wir dieses stimmungsvolle Plätzchen gar nicht kennen gelernt.

Das Unwetter hat so gewütet, dass die Stromversorgung ausgefallen ist. Die Gaststube des *Midi-Papillon* wird nur noch von ein paar Petroleumfunzeln und Kerzen beleuchtet. In der Küche hat man Gas, und das Abendessen fällt zum Glück nicht ins Wasser. Was auch ausgesprochen beträublich gewesen wäre, denn die Köche verstehen ihr Handwerk – bei dieser Beleuchtung buchstäblich – fast blind, und die Preise sind akzeptabel. Reservieren Sie im Sommer Tage im Voraus; in einem anderen Urlaub kamen wir nämlich bei der nachmittäglichen Tischbestellung zu spät!

Der Stellplatz seitlich der Festhalle, ein Nachfolger einer früheren Empfehlung, ist nicht mehr als ein reiner Übernachtungsplatz. Allerdings besitzt er dafür alle Tauglichkeitskriterien:

---

(115) WOMO-Stellplatz: St Jean-du-Bruel

GPS: N 44°01'16" E 3°21'40", Grand Rue.   **Max. WOMOs**: 3-4.
Ausstattung/Lage: Gaststätten, Geschäfte / im Ort.
Zufahrt: Der Platz liegt am südlichen Ortsende seitlich der D 999 hinter der *Salle des Fêtes*.

Das Dourbie-Tal bis nördlich von Nant ist auch reich an Campingplätzen aller Ausstattungen und Lagevarianten, ich habe mehr als zehn gezählt. Unter diesen finde ich die Alternative direkt bei Nant am besten geeignet und einem freien Stellplatz am ähnlichsten; sie ist auch der preiswerteste Platz:

WOMO-Campingplätze: Nant / Cantobre

(116) _Vialaret_
GPS: N 44°01'39" E 3°17'49". **Ortszentrum**: 0,6 km.
Zeiten: 15.4.-15.9. **Ausstattung**: Hüfttiefe Badestelle im Fluss. Der Platz ist im hinteren Teil angenehm naturbelassen. **Preis**: 14 €.

Zufahrt: Der Platz liegt direkt nördlich von Nant an der D 981.
Hinweis: Etwa 2,5 km nördlich von Nant an der D 991 bei Häusern, die auf der Michelin-Karte als _Les Cuns_ eingezeichnet sind, liegt ein touristisch etwas mehr aufbereiteter Platz mit der Bezeichnung **Le roc, qui parle**.

(117) _Val de Cantobre_
GPS: N 44°02'44" E 3°18'06". **Ortszentrum**: 5 km. **Tel**. 05 65 58 43 00.
Zeiten: Anfang April - Ende Sept. **Preise**: 20 - 52 €.
Ausstattung: Sehr gepflegt und ebenso durchorganisiert, Pool, Laden, 2 Restaurants. **Zufahrt**: Der Platz ist ca. 5 km nördlich von Nant beschildert.

Oder Sie wählen die – nicht ganz perfekten – Stellplätze von Nant:

WOMO-Stellplätze: Nant

(118) Schwimmbad
GPS: N 44°01'12" E 3°18'14", Route de la Mouline. **Max. WOMOs**: 4-5.
Ausstattung/Lage: Freibad (Juli/August), Gaststätten, Geschäfte, Wasser und Toilette (siehe bei Nr. 119) / im Ort.
Zufahrt: Der Platz liegt beim Schwimmbad, an der D 999 zwischen Ortsmitte und der südlich des Ortes gelegenen Tankstelle.

(119) Dourbie-Brücke
GPS: N 44°01'24" E 3°18'16" **Max. WOMOs**: 4-5.
Ausstattung/Lage: Gaststätten und Geschäfte im Ort, dort auch Wasser (gegenüber dem Rathaus an der Ecke bei der Telefonzelle), Toilette (gegenüber dem Wasser) / Ortsrand, ganz leicht einsam.
Zufahrt: Der Stellplatz liegt jenseits der kühn geschwungenen Dourbie-Brücke Pont de Prade, die nur bis 3 t erlaubt ist (aber auch schwere WOMOs aushält), weshalb wir literarisch außen herum fahren müssen: Biegen Sie südlich von Nant, 400 m nach der Tankstelle, von der D 999 zum Fluss ab (der Wegweiser ‚Ambouls/Dourbias' ist nur aus Richtung St Jean zu erkennen); nach der dortigen Brücke links und noch ca. 2 km bis zu einem kleinen Parkplatz bei der oben erwähnten Bogenbrücke. Sie können sich den Platz - und die Anfahrt über die Brücke (die mit 3 t !) - zu Fuß von der Ortsmitte in Nant betrachten.

Ein **weiterer Parkplatz, der sich als Stellplatz eignet** liegt seitlich der D 178, die nach Westen aus dem Ort herausführt.

Die Brücke beim Stellplatz Nr. 119 stammt noch aus dem 14. Jahrhundert, und überhaupt ist **Nant** eines der Städtchen, die einem den Urlaub im Landesinneren von Südfrankreich angenehm machen. Alles geht ein paar Takte langsamer, die Boules-Kugeln klacken und ein unaufgemotztes Ambiente erfreut das Auge. An erster Stelle ist es die Arkadenreihe der niedrigen **Markthalle**, das Überbleibsel eines klösterlichen Kreuzganges. Als wir uns vor ihren Bögen gerade zu einem Eis-

Nant - Markthalle

becher, bzw. einem *Pastis*, niedergelassen haben, marschiert plötzlich eine Ehrenformation auf. Vornweg der Bürgermeister, der eine kurze Rede hält, die Trikolore in einen an der Wand der Bogenreihe angebrachten Fahnenhalter steckt und einen Blumenstrauß niederlegt. Erst jetzt erkenne ich dort eine Gedenktafel, die daran erinnert, dass heute vor vielen Jahren, an einem Augusttag des Jahres 1944, mehrere Bewohner von Nant, die sich dem *Marquis*, der südfranzösischen Partisanenbewegung, angeschlossen hatten, von deutschen Soldaten erschossen wurden. Die befanden sich damals schon auf dem Rückzug und haben dabei in vielen Dörfern des Cevennen-Gebietes blutige Rache genommen. Man steht erschreckend oft vor anklagenden und mahnenden Gedenksteinen.

Sensationell ist die **Bäckerei/Patisserie *W. Foissac*** (gegenüber dem Hôtel des Voyageurs), deren Kundenschlange nicht selten bis vor die Ladentüre reicht.

Hinter Nant beginnt flussabwärts die landschaftlich reizvolle Strecke durch den **Canyon de la Dourbie**, der zwar an die Tarnschlucht nicht herankommt, aber dennoch schöne Winkel vorzuweisen hat. Einen Ort, der so malerisch wie **Cantobre** auf einen Felsvorsprung geklebt ist, werden Sie am Tarn jedoch ver-

Cantobre

geblich suchen. Spazieren Sie hoch in das Dörfchen, nachdem Sie das WOMO am besten schon unten auf dem ausgeschilderten Parkplatz (der auch gerne als einsamer **Stellplatz** genutzt wird) abgestellt haben. Noch immer sind nicht alle Häuser Ferienhäuser, und auf der Terrasse des kleinen **Restaurants *Chez Yves*** *(nur vom 15.6. bis 15.9. geöffnet, länger nicht mehr getestet)* wird man Ihnen ein schlichtes Essen vor einem Traumpanorama servieren.

Auch die alte Mühle von Ste. Marguerite, 13 km weiter im Norden, ziert so manchen Bildband. Etwa 2 km westlich von La Roque Ste. Marguerite finden Sie an der Dourbie in einer Kurve der D 991 eine schöne **Badestelle** (N 44°07'15" E 3°11'30").

Canyon de la Dourbie - Mühle von Ste. Marguerite

Schon in La Roque Ste. Marguerite zweigt die erste Möglichkeit ab, um hoch auf den Causse Noir zu gelangen, zum **Chaos de Montpellier-le-Vieux**. Das Sträßchen ist schmal, es gibt aber keine Verkehrsschilder, die Länge, Höhe oder Gewicht des Fahrzeugs beschränken (Leser haben von einem Verbot auf dieser Route berichtet, das ich danach nicht gesehen habe; vielleicht war ich unaufmerksam). Trotzdem erscheint mir die andere Zufahrt, die bei Millau beginnt, Vertrauen erweckender, zumal sie den Vorteil hat, dass man bis dorthin das Dourbie-Tal ganz durchfahren hat. Auch diese Straße, es ist die D 110, ist am Aufstieg kurvenreich, aber ich kann versprechen, dass auch große Wohnmobile, von ein oder zwei Stellen abgesehen, an denen man bei breitem Gegenverkehr anhalten muss, ungefährdet ans Ziel kommen. Allein schon die Blicke auf die phantastische Autobahnbrücke (Tour 11) und auf Millau (Tour 10) lohnen die Fahrt auf dieser Strecke.

im Chaos de Montpellier-le-Vieux

Das Ziel ist ein *Chaos*. So nennt man in Frankreich eine Ansammlung spektakulärer Felsbrocken. Das **Chaos de Montpellier-le-Vieux**, also des »alten Montpellier« ist eine Natursehenswürdigkeit und hat mit der gleichnamigen Universitätsstadt nur den Namen gemeinsam. Wanderhirten sollen die merkwürdigen Felsgebilde aus der Ferne für eine zerstörte Stadt gehalten haben, was ziemlich weit hergeholt ist. Die von der Erosion angenagten Felsen besitzen zwar wirklich bizarre Formen, diese erinnern uns aber eher an Tierfiguren als an Häuser. Das angeblich größte Felsenmeer in Europa ist bei Franzosen sehr beliebt, der *Michelin*-Reiseführer verleiht ihm sogar drei Sterne. Dieses mag auch daran liegen, dass man hier in ungewöhnlicher Umgebung gut picknicken kann. Wir haben für die aktuelle Auflage unsere Eindrücke mal wieder aufgefrischt: Die wirklich lohnenden Wegstrecken eignen sich für einen kürzeren Ausflug, aber auch für anspruchsvolle **Wanderungen** (wenn man die große Runde mit Abstechern dreht, ist man über drei Stunden auf den Socken). Der mit roter Farbe markierte Rundweg beispielsweise dauert schon gut 1 ½ Stunden. Kürzer ist mit etwa 40 Minuten nur die blaue Strecke. Kombiniert man rot mit gelb, benötigt man mehr als zwei Stunden. Uns hat an einem heißen Spätsommertag die rote Runde angestrengt – mehr als wir das in Erinnerung hatten. Man flaniert nämlich nur teilweise auf bequemen Spazierwegen und muss – außer auf blau – hier und da auch mal mit den Händen nachhelfen, weshalb ich dringend Wanderschuhe und auch Stöcke empfehle. Die Bäume waren ursprünglich einmal höher, aber dann brannte fast das ganze Gelände ab, und heute ist überwiegend nur noch Strauchwerk übrig. Markantester Punkt ist die **Belvédère du Douminal**, eine Aussichtsplattform auf gewachsenem Fels, von der aus man einen beeindruckenden Rundblick genießt. Weniger naturverbunden ist der Bummelzug, der den Gebrechlichen und Gehfaulen während 50 minütiger Fahrt von den Beinen hilft *(9.30 - 17.30 Uhr, Juli/August 9 - 18.30 Uhr; 6,80 €, der kleine Zug kostet weitere 4 €; wir parken nicht auf dem innerhalb des beschrankten Geländes ausgewiesenen Wohnmobilparkplatz, sondern auf dem für Pkw, wo das Aufbruchsrisiko niedriger ist)*. Wer die große sportliche Herausforderung sucht, und/oder seine jugendlichen Verwandten (ab 12 Jahre) unterhalten möchte, findet in der Nähe einen Klettersteig, eine **Via Ferrata** (nur auf Vorbestellung; siehe unter www.montpellierlevieux.com/fr-fr).

In der Nähe kann man auch schön übernachten. Der Stellplatz liegt seitlich eines Restaurants und der Häuser von Maubert:

---

(120) WOMO-Wanderparkplatz: Chaos de Montpellier-le-Vieux / Maubert

GPS: N 44°08'47"
E 3°11'58".
Max. WOMOs: 5-7.
Ausstattung/Lage: Klappstuhlgeeignet, Gaststätten, Wanderwege / außerorts.
Zufahrt: Der Stellplatz *(Parking Camping-Car)* liegt neben dem auf der Michelinkarte eingezeichneten erstgelegenen Gasthaus von Maubert, ca. 1,5 km vor dem Chaos.
Hinweise: Man darf hier übernachten, ohne im be-

nachbarten Restaurant zu essen. Wer im zweiten Restaurant essen möchte, das beliebter ist als das erste, sollte gegenüber auf der Wiese stehen, was wir als ebenso geeignet wahrgenommen haben (siehe unser Foto). Wahrscheinlich kann man auch auf dem innerhalb des beschrankten Geländes ausgewiesenen Wohnmobilparkplatz übernachten, weil die Schranke beim Verlassen automatisch hoch geht. Dieser Platz liegt aber sehr einsam.

Man kann nun vom Chaos de Montpellier-le-Vieux auf direktem Weg an den Zusammenfluss von Tarn und Jonte, in die Gorges du Tarn, absteigen und auf der anderen Seite des Jonte-Tals, auf dem Causses Méjean, das Erlebnis der einsamen Hochflächen fortsetzen. Wir kommen bei der nächsten Tour auf die vorgenannten beiden Flüsse und die Causses zurück. Man verpasst bei dieser Abkürzung aber den ersten südlichen Teil des Tarn-Tals. Der ist zwar nur ein Vorgeschmack für die eigentliche Schlucht, aber immerhin so sehenswert, dass ich Ihnen empfehle, es uns gleichzutun und vom Chaos aus denselben Weg zurück nach Millau zu wählen.

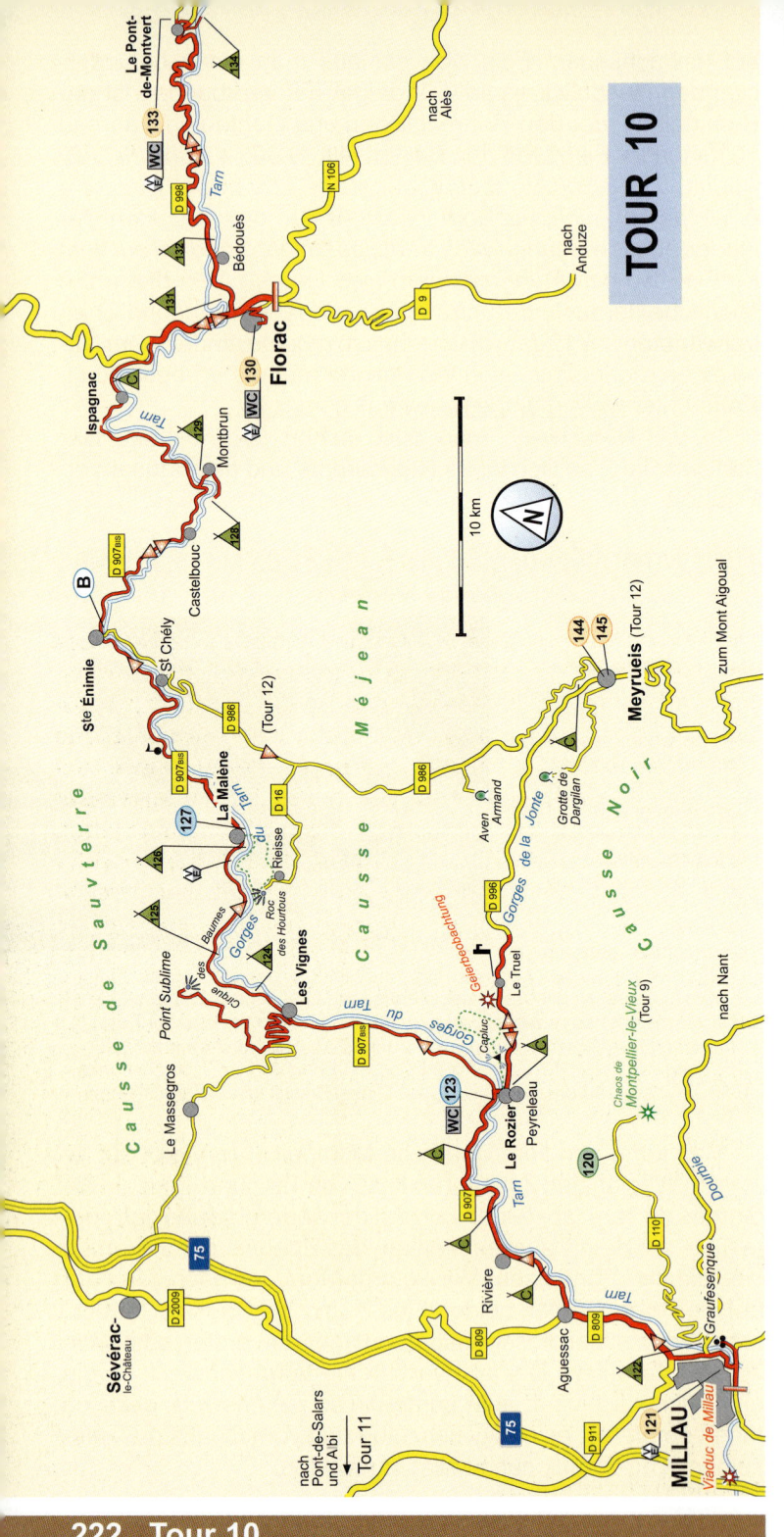

Gorges du Tarn - Millau - Le Rozier - Gorges de la Jonte
Les Vignes - La Malène - Ste Énimie - Florac
Le Pont-de-Montvert

Stellplätze:	in Millau, bei Le Rozier, in La Malène, in Florac, in Le Pont-de-Montvert
Campingplätze:	bei Les Vignes, am Cirque des Baumes, bei La Malène, bei Florac, bei Bédouès, in Le Pont-de-Montvert
Besichtigen:	Gorges du Tarn, Millau, Geierbeobachtungsstation bei Le Truel, den Point Sublime, Les Détroits, St Chély, Castelbouc
Essen:	Restaurants *Capion* in Millau, *L'Adonis* in Florac, *La Truite Enchantée* in Le Pont-de-Montvert
Wandern:	von Le Rozier zum Rocher de Capluc, von La Malène zum Roc des Hourtous

Die **Tarnschlucht** und ihre Umgebung geben so viel her, dass man hier einen ganzen Urlaub verbringen kann. Wir wollen deshalb ab Millau den Flussverlauf talaufwärts systematisch unter die Lupe nehmen und Ihnen vorweg noch einige **grundsätzliche Anmerkungen zur Stell- und Campingplatzsituation** mit auf den Weg geben: Zweifelsfrei legale, freie Stellplätze am Wasser gibt es nicht mehr. In den meisten Orten gilt Nachtparkverbot, das erstaunlich viele Franzosen missachten (häufig von 21 bis 8 Uhr). Campingplätze hingegen finden Sie so zahlreich, dass wir nur eine kleine Auswahl erwähnen können. Viele Zeltplätze sind schön gelegen, aber sehr schlicht und einem freien Stellplatz ähnlicher als einem herkömmlichen Campingplatz. Das Tarn-Tal ist also auch ohne freie Übernachtungsplätze ein WOMO-Eldorado! Sie sollten vielleicht darauf achten, dass der Fluss im Bereich des Campingplatzes stellenweise tief genug zum Schwimmen und nicht lediglich knieflach

ist. In der Superhochsaison wird es auf einigen Plätzen vor allem am Nachmittag mitunter schwierig, Einlass zu finden. Das hat sich jedoch in den letzten Jahren deutlich gebessert.

Wenn Sie auf Ihre Michelin-Karte schauen, werden Sie angesichts diverser Tunnels und streckenweise schmaler Straße die bange Frage stellen, ob das Tarn-Tal für Ihr Reisemobil überhaupt befahrbar ist. Wir können Sie beruhigen! Die **Straße** ist zwar teilweise tatsächlich nicht sehr breit, aber nur zwischen Le Rozier und Ste Enimie gibt es ein paar Engstellen, an denen Sie anhalten sollten, wenn Ihnen ein Lkw oder ein anderes WOMO entgegen kommen. Auch die Tunnels sind kein Problem, wenn Ihr Fahrzeug nicht höher als 3,50 m ist (soweit an zwei Felsüberhängen noch eine geringere Höhe angegeben ist, scheint das, wie mir von Lesern mit hohen Fahrzeugen berichtet worden ist, nicht mehr zu stimmen). Früher habe ich weitere Ratschläge zu dieser Strecke publiziert, die ich inzwischen für übertrieben halte, zumal die Straße an vielen Stellen verbreitert worden ist. Fragen Sie lieber nach den Verkehrswegen zu Wasser:

Paddeltour auf dem Tarn

Seit zwei Tagen sitzen wir nun schon am Ufer des Tarn. Der Fluss ist breit und so tief, dass wir durch das grüne, klare Wasser nur schwimmend das andere Ufer erreichen können. Jedes Mal ist es wieder eine Wohltat, wenn wir unsere sonnendurchglühten Körper abkühlen, denn die Wassertemperaturen sind jetzt, im Juli/August, gerade so, dass wir bei gutem Wetter nicht frieren, den Fluss aber noch als frisch empfinden. Wir liegen am kleinen Feinkiesstrand eines inzwischen geschlossenen Naturcampingplatzes im schönsten Teil der Tarn-Schlucht, und der Urlaub ist besonders ruhig und beschaulich. Wenn nur nicht ständig Boote an uns vorbeizögen: Kajaks und Kanus; aus Holz, Kunststoff, Gummi oder Alu;

Einer oder Zweier und weniger flotte Dreier. Ambitionierte Wassersportler, unbeholfene Anfänger, ein paar Bierernste, die meisten aber höchst vergnüglich.

Wie gesagt, seit zwei Tagen juckt es auch mir in den Fingern – und nicht nur dort, aber weder Kajak noch Kanadier sind auf unserem Dachgepäckträger festgezurrt. Nur ein kleines Badeboot aus Plastik, kaum länger als breit und mit dicken Luftwülsten, fristet in unserem Staukasten ein Schattendasein. Als ich meiner Frau am Abend bei einer Flasche Rotwein eröffne, dass ich am nächsten Tag eine kleine Flusswanderung beabsichtige und sie bitte, mich mit dem WOMO rund 10 km weiter flussabwärts abzuholen, erinnert sie mich an meine Vaterrolle. Hat sie doch von Untiefen gelesen, von Stromschnellen und ähnlichen Gefahren.

Die seichten Abschnitte entpuppen sich aber am nächsten Tag allenfalls als Hindernis, wenn ich mit dem Boden meiner Plastikyacht über die Kiesel schramme. Und in den Strudeln kann ich bei meinem Gum-

mibootabenteuer nur müde schmunzeln, wenn ich sehe, wie die Kanu-
ten sich abmühen. Denn schneller sind die Ungeübten ohnehin nicht.
Nach der ganzen Strecke bin ich noch mit denen auf gleicher Höhe, die
mich anfangs mitleidig lächelnd überholen wollten. Stolz ziehe ich am
Cirque des Baumes mein Badeboot aus dem Wasser und warte auf den
Rücktransport.

Genauso so hätte ich in La Malène ein »richtiges« Boot nehmen können, der Bootsverleiher hätte mich und mein Mietboot ebenfalls am Cirque
des Baumes wieder abgeholt und nach La Malène zurückchauffiert. Ich
hätte eine ordentliche Schwimmweste getragen, denn die ist wegen der
Versicherung Vorschrift. Ich hätte nicht wenig Geld hingeblättert, aber
spannender wäre die Bootsfahrt nicht gewesen. Als ich ein paar Jahre
später die Tour mit dem Mietkajak noch einmal nachfahre, wird meine
Ahnung bestätigt: Das Gummiboot tat's auch. Allerdings sieht man in
den letzten Jahren fast keine Privatboote mehr.

Mietboote werden an zahlreichen Stellen angeboten. Ich empfehle
Ihnen die Tour im schönsten Teil der Schlucht. In La Malène, wo Sie das
WOMO gut parken können, werben zwei Anbieter, bei denen Sie direkt
lospaddeln dürfen, von denen Sie nach Voranmeldung aber auch zu den
anderen Startplätzen gefahren werden. Die Preise variieren nach der

Jahreszeit, möglicherweise sogar nach dem Wetter. Folgende Strecken kommen in Frage (die Aufzählung ist nicht vollständig):

- 8 Km von **La Malène zum Clrque des Baumes**. Sie schaffen das Stück, auch wenn Sie noch nie in einem Kanu *(Canoë)* oder Kajak gesessen haben. Diese Bootstour dauert höchstens 2 Stunden und schlägt mit etwa 16 Euro/Person zu Buche;
- 11 km von **La Malène zum Pas de Souci**, 3 Stunden;
- 17 km von **St Chély zum Clrque des Baumes**, 4 Stunden;
- 20 km von **St Chély zum Pas de Souci**, 5 Stunden;
- 20 km von **Ste Énimie zum Clrque des Baumes**, 5 Stunden.

Die längeren Passagen verursachen Ungeübten deutlichen Muskelkater. Bei unsicherer Witterung macht das Abenteuer keine rechte Freude. Sie geraten auf dem Tarn zwar nicht so leicht wie auf der Ardèche in Gefahr zu kentern, aber Sie werden dem Boot in keinem Fall mit trockenem Hintern entsteigen und sollten deshalb bei kühlem Wetter Ersatzkleidung in der wasserdichten Tonne dabei haben (siehe auch meine Tipps zu Mietkajaks bei Tour 14).

In Frage kommt auch eine Tarntour im **Motorboot**, die ich Ihnen weiter unten bei La Malène vorstellen werde.

Beginnen wir unsere Tarn-Tour also in **Millau**. Obwohl die Stadt nur 22.000 Einwohner hat, wirkt sie fast wie eine Großstadt. Denn sie ist Geschäftszentrum für ein weites Gebiet. Hier werden Handschuhe für ganz Frankreich hergestellt; die Fabrikationsweise kann man im Obergeschoss des örtlichen Museums besichtigen. Ende der 70er-Jahre kamen noch zwei Drittel der französischen Produktion von hier. Dies liegt daran, dass die wenigen noch praktizierenden Bauern auf den Hochebenen vorwiegend von der Schafzucht leben. Nicht nur Altertumsfreaks werden sich am zentralen Platz der Stadt das **Musée de Millau** zu Gemüte führen *(Place du Maréchal Foch im östlichen Teil der Altstadt, östlich der großen Markthalle, 10 - 12 und von 14 - 18 Uhr; im Juli/August Mittagspause von 12.30 - 14.30 Uhr; 5,50 €)*. Dort ist vor allem die Sammlung von **Töpferwaren** sehenswert, die ab dem 1. Jahrhundert n. Chr. in **Graufesenque**

römische Töpferware

in fast schon industrieller Weise hergestellt worden sind. Ich muss an dieser Stelle gestehen, dass ich, vor allem im Sommer, ein eher zurückhaltender Museumsgänger bin und mich hier ein Gewitterregen zur Flucht in das Museum getrieben hat. Das allerdings war ein Volltreffer: Die

Ausstellung ist überschaubar klein, man verdirbt sich nicht einen halben Urlaubstag, und die Teller, Schüsseln und Kannen sind wirklich atemberaubend. Das Geschirr steht da, als sei es gerade von einem heutigen Händler in die Regale gestellt worden, fertig zum Einschenken der Suppe. Viele Stücke haben beinahe zwei Jahrtausende unversehrt überstanden, und die Formen gleichen überraschend denen neuzeitlicher Produkte. Nur bei genauem Hinsehen wirken sie etwas krumm und verzogen, was ein wenig das Geheimnis dieser Fundstücke verrät: Einem gallo-römischen Töpfer muss im Jahre 40 n. Chr. ein *Malheur* unterlaufen sein, als er nämlich das Zeug zu lange im Brennofen gelassen hat. Die Geschichtsschreibung überliefert leider nicht, was dem armen Kerl anschließend widerfahren ist. Denn der Schaden war beträchtlich. Stapelweise sind die Töpfe miteinander verbacken, sie haben Dellen oder ein ovales Aussehen. Entweder war der Brennofen riesengroß oder unser Töpfer hat mehrfach den rechten Zeitpunkt verpennt. Jedenfalls haben die Ausgräber 15.000 (!) missratene Gefäße gefunden, auf der Müllkippe der Manufaktur, vom Sand und vom Dreck der Jahrhunderte sorgsam geschützt. In den Werkstätten der römischen Siedlung von Graufesenque wurde Gebrauchskeramik für ganz Gallien gebrannt, die man sogar bis nach Spanien exportiert hat. Die nur mittelmäßig interessante **Ausgrabungsstelle** findet man etwa einen Kilometer südlich von Millau, östlich der N 9, der Straße nach Montpellier, wenn man dort an der ersten Abzweigung gleich südlich der Tarn-Brücke abbiegt.

Der offizielle Stellplatz liegt stadtnahe, aber der hohe Preis muss umständlich mit der Visa-Karte bezahlt werden. Trotzdem habe ich erstaunlich viele freundlich gestimmte Zuschriften erhalten. Erwarten Sie keine Flussauen:

(121) WOMO-Stellplatz: Millau

GPS: N 44°05'45"
E 3°05'08",
Rue de la Saunerie.
Max. WOMOs: 30.
Ausstattung/Lage: Ver- und Entsorgung, Strom, Mülleimer, klappstuhlgeeignet / Stadtrand, nahe der Altstadt; gehen Sie dorthin, den Tarn im Rücken, im Prinzip immer geradeaus.
Zufahrt: Wenn Sie Millau am Tarnufer umfahren, sehen Sie ab der Brücke einen Wegweiser mit Wohnmobilsymbol.

Gebühr: 9,60 €. Der Platz gehört zur Kette **Camping-Car-Park**. Sie können den Platz nur mit einer Mitgliedskarte befahren, die sich *Pass'Etappes* nennt. Diese Karte kann man am Platz für 4 € mittels Visa- oder EC-Karte

Spaziert man von hier etwa 400 m flussabwärts (nach Westen), stößt man auf die häufig fotografierte **alte Mühle** (Moulin vieux).

Millau - Vieux Moulin

In die umgekehrte, östliche Richtung müssen Sie fahren, wenn Sie sich den der Altstadt ebenfalls nahen Campingplatz ansehen, der schön am Zusammenfluss von Tarn und Dourbie liegt und kaum teurer ist als der Stellplatz:

(122) WOMO-Campingplatz-Tipp: Millau
(Les Deux Rivières)

GPS: N 44°6'10" E 3°05'16", 61 Av. de l'Aigoual. **Ortszentrum**: 0,9 km, zu Fuß 10 Minuten.　　**Zeiten**: 1.4. - 31.10.　　**Tel**. 05 65 60 00 27.
Ausstattung: Direkt am Ufer, Baden im Fluss (der Tarn ist aber flach), Getränke, Brot.　　　　　　　　　　　　**Preis**: 13 - 19 €.
Zufahrt: Fahren Sie auf der D 911 zwischen Innenstadt und Fluss (Tarn), den Sie über die zentrale Bücke in das Dourbie-Tal, Richtung Nant, überqueren. Der Platz liegt gleich nach der Brücke links.
Ein Stück oberhalb liegt ein weiterer Campingplatz am Flussufer.
Hinweis: Tagsüber lästige Geräusche von den nahen Straßen.

Die Stadtnähe und der Bummel durch die engen Gassen verführen uns zu einem Restaurantbesuch. Wenn uns nicht der Mut verlassen hätte, wären wir bei einem der zahlreichen Nordafrikaner eingekehrt. Stattdessen hat uns die Michelin-App den Weg in das **Restaurant *Capion*** gewiesen – und uns, wie fast immer, nicht enttäuscht (*Rue J.-F. Alméras – suchen Sie auf* *dem die Altstadt umschließenden Boulevard-Ring das westlich gelegene große Rondell mit Springbrunnen; dort biegen Sie in die nach Norden abzweigende Av. de la République ein, nach etwa 100 m sehen Sie links das Rathaus und ein paar Meter weiter zweigt rechts die Straße ab, in der das Gasthaus liegt; Tel. 05 65 60 00 91; dienstagabends und mittwochs geschlossen).*

Millau- im Hintergrund Viaduc de Millau

Zur bekannten Autobahnbrücke, dem **Viaduc de Millau**, führe ich Sie am Ende der 11.Tour. Sie sollten aber in einem der Supermärkte von Millau noch an die Vorratswirtschaft denken. Sie werden sich nämlich in der nun beginnenden Tarn-Schlucht länger aufhalten als Sie vorher dachten; dort gibt es nur Dörfer, in denen man zwar nicht verhungert, aber keine Geschäfte mit nennenswertem Angebot findet (die Läden sind sogar rückläufig). So machen wir uns nun endlich auf den **systematischen Weg**:

Nordöstlich von Millau ist man zunächst wegen der ausgebauten und stark befahrenen Schnellstraße in einem breiten Tal enttäuscht. Erstere zweigt aber bald gen Norden ab, und das Tarn-Szenario wird Stück für Stück Wirklichkeit. Das Tal hat sich zwar auch hier noch nicht zur Schlucht verengt, es wirkt fast noch lieblich. Nun folgt Campingplatz auf Campingplatz, was daran liegt, dass es hier in der Breite des Tals ausreichend ebene Fläche gibt. Wir haben uns dort, kurz vor der richtigen Schlucht, nie aufgehalten.

Peyreleau

Der legendäre Teil der Schlucht beginnt bei **Le Rozier**, wo die Schranke vor einem Parkplatz am Tarn seit Jahren jedenfalls zeitweise offen steht und ich auch kein Verbotsschild mehr gesehen habe. Ob Sie sich in der Nachbarschaft unzähliger naturbelassener und preiswerter Campingplätze wirklich auf etwas schrägen Asphalt stellen sollten, müssen Sie sich aber schon fragen:

Das schön auf der anderen Tarnseite gelegene Dorf besteht aus zwei Teilen, einem auf einen Bergkamm geklebten mit dem Namen Peyreleau und einem unteren namens Le Rozier, bei dem sich auch mehrere Zeltplätze befinden, die allesamt gut besucht sind (auf den Parkplätzen im Ort ist das Parken nachts verboten; an der Dorfstraße gibt es einen Wasserhahn). Einen der beiden Campingplätze *(Les Prades)* habe ich vor vielen Jahren getestet und mich gefragt, was die Gäste dort anmacht. Aber die Wanderung ist schön:

Von Le Rozier zum Rocher de Capluc

Wer das Angenehme mit dem Nützlichen verbinden will, einen schönen Blick mit einer kleinen, körperlichen Ertüchtigung, sollte hinauf zum **Rocher de Capluc** wandern, einem Aussichtsfelsen oberhalb von Le Rozier. Der Anstieg dauert eine gute halbe Stunde und beginnt beschildert zwischen der Tarn-Brücke und dem Dorf.

Man kann die Wanderung ausdehnen und an der Weggabelung ca. 30 Minuten hinter dem Rocher de Capluc den linken, rot-weiß markierten Weg wählen, an der **Fontaine du Teil** vorbeistiefeln und an der nächsten Weggabelung, beim Col de Cassagnes, rechts abbiegen, um dann in einem südlichen Bogen über den **Balcon du Vertige** zum Rocher de Capluc zurückzukehren.

Ich bin diesen weiteren Weg auf den Corniches du Causse Méjean noch nicht gegangen, er soll aber zu den schönsten Wanderwegen der ganzen Gegend zählen. Die Strecke dauert einen halben Tag. Möglicherweise sehen Sie die berühmten Geier (siehe unten). Sinnvollerweise kauft man sich in Le Rozier die Wanderkarte *2640 OT*.

In Le Rozier ist zudem ein Abstecher ins **Tal der Jonte** unumgänglich, das zwar an das Tarntal nicht herankommt, aber mit einer unglaublichen Attraktion aufwarten kann. **_Unter Geiern_**, wie Karl May einst einen Abenteuerroman betitelte (wer von Ihnen kennt überhaupt noch Karl May?), bewegt man sich an Sonnentagen ständig und keiner merkt es. Dann sind die gewaltigen Vögel im Aufwind so weit nach oben gestiegen, dass sie trotz ihrer knapp 3 m (!) Spannweite mit bloßem Auge kaum noch zu erkennen sind. Der Abstand beträgt oft über 600 Meter, wenn man bedenkt, dass es von der Schlucht bis zur Hochebene alleine 450 Meter sind. Angeblich etwa 900 Gänsegeier,

Le Truel

mehrere Schmutzgeier und zunehmend auch Mönchsgeier nisten inzwischen wieder in den Felsen der Grands Causses, mehr als 200 über der Jonte, besonders beim Dörfchen **Le Truel**.

Die Wiederansiedlung der Geier

70.000 Jahre lang lebten über den Grands Causses Geier, bis um das Jahr 1940 der letzte dieser Riesenvögel ausgerottet war. Vergiftete Füchse, Jagdeifer und das Gebot, Tierkadaver beseitigen zu müssen, waren dafür die Hauptursachen. Früher, zu Zeiten der vielen Schafe, war der Tisch reichlich gedeckt. Später fanden die Vögel in den dezimierten Herden nicht mehr genügend Nahrung. Gleichzeitig war zudem die Überlebensrate der jungen Schäfchen gestiegen. Letztlich hat aber der Mensch dem Vogel den Garaus gemacht.

Nachdem im Jahr 1971 ein erster Versuch zur Ansiedlung spanischer Geier gescheitert war, päppelte man zehn Jahre lang geeignete Vögel heran, von denen im Dezember 1981 fünf Paare freigelassen werden konnten. Einer der Geier war zu zahm für die Freiheit, ein anderer verunglückte bald an einer Elektroleitung (heute eine der Hauptgefahren für die Großvögel), zwei verschwanden spurlos, aber der Rest konnte sich bis zu einer unglaublichen Zahl von nahezu tausend Geiern, verteilt auf weite Teile der Grands Causses, vermehren.

Die meisten von ihnen sind Gänsegeier (Lämmergeier gibt es in den Cevennen nicht), aber auch Mönchsgeier, die ab dem Jahr 1991 hier angesiedelt wurden, wo sie zuvor noch nie heimisch waren. Mönchsgeier suchen auch im halbbewaldeten Gelände nach Aas, was vorteilhaft scheint, da die Causses durch den Rückgang der Herden allmählich wieder zuwachsen könnten.

Geier ernähren sich ausschließlich von Aas und jagen niemals. Dank ihrer Eigenschaft, ausgezeichnete Segler zu sein, können sie auf der Suche nach toten Tieren weite Strecken zurücklegen. Sie entdecken dabei Kadaver sogar unter Gras oder Gesträuch. Und weil sie sich stets untereinander beobachten, stürzen sich in kürzester Zeit zahlreiche Vögel »wie die Geier« auf ein totes Tier, das von einem Artgenossen, vielleicht aber auch von einem Raben oder einer Elster, aufgespürt worden ist. Auch

Geierbeobachtung

wenn Geier mehrere Wochen ohne Nahrung auskommen können, hätten die Tiere ohne Zufütterung immer noch keine Chance.

Die Fähigkeit, so lange auf Aas verzichten zu können, muss ein Geier schon deshalb besitzen, weil er nur im Aufwind segeln kann, also nur bei gutem Wetter, wenn im Sommer die Sonne den Boden erwärmt oder wenn in kalten Jahreszeiten bestimmte Winde an die Felswände treffen, auf deren Vorsprüngen die Vögel stunden- oder sogar tagelang sitzen, um auf diesen Wind zu warten.

Geier sind monogam und bleiben ein Leben lang mit einem Partner zusammen, sie legen in der Brutzeit nur ein Ei, und das Küken wird 60 bis 80 Tage nach dem Schlüpfen beringt. So können Mitglieder der Vogelschutzliga und des Nationalparks der Cevennen das ganze Jahr über so gut wie alle Tiere beobachten, die man an den Strichen auf der Beringung, die an beiden Beinen vorgenommen wird, mit dem Fernrohr relativ treffsicher identifizieren kann.

Wenn Sie vom Tarn aus über sich große Raubvögel sehen, sind das meistens Geier. Und mit Sicherheit erspähen Sie in der **Beobachtungs-station von Le Truel** durch die dort aufgestellten Fernrohre zahlreiche Geier auf den Felsen. Sie müssen sich kurz an das Fernrohr gewöhnen und dann langsam die oberen Ränder der Felsen absuchen. Oder Sie warten, bis ein Vogel startet oder bei seinen Artgenossen landet. Zuletzt sahen wir die Tiere sogar über Mittag noch in den Felsen, lange nachdem Thermik eingesetzt hatte. Generell verspricht aber an sonnigen Tagen ein früherer Besuch der Beobachtungsstation das größere Erfolgserlebnis. Bei trübem Wetter bleiben die meisten Vögel zu Hause. Ich hatte jedenfalls stets zahlreiche Exemplare vor der Linse und empfehle Le Truel als großes Urlaubserlebnis, zumal die angegliederte Ausstellung samt ihrer Videoschau alleine schon sehenswert ist *(Belvédère des vautours, 10-17 Uhr, von Mai bis September bis 18 Uhr; außer im Juli/August montags geschlossen; 6,70 €; inzwischen wurde ein großer schattiger Parkplatz angelegt).*

Man kann von hier über Le Truel hinaus ins Tal der Jonte weiter vorstoßen, bis zur heftig beworbenen **Höhle von Dargilan**

(Leser haben dort gerne übernachtet) oder zur noch berühmteren Grotte Aven Armand. Letztere lernen Sie auf der nächsten Tour kennen, denn wir machen kurz hinter Le Truel (Wasser gibt es mitten im Ort) wieder kehrt, um der **Tarnschlucht** zu folgen.

Diese sieht nun so aus, wie wir sie uns vorgestellt haben. Auf dem Talgrund ist gerade noch Platz für den Wasserlauf, der sich jährlich 2 mm tiefer in das Gestein frisst, und für die Straße, die im Gegensatz zu den anderen berühmten französischen Schluchten nicht auf der Höhe über

Tarnschlucht

dem Abgrund, sondern weitgehend unten auf deren Talsohle verläuft. Genau deshalb halte ich die Gorges du Tarn für die schönsten aller französischen Gorges. Und bestätige das in vorliegendem Update noch einmal ausdrücklich, nachdem ich für die Neuauflagen aller drei meiner südfranzösischen Reiseführer in kurzen Abständen unterwegs war.

Im ersten, westlichen Teil der eigentlichen Schlucht, zwischen Le Rozier und Les Vignes, gibt es keinerlei Ansiedlungen und auch nur wenige Badestellen. Man kommt aber an einigen Campingplätzen vorbei. In **Les Vignes**, einem kleinen Nest, dessen Name darauf hin deutet, dass hier in früherer Zeit Wein angebaut worden ist, gibt es Parkplätze direkt am Tarn, auf denen, wie überall, das Parken nachts verboten ist.

Bei Les Vignes beginnt auch die Zufahrt zum bekanntesten und wohl auch schönsten Aussichtspunkt über dem Tarn-Tal, zum **Point Sublime**. Der liegt ziemlich genau über dem Cirque des Baumes und wird gut besucht, seit die Spitzkehren von Les Vignes zur Hochebene, dem Causse de Sauveterre, ausgebaut wurden und jetzt auch für Wohnmobile geeignet sind.

800 m nördlich von Les Vignes finden Sie einen schönen **Campingplatz**, bei dem das Wasser im Tarn zum Schwimmen tief genug ist. Der Platz ist sehr gut ausgestattet und deshalb auch gut besucht:

---

(124) WOMO-Campingplatz-Tipp: Les Vignes *(Beldoire)*
GPS: N 44°17'11" E 3°14'04", D 907BIS.   **Ortszentrum**: 0,8 km.
Zeiten: Ostern bis Ende Sept. **Tel**. 04 66 48 82 79.   **Preise**: 13 - 25 €.
Ausstattung: Pool, Baden im Fluss, Laden, im Sommer kleines Restaurant
Zufahrt: An der D 907BIS nicht zu übersehen.

Jetzt beginnt der **schönste Teil** der Tarn-Schlucht, an dessen Anfang der **Pas de Souci** liegt. Wir klettern dort auf einen direkt neben der Straße liegenden Aussichtsfelsklotz, um uns zu überzeugen, dass der Fluss auf einem kurzen Stück nicht mal von den kühnsten Kanuten bepaddelt werden kann.

Bald darauf folgt mit seinen Straßentunnels der **Cirque des Baumes**, eine gewaltige Felskurve (das eindrucksvollste Straßenstück), an deren oberen Randes sich der schon erwähnte Point Sublime befindet. Am Cirque des Baumes können Sie weiterhin picknicken und baden, Sie könnten auch übernachten. Aber Sie dürfen es nicht mehr. Der Cirque des Baumes ist der Hauptankunftspunkt der gemieteten Paddelboote. In der Nähe werden auch die grünen Motorbarken wieder aus dem Wasser gehoben. Mit diesen Kähnen kann man sich von La Malène bis zu eben dieser Stelle chauffieren lassen, man wird dann wieder im Auto zurückgebracht. Diese **Bootsfahrt** von La Malène, das wir gleich besuchen werden, zählt zu den Hauptattraktionen des Tarns. 4 bis 5 Personen werden in eine flache Barke verfrachtet, die der Schiffer mittels eines Außenbordmotors durch die Strudel des Flusses manövriert. Bei Untiefen wird das Motörchen hochgeklappt, und der Fährmann stakt, im Heck stehend, mit einer langen Stange den Kahn durch die Untiefen. Die Sache dauert im Wasser eine Stunde, ist völlig ungefährlich, aber leider mit wenigstens 20 Euro pro Person nicht gerade billig (die Preise scheinen aber saisonal zu variieren). Wer sich kein Kajak oder Kanu mieten möchte oder wer kein Gummiboot besitzt, sollte sich dieses kleine Abenteuer gönnen, bei dem man auf dem Fluss am Fuß der höchsten Felsen vorbei schippert.

La Croze

Auf dem anderen Ufer sehen Sie bald die malerischen Häuser von **La Croze**, einem aufgegebenen Gehöft, das sich ein nordfranzösischer Industrieller zu einer traumhaften Ferienwohnung ausgebaut hat. Angeblich hat Jaqueline Kennedy/ Onassis hier mehrfach geweilt. Das Urlaubsdomizil unserer Leser könnte in der Nähe liegen, auf einem schönen Zeltplatz, der noch zu Les Vignes gehört:

(125) WOMO-Campingplatz-Tipp: Cirque des Baume (La Blaquière)

GPS: N 44°18'15" E 3°16'07", D 907BIS.   **Ortszentrum**: 4 km.
Zeiten: Mitte April. - Ende September.   **Tel**. 04 66 48 54 93.
Ausstattung: Baden im Tarn, schöner Strand, Laden, Restaurant.
Zufahrt: Der Platz ist an der D 907BIS nicht zu verfehlen.   **Preise**: 13 - 18 €.

Es folgt nun die beeindruckendste Flusspassage der Schlucht, die auf der Michelin-Karte eingezeichneten riesengroßen **Felswände von Les Détroits**. Sie haben hier die außergewöhnlichste Stelle der ganzen Tarnschlucht erreicht, ein Fleckchen Erde, wie Sie es in Südfrankreich ein zweites Mal nicht finden werden. Etwa 3 km östlich von Les Détroits hatte meine Gummibootpartie einst begonnen, und keine Veränderung

hat mich in einer Vorauflage mehr geschmerzt als die (altersbedingte) Schließung des Campingplatzes von *Le Clos*. So müssen Sie woanders an einem lauen Abend unter hohen, schroffen Felsen bei Ihrem Rotwein sitzen, wenn von dem gluckernden Fluss ein feuchter, frischer Geruch in Ihre Nase steigt, und wenn die Akustik der Felswände den Ruf der Eulen schaurig verstärkt.

Die beste Gelegenheit dazu ist der Campingplatz von La Malène, inzwischen einer unserer Lieblingsplätze am Tarn, zumal man auch hier entgegen meiner früheren Mitteilung wunderbar schwimmen kann:

(126) WOMO-Campingplatz-Tipp: La Malène
(Municipal du Pradet)

GPS: N 44°18'04" E 3°19'07"; D 907B.   **Ortszentrum**: 0,3 km.
Zeiten: 1.4. - 15.10. Der Platz darf ohne Infrastruktur auch außerhalb der Öffnungszeiten benutzt werden. **Tel**. 04 66 48 58 55 oder 04 66 48 51 16.

Ausstattung: Baden im Tarn, breiter Kiesstrand, Metzgerei, Laden und Restaurant im nahen Ort (im Restaurant *Manoir de Montesquiou* wird zwar weiterhin ordentlich gekocht, aber die Endzeitstimmung hat nochmals unerträglich zugenommen, dafür ist es zu teuer), Bootsvermietung benachbart, kostenloses WiFi (man muss sich über den Internetbrowser anmelden und bekommt den Benutzernamen und das Kennwort per Email).
Zufahrt: Der Platz ist an der D 907BIS westlich des Ortes nicht zu verfehlen.
Preis: 13,10 €.
Hinweise: Der kleine Platz ist nicht nur in der Hochsaison am vorgerückten Nachmittag häufig belegt. Die Fluktuation ist aber hoch. Häufig vergisst der Betreiber die Entfernung des Schildes ‚*Complet*'. Vormittags ist eigentlich immer was frei.

Inzwischen ist am geräumigen Parkplatz von **La Malène** (200 Einwohner) das Nachtparkverbotsschild verschwunden, das nach meiner Beobachtung noch nie sehr wirkungsvoll war:

(127) WOMO-Badeplatz: La Malène

GPS: N 44°18'04,5" E 3°19'18", D 907BIS.   **Max. WOMOs**: 5-7.
Ausstattung/Lage: Schöner Badestrand mit Schwimmmöglichkeit, im Übrigen siehe beim vorgenannten Campingplatz / im Ort.
Zufahrt: Der Platz liegt mitten in La Malène oberhalb des Ufers (unser Foto)
Hinweise: Ein dreisprachiges Schild schickt Sie auf den Campingplatz, verbietet aber nicht die Nacht, die schon deshalb legal sein dürfte, weil im Sommer der Campingplatz abends sehr häufig belegt ist.

Eine (zuletzt defekte) **Entsorgungsstation** liegt etwa 600 m vorher, also westlich, seitlich der Straße. Dort zweigt ein asphaltierter kurzer Weg zum Tarn ab, der mit einer Kette und einer handgeschrieben Tafel, es handle sich um Privateigentum, versperrt ist. Theoretisch können Sie dort trotz Kette an eine einsame große, flache Badestelle am Fluss gehen, an der auch die Kanuten unbeanstandet anlegen, und wunderbar schwimmen. Sie stören nach meinen Beobachtungen bislang niemanden und dringen auch nicht in umfriedetes Gelände ein

In La Malène stellt sein Wohnmobil ab, wer die oben beschriebene **Bootstour in der Barke** oder eine **Kajakfahrt** wagen will. Hier starten wir zu einer aufregenden Wanderung:

Von La Malène zum Roc des Hourtous

Wir spazieren in **La Malène** über die Brücke, wenden uns mit neuer Beschilderung nach rechts, halten das Niveau (also nicht links bergauf) und wandern zunächst jenseits, also südlich des Flusses, auf einer unbefestigten Fahrstraße, die wir nach genau 30 Minuten (ab La Malène) gegenüber dem breiten Wiesengelände eines früheren Campingplatzes auf einem markierten Pfad bergauf verlassen. Schon bald verzweigt sich der Weg, und wir gehen nach links (mit gelbem Strich zumindest früher unzureichend markiert).

Nach etwa weiteren 70 Minuten haben wir den Gipfel erreicht. Der ist hier mehr eine Oberkante, denn es geht waagerecht weiter. Wir sind nämlich auf der **Causse Méjean** angekommen, einer der dünn besiedelten Hochebenen Südfrankreichs (seit 2011 auf der Liste des Weltnaturerbes).

Wir wenden uns nach rechts zur eingezäunten Aussichtsplattform des **Roc des Hourtous** (1€ Eintritt, bewirtschaftet), dem eigentlichen Ziel der Wanderung, wo die Sicht ins Tarn-Tal wirklich atemberaubend ist.

La Malène

Roc des Hourtous

Nachdem wir lange in die Schlucht geschaut haben, machen wir uns auf den weiterhin markierten, hier asphaltierten Weg nach **Rieisse**.

Wer nicht genug kriegen kann, gönnt sich noch einen (beschilderten) Abstecher zum **Roc du Serre**, einem weiteren Aussichtspunkt mit Blick auf La Malène.

In Rieisse orientieren wir uns an den Wegweisern nach La Malène (betrachten Sie in der Mitte des Weilers den alten, noch benutzten Back-ofen) und stehen eine gute dreiviertel Stunde später wieder unten am Tarn. Dreieinhalb Stunden (ohne Roc du Serre) sollte man für die Wanderung insgesamt veranschlagen, und die Vorsichtigen agieren mit der Karte *2640 OT*.

Fährt man weiter, stößt man bald auf das malerische **Schloss** von **La Caze**, in dem ein feudales Hotel installiert ist, ehe nach der Durchquerung einiger Tunnels auf der anderen Flussseite **St Chély** auftaucht, dessen Bogenbrücke ein beliebtes Fotomotiv hergibt. Die Häuser sind, wie fast überall am Tarn, aus dem Kalkstein der Felsen gebaut, und sehenswert sind in dem noch ruhigen Ort die romanische Kirche und der Brotofen. Einen guten Eindruck macht die **Auberge de la Cascade** mit einer schönen Terrasse. WOMOs ist auch hier das Nachtparken untersagt, und die Zufahrt ins Dorf ist wegen eines Tunnels eng (notfalls vom Beifahrer durchwinken lassen). Leser haben mir begeistert von einer Nacht auf dem Picknickplatz der Pizzeria am Tarn berichtet, der nach meiner Interpretation vom Nachtparkverbot eingeschlossen wird, auch wenn das Schild auf der anderen Straßenseite steht und abends wenig Sinn macht. Allenfalls tagsüber behindern Wohnmobile die anderen Feriengäste bei der Suche nach Parkplätzen. Jedoch nicht nachts ! Aber wem schreibe ich das? Im unwahrscheinlichen Fall eines nächtlichen Besuchs der Polizei können Sie die wohnmobile Kardinalfrage umdrehen: »Campiere oder parke ich? «

Ste Énimie

Einen Tick weniger langsam gehen die Uhren in **Ste Énimie** (550 Einwohner), dem größten Ort in der eigentlichen Schlucht und ‚*Eines der schönsten Dörfer Frankreichs'*, so dass man froh sein muss, wenn man einen freien Parkplatz unten am Ufer des Tarn ergattert, wo nachts dasselbe Gesetz des Unsinns gilt (immer wieder schreiben mir Leser voller Stolz von unbeanstandeten Missetaten – als ob ich dazu anstiften würde, was ich ausdrücklich nicht tue, weil mir sonst andere Leser schreiben, ein Buch, das zur Missachtung von Verboten anleite, sei das Allerletzte). Sie treffen auf ein paar schöne Gassen, vor allem aber auf ein Geschäft, in dem man nach mehreren Tagen der informativen Abgeschiedenheit mit Glück auch mal wieder eine deutsche Zeitung kaufen kann.

Östlich von Ste Énimie wird das Tal allmählich wieder breiter, aber es gibt noch Höhepunkte. Der Erste ist eher visueller Art, etwas für die Fotofreunde. Es sind die Häuser des tief im Tal liegenden, traumhaft schönen Weilers **Castelbouc**.

Das andere Highlight ist ein ungewöhnlicher Campingplatz. Dabei tut man dem Gelände mit diesem Begriff eher Unrecht, denn es handelt sich um eine große naturbelassene, private Wiese *(Aire naturelle)*. Auch die Bademöglichkeiten sind ideal. Haben Sie erst einmal den wegen einiger tiefhängender Zweige etwas beschwerlichen, aber nicht langen Weg geschafft, werden Sie vermutlich mehr als nur eine Nacht bleiben.

(128) WOMO-Campingplatz-Tipp: Montbrun
(Air naturelle de Charbonnières)

GPS: N 44°20'08" E 3°29'25". **Ortszentrum**: 2,5 km. **Zeiten**: 15.4. - 30.9. Tel. 04 66 48 51 78. **Ausstattung**: Gute Badestelle und Strand am Tarn. **Zufahrt**: Auf Ihrer Michelin-Karte sehen Sie (mit einem Pfeil gekennzeichnet) das **Schloss von Charbonnières**. Wenn Sie auf der D 907BIS, der Tarn-Straße, von Ste. Énimie kommen, können Sie das Schloss und auch den Wegweiser (Sie werden schon von der nördlichen Flussseite durch eine Tafel animiert) nicht verfehlen. Biegen Sie auf die östlich des Schlösschens gelegene Brücke, Richtung Montbrun, ab und wählen Sie bei nächster Gelegenheit den Weg nach rechts (neu beschildert). Nach weiteren 500 m müssen Sie an der Gabelung erneut den beschilderten rechten Pfad nehmen, der dann an der Tür der Schlossherrin endet. In dem von der Rückseite eher an einen Bauernhof erinnernden Château befindet sich nämlich die Rezeption.

Preis: 14 €. **Hinweise**: Bisweilen ist die Schlosstür verrammelt und die Zufahrt mit einer Kette gesperrt, obgleich der Platz ersichtlich in Betrieb ist. Vermutlich darf man die Kette dann aushängen und auf die Wiese fahren. Ausprobiert haben wir das aber noch nicht. Vielleicht muss man an der Tür nur lange genug klopfen. <u>Vermutlich keine Hunde.</u>

(129) Hundebesitzer fahren jenseits der Brücke nach links und gelangen unterhalb von Montbrun zum **Campingplatz** *Prat de Milou*, wo Herr und Hund aber nur vom 1.7. bis 31.8. in ausreichend tiefem Wasser schwimmen dürfen; **GPS**: N 44°20'08" E 3°29'49". **Preis**: 9 €.

Das bald folgende **Ispagnac** (650 Einwohner) ist der letzte Ort der eigentlichen Schluchtstrecke und hat uns bei der letzten Recherche enttäuscht. Den früheren, einst offiziellen Stellplatz verunstaltet nämlich inzwischen ein Verbotsschild. So freut man sich, wenn man schnell wegkommt, weil die Straße nun deutlich breiter wird, auf der man in **Florac** einlaufen

kann. Das wirkt nach der Einsamkeit in der Schlucht wie eine Mittelstadt, bietet aber nur noch 2.000 Einwohnern eine Heimat. Wenn donnerstags Markt ist, findet man kaum einen Park- und auf der langen, mit Platanen bestandenen *Esplanade* genauso schlecht einen Sitzplatz. Wer nicht auf Badefreuden fixiert ist, wird gerne abseits des Tarn eine Nacht auf dem offiziellen Stellplatz verbringen:

(130) WOMO-Stellplatz: Florac

GPS: N 44°19'32" E 3°35'27", Rue du Cimetière.
Max. WOMOs: 10.
Ausstattung/Lage: Ver- und Entsorgung, Toilette, Mülleimer, bedingt klappstuhlgeeignet, Gaststätten, Geschäfte / im Ort.
Zufahrt: Der Platz liegt nahe der D 16 westlich des Ortzentrums am Hang. Wenn Sie von Westen kommen, folgen Sie dem ersten Wegweiser ins Zentrum und fahren am 1. Kreisverkehr rechts (spätestens ab hier beschildert).
Hinweise: Notfalls kann man auch auf dem Platz eine Etage tiefer stehen. Häufig, besonders mittwochs und donnerstags, ist der Platz schon früh belegt.

So löblich dieser schattenlose Stellplatz auch ist, so wenig erfüllt er im Sommer die Erwartung an einen Urlaubstag am Tarn, der von hier weit entfernt und nicht zu sehen ist. Und auf

Castelbouc

Asphalt kann man zwar nach einer Wanderung gut die Nacht verbringen – jedoch nicht den Tag. Wir haben uns daher früher nie länger in Florac aufgehalten. Nachdem wir aber in fußläufiger Entfernung zur Stadt einen schlichten und weitgehend naturbelassenen Campingplatz entdeckt haben, zählt die lebhafte Kleinstadt zu unseren Lieblingsadressen dieser Tour. Obwohl eine Markisenaufschrift am Platz vor dem Rathaus (der liegt eine Etage höher als der längliche Platanenboulevard) nicht ganz hält, was sie verspricht: In der zentralen Café-Bar, der ersten

Adresse der Stadt, hantiert nicht auch der Männerfriseur. So müssen wir den *Pastis* schon wieder ohne weiteren Anlass trinken, um mit Vergnügen eine eigentümliche Mischung von Alteingesessenen, Wanderern, Aussteigern und Freaks zu betrachten. Entsprechend gut sortiert sind der Bio- und der Outdoor-Laden. Sehenswert sind in Florac außerdem die gestaute **Source du Pêcher**, eine Karstquelle, deren glasklares Wasser mitten durch den Ort rauscht, und das über der Stadt thronende **Château** aus dem 17. Jahrhundert, heute Sitz der Verwaltung des Nationalparks der Cevennen.

Wer uns kennt, ahnt, dass wir uns gründlich genug umgesehen haben, um in Florac auch ein Lieblingslokal empfehlen können: Im **Restaurant *L'Adonis*** (das gehört zum *Hôtel des*

in Florac

Gorges du Tarn) können Sie zu fairen Preisen einfallsreiche, richtig leckere Menüs verspeisen und die Auswahl vom auch in Frankreich in dieser Preisklasse allmählich aussterbenden, hier sehr gut bestückten Käsewagen genießen *(Tel. 04 66 45 00 63; mittwochs und donnerstagmittags geschlossen; 48, Rue* Pêcher, *das Lokal liegt gut beschildert im südöstlichen Teil des Städtchens).*

Alle diese Urlaubsherrlichkeiten sind zu Fuß erreichbar, wenn Sie sich auf dem nahen Campingplatz niedergelassen haben:

(131) WOMO-Campingplatz-Tipp: Florac *(Le Pont du Tarn)*
GPS: N 44°20'10" E 3°35'24". **Ortszentrum**: 1,7 km (Fuß- und Fahrradweg seitlich der N 106). **Zeiten**: 1.4. - 31.10. **Tel.** 04 66 45 18 26.
Ausstattung: Badestelle direkt am Platz (vor und unterhalb der alten Brücke ist der Tarn zum Schwimmen tief genug), Pool, Brotverkauf, Snack, Supermarkt in der Nähe (am Kreisverkehr der nahen N 106 über die neue Brücke nach rechts noch 300 m), Wanderwege.

Zufahrt: Der Platz ist nordwestlich von Florac an der N 106 beschildert.
Preise: 12,50 - 26 € (Parzellen nahe der Straße sind preiswerter als die lauschigen Wiesenplätze direkt am Tarn - siehe unser Foto).
Hinweis: Tagsüber Verkehrsgeräusche, nachts sehr ruhig.

(132) Etwa 2 km weiter östlich können wir bei **Bédouès** den gleichfalls direkt am Tarn gelegenen ***Camping Chantemerle**** empfehlen:
GPS: N 44°20'43" E 3°36'36". **Ortszentrum**: 0,8 km.
Zeiten: 1.4. - 2.11. **Tel.** 04 66 45 19 66.
Ausstattung: Badestelle direkt am Platz, Brotverkauf, Gaststätte. **Zufahrt**: Der Platz ist nordwestlich von Bédouès beschildert. **Preise**: 12,50 - 18 €.

In Florac beginnt die berühmte Corniche des Cévennes, die wir auf unserer übernächsten Tour unter die Räder nehmen werden.

Einen weiteren Lieblingsort am Tarn haben wir erst kennen gelernt, nachdem eine Leserin eine in diesem Buch unverzeihliche Lücke aufgedeckt hat, die wir den Tarn aufwärts, 21 Kilometer östlich von Florac, geschlossen haben, als wir

Le Pont-de-Montvert

uns in **Le Pont-de-Montvert** (290 Einwohner) zwischen einem perfekt gelegenen Campingplatz und einer brauchbaren freien Alternative entscheiden mussten. Der Zeltplatz grenzt direkt an phantastische **Badebecken**, von denen sich der noch beinahe quellfrische, kühle und glasklare Tarn über einen kleinen Wasserfall ins Tal stürzt. Es gibt nichts Schöneres, als dort an einem heißen Hochsommertag auf den runden, von der Sonne gewärmten Steinen zu liegen – auch wenn ich Ihnen hier nicht empfehlen möchte (und es aus Rechtsgründen schon gar nicht tue), wie die Dorfjugend von einem Felsen sechs Meter in die Tiefe zu springen! Hier lohnen sich ein paar Tage auf dem unglaublich preiswerten Campingplatz, auf dem einige verwaiste Wohnwagen von Dauercampern nur wenig stören:

(134) WOMO-Campingplatz-Tipp: Le Pont-de-Montvert *(Municipal)*

GPS: N 44°21'44" E 3°44'51".   **Ortszentrum**: 0,2 km.
Zeiten: Mitte März - 31.10. **T**   el. 04 66 45 80 10 (Mairie).

Nichtcamper finden das Naturerlebnis unterhalb einer Treppe, circa 150 m östlich von Le Pont-de-Montvert, an der Straße nach Genolhac und etwa 250 Meter vom Stellplatz entfernt:

Wer auf deutsche Zeitungen verzichten kann, findet auf beiden Seiten der geschwungenen Tarnbrücke, unter der man auch baden kann, alles, was man zum glücklichen Urlaub braucht und zugleich ein Stück von Frankreich, das man nicht mehr für möglich gehalten hätte. Wahrscheinlich gefällt das sogar den Einheimischen. Sonst stünde nicht an der Markise des Café *Le Commerce*: »De père en fils depuis 1902« (Vom Vater auf den Sohn seit 1902). Ähnlich traditionell scheinen Preise und Rezepte im **Restaurant *La Truite Enchantée***, leckeres Hühnchen mit Morcheln und Totentrompeten zum Beispiel, Lachsforellen mit Sauerampfersoße oder eine Mayonnaise, die man am liebsten heimlich abfüllen möchte. Die Käseplatte bleibt auf dem Tisch, bis Sie fertig sind, und wenn Sie dazu einen zweiten Hauswein bestellen, sind Sie nur 3.80 Euro ärmer – für den Liter *(Sie sollten am Nachmittag für den Abend reservieren, Tel. 04 66 45 80 03; keine Kreditkarten)*. In Le Pont-de-Montvert nahm 1702 der Camisardenkrieg seinen Anfang, mit dem wir uns auf unserer Cevennentour (Tour 12) näher beschäftigen werden.

Le Pont-de-Montvert

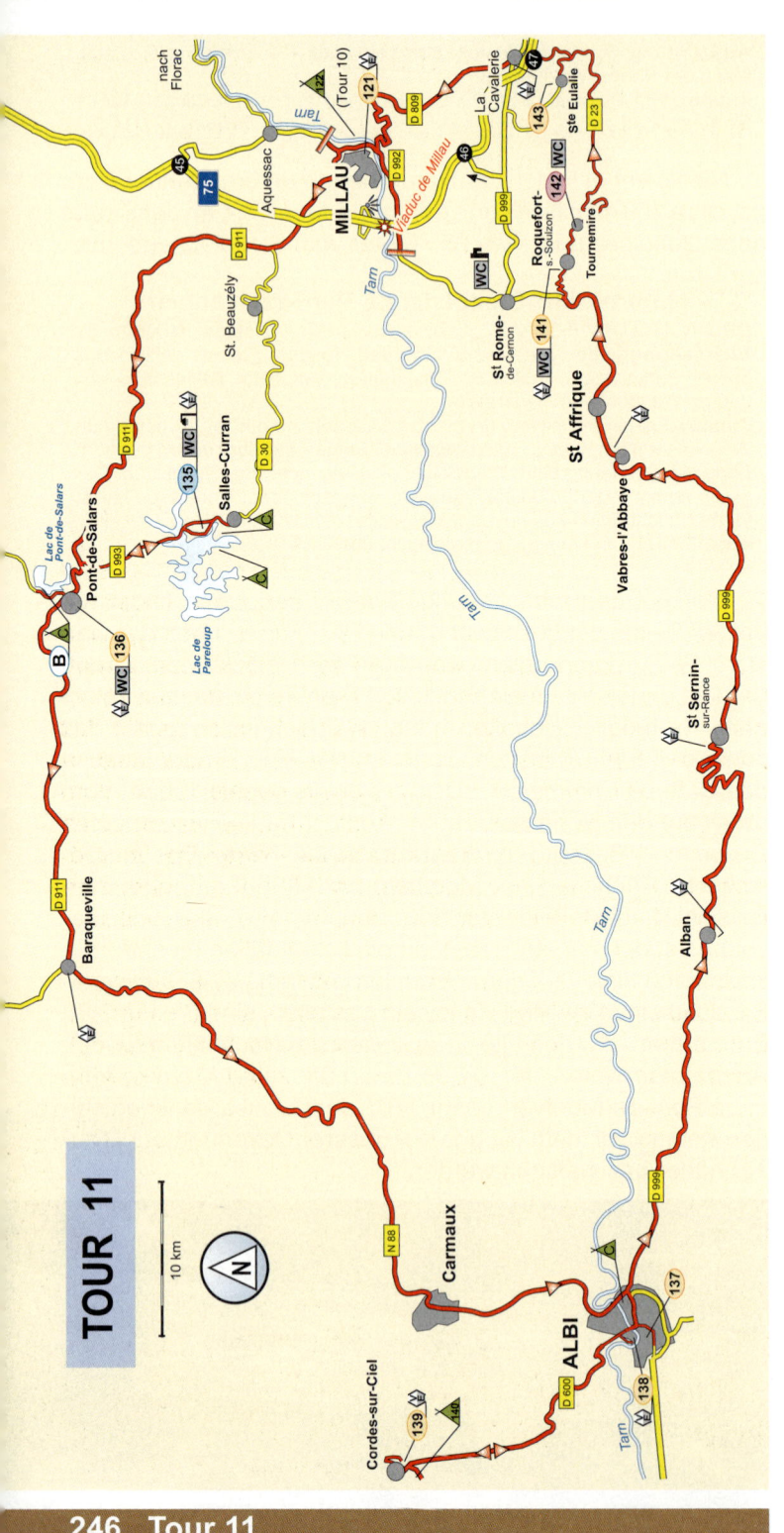

Lac de Pareloup - Pont-de-Salars - Albi - Cordes-sur-Ciel
Roquefort - Viaduc de Millau

Stellplätze:	bei Salles-Curran, in Pont-de-Salars, in Albi, in Cordes-sur-Ciel, in Roquefort, in Tournemire, in Ste Eulalie
Campingplatz:	bei Cordes-sur-Ciel
Besichtigen:	Albi, Cordes-sur-Ciel, Roquefort, Ste Eulalie, Autobahnbrücke bei Millau
Essen:	*Hôtel des Voyageurs* in Pont-de-Salars, Restaurant *L'Inédit* in Cordes-sur-Ciel

Klappe! Und Szenenwechsel! Sie stehen wieder in Millau. Tarnschlucht und Badefreuden locken, und jetzt komme ich und rate Ihnen zu einem Umweg, für den Sie mindestens zwei Tage veranschlagen sollten. Vermutlich werden Sie weiterblättern und »Im nächsten Jahr« murmeln. Dann allerdings wird sich der Vorgang wiederholen – und so fort. Am Ende werden Sie alt, und nach Albi kommen *Sie* bestimmt nicht mehr. Es sei denn, Sie fahren **jetzt**. Auf der Stelle und ohne zu zögern. Mit meinem Versprechen im Ohr, Sie würden nicht nur eine schöne Landschaft, eine noch schönere Stadt, sondern auch, ohne Übertreibung, eine der interessantesten Kathedralen der Welt kennen lernen, **eine der größten Sehenswürdigkeiten in Südfrankreich**. Wer es besonders eilig hat, könnte zur Zeitersparnis unseren kürzeren Tourrückweg auch als Hinweg wählen.

Überredet?

Dann wagen wir uns jetzt in Millau gemeinsam auf die D 911, das ist die Straße Richtung Rodez. Und wir geben tüchtig Gas. Bald sind wir wieder auf einer Höhe von über 800 m angelangt, abgeschieden wie auf den Causses, nur ist die Landschaft hü-

Staumauer des Lac de Pareloup

geliger. Man kommt gut voran, und früher als befürchtet darf man zum **Lac de Pareloup**, einem Stausee, abbiegen. Das Gewässer ist eher etwas für Liebhaber mitteleuropäischer Gefilde ohne südliche Hitze und mediterrane Vegetation des Midi. Wir weilen auf annähernd 900 m Höhe. Die Freiheit und Leichtigkeit des Südens fehlt auch in den Köpfen der Anrainer, die weite Teile des Seeufers in Privatbesitz genommen haben. Jedenfalls machen die Gartenzaunhändler hier gute Geschäfte. Denn frei zugängliche Stellen am See sind selten. Trotzdem finden Sie am Ostufer bei Salles-Curan einen schön gelegenen Stellplatz am See:

(135) WOMO-Badeplatz: Salles-Curan
(Aire de Camping-Car des Vernhes)

GPS: N 44°12'01" E 2°46'33", Route des Vernhes.   **Max. WOMOs**: 80.
Ausstattung/Lage: Ver- und Entsorgung, Toilette, Duschen, Strom, Mülleimer, Badestrand, klappstuhlgeeignet, im Sommer Bäckereiwagen und Pizzaverkauf / außerorts, gut besucht.   **Zeiten**: 1.5. - 30.10.
Zufahrt: Der Platz liegt an der D 243 zwischen Les Vernhes und Salles-Curan.
Gebühr: 10 €//24 Std.

Der See ist wegen seines sauberen Wassers bei Wassersportlern sehr beliebt, weshalb Sie mehrere Campingplätze entdecken, die auch im Hochsommer nicht überfüllt wirken und unmittelbar am Seeufer liegen, wo sich mancherorts sogar kleine Strände gebildet haben. Ich fasse mich hier aber kurz, da der See eindeutig nicht mehr in unser Beschreibungsgebiet gehört.

Auch am weiter nördlich gelegenen **Lac de Pont-de-Salars** finden Sie eine landschaftlich schön gelegene **Badestelle**, wenn Sie von **Pont-de-Salars** (1.400 Einwohner) am westlichen Seeufer nach Norden fahren. Sie kommen dabei zunächst an einem reizvollen **Campingplatz** vorbei, ehe Sie seitlich der Straße auf den Parkplatz der *Plage des Rousselleries* treffen. Man muss von dort noch ein paar Meter zum Seeufer runterklettern und dürfte sogar, wenn auch einsam und direkt an der wenig befahrenen Straße, frei **nächtigen**. Zumindest hat dieser Strand das Zeug für einen angenehmen Badenachmittag. Für den Abend und die Nacht kenne ich zu dem Parkplatz eine bessere Alternative:

Der Abend beginnt im *Hôtel des Voyageurs*, an dem Sie unweigerlich vorbeifahren und dessen **Restaurant** zu einer der positivsten Erfahrungen eines ganzen Sommerurlaubs gehört. Die Preise sind zwar im Laufe der Zeit gestiegen (26 Euro für das kleinere Menü), aber die Portionen sind trotzdem groß geblieben. Gekocht wird von Vater und Sohn. Und es scheint, als habe der Filius gar nicht die Ambitionen, zu verändern, was hier schon seit Jahrzehnten den Gästen schmeckt. Die Speisen sind traditionell und ohne großes Getue, was selbst für den gourmetmäßigen Teil der Karte gilt. Man hat zwei Speisesäle zur Auswahl, unter denen Sie sich für den linken, mit dunklem Holz vertäfelten, entscheiden sollten. Dort trägt auch die freundliche Bedienung dazu bei, dass die etwas behäbige, aber gepflegte Atmosphäre entsteht, wie man sie vor Jahr und Tag in der französischen Provinz einmal kennen gelernt hat; die man ständig wieder sucht – und immer seltener findet *(Tel. 05 65 46 82 08; sonntagabends und montags geschlossen, von Juli bis September kein Ruhetag).*

Wenn man sich dann den Bauch so richtig vollgeschlagen hat, darf man sich ruhig auch noch einen *Digestif*, etwas Hochprozentiges, genehmigen, denn fahren muss man nicht mehr. Der einladende Stellplatz liegt in der Nähe:

(136) WOMO-Stellplatz: Pont-de-Salars

GPS: N 44°16'42" E 2°43'45", Place de la Rivière.   **Max. WOMOs**: 5.
Ausstattung/Lage: Ver- und Entsorgung (1.5. - 20.10.; 3 €, Jetons bei 11 Verkaufsstellen im Ort), Toilette, Mülleimer, klappstuhlgeeignet, Gaststätte, Geschäfte / im Ort.
Zufahrt: Wenn Sie sich von Millau nähern, sehen Sie am (südöstlichen) Ortseingang südlich der D 911 einen großen beschilderten Platz.
Hinweis: Unweit kommt nördlich auch der Campingplatz *Les Terrasses du Lac* in Frage.

Nach einer traumhaften Nacht in frischer Höhenluft sind wir gestärkt, um das eigentliche Ziel unseres Umwegs in Angriff zu

nehmen. Für die Strecke nach **Albi** (46.000 Einwohner) benötigen wir noch eine gute Stunde, ehe wir die breite Tarn-Brücke überqueren. Am besten parkt man schon mal kurz davor (leider oft belegt), denn über die Brücke <u>muss</u> man genussvoll schlendern. Der Blick hinunter zum Tarn, auf die kleinere ältere Brücke (aus dem 11. Jahrhundert) und vor allem hinauf zu den roten Häusern der Altstadt, deren Dächer vom mächtigen Schiff der Kathedrale fast erdrückt werden, ist allein schon die Reise wert. Selbst wenn Sie erst viel später einen Parkplatz (auf einem unserer Stellplätze) finden, müssen Sie unbedingt zu dieser Brücke zurück spazieren. Von dort ist es auch nicht mehr weit in die Altstadt, die fachgerecht saniert worden ist und auch ohne das berühmte Kirchenbauwerk schön anzusehen wäre – vor allem die Fachwerkhäuser aus Backsteinen südlich unterhalb der Kathedrale. Das war auch ein Grund dafür, dass im Jahr 2010 das Bischofsviertel mit dem Dom auf die UNESCO-Liste des **Weltkulturerbes** gesetzt worden ist. Als das in der Stadt bekannt wurde, *läuteten in der Nacht 20 Minuten lang die Glocken.*

Die im Jahr 1282 begonnene **Kathedrale Sainte-Cécile** steht völlig zu Recht auf dieser Liste und stellt alles in den Schatten. Sie ist ein Bauwerk der Gotik und erinnert von außen

Albi

doch so wenig an die anderen gotischen Kathedralen und Kirchen Frankreichs oder Deutschlands – und ist deshalb weltweit einmalig. Auf der Außenseite enthält nur der Baldachin über dem Haupteingang die verspielten, behauenen Steine. Alles andere samt dem Turm ist trutzig, wie ein großer, roter, steinerner Kasten, kaum abgemildert durch die runden, als kleine Türmchen ausgebildeten Ecken und den schmucklosen Stumpf des immerhin noch 78 Meter hohen Hauptturms. Die schmalen Fenster tragen dazu bei, dass man das Bauwerk eher für eine Festung als für ein Gotteshaus halten könnte, das als eine der größten Backsteinkirchen der Welt gilt.

Das allein ist schon äußerst beeindruckend, aber noch nichts gegen die Pracht, die Sie im Innern erwartet: Kein Zentimeter wurde ausgespart, als sich von weitem angereiste Künstler vom 13. bis 15. Jahrhundert alle Mühe gaben, mit Malereien, Schnitzereien und vor allem mit fein bearbeitetem Stein ein Zeichen religiösen Prunks zu setzen. Unweigerlich hält man vor der spätgotischen **Chorschranke** (dem sogenannten *Lettner*) den Atem an, einer quer durch das Kirchenschiff verlaufenden, ungemein kunstvollen Steinmetzarbeit, die weltweit ihresgleichen sucht (weil in den meisten anderen gotischen Kathedralen die Lettner abgerissen worden sind, um den Chor vom

Albi - Chorschranke

Kirchenraum aus sichtbar zu machen). Kaum weniger form-
vollendet und ästhetisch sind die Statuen in der dahinterliegen-
den Apsis oder im Inneren des abgeteilten **Chors**. Betrachten
Sie sich auch das riesige Renaissance-Fresko vom Jüngsten
Gericht. Überhaupt wären allein die **Malereien**, mit denen die
gesamte einschiffige Saalkirche auf einer Fläche von 18.500
m² ausgemalt ist, eine Sensation. Alles, was Sie sehen ist frühe
Renaissance und original. Es gibt in ganz Südfrankreich keine
weitere Kathedrale mit einer solchen Anhäufung von Schätzen, von denen jeder alleine schon den Umweg, ja die ganze
Reise, lohnt. Dazu gehört schließlich die **Orgel**, eine der größten Frankreichs. Damit ich nicht Seiten mit der Beschreibung
der einzelnen Kunstwerke füllen muss, sollten Sie sich unbedingt den hervorragenden Audioguide leisten, den Sie ohne-

hin bekommen, wenn
Sie das Eintrittsgeld
für die Besichtigung
des Chors bezahlen.
Es macht keinen Sinn,
nach Albi zu fahren
und hier an 5 Euro zu
sparen *(Achtung, die
Öffnungszeiten sind
überraschend: Okt. -
Mai 9.30 - 12 und 14
- 17.30 Uhr – an der
Kirchentür stehen die-
se Zeiten; das sind
für diese Jahreszeiten
andere als im aktuellen
Internetauftritt, der kei-*

ne Mittagspause erwähnt ;Juni - Sept. 9.30 - 17.30 Uhr; das ganze Jahr über sonntags 9.30 - 10.15 Uhr und 14 - 17.15 Uhr).

Hier hat die Kircheninstitution nicht gekleckert, hier wurde geklotzt, und man fragt sich, weshalb die Kirchenmänner ausgerechnet in Albi derart aufwändig hingelangt haben. Man wollte im 13. Jahrhundert ein demonstratives Zeichen setzen, ein Symbol des rechten Glaubens, eine Geste der Macht. Hatte man doch gerade erst in blutigen Kämpfen die Katharer (fast) ausgemerzt, eine Religionsgemeinschaft, deren Glaube geprägt war von Askese und Toleranz, aber auch von dem Bedürfnis, sich nicht von der damals durchaus weltlichen Macht der Kirche unterjochen zu lassen. Die Anhängerschaft dieses Glaubens rekrutierte sich aus weiten Teilen Südwestfrankreichs, namentlich aus der Bevölkerung um Albi, weshalb die Katharer auch heute noch Albigenser genannt werden. Das ist zwar unpräzise, weil die regionale Verbreitung der Häre-

Albi - Kathedrale, Bischofsplast und Eingang zum Lautrec-Museum

sie, der Ketzerei, weit über das Land um Albi hinaus reichte (siehe auch unsere 6. und 7. Tour). Aber schon der Begriff zeigt, dass in Albi besonderer Anlass bestanden hat, nach jener Unterwerfung, so brutal diese auch vonstattengegangen war, dem Herrgott zu danken – und dem Volk zu zeigen, wer die Macht hatte. So darf man heute bei aller Freude über die prachtvollen Kunstwerke nicht die damit verbundene Ideologie vergessen, genauso wenig wie die Hunderttausende von toten Andersgläubigen, die grausam niedergemetzelt worden sind.

Berufspinkler

Sie fragen sich vielleicht auch, woher das Geld für diese prächtige Kathedrale stammt. Zwar war die Bauweise mit Backsteinen preiswerter als die anderer Kathedralen, aber die Größe und der Innenausbau müssen eine Unmenge gekostet haben.

Der unermessliche Reichtum der Gegend bis nach Toulouse hatte unter anderem mit dem Wasserlassen zu tun. Jeder WOMO-Fahrer kennt den Wildpinkler. Was aber war ein Berufspinkler, ein *Pisseur*? Urin war unverzichtbarer Grundstoff für einen Fermentationsprozess, bei dem sich aus den zerkleinerten grünen Blättern der gelb blühenden Pflanze Färberwaid (franz. heißt dieselbe Blume *Pastel*) innerhalb einer geklumpten, pastösen Masse blaues Pigment gebildet hat. Diese Kugeln, man nannte sie *Cocagne*, mussten danach mehrere Monaten trocknen (woraus angeblich der Ausdruck ,Blau machen' abgeleitet wird), bevor sie in die Färbereien transportiert werden konnten. Es gab in ganz Europa nur zwei Anbaugebiete für Färberwaid (das zweite lag bei Erfurt), weshalb der Preis für den dringend benötigten blauen Farbstoff hoch gehalten werden konnte.

Das änderte sich, als aus Indien das wesentlich farbintensivere Indigo importiert worden ist, weshalb *Pastel* und damit die Profession des *Pinklers* im 17. Jahrhundert unrentabel geworden sind. Erst in neuester Zeit wurde *Pastel* von Künstlern auch außerhalb der *Pays de Cocagne*, so nennt sich das Gebiet im Dreieck zwischen Albi, Toulouse und Carcassonne heute noch, wiederentdeckt. Aber ich weiß nicht, mit welchen Rohstoffen heutzutage die Fermentierung beschleunigt und verbessert wird.

Die Geschichte trägt in Albi auch paradoxe Züge. Denn direkt neben die Kathedrale hat sich der **Bischof** einen **Palast** bauen lassen, von dem ich annehmen darf, dass er von Frömmigkeit, zumindest von Frömmelei, durchzogen war. Ausgerechnet dort hängen nun die bekanntesten Puff-Bilder der Kunstgeschichte, die Gemälde, auf denen Henry de Toulouse-Lautrec in seinem kurzen Leben (1864 - 1901) die Nutten und die Halbwelt verewigt hat. Der Maler entstammte der Linie der Grafen von Toulouse und wurde in Albi geboren. Henrys Vater hatte, um das Vermögen in der Familie zu behalten, seine Cousine geheiratet. Diese Verwandtschaftsehe war der Grund für eine Erbkrankheit, die sich durch Kleinwüchsigkeit bemerkbar machte und in den Jahren 1878 und 1879 die Ursache für zwei Beinbrüche war, die den jungen Mann monatelang an das Krankenlager fesselten. Leider verfiel er während seiner Zeit als malender *Bohémien* in Paris immer mehr dem Alkohol. Bevor er schließlich im Delirium dahindämmerte, schuf er die genialen Abbilder der Bordelle am Pariser Montmartre, von denen seine Mutter nach seinem Tod einen großen Teil der Geburtsstadt vermacht hat, dazu mehrere sehr schöne, weniger bekannte Bilder mit eher klassischen Motiven. So kann Albi heute mit einem Museum von Weltrang aufwarten, dem **Musée Toulouse-Lautrec**, das allerdings einen entscheidenden Nachteil hat, es ist, außer im Juli/August, über Mittag geschlossen. Weshalb Sie die Kirchenbesichtigung den Öffnungszeiten des Museums anpassen sollten *(April, Mai 10 - 12 und 14 - 18 Uhr, Juni 9 - 12 und 14 - 18 Uhr, Juli-September 9 - 18 Uhr, das restliche Jahr 10 - 12 und 14 - 17.30 Uhr Oktober bis März dienstags geschlossen; 9 €).*

Hat man sich an den beiden touristischen Highlights satt gesehen, und ist man noch durch die sehenswerte **Altstadt** gebummelt, stellt sich die Frage nach der weiteren Urlaubsplanung. Sie beglückwünschen sich inzwischen, dass Sie den inneren Schweinehund überwunden und sich zu diesem Abstecher nach Albi aufgerafft haben. Aber jetzt soll es so schnell wie möglich wieder zurückgehen an die Badeplätze der Gorges du Tarn. Genehmigt! Nach zwei Stunden Fahrtzeit sind Sie wieder in Millau, und ich bin schon froh, dass ich einige von Ihnen überreden konnte.

Sie könnten aber auch in Albi übernachten, mit Sicht auf die Kathedrale. So zentral stehen Sie selten, vermutlich sogar überraschend ruhig:

WOMO-Stellplätze: Albi

(137) Cathédrale
GPS: N 43°55'39" E 2°08'28", seitlich des Boulevard du Général Sibille.
Max. WOMOs: 9.
Ausstattung/Lage: Mülleimer, Gaststätten, Geschäfte / in der Stadt.
Zufahrt: Folgen Sie den Wegweisern ‚P - Cathédrale' bis auf einen großen Parkplatz am Hang nahe und südwestlich der Kathedrale; ein kleiner Teil davon ist offiziell für WOMOs reserviert.

Hinweise: Keine Klappstühle, keine Markisen, höchstens 48 Std., oft schon früh belegt.

(138) Pratgraussals
GPS: N 43°55'53" E 2°08'08", Chemin de Pratgraussals. **Max. WOMOs**: 20.
Ausstattung/Lage: Ver- und Entsorgung, Mülleimer, klappstuhlgeeignet / Stadtrand. Der Fußweg in die Innenstadt ist kürzer als befürchtet: Gehen

Sie oberhalb des Platzes unter einem Eisenbahnviadukt immer geradeaus durch die Rue de Lamothe, nach rechts in die Rue Rinaldi und über die alte Brücke – höchsten 1,2 km.

Zufahrt: Der Stellplatz liegt auf dem Nordufer des Tarn, gegenüber der Altstadt, aber etwas weiter westlich. Fahren Sie über die Tarnbrücke nordöstlich der Altstadt und bei der ersten größeren Kreuzung nach links auf den *Boulevard Alsace-Lorraine*. Am Ende der Straße fahren Sie rechts und die dritte Straße (nicht die erste nach einem Bahnübergang, in die das Navi Sie vielleicht schickt) wieder links – Wegweiser ‚*P - Pratgraussals*‘.

Hinweise: Sie können bei der Entsorgungsstation auf einer großen Wiese stehen oder um die Ecke auf Asphalt am Rand einer Wiese (unser Foto). Auf beiden Plätzen parken Sie in der Nähe eines großen Friedhofes.

Cordes-sur-Ciel

So lobenswert diese Plätze auch sind, Sie werden das Urlaubserlebnis phantastisch steigern, wenn Sie auf einem der schönsten, in diesem Buch beschriebenen Stellplätze schlafen. Dazu entfernen Sie sich noch mehr vom Titel-Gebiet dieses Reiseführers und fahren nach **Cordes-sur-Ciel** (1.000 Einwohner), 25 km nordwestlich von Albi, einem unserer Lieblingsorte:

(139) WOMO-Stellplatz: Cordes-sur-Ciel

GPS: N 44°03'50" E 1°57'31", P 1. **Max. WOMOs**: 25.

Ausstattung/Lage: Ver- und Entsorgung, Strom, Mülleimer, klappstuhlgeeignet, Gaststätten, Geschäfte (direkter Fußweg 7 Minuten), im Sommer Shuttle in die Altstadt / außerorts, nicht einsam.

Zufahrt: Folgen Sie dem Wegweiser ‚*P 1*‘ auf einen geräumigen Parkplatz namens *Les Tuileries* am Fuß des Ortes.

Gebühr: 5 € (mit Münzen bezahlen) – Sie bekommen dafür einen Jeton, mit dem Sie 100 Liter Wasser <u>oder</u> 3 Stunden Strom zapfen dürfen.

Sie müssen nicht in das Bimmelbähnchen einsteigen, das Sie im Sommer mehrfach täglich in das historische Zentrum bringt. Der Fußweg ist ein Stück des Genusses. Schneller als befürchtet sind Sie im neueren Ortsteil (mit Geschäften) angelangt, wo Sie durch eine steile Gasse bis fast in den *Himmel* (*ciel* – daher der Name) aufsteigen. Das wird sehr lohnend. Wenn Sie nämlich glauben, schon alles gesehen zu haben, sind Sie noch längst nicht am Ziel. Die Stadt hatte im Mittelalter 5.000 Einwohner, was damals sehr viel war, und erstreckt sich daher auf einem Bergrücken. Man erwartet putzige Häuschen und flaniert stattdessen unter respektablen, gotischen Giebeln aus dem 13. und 14. Jahrhundert. Selbst bei der alten Markthalle ist die Anzahl der Kunst- und Souvenirläden, zumindest im Vergleich mit anderen ähnlich exponierten Ortschaften, noch verhalten.

in Cordes-sur-Ciel

Cordes ist eine so genannte Bastide, ein im südlichen Frankreich weit verbreiteter Siedlungstyp. Das ist kein gewachsener Ort, sondern ein vor allem im 13. Jahrhundert als Festung entworfener Gebäudekomplex, ein Fixpunkt zur Bindung der Bevölkerung für strategische, kriegerische Zwecke.

Das **Restaurant L'Inédit** besuchen Sie an einem milden Sommerabend nicht wegen der wenigen Speisen, die auf eine Tafel passen (am beliebtesten ist eine Vorspeisenplatte für zwei, der keine Hauptspeise folgen muss), sondern wegen seines romantischen Gartens mit schönem Blick über die Hügel *(Sie kommen auf dem Weg in die Oberstadt daran vorbei und müssen nach unseren Beobachtungen nicht reservieren, Tel. 05 63 53 35 87)*. Ob dieser Tipp eine Zukunft hat, ist allerdings fraglich. Der touristische Zuspruch und vielleicht in des-

sen Folge auch die Einwohnerzahl der Kleinstadt scheinen zu sinken. Jedenfalls sahen wir zunehmend Leerstand. Und wo ein berühmtes Restaurant, in dem schon die Königin von England und der Kaiser von Japan zu Tische saßen, seit Jahren leer steht, können wir für nichts garantieren.

Der sonst erfreuliche Eindruck (wir waren nicht an einem Wochenende Anfang August in Cordes !) wird von einem schönen Campingplatz abgerundet, auf dem ich es mehrere Tage aushalten könnte:

(140) WOMO-Campingplatz-Tipp: Cordes
(Moulin le Julien)

GPS: N 44°03'16" E 1°58'14". **Ortszentrum**: 1,4 km.
Zeiten: 1.5. - 30.9. **Tel**. 05 63 56 11 10.
Ausstattung: Pool, Laden, Snack, Angelweiher. **Preise**: 15 - 20 €.
Zufahrt: Der Platz ist an der Straße von Albi, der D 600, ca. 1 km vor Cordes beschildert, nach links auf die D 922 abbiegen und dann gleich wieder links.

Die Rückfahrt zum Tarn-Tal ist alles andere als eine Strafe, führt sie doch durch eine landschaftlich abwechslungsreiche Gegend und durch die Kleinstadt **Saint-Affrique**, deren geschwungene, imposante Brücke unweigerlich zum Anhalten nötigt [Stellplatz mit Ver- und Entsorgung am östlichen Ortseingang des westlich von St Affrique gelegenen Vabres-l'Abbaye]. Außerdem liegt auf, bzw. wenige Kilometer abseits der Strecke auch noch das Dorf

Saint-Affrique

Roquefort-sur-Soulzon. Angeblich hat sich schon Karl der Große von hier Käse schicken lassen, der als Erster seiner Art mit einem Schimmelpilz durchsetzt worden war, dem *Penicilium roqueforti*. Was übrigens nach der Erfindung des antibiotischen

Penicillins viele Menschen zum untauglichen Versuch veranlasst hat, die Halsentzündung mit Roquefort-Käse zu behandeln. Die Besichtigung der Käseherstellung ist eine beliebte Urlaubsunterhaltung. So warten auch wir mit anderen Urlaubern vor dem Tor der Käserei *Société* auf den Rundgang. Bei dem man uns zunächst einen Film vorführt, um uns dann durch die im Berg liegenden Höhlen zu leiten, wo die aus reiner Schafsmilch erzeugten Käselaibe in Holzregalen und im natürlichen Luftzug des Berges bei konstanten 8 Grad Celsius und einer ebenso beständigen Luftfeuchtigkeit von 95 Prozent reifen. Ich persönlich finde den Besuch sehr lohnend, der Roquefort-Käse ist schließlich das Musterbeispiel für Blauschimmelkäse, dem man heutzutage an jeder Kühltruhe, wenn auch meistens aus Kuhmilch, begegnet. Am Ende der Visite werden wir an einem Verkaufsstand vorbeigeschleust, wo wir unerbittlich zuschlagen. Das tut hier jeder, und ich möchte nicht wissen, wie viele Roquefort-Stücke danach, in Plastik verpackt, in überhitzten Autos vor sich hingammeln, sozusagen zwischengelagert werden, bevor sie in den Müll wandern. Nicht bei uns, denn wir haben ja ein Wohnmobil mit Kühlschrank. Roquefort rühmt sich seit einigen Jahren auch einer *Appellation Contrôlée*, einer geschützten Ursprungsbezeichnung, die Sie vom Wein kennen. Hier bedeutet sie, dass sich nur der Blauschimmel-Schafskäse *Roquefort* nennen darf, der auch aus dem Gebiet dieses ansonsten unscheinbaren Dorfes kommt *(Führungen auch in Deutsch 1 Std., 1.4. bis Mitte Juli, Sept., Oktober 9.30 - 12 und 13 - 17 Uhr, Mitte Juli bis Anfang September 9.30 - 18.30 Uhr; sonst 9.30 - 12 und 13 - 16.30 Uhr; 5 €; bei der Konkurrenz, den Caves Papillon, ist der Eintritt frei, in jedem Fall warme Kleidung, die Temperatur beträgt nur 10 Grad).*

Der Stellplatz des Ortes hat sich herumgesprochen, dank seiner Ausstattung und der schönen Lage mit weitem Blick:

(141) WOMO-Stellplatz: Roquefort-sur-Soulzon

GPS: N 43°58'52" E 2°58'52", D 23.   **Max. WOMOs**: 10.
Ausstattung/Lage: Ver- und Entsorgung, Toilette, Mülleimer, trotz Asphalt klappstuhlgeeignet, Spielplatz, Sportplatz, schöner Wanderweg, Geschäfte, leichtes Gefälle / Ortsrand.
Zufahrt: Der Platz liegt seitlich der D 23, bei der Touristeninformation am westlichen Ortseingang.   **Hinweis**: Tagsüber ziemlich laut.

Einen weiteren schönen **Übernachtungsplatz** auf dem Weg nach Millau finden Sie in **St Rome-de-Cernon** (,P' am nördlichen Ortseingang seitlich der D 992, mit Toilette). Wenn Sie auf dem Umweg noch einen Umweg dranhängen, fahren Sie von Roquefort über die Hochebene nach Millau. Gründe dafür gibt es mehrere: Noch unten im Tal den Stellplatz von **Tournemire** zum Beispiel:

(142) WOMO-Picknickplatz: Tournemire

GPS: N 43°58'14" E 3°01'05", D 23.   **Max. WOMOs**: 10.
Ausstattung/Lage: Toilette, Picknickbänke, Strom, Mülleimer, klappstuhlgeeignet, Bäcker und Lebensmittel, Pizzeria im nahen Bahnhof / Ortsrand.
Zufahrt: Der Platz liegt am nördlichen Ortsanfang seitlich der D 23.

Oder die typische Hochfläche (Causse), wo Sie an mehreren der so gerne abgebildeten Schafsträncken (Lavogne) vorbeifahren. Und schließlich die ehemalige Komturei (das ist der Sitz des Verwalters eines Ritterordens) der Templer/Johanniter **Ste Eulalie-de-Cernon**, der die Orte La Cavalerie und La Couvertoirade (siehe Tour 9) unterstanden. Ste Eulalie ist weniger herausgeputzt als La Couvertoirade, und hier leben sogar noch richtige Einwohner. Es lohnt sich! Auch der Parkplatz, wenn man sich von ,Camping interdit' nicht angesprochen fühlt:

(143) WOMO-Stellplatz: Ste Eulalie-de-Cernon

GPS: N 43°59'01" E 3°08'15".   **Max. WOMOs**: 10.
Ausstattung/Lage: Gaststätte, Geschäft / Ortsrand.
Zufahrt: Als Parkplatz hinter dem Ort auffällig beschildert.

Im nahen **La Cavalerie** finden Sie einen Stellplatz aus der Serie **Camping-Park** mit Ver- und Entsorgung.

Alternativ wählen Sie aber ab Roquefort wieder die D 992, die Hauptstraße nach Millau, weil Sie von dort eines der modernen technischen Weltwunder bestaunen können: Der **Viaduc de Millau** hat sich fast über Nacht zu einem Touristenmagneten entwickelt. Im Dezember 2004 wurde das ,Kunstwerk in den Wolken', wie die Brücke oft umschrieben wird, dem Verkehr übergeben, die höchste Autobrücke der Welt, 270 m über dem

Tarn, der höchste Pfeiler misst sogar 340 m, 16 m mehr als der Eiffelturm. Planer der filigranen Schrägseilkonstruktion war kein geringerer als Sir Norman Forster (der vom Reichstag!). Man muss einfach hinfahren, staunen und sich im Informationszentrum an der D 992, westlich von Millau, mit Wissenswertem und Bildern über den Bau eindecken *(10 - 19 Uhr, kostenlos; zur Klarstellung: Sie besichtigen hier die Brücke von unten; Spitzenfotos unter www.viaducdemillau.com)*. Wir sind auf der A 75 auch über die Brücke gefahren. Vor allem haben wir auf dem großen Rastplatz nördlich des *Viaduc* gehalten (er wird von beiden Fahrtrichtungen benutzt und verfügt über einen Stellplatz, auf dem ich allerdings aus Sicherheitsgründen nie schlafen würde). Wir wollten nämlich prüfen, ob der Blick auf die Brücke von dem ab dem Rastplatz zu Fuß erreichbaren Aussichtspunkt, also von oben, spektakulärer ist als von unten. Wir konnten uns aber nicht entscheiden. Wenn man jedoch bedenkt, dass das kurze Stück der ansonsten kostenlosen Autobahn zwischen den Anschlussstellen Nr. 45 und Nr. 46 unverschämt teuer ist *(WOMOs unter 3 m Höhe kosten je nach Saison und Zeitpunkt zwischen 8 und 12 € – für 13 Kilometer, höhere sogar bis zu 22 €)*, tendieren wir trotz des nachstehenden Fotos ganz klar für den Blick von unten, von wo das Bauwerk noch gigantischer wirkt. Und wo begegnet Ihnen das Abbild dieser Brücke im Alltag? Auf der Rückseite des 500-Euro-Scheins, dem man nachsagt, niemand brauche ihn, weil ihn kein Händler annimmt.

Viaduc de Millau - Blick vom Rastplatz

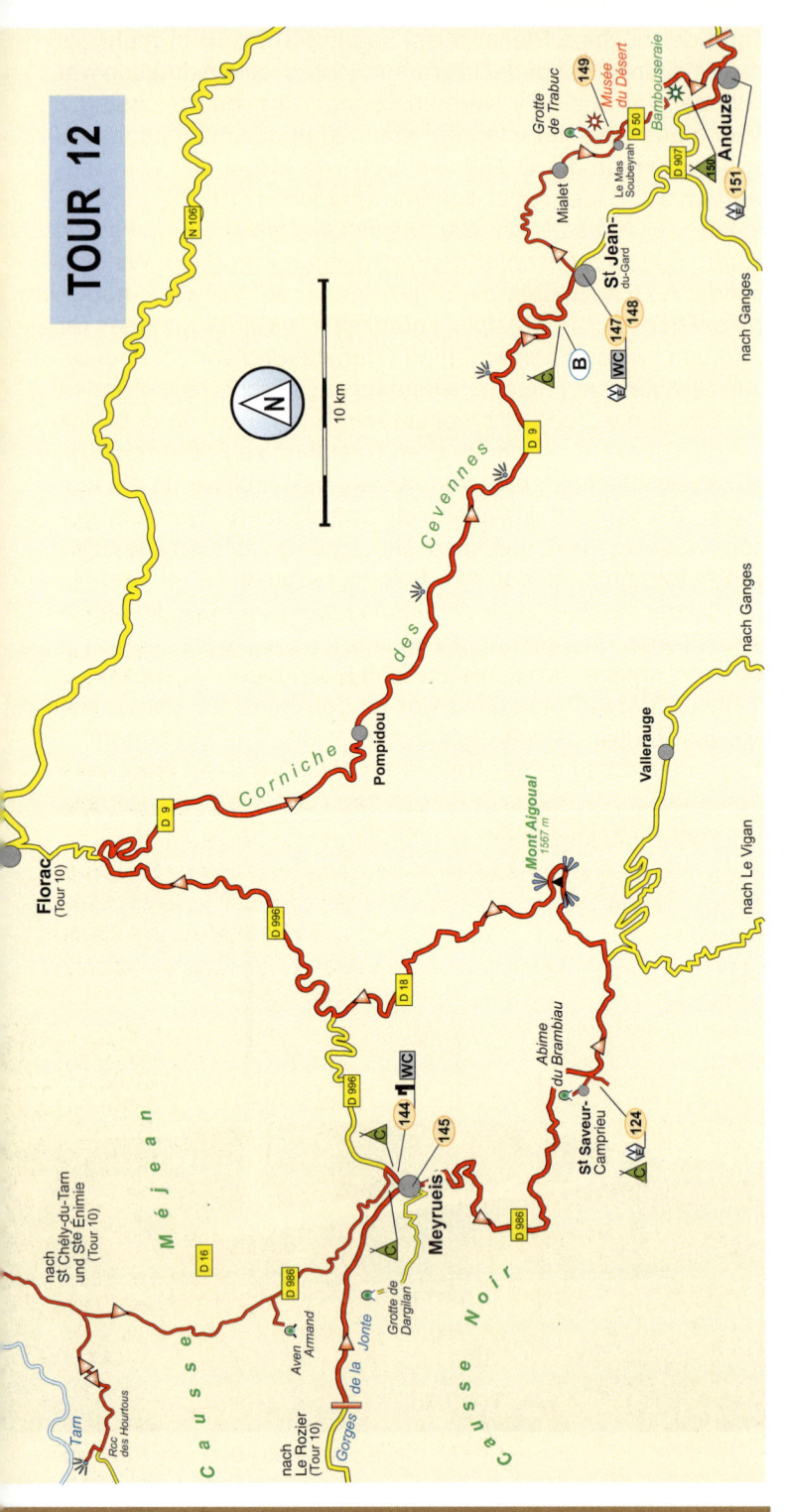

TOUR 12

nach Ganges

Anduze

Bambouseraie
151
150
D 907
D 50
Musée
du Désert
149
Grotte
de Trabuc
Le Mas
Soubeyran
St Jean-
du-Gard
147
148
WC
Mialet

nach Ganges

des Cevennes

B

D 9

Vallerauge

nach Le Vigan

Pompidou

Corniche

Florac
(Tour 10)

D 9

Mont Aigoual
1567 m

D 996

D 18

Abime
du Bramabiau

D 996

144
WC
145

Méjean

St Saveur-
Camprieu
124

nach
St Chély-du-Tam
und Ste Énimie
(Tour 10)

D 16

D 986

Meyrueis

D 986

Causse Noir

D 986

Aven
Armand

Grotte
de Dargilan

Gorges de la Jonte

nach
Le Rozier
(Tour 10)

Roc
des Hourtous

Causse

Tarn

10 km

Aven Armand - Meyrueis - Mont Aigoual
Saint-Jean-du-Gard - Anduze

Stellplätze:	in Meyrueis, bei Saint-Saveur-Camprieu, in Saint-Jean-du-Gard, beim Musée du Désert, in Anduze
Campingplätze:	in Meyrueis, bei Anduze
Besichtigen:	die Höhle Aven Armand, Meyrueis, Wasserklamm Bramabiau, Mont Aigoual, Grotte de Trabuc, Musée du Désert, Bambuswald bei Anduze,
Essen:	*Hôtel Mont Aigoual* in Meyrueis, Restaurant *L'Oronge* in Saint-Jean-du-Gard

Diese Cevennentour beginnt am Tarn, in Le Rozier, was in der Abfolge dieses Buches nur logisch ist, wenn Sie uns zuvor auf Tour 11 nach Albi gefolgt sind. Falls Sie nicht so folgsam waren, fahren Sie eher schon auf der 10. Tour an der Geierbeobachtungsstation weiter durch das Tal der Jonte flussaufwärts, oder Sie nehmen die Hochebene des **Causse Méjean** ab Ste. Énimie in Angriff. Jenes Plateau ist besonders typisch für alle die Merkmale, welche die Landschaft im Jahr 2011 auf die UNESCO-Liste gebracht haben.

Auf jeden Fall sollten Sie sich auch von dieser Seite (von der Nordseite haben Sie auf Tour 10 in die Tiefe geblickt) auf etwa 900 Höhenmetern an den Rand des eingeschnittenen Tarntals wagen, am besten zur Aussichtsplattform des **Roc des Hourtous**, die artige Leser bei der 10. Tour schon erwandert haben. Wer nichts auslässt, fährt auf der D 986 weiter nach Norden bis zum Blick auf den Cirque de Saint-Chély und das gleichnamige Dorf (siehe ebenfalls Tour 10).

Cirque de Saint-Chély

Als größte Sehenswürdigkeit des Causse Méjean gilt der **Aven Armand**, eine der bedeutsamsten Kalksteinhöhlen der Welt. Sie fahren mit einer Zahnradbahn durch einen 188 m langen Tunnel in einen gigantischen, 35 m hohen Tropfsteinsaal, der an einen bizarren und märchenhaften Wald von Stalagmiten grenzt. Mehr als 400 riesengroße Tropfsteine stehen oder hängen dort in der so genannten *Forêt Vierge (Urwald)* nebeneinander, und viele haben Namen, die man Ihnen anlässlich einer breit angelegten französischen Führung aufzählt. Entdecker der Höhle im Jahre 1883 war übrigens nicht Monsieur Armand, der sie zwar später erforscht hat, sondern der bekannte Höhlenforscher Martel *(Führungen 1 Std., 10 - 12 und 13.30 - 17 Uhr, Juli/Aug. 9.30 - 18 Uhr; 11,50 €).*

Es gibt noch eine Reihe weiterer Höhlen und Grotten in den Causses, was unter anderem am porösen Jurakalk liegt, der die Entstehung von Tropfsteinhöhlen erst möglich macht. Sie könnten südlich der Jonte noch in der Grotte de Dargilan frösteln und sich danach entscheiden, ob Sie tatsächlich das Gebirge der **Cevennen** durchqueren möchten, das von Wohnmobilurlaubern eher stiefmütterlich behandelt wird. Was weniger an den äußerst kurvenreichen Straßen liegt, als daran, dass man die Cevennen, will man sie einigermaßen kennen lernen, in eine Rundreise einbeziehen müsste, die Zeit raubend und mühsam ist. Wenn Sie mit Ihren Urlaubstagen nicht aus dem Vollen schöpfen dürfen, bietet sich am ehesten die Überquerung ab Florac (ebenfalls Tour 10) auf der Corniche des Cévennes an, einer Hochstraße, von der Sie einen guten, fast vollständigen Eindruck gewinnen.

Meyrueis

Oder Sie fangen unweit der genannten Grotten in **Meyrueis** (850 Einwohner) an, einem kleinen Städtchen, das am Zusammenfluss dreier Bäche liegt und auf angenehme Art hinterwäldlerische Provinz mit den Einrichtungen eines sanften Tourismus verbindet. Hier trifft man statt gestresster Urlauber, Menschen mit Wanderstiefeln und Rucksack, denen aber nichts von Spießbürgern aus manchen deutschen Kurorten anhaftet. Wer die Cevennen näher erkunden will, kann auf einem der drei Campingplätze (empfehlenswert, gut besucht und mit Pool ist *Camping Le Capelan*) sein Basislager aufschlagen und sich in den **Restaurants** verwöhnen lassen, von denen das *Hôtel Mont Aigoual* wegen seines hervorragenden Preis-Leistungsverhältnisses überregionale Bedeutung hat *(Tel. 04 66 45 65 61; nur im Sommer geöffnet, dienstagmittags geschlossen; preiswerte Küche).* Falls Sie auf unserem Stellplatz stehen, haben Sie keinen weiten Heimweg und kommen am schönen Uhrturm vorbei:

---

(144) WOMO-Stellplätze: Meyrueis

GPS: N 44°10'47" E 3°25'50", Place du Caire.   **Max. WOMOs**: 5.
Ausstattung/Lage: Wasser, Toilette, Mülleimer, Gaststätten, Geschäfte, Wanderwege / im Ort, am Ufer der Jonte.
Zufahrt: Biegen Sie von der D 996 östlich der Jontebrücke (Richtung Ste. Énimie – D 986) bei der Post zum ,*P*'ab.   **Hinweis**: Tagsüber oft zugeparkt.

(145) GPS: N 44°10'43" E 3°25'48", Place Saint Pierre.   **Max. WOMOs**: 3-4.
Die Alternative liegt mitten im Ort. Fahren Sie in Meyrueis Richtung Mont Aigoual und folgen Sie dem Wegweiser ,*P-Europe*' auf einen baumbestandenen Platz, in dessen hinterer rechter Ecke Sie am besten stehen.

Als Ziel kurzweiliger Unternehmungen bieten sich nicht nur die erwähnten, westlich gelegenen beiden Grotten an, sondern auch, 18 km südlich, die **Abime du Bramabiau**. Das ist keine Höhle, wenngleich im offiziellen Prospekt so betitelt, sondern eine Wasserklamm untertage, wo ein Bach namens Bonheur nach einer unterirdischen Wegstrecke von knapp 700 m wieder an das Tageslicht tritt. Dort donnert dann ein Wasserfall so laut gegen die Felsen, dass es sich nach der überbrachten Volksmeinung wie das Brüllen eines Ochsen anhört, was im örtlichen Dialekt so viel heißt wie *Bramebiou*. Die dunkle Kluft war übrigens eine der ersten »Höhlen«, die im Jahre 1888 von Martel erkundet worden war und die den Meister veranlasst hatte, die französische Gesellschaft für Höhlenkunde, die Speläologie, zu gründen. Selbstverständlich kann man auf einem gesicherten, unterirdischen Pfad das seltene Naturschauspiel anlässlich einer langatmigen, 1½ Stunden dauernden Führung betrachten *(Juli/August 9.30 - 18.30 Uhr, April bis Juni, September bis 17.30 Uhr, Oktober bis Anfang Nov. 11- 16.30 Uhr; 8 €; Hunde erlaubt).*

in den Cevennen

Im benachbarten Dorf finden Sie einen offiziellen Stellplatz:

(146) WOMO-Stellplätze: Saint-Saveur-Camprieu

GPS: N 44°06'30" E 3°28'59", D 710.   **Max. WOMOs**: 3-4.
Ausstattung/Lage: Ver- und Entsorgung, Mülleimer / außerorts, einsam.
Zufahrt: Der Platz liegt bei einem Freizeitgelände knapp 1 km südlich des Dorfes im Kreuzungsbereich der D 986 mit der D 710 vor einem Campingplatz.

Weniger einsam stehen Sie **im Ort** seitlich des Sportplatzes.

Von hier ist es dann nicht mehr weit zum 1.597 m hohen Gipfel des **Mont Aigoual**, wo eine Wetterstation und eine Ausstellung eingerichtet worden sind *(Mai - Ende Sept. 10 - 19 Uhr, kostenlos)*. Statt eigener Worte darf ich aus einem Hochglanzprospekt zitieren: »Beim schönen Wetter erlebt man prächtige Sonnenauf- und -untergänge. Von dort aus genießt man auf einen Überblick auf einen guten Viertel Frankreichs, vom Mont Ventoux ..... bis zum Mittelmeer.« »Den guten Viertel« sehen wir meist nur im Weinglas, denn am Aigoual ist es im Sommer häufig zu dunstig, so dass der Blick dann nur über die runden Rücken der benachbarten Cevennen-Kuppen reicht. Das ist ohne Zweifel auch schön, aber ob sich dafür die Kurverei eines halben Tages lohnt, darf bezweifelt werden. Weil die Waschküche erst im Laufe des Vormittags entsteht, sollten Frühaufsteher und Bergfreunde oben am Gipfel übernachten.

Den Aigoual sieht man trotz Dunst von weitem, wenn man auf der oben schon erwähnten **Corniche des Cévennes** von **Florac** nach Saint- Jean-du-Gard fährt, einer für Wohnmobile aller Größen völlig unproblematischen Gebirgsstraße, die schon zu Beginn des 18. Jahrhunderts angelegt worden ist, als Weg für die Truppen Ludwigs XIV. im Kampf gegen die Protestanten. Die 53 km der Trasse führen durch ein eindrucksvolles Panorama, durch ein paar malerische kleine Ortschaften, zumeist aber durch unbewohntes Gebiet. Dass wir dennoch ein wenig enttäuscht sind, liegt vermutlich an den zu hohen Erwartungen, die durch die übertriebenen drei Sterne des grünen Michelin-Führers, die höchstmögliche Auszeichnung, geweckt wurden. Immerhin bekommt man einen umfassenden Eindruck von den Cevennen, und die Straße ist weder beschwerlich, noch erfordert sie größere Umwege. Ganz im Gegenteil, es ist die Strecke, die sich am ehesten anbietet, wenn man vom Tarn nicht direkt nach Hause fahren muss. Man kann auch noch einiges von dem abgeschiedenen Leben erahnen, das die bäuerliche Bevölkerung hier über Jahrhunderte fristete. Ein paar kleine, meist unbewohnte Häuser sind noch übrig geblieben, gebaut aus Granit und Schiefer, ebenso wie die unzählbaren Steinmäuerchen, die immer wieder von Menschenhand erneuert werden mussten, um den kargen Boden zusammenzuhalten. Noch vorhanden, wenn auch verwildert, sind ebenso die Esskastanienbäume, die einst die Hauptnahrungsquelle darstellten. Während des strengen Winters brachte man Mensch und Vieh mit Maronen durch; auch das Brot wurde aus Kastanienmehl gebacken.

an der Corniche des Cevennes

Hugenotten

Die ärmlichen Lebensverhältnisse, ein paar Jahre schlechten Wetters und damit einhergehende Missernten waren dann auch in der ersten Hälfte des 16. Jahrhunderts die Keimzelle für die revolutionäre Bewegung der Reformation. Prediger der Lehre des Genfer Reformators Calvin waren ins Land gekommen, und ihre Dogmen gegen den Sittenverfall der Kirche und der Päpste fanden schnell Gehör. Bäuerliche Schichten, Bürger und Adlige taten sich zusammen, um dem Klerus seine riesigen Ländereien streitig zu machen, die sich dieser im Laufe der Zeit durch von den Bauern erpresste Abgaben zusammengerafft hatte. Die nicht ausbleibenden Religionskämpfe fanden aber im Jahre 1598 ein Ende, als König Heinrich IV. im Edikt von Nantes Glaubensfreiheit gewährte. Glücklich wurden die Leute aber auch dann nicht, denn die **Hugenotten** entwickelten sich als glaubensstrenge Sittenwächter und übertrafen dabei die früheren katholischen Moralapostel um Längen. Tanz und Musik wurden verboten, ebenso wie das Lachen und der Austausch von Zärtlichkeiten in der Öffentlichkeit. Lust und Freude kamen in den Cevennen nicht mehr vor. Angeblich hat sich dort die Prüderie bis heute standhaft gehalten.

Die Religionsfreiheit währte nur 100 Jahre, bis Ludwig XIV. das Edikt von Nantes aufhob, das sich mit dem absolutistischen, vom katholischen Glauben geprägten Herrschaftsstil des Königs nicht vertrug. Zudem waren die Hugenotten politisch einflussreich geworden und mussten schon deshalb verfolgt werden. Aus allen Teilen Frankreichs emigrierten die Protestanten in das tolerantere Ausland (darunter vielleicht auch meine Vorfahren), nur in den Cevennen blieb man weitgehend sesshaft. Dies führte Ende des 17. und Anfang des 18. Jahrhunderts zu einem grausamen Feldzug, dem Kamisarden-Krieg. Einer kämpferischen Auseinandersetzung, bei der die wegen ihrer weiten Hemden *(Camisards)* genannten Hugenotten den zahlenmäßig überlegenen königlichen Truppen in einer Art Guerillakrieg gegenüber standen, in dem sich die Protestanten das vertraute, unwegsame Terrain und die Unterstützung der Bevölkerung zunutze machen konnten. Sie werden weiter unten das an diesen Krieg erinnernde Museum kennen lernen.

Die Herkunft der Bezeichnung *Hugenotten* ist ungeklärt. Es handelte sich um einen Spottbegriff, der wahrscheinlich auf die *Eygenots (Eidgenossen)* zurückzuführen ist, die Anhänger einer Gruppierung in der Schweiz, die sich der Lehre der Reformatoren Calvin und Zwingli verschrieben hatten.

3 km westlich von Saint- Jean-du-Gard stoßen wir auf den Gardon, genauer auf einen der vier Gardons, die südlich von Alès unter einem Namen, quasi dem Nachnamen, zur Rhône fließen und gar nicht weit von der Mündung von einer der berühmtesten Brücken der Welt, dem Pont du Gard (Gard und Gardon ist dasselbe), überspannt werden. Das Flüsschen, auf das wir am Ende der Corniche des Cévennes treffen, ist der Gardon du Saint-Jean und heißt uns mit einem schönen **Badeplatz** direkt an der Straße willkommen. Leider kann man hier nicht frei stehen (aber von April bis September auf dem familiären, kleinen **Campingplatz** *Le Petit Baigneur*). Und ebenso bedauerlich ist es, dass uns die Zeit fehlt, nach rechts abzubiegen, um das liebliche Tal des kleinen Flusses zu erkunden, in dem es zusätzliche Campingplätze gibt. Wir rollen stattdessen weiter nach **Saint-Jean-du-Gard** (2.500 Einwohner), einer ruhigen Kleinstadt, die einstmals ein Zentrum der Seidenraupenzucht war,

Saint-Jean-du-Gard

wo aber im Jahre 1964 die letzte Seidenspinnerei Frankreichs schließen musste (Näheres zur Seidenraupenhaltung finden Sie bei der 14. Tour). Wer Zeit hat, kann durch die Straßen schlendern und sich am schönen Uhrturm aus dem 12. Jahrhundert und an der Gardon-Brücke erfreuen. Sowie an einem innerstädtischen Stellplatz mit bester Infrastruktur:

(147) WOMO-Stellplatz: Saint-Jean-du-Gard

GPS: N 44°06'06" E 3°53'03", Av. de la Résistance.   **Max. WOMOs**: 15.
Ausstattung/Lage: Ver- und Entsorgung, Toilette, Mülleimer, Gaststätten, Geschäfte, Schwimmbad, Sportplatz / Ortsrand.
Zufahrt: Fahren Sie im Ort über die Gardonbrücke Richtung Bahnhof *(‚Gare')*, hinter der Brücke links bergab unter die Platanen am Rand eines Picknick-Geländes bei den Sportplätzen oder eine Etage höher in Verlängerung des Bahnhofsvorplatzes.
Hinweise: Wegen des Marktes nicht in der Nacht auf Dienstag. Hier können Sie in den berühmten Dampfzug einsteigen.

(148) GPS: N 44°06'15" E 3°52'57".
Bisweilen wird der Platz für Veranstaltungen benötigt. Dann können 5-6 WOMOs auf dem anderen Gardonufer seitlich der unbefestigten Uferstraße zwischen den beiden Brücken gut übernachten. Auf einer Metalltreppe können Sie über die Mauer auf kurzem Weg ins Zentrum gelangen.

Von beiden Plätzen können Sie bequem ins **Restaurant L'Oronge** spazieren, wo Sie zu wirklich anständigen Preisen ordentlich mit klassischer französischer Küche bekocht werden *(Tel. 04 66 85 30 34; im Sommer vermutlich kein Ruhetag, schöner Freisitz).*

In Saint-Jean biegen wir nach Norden ab, und folgen dem Wegweiser zur **Grotte de Trabuc** *(Führungen 1 Std., 10.30, 11.30, 14.30 - 17.30 Uhr, im Juli/August 10.15 - 18 Uhr; 9,90 €).* Das sollten Sie auch tun, wenn Sie keine Höhle mehr sehen wollen und bei der Vorstellung an eine weitere französische Führung rote Flecken bekommen. Für beides hätte ich volles Verständnis. Sie wählen also die schmale Strecke und den landschaftlich sehr reizvollen Umweg nur, weil Sie beim Weiler Mas Soubeyran zum **Musée du Désert** abbiegen (auf der Michelin-Karte eingezeichnet). Und obwohl dort keine Nachspeisen zur Schau gestellt werden, wie Sie an der Schreibweise sicher schon bemerkt haben, und auch keine, wie die Bezeichnung vermuten lässt, Fundstücke aus der Wüste. *Désert* ist vielmehr der Begriff für einsame, abgeschiedene Ortschaften, für Verstecke in Wäldern und Höhlen, wo sich

im schon erwähnten Kamisarden-Krieg die Hugenotten vor den Soldaten des Königs verborgen hielten (siehe gelber Kasten). Das Anliegen des Museums besteht darin, in erster Linie die Erinnerung an das schwere Schicksal der französischen Protestanten wachzuhalten. Das kommt, wie ich meine, gut rüber, weshalb Sie den kleinen Abstecher, der von Anduze aus noch kürzer ist, auf sich nehmen sollten. Das Museum ist in einem typischen Cevennenhaus untergebracht, dem Geburtshaus des Kamisarden-Führers, der fast nur noch unter seinem Spitznamen *Roland* bekannt ist, und der im Jahre 1704 von den Dragonern des Königs ermordet

worden ist. In acht kleinen Räumen sehen Sie Zeugnisse des religiösen Lebens in der »Wüste«, unter anderem eine tragbare Kanzel, die zugeklappt als Kornfass getarnt werden konnte, blinde Laternen für unauffällige Wege im Dunkeln und einen Wandschrank, der als Versteck diente. Daneben gibt es auch bemerkenswerte alte Bibeln und Beweise der Grausamkeit, die an die »Dragonaden« erinnern, an die zwangsweise Einquartierung von Dragonern, die mit ihren protestantischen Herbergsleuten, vor allem mit deren Frauen und Töch-

tern, mehr als unchristlich umgesprungen sind. Allein schon zwei wunderschöne, große Gemälde verdienen die Visite *(9.30 - 12 und 14 - 18 Uhr, Juli/August 9.30 - 18.30 Uhr; 4 €; lassen Sie sich an der Kasse eine deutschsprachige Beschreibung aushändigen!).*

Auch die wellige Landschaft rund um das Museum ist ansprechend, und der kleine Picknickpark lädt zu einer ruhigen, leicht einsamen und womöglich illegalen Übernachtung ein:

(149) WOMO-Stellplatz: Musée du Désert

GPS: N 44°05'44" E 3°57'26"   **Max. WOMOs**: 2-3.
Ausstattung/Lage: Mülleimer, Gaststätte / Ortsrand.
Zufahrt: Wegweiser ‚*Musée du Désert*', an der D 50 nicht zu verfehlen.
Hinweis: Möglicherweise nicht erlaubt und ohnehin eine Notlösung.

Kontrapunkt zum Kamisarden-Museum, wo sich im Hochsommer neben uns höchstens zehn weitere Besucher verlieren, ist der Bambushain von **Anduze**, die auf der Michelin-Karte eingezeichnete **Bambouseraie de**

Bambouseraie de Prafrance

Prafrance. Es scheint mir fast, als hätte ich an keiner anderen Sehenswürdigkeit Südfrankreichs so viele Menschenmassen auf einem Haufen gesehen. Was wieder einmal beweist, dass die Franzosen auf Natursehenswürdigkeiten abfahren, seien sie auch künstlich angelegt. Schon im Jahre 1856 hat ein Samenhändler 2 km nördlich von Anduze diese Plantage gezüchtet, aus mitgebrachtem Bambus, dessen Triebe unter idealen Bedingungen an einem Tag bis zu 1 m sprießen können. Daraus ist in der Tat ein erstaunlicher Bambuswald gewachsen, der dann noch mit anderen außereuropäischen Pflanzen angereichert wurde; ferner mit dem, was sich der Durchschnittsfranzose so vorstellt, wenn er an Asien denkt. Das so genannte »Laotische Dorf«, ein paar Bambushütten, wirkt eher lächerlich, und irgendwie können wir uns mit dem ganzen Ensemble, sind die Bambusstämme auch noch so dick und hoch, nicht so recht anfreunden (diverse Leser waren anderer Meinung). Immerhin diente der Bambuswald schon für mehrere Filme als Kulisse, unter anderem für *Lohn der Angst*. Auch der Zoodirektor von Berlin schickt ab und zu Dankesschreiben, bezieht er doch von hier wöchentlich Bambussprossen für sein Panda-Bärchen-Pärchen, auf dessen Speiseplan ausschließ-

Anduze und Porte des Cevennes

lich Bambus steht. Unsere Unlust mag auch daran liegen, dass der heutige, private Besitzer die Menschen durch seinen Gartenbaubetrieb schleust, so dass fast jeder Franzose einen Topf mit Grünzeug nach Hause trägt *(1. März bis Mitte Nov. 9.30 - 18 oder 19 Uhr; der Eintritt ist mit 9,70 € für Erwachsene und 5,80 € für Kinder happig)*.

Viele Besucher organisieren den Heimweg nostalgisch und warten an einer eigens für die Bambouseraie eingerichteten Bahnstation auf das Pfeifen und Zischen des **Dampfzuges**, der von Anfang April bis Allerheiligen von Saint-Jean-Hauptbahnhof über Bambouseraie-Hauptbahnhof bis Anduze-Hauptbahnhof stampft, ein nettes Vergnügen, an dem die Väter vermutlich noch mehr Spaß haben als die Kinder. Über die Abfahrtszeiten können Sie sich an den Stationen informieren, die reine Fahrtzeit dauert knapp eine Stunde *(Abfahrten des »Train à Vapeur« z.B. in Anduze 11.30, 15 und 17 Uhr; Erwachsene bezahlen für die einfache Strecke 11,50 € und für die Rückfahrkarte 15,50 €; Kinder 8,50 und 10,50 €, und für Hunde kosten Hin- und Rückfahrt jeweils 3 €; 1.4. - 31.10.; außer von Juni bis zum 1. Septemberwochenende und an Feiertagen bleibt montags der Kessel kalt)*.

Das Städtchen **Anduze** (3.000 Einwohner) ist zwar nicht ganz reizlos, größere Sehenswürdigkeiten suchen Sie allerdings vergeblich. Am interessantesten ist der **Pagodenbrunnen** aus dem 17. Jahrhundert mit Türmchen und Dach aus

Anduze - Pagodenbrunnen

lackierten Ziegeln. Und wissenswert ist vielleicht noch, dass sich in der Stadt eine der größten protestantischen Kirchen Frankreichs befindet, was Sie geschichtlich nicht überrascht, wenn Sie unserer Tour aufmerksam gefolgt sind. Am Nordrand der Stadt, auf dem Weg zur Bambusanlage, kommt man an der so genannten *Porte des Cévennes* vorbei, dem Tor zu den Cevennen, das so heißt, weil hier der Gardon d'Anduze zwischen zwei Felsklötzen in das Flachland eintritt. Dort baden die Einheimischen, die zu faul oder unbeweglich sind, um schönere Strände aufzusuchen. Mit einer Übernachtungsstelle am Fluss kann ich nicht dienen, dafür mit einem Plätzchen zum Baden und Erholen, einem schön gelegenen Campingplatz:

(150) WOMO-Campingplatz-Tipp: Anduze *(L'Arche)*
GPS: N 44°04'08" E 3°58'22".   **Ortszentrum**: 2,5 km.
Zeiten: 1.4. – 30.9.   **Tel**. 04 66 61 74 08.
Ausstattung: Attraktives Baden im Gardon, Pool, Restaurant und Laden (Mai bis Anfang Sept., sonst Brotbestellung).
Zufahrt: Der Platz liegt an der D 907, der Straße nach Saint-Jean, nördlich von Anduze, direkt gegenüber der Bambouseraie auf der anderen Gardon-Seite.   **Gebühren**: 19,50 - 47 €.

Wer lieber frei steht, muss (wie in Saint-Jean-du-Gard) an das Gleis des nostalgischen Dampfzuges ausweichen. Dort sind Wohnmobilstellplätze vorgesehen:

(151) WOMO-Stellplatz: Anduze
GPS: N 44°03'00" E 3°59'04", Place de la Gare.   **Max. WOMOs**: 20.
Ausstattung/Lage: Ver- und Entsorgung (2 €), Strom (2 €), Mülleimer, klappstuhlgeeignet, Geschäfte, Gaststätten / Ortsrand.
Zufahrt: Der Platz liegt südlich der Innenstadt links seitlich des Bahnhofes (,Gare') und zieht sich entlang der Gleise.

273

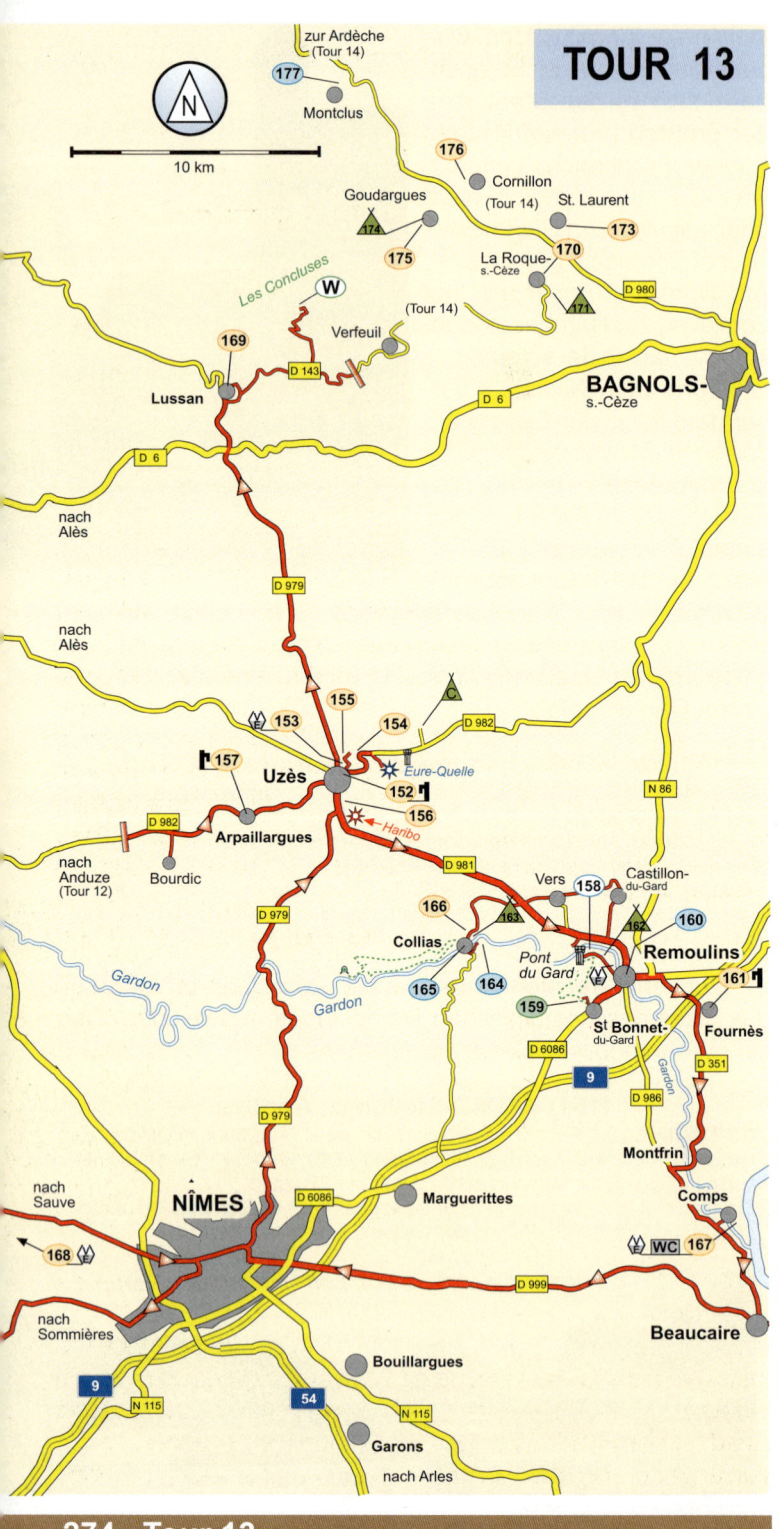

TOUR 13

zur Ardèche
(Tour 14)

177 Montclus

176 Cornillon
(Tour 14) St. Laurent

173

Goudargues
174 170
175 La Roque-
s.-Cèze 171

D 980

Les Concluses W

169 Verfeuil
(Tour 14)

D 143

Lussan BAGNOLS-
s.-Cèze

D 6

nach
Alès

D 979

nach
Alès

155 C

153 154 D 982

157 Eure-Quelle

Uzès 152

156

Arpaillargues Haribo

D 982 D 981

nach Vers 158 Castillon-
Anduze du-Gard
(Tour 12) Bourdic 166 162 160
163 Remoulins

D 979 Collias N 86

165 164 Pont 161
du Gard
Gardon 159 Fournès

Gardon St Bonnet-
du-Gard

D 6086

9 D 986 D 351

D 979 Gardon

Montfrin

nach Comps
Sauve

NÎMES D 6086 Marguerittes WC 167

168

nach
Sommières D 999 Beaucaire

9 Bouillargues

54

N 115

Garons

N 115

nach Arles

Uzès - Pont du Gard - Collias - Nîmes - Sauve - Lussan

Stellplätze:	in Uzès, in Arpaillargues, am Pont du Gard/Remoulins, in St Bonnet-du-Gard, in Fournès, in Collias, inComps, in Sauve, in Lussan
Campingplätze:	am Pont du Gard, in Collias
Besichtigen:	Uzès, Pont du Gard, Nîmes, Sommières, Sauve, Lussan
Essen:	*Hostellerie Le Castellas* in Collias, *Le Bossens* in Sauve, *La Petite Auberge* in Lussan
Wandern:	von St Bonnet-du-Gard zum Pont du Gard, von Collias durch die Gorges du Gardon, in die Concluses

Nach einem Badetag bei Anduze geht die Reise weiter nach **Uzès** (8.000 Einwohner), einer der schönsten Städte im Languedoc, wenn nicht sogar Südfrankreichs. Auch unser geliebter Parkplatz auf der Rückseite der Kathedrale ist in diesem Buch weiterhin fest verankert, seit wir unter den ausladenden Kastanien vor einer steinernen Balustrade, in nördlicher Verlängerung der so genannten ‚Promenade Racine', wieder genug Raum für die Nacht angetroffen haben (die Stelle nennt sich ‚Promenade des Marroniers'). Obwohl ich den Platz schon für tot gehalten hatte, sitzen wir in der Dämmerung erneut hinter dem steinernen Geländer auf einem Bänkchen und freuen uns

an dem Blick über eine idyllische Landschaft inmitten von sanften Hügeln. Aus einer Mischung von Gartenland und Garrique singen uns Nachtigallen ein Abendlied. Und als uns die Dunkelheit ganz langsam einhüllt, können wir es Racine nachempfinden, der an dieser Stätte einstmals schrieb: *»Unsere Nächte sind schöner als Eure Tage«.* Der junge Dichter wohnte im Alter von 22 Jahren von 1661 bis 1662 in einem kleinen Pavillon vorn an der Balustrade, als er von seinen Eltern zum Onkel, dem damaligen Generalvikar von Uzès, geschickt worden war, damit er etwas Anständiges lernte. Woraus bekanntlich nichts wurde. Außer von angenehmen Nächten berichtete Racine seinen Freunden in Paris auch vom guten Essen, er soll aber das Fehlen jedweder Buchhandlung in Uzès bedauert haben.

Sie finden noch mehrere Stellplatzalternativen, zumal der Parkplatz an der Balustrade nicht immer frei ist und nur für kleine Fahrzeuge infrage kommt:

WOMO-Stellplätze: Uzès

(152) <u>Promenade des Marroniers</u>

GPS: N 44°00'47" E 4°25'23", Rue St Julien.

Max. WOMOs: 3-5.

Ausstattung/Lage: An der Hauswand Wasser, Gaststätten, Geschäfte, Schwimmbad, Spielplatz / in der Stadt.

Zufahrt: Der Platz liegt auf der Rückseite der Kathedrale, oberhalb des Schwimmbades, am nordöstlichen Rand der Innenstadt. Die Kathedrale erkennt man am berühmten runden Turm, der Tour Fenestrelle. Die Parkplatzzufahrt zweigt an einer der größten Kreuzungen des Ortes ab, bevor die D 982 bergab führt.

Gebühr: 0,40 € für 1 Std., bis 3,60 € für 9 Std., was tagsüber die Höchstparkdauer ist.

Hinweise: Für große WOMOs nur beschränkte Möglichkeiten. Fahren Sie in den hinteren Bereich bis kurz vor die Abschrankung. Der Platz macht nur Spaß, wenn es dort genügend freie Plätze gibt.

(153) <u>Weingut *Domaine Saint Firmin*</u>

GPS: N 44°00'59" E 4°25'17", Rue Saint Firmin.

Max. WOMOs: 15-20.

Ausstattung/Lage: Ver- und Entsorgung, Mülleimer, Wein-, Früchte- und Honigverkauf, klappstuhlgeeignet, zu Fuß in die Altstadt 4 Minuten / Ortsrand.

Zufahrt: Biegen Sie von dem nördlichen Teil des Altstadtrings von Uzès (den Stellplatz Nr. 152 haben Sie gerade hinter sich gelassen) beim Parkhaus *Gide* und dem unscheinbaren Wegweiser zum Weingut nach rechts ab und folgen Sie dem Straßenverlauf bis zum Weingut. Wenn Sie weiterfahren, kommen Sie zu Platz Nr. 154.

Hinweise: Der <u>schönste Platz von Uzès</u> liegt auf einem Weingut der Gemeinschaft *France Passion*. Sie werden auch ohne Mitgliedsausweis eingelassen und nicht kontrolliert. Sie sollten aus Anstand auf jeden Fall preiswerten und gut trinkbaren Wein oder Garrique-Honig kaufen und sich anmelden. Die Betreiber sind sehr freundlich, aber sie dulden die Unruhe, den Wasserverbrauch und den Müllanfall nur, um ihren Wein abzusetzen. Man muss das Engagement in höchsten Tönen loben.

Ankunft zwischen 8 und ca. <u>19 Uhr</u> und nur <u>eine</u> Nacht, was aber ebenfalls nicht kontrolliert wird. Wenn abends ab etwa 20.30 Uhr das Tor geschlossen ist, muss man als Fußgänger über ein niedriges Mäuerchen steigen, was kein Problem ist. Nur so können die Betreiber auf ihrem Hof ein auch nachts ständiges Ankommen und Rangieren verhindern.

In der Nacht auf Samstag wegen des Marktes gelegentlich überfüllt.

(154) <u>Chemin de Serrebonnet</u>
GPS: N 44°00'59" E 4°25'34", Chemin de Serrebonnet. **Max. WOMOs**: 10.
Ausstattung/Lage: Gaststätten, Geschäfte, klappstuhlgeeignet / Ortsrand.
Zufahrt: Fahren Sie auf der D 982 an Platz Nr. 152 vorbei, nach Norden und bergab. An der ersten scharfen Rechtskurve fahren Sie geradeaus auf eine geschotterte Etage über einem Asphaltparkplatz.

(155) <u>Friedhof</u>
GPS: N 44°01'10" E 4°25'12", Rue de Peiroulet. **Max. WOMOs**: 5.
Ausstattung/Lage: Wasser im Friedhof, Mülleimer, zu Fuß in die Altstadt 8 Minuten / Ortsrand.
Zufahrt: Biegen Sie von dem nördlichen Teil des Altstadtrings von Uzès (den Stellplatz Nr. 152 haben Sie gerade hinter sich gelassen) beim Parkhaus *Gide* und dem unscheinbaren Wegweiser zur *,Domaine Saint Firmin* nach rechts ab und folgen Sie dem Straßenverlauf vorbei am Weingut mit Stellplatz Nr. 153 bis zu einer großen Freifläche oberhalb des Friedhofes.
Hinweis: Das ist eher ein Notstellplatz.

(156) <u>Festplatz</u>
GPS: N 44°00'25" E 4°25'05", Route de Nîmes. **Max. WOMOs**: 10.
Ausstattung/Lage: Toilette, Mülleimer, klappstuhlgeeignet, zu Fuß in die Altstadt 5 Minuten / Ortsrand.
Zufahrt: Der Platz liegt südlich der Innenstadt an der Straße nach Nîmes, seitlich eines Kreisverkehrs und ist mit *,P-Gratuit'* beschildert. Er sieht zunächst trist aus, wird aber geradezu lieblich, wenn man hindurch bis unter Bäume fährt.
Hinweise: Es ist der Festplatz, auf dem gelegentlich ein Zirkus gastiert und manchmal auch wenige Wohnwagen von Sinti und Roma neben Urlaubern stehen, was nicht störend schien.
An der Zufahrt ist eine klappbare Höhenbeschränkung angebracht, die meistens offen steht und vermutlich weniger zur Abwehr von WOMOs dient.

Der von uns früher empfohlene Campingplatz am Stadtrand von Uzès ist dem allgemeinen Campingplatzsterben (oder dem Wunsch nach rentablem Bauland) zum Opfer gefallen.

Die Schlafplätze sind aber nur das Beiwerk einer Stadt, die geradezu ein Muster französischer Lebensart ist. In mittelalterlichem Rahmen liegt alles beieinander, was man sich vom Urlaub in Südfrankreich erhofft: Käsegeschäft, Weinladen, kleine Bäckereien und perfekte Platanen. Den stimmungsvollsten Kaffee trinkt man neben einem Brunnen auf der arkadengesäumten **Place aux Herbes**, dem Platz, der mir unter allen franzö-

sischen Plätzen einer der liebenswertesten ist und der auch für einige Szenen des Films *Cyrano de Bergerac* als Kulisse gedient hat. Am Samstag ist dort der Markt, der dem ohnehin schon lebhaften Städtchen weiteren Auftrieb beschert. Auch wenn Sie lange nach einem

Uzès - Place aux Herbes

authentischeren Markttreiben suchen müssen, kommt die Charakteristik des Platzes besser zur Geltung, wenn keine Stände aufgebaut sind, und wenn dort ein eher beschauliches Leben neben dem Brunnen dahinplätschert.

Uzès ist eine Stadt, in der man gerne flaniert und einkehrt. Wir haben im Laufe vieler Jahre viele **Restaurants** getestet. Manche haben nicht einmal eine Auflage überdauert, was übrigens auch anderswo leider gar nicht so selten vorkommt. Zuletzt waren wir Anfang September vor Ort und hatten nicht den leisesten Zweifel daran, dass man an Sommerabenden zu den Lokalen auf der Place aux Herbes keine Alternative hat. Schöner sitzt man nämlich selten. Urlaub pur! Aber man sitzt hier, um zu sitzen, die Qualität des Essens muss dagegen zweitrangig sein. So war die Zubereitung im von uns zuletzt getesteten *Café L'Oustal* unter aller Sau, was sich aber vielleicht von Saison zu Saison ändert. Gemeinhin gilt das *Les Terroirs* als etwas besser. Trotzdem ist der Abend auf der Place ein Geschenk, das man unbedingt annehmen muss.

Auch den Freunden der Baukunst ist Uzès ein fester Begriff, vor allem die schon erwähnte **Tour Fenestrelle,** der »Fensterchen-Turm«. Er ist das einzige Überbleibsel der ehemals romanischen Kathedrale Saint Théodorit, die in den Religionskriegen mehrfach zerstört und im 19. Jahrhundert mit einer neo-romanischen Fassade ausgestattet worden ist. Der runde Turm blieb während aller Wirren unangetastet und erinnert, zumal ebenfalls freistehend, an einen italienischen Campanile, das einzige Zeugnis dieser Baukunst in Frankreich.

Uzès - Tour Fenestrelle

Sehenswert ist inmitten des Altstadtkerns auch der Herzogspalast, die **Duché**, mit einer schön proportionierten Renaissance-Fassade. Die Besichtigung ist nur im Rahmen von teuren Führungen möglich. Weitschweifig berichtet man Ihnen während einer dreiviertel Stunde in französischer Sprache von der Herzogsfamilie, der ältesten des Landes, die in Frankreichs Adelshierarchie an erster Stelle rangiert und auch heute noch den Palast in Privatbesitz hält. Jener verschlingt offenbar eine Menge an Geld, wofür Touristen die Taschen öffnen müssen. Den schönen Schlosshof sehen Sie allerdings *gratis*, aber der zweifellos eindrucksvolle Blick vom Turm aus dem 11. Jahrhundert ist samt der 148 Stufen keine 13 Euro wert. Für die Führung durch die Gemächer werden einschließlich Turmbesteigung sogar 18 €, in Worten: achtzehn Euro, aufgerufen *(10 - 11.30 und 14 - 17.30 Uhr, Juli/Aug. jeweils 30 Minuten länger).*

Da suchen Sie doch gerne die kostenlosen Sehenswürdigkeiten, die Sie finden, wenn Sie nordöstlich von Uzès die D 982 nach dem Gefälle und einer Minibrücke bei dem Wegweiser *Valée de l'Eure* nach rechts verlassen. Sie werden in ein Tälchen geleitet und zu einem kleinen, von einem Bach gespeisten Teich, wie Sie ihn ähnlich schon hunderte Male gesehen haben. Das Becken ist aber die Einfassung der **Eure-Quelle**, deren Wasser einst von den Römern über den Pont du Gard (Näheres unten) nach Nîmes geleitet worden ist. Eine etwas lieblose Tafel weist darauf hin, genauso wie auf die Reste eines kleinen römischen Aquäduktes.

3 km westlich von Uzès, kurz vor **Arpaillargues**, können Sie im **Musée 1900 et des Jouets** altes Spielzeug, ein paar Oldtimer und vor allem technische Geräte Ihrer Eltern und Großeltern bestaunen, vom Fotoapparat über die erste Generation von Fernsehgeräten bis zur Original-Ölmühle im Keller (*tägl. außer montags 10 - 12 und 14 - 18 Uhr, Juli/August ohne Ruhetag bis 19 Uhr; 7 €*). Auf dem Dorfplatz können Sie in schöner Umgebung stehen, was wir im Hinblick auf die besseren Plätze in Uzès eher für eine Notlösung halten:

(157) WOMO-Stellplatz: Arpaillargues

GPS: N 44°00'01" E 4°22'28", D 982.   **Max. WOMOs**: 3-5.
Ausstattung/Lage: Wasser, Gaststätte / im Ort.
Zufahrt: Am Ortseingang Richtung Uzès, bei einer Kurve, seitlich der D 982 und etwas erhöht.   **Hinweis**: Man muss jeweils zwei eingezeichnete Parkplätze in Anspruch nehmen.

Östlich von Uzès, etwa 2 km vom Stadtzentrum entfernt, wurde ein Museum eröffnet, dessen Besucherzahl den Grafen von Uzès vor Neid erblassen lassen könnte. Hätte dieser und nicht Ha(ns) Ri(egel) aus Bo(nn) vor fast 90 Jahren das Gummibärchen erfunden, könnten die blaublütigen Herrschaften heute im **Musée du Bonbon** den langen Weg der Lakritzschnecke und die Geschichte des Goldbären erzählen – und ganz nebenbei in großen Kartons an die Touristen Süßigkeiten verkaufen, die zum Teil von 300 Beschäftigten hier hergestellt werden. Das Museum ist nämlich eine clevere Verkaufsidee der Firma **Haribo** (*1.10. - 30.6. von 10 - 13 und 14 - 18 Uhr,*

montags geschl., 1.7. - 31.8. tägl. 9.30 - 19 Uhr; 7 €, Kinder ab 5 Jahren 5 €; das Sortiment unterscheidet sich vom deutschen).

Auf der weiteren Strecke nach Osten sehen Sie noch weit vor Remoulins seitlich (südlich) der Straße hinter einer Mauer einen **römischen Tempel**, den man sich unbedingt anschauen muss, zumal er in keinem anderen Reiseführer erwähnt wird. Das von Dornen umrankte Bauwerk wäre zu schön, um antik zu sein. Es war nämlich Teil einer Gartenanlage bei **Argilliers**, die sich der Baron de Castille ab 1788 – offenbar von der Revolution unbeeindruckt – hat (nach-) bauen lassen. Der Park wird heute von der Landstraße durchschnitten, und die Reste des Schlosses, das man nicht besichtigen kann, in dem aber am Anfang des 20. Jahrhunderts viele Künstler, darunter Picasso, zu Besuch waren, sehen Sie auf der anderen Seite der D 981.

Was ist wohl die spektakulärste echte Hinterlassenschaft der alten Römer? Vom Latein soll nicht die Rede sein, eher von den baulichen Erbschaften. Klammern wir die Relikte in Rom auch noch aus, bleibt nur der **Pont du Gard**! Er ist zwar ein schnöder Zweckbau, der einstmals Trinkwasser über das Flüsschen Gardon geleitet hat, aber er ist der Prototyp eines Aquädukts, symbolhaft auf dem 5-Euro-Schein abgebildet und Titelbild einer unserer Vorauflagen. Das Bauwerk bezieht seine Faszination in erster Linie aus der reinen technischen Zielsetzung: Hier sollte Wasser über ein Flusstal geleitet werden – mit den im ersten nachchristlichen Jahrhundert vorhandenen technischen Möglichkeiten. Man musste präzise arbeiten, als

Pont du Gard

man die Quader aneinander gefügt hat. Sie haften ohne Mörtel, und hätten die römischen Baumeister auch nur im Detail geschludert, wäre von der Bogenbrücke heute nichts mehr übrig – schon gar nicht nach dem Hochwasser vom September 2002.

So wenig wie von den zahlreichen anderen Aquädukten, die für den etwa 50 km langen Wassertransport von der Eure-Quelle bei Uzès bis nach Nîmes erforderlich waren. Die recycelten Quader jener antiken Bauten erkennen Archäologen mitunter noch in den Mauern älterer Häuser. Teilweise wurde das Wasser aber auch durch Tunnels oder künstliche Kanäle geleitet. Eine schier unglaubliche Meisterleistung war die Berechnung des Gefälles. Denn von der Quelle bis nach Nîmes durfte auf 50 km nur ein Höhenunterschied von 17 m überbrückt werden, das sind ganze 34 cm auf den Kilometer! Am Pont du Gard musste man das Gefälle sogar auf 56 cm pro Kilometer erhöhen, was dann anderswo zu einer noch geringeren Neigung geführt hat. 20.000 Kubikmeter Wasser strömten täglich in die Großstadt Nîmes, um dort rund 40.000 Einwohner zu tränken. Einiges ist unterwegs versickert oder verdunstet, wenngleich man gerade zum Schutz gegen die Sonne schwere Steinplatten auf den Wasserkanal gelegt hat. Diese sind am Pont du Gard noch größtenteils erhalten und erlaubten es mutigen Zeitgenossen, oben auf der Brücke entlang zu spazieren. Ohne Geländer, Netz und doppelten Boden. Man hat dieses waghalsige Unterfangen erst vor ein paar Jahren unterbunden. Zwei Millionen Besucher überqueren Jahr für Jahr die alte Brücke, die in einem kaum merklichen Schwung den Gardon kreuzt.

Man kann den Pont du Gard auf beiden Flussufern anfahren. Bis zum Jahre 1994 durfte man sogar vom linken Ufer auf ihm selbst mit dem Auto den Fluss überqueren. Die unterste Arkadenreihe wurde nämlich im Jahr 1743 für den Bau einer Straße verbreitert, um Fuhrwerken die Überquerung des Gardon zu ermöglichen. Mit der Fahrt auf der Brücke ist aber Schluss, nachdem die Umgebung des Aquädukts durchorganisiert worden ist. Die fliegenden Händler wurden verbannt, und die vorher eher chaotische Parksituation ist gestrafft (und erheblich verteuert).

Ich kann schon lange nicht mehr zählen, wie oft ich den Pont du Gard bestaunt habe. Jedes Mal bin ich auf dem rechten Ufer auch den schmalen, rot-weiß markierten Weg zum Aussichtspunkt hinaufgeklettert (und unterhalb dessen noch ein paar Meter weiter, bis die Sicht richtig gut wird), wo sich gerade am Nachmittag der schönste Blick auf die Brücke bietet (unser Foto). Im Lauf der letzten Jahrzehnte hat sich, nachdem die UNESCO das Bauwerk zum Weltkulturerbe erklärt hat, außer dem Reinemachen im Jahre 1994 relativ wenig getan. Vor allem ist uns das große Desaster erspart geblieben: Geschäfte-macher planten Mitte der 80er-Jahre einen gewaltigen Freizeit-park rund um die Brücke. Bürgerinitiativen aus Umweltschützern und Einheimischen konnten sich jedoch wehren, so dass das Vorhaben abgeblasen werden musste. Vorbildlich hingegen ist die didaktisch gelungene Ausstellung im **Musée l'Histoire du Pont du Gard** im Untergeschoss des Gebäudes auf dem lin-ken Ufer, dessen Besuch im **Eintrittspreis** enthalten ist, der für den Pont du Gard inzwischen sogar von Fußgängern und Radfahrern erhoben wird, wobei es Pauschaltarife für mehre-re Personen (mit oder ohne Fahrzeug) gibt und Ermäßigungen für die Zeiten nach der abendlichen Schließung der Museen (18 Uhr bzw. 20 Uhr im Juli/August). Aber ich habe nicht ver-standen, wie das bezahlt werden soll und kontrolliert wird, wenn man sich beispielsweise auf dem Wanderweg nähert. Gegen diese Eintrittspreise liefen bei Drucklegung Unterschriftsaktio-nen, weshalb ich mich mit genaueren Angaben noch zurück-halte (siehe auch bei der nachfolgenden Wanderung).

Die Landschaft um die Brücke ist noch erstaunlich gut er-halten, man glaubt kaum, dass hier Jahr für Jahr Millionen Touristen herumtrampeln. Fast schon unwirklich ist der Bade-Kiesstrand, an dessen Rand man im Sommer unter den rö-mischen Bögen hindurch schwimmen – und paddeln – kann. Nur dürfen die tollkühnen Kerle sich nicht mehr von den ganz hohen Felsen in den Gardon stürzen.

Nicht ganz geklärt sind auch die Übernachtungsbedingungen auf den beiden Besucherparkplätzen. Nach meinen letzten Be-obachtungen sind dort Nächte im Wohnmobil erlaubt, solan-ge man nicht campiert. Jedenfalls sind Preise ausgewiesen (10 € nach der Schließung des Museums, vorher 18 €), und die früheren Verbote und Strafandrohungen vor Ort sowie im Internet sind verschwunden. Der Platz auf dem rechten Ufer *(Rive droite* – der Parkplatz auf dem anderen, linken Ufer ist längst nicht so attraktiv) ist jedenfalls ein schöner Badeplatz und wird in diesem Reiseführer auch so behandelt:

---

(158) WOMO-Badeplatz: Pont du Gard *(Rive droite)*:
GPS: N 43°56'57" E 4°32'36", D 981. **Max. WOMOs**: 30 - 40.
Ausstattung: Toilette, Wasser, Mülleimer, tagsüber Gaststätte, Badestelle, Wanderweg / außerorts.
Zufahrt: Folgen Sie in Remoulins dem Wegweiser ,Pont du Gard - Rive droite' bis zum Parkplatz vor der Römerbrücke.
Gebühren: 18 €/Tag mit Eintritt zu den Museen für 4 Personen; 10 € ab Schließung des Museums (siehe oben im Text).
Hinweise: Camping verboten, vermutlich aber nicht die reine Übernach-tung. Näheres erfahren sie möglicherweise aktuell unter www.pontdu-gard.fr. Sie sparen die hohen Parkgebühren, wenn Sie ab Platz Nr. 160 radeln oder ab den Plätzen Nr. 160 oder Nr. 159 zur Brücke und zum Badegewässer wandern.

Die schönste Möglichkeit, den Pont du Gard (kostenlos) zu besuchen, ist der Fußweg ab **Saint-Bonnet-du-Gard**, für den der Begriff Wanderung fast schon ein wenig zu hochtrabend wäre, weil Hin- und Rückweg zusammen kaum mehr sind als ein ausgedehnter Spaziergang:

Pont du Gard zum Nulltarif

Parken Sie in **Saint-Bonnet** bei der Mairie (Zufahrt siehe beim nachfolgenden Stellplatz) und spazieren Sie von dort mit der rot-weißen Markierung auf einem Asphaltsträßchen in nordwestlicher Richtung. Nach dessen Ende gehen Sie geradeaus auf steinigem Weg auf eine kleine Anhöhe, wo Sie bei einer Markierung dem Wegweiser nach links zum Pont du Gard folgen (auf dem Weg, der nach rechts zum Pont du Gard führt, werden Sie zurückkommen). Falls der Wegweiser nach links fehlt, gehen Sie trotzdem links – mit rot-weiß.

Durch eine breite Brandschutzschneise marschieren Sie zunächst links ein Stück bergauf, biegen am Ende des Weges mit der Markierung nach rechts ab und bummeln bequem auf leicht abfallendem Gelände dem Gardon entgegen, in der frohen Hoffnung, plötzlich die berühmte Brücke hinter den Bäumen zu sehen. Ihre Erwartungen werden sogar übertroffen, weil Sie unterwegs schon Reste eines weiteren, kleineren Aquädukts, des **Pont de la Combe Roussière**, sowie des antiken Wasserkanals erkennen (beachten Sie dort die Markierung). Und wenn Sie am Ende, auf den

letzten Metern unmittelbar vor dem **Pont du Gard**, in einen aus dem Fels gehauenen **Tunnel** eintreten, werden Sie zunächst ein Werk der römischen Baumeister bewundern. Damit würden Sie allerdings deren Fähigkeiten überschätzen, denn die Röhre wurde erst gegen Ende des 19. Jahrhunderts durch den Stein getrieben. Die Römer haben das Wasser an dieser Stelle auf einer etwas anderen Streckenführung nach Nîmes geleitet, aber ich habe nicht recherchiert, ob die römischen Sklaven zu solchen langen Tunnelbauwerken überhaupt imstande waren. Hier jedenfalls war das unterirdische Bauwerk für die Wasserführung nicht notwendig, wohl aber für die neuzeitliche Wegführung.

Bevor Sie von der Wasserrinne auf das heutige Straßenniveau absteigen, müssen Sie **unbedingt ein Stück nach links** wandern und sogar noch ein paar Meter an einem kleinen **Aussichtspunkt** vorbei, um die beste Sicht auf die Römerbrücke zu genießen (siehe Foto Seite 280) und um danach umzukehren.

Sie werden vielleicht auch unterhalb des Aquädukts picknicken und erst viel später zu Hause beim Betrachten Ihrer Fotos die Großartigkeit dieser kurzen Wanderepisode in vollem Umfang verspüren. Lassen Sie sich also Zeit! Alle Passagen dieser Strecke scheinen vom Eintrittsreglement nicht erfasst zu sein. Jedenfalls gibt es weder Hinweisschilder noch Kassenhäuschen.

Der **Heimweg** ist genauso unbeschwert zu meistern: Sie gehen auf dem Südufer des Gardon ein Stück nach Osten (rechts) und erkennen in der Nähe des Parkplatzes erneut einen Wegweiser, der Sie nach rechts (Süden) weist. Nach wenigen Metern unterqueren Sie Reste der

St. Bonnet-du-Gard (mit Stellplatz)

römischen Wasserleitungsführung und spazieren auf einem schattigen Hohlweg allmählich bergauf, bis Sie an der schon erwähnten Stelle auf den Hinweg treffen.

Die reine Wanderstrecke, deren Hälfte schattig ist, dauert kaum mehr als **zwei Stunden**, und es hängt von Ihren Besichtigungs-, im Sommer vielleicht auch von den Badeaktivitäten am Pont du Gard ab, ob Sie am Ende doch einen halben Tag oder länger benötigen. Eine Karte ist keinesfalls erforderlich.

Wer sich dieses Fußwegerlebnis gönnt, bleibt vielleicht danach auf dem kleinen Parkplatz von St Bonnet-du-Gard über Nacht. Man muss auch gar nicht wandern, um sich am Rand einer großen, nicht befahrbaren Wiese in einer ruhigen Landschaft abseits des Touristentrubels zu erholen:

(159) WOMO-Wanderparkplatz: Saint-Bonnet-du-Gard

GPS: N 43°55'41,5" E 4°32'35", Ch. du Sablas.
Max. WOMOs: 3-5.
Ausstattung/Lage: Mülleimer, Picknickbank, klappstuhlgeeignet, Gaststätte, Geschäft (falls nicht inzwischen geschlossen), Wanderweg / Ortsrand.
Zufahrt: Biegen Sie in St Bonnet-du-Gard von der D 6086 beim *Café de la Fontaine* ab und fahren Sie

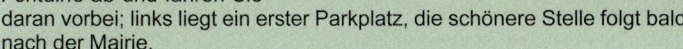

daran vorbei; links liegt ein erster Parkplatz, die schönere Stelle folgt bald nach der Mairie.
Hinweise: Für sehr große Wohnmobile ab etwa 8 m Länge nicht geeignet. Das ist der beste freie Stellplatz im Bereich des Pont du Gard.

Näher am Aquädukt liegt der bekanntere, relativ lärmbelastete Stellplatz von Remoulins:

(160) WOMO-Stellplatz: Remoulins

GPS: N 43°56'17" E 04°33'30,5", Av. Geoffroy Perret. **Max. WOMOs**: 10.
Ausstattung/Lage: Ver- und Entsorgung (auf der anderen Flussseite am Kreisverkehr rechts und gleich nochmals rechts), Bademöglichkeit im Fluss (oberhalb eines Wehrs), Gaststätten, Geschäfte, zumindest tagsüber laut / Ortsrand.
Zufahrt: Folgen Sie in Remoulins dem Wegweiser zum Pont du Gard *Rive droite*, aber nehmen Sie schon vor und <u>nördlich</u> der Gardonbrücke den Parkplatz seitlich unterhalb der Durchgangsstraße D 6086.

Nur 4 km von Remoulins entfernt, viel ruhiger als auf dem dortigen Stellplatz und in schöner Landschaft, finden Sie in Fournès eine weitere gute Alternative für die Nacht,:

(161) WOMO-Stellplatz: Fournès

GPS: N 43°55'42" E 4°36'08", Grand Rue. **Max. WOMOs**: höchstens 5.
Ausstattung/Lage: Wasser (am Parkplatz der Mairie, wo Sie ebenfalls stehen können), Mülleimer, Spielplatz / im Ort.
Zufahrt: Das Dorf liegt südöstlich von Remoulins unweit der Autobahn; den Stellplatz finden Sie am südlichen Ortseingang, an der D 19 *(Wegweiser „Aire des Jeux')*.

Ein Stellplatzleben ist im Hochsommer vielleicht schon deshalb erforderlich, weil der Campingplatz 500 m vor dem Pont du Gard nicht selten *complet* ist. Der Zeltplatz auf dem rechten Ufer ist wegen seines natürlichen Geländes direkt am Badefluss und wegen des Schwimmbades eine optimale Entscheidung Er gehört schon wegen der riesigen Parzellen in lauschigen Nischen zu den angenehmsten in diesem Buch, und auch, weil es hier nachts noch richtig dunkel ist:

(162) WOMO-Campingplatz-Tipp: Pont du Gard *(La Sousta)*

GPS: N 43°56'52" E 4°32'48", D 98.
Ortszentrum: 2,5 km.
Zeiten: 1.3. - 31.10.
Tel. 04 66 37 12 80.
Ausstattung: Schwimmbad, Laden, Restaurant, Badestrand (am westlichen Rand des Platzes ist der Fluss bisweilen zum Schwimmen tief genug).
Zufahrt: Folgen Sie in Remoulins dem Wegweiser *‚Pont du Gard - Rive droite'* bis zum Campingplatz 500 m vor der Römerbrücke. **Preise**: 15 - 26 €.

Einen trotz einiger zusätzlicher *Mobilhomes* ähnlich schönen, aber kleineren Campingplatz finden Sie in Collias, mit freundlichen Besitzern, familiärer Atmosphäre und Poolposition in Weltlage:

abendlicher Blick vom Campingplatz-Pool auf die Brücke von Collias

(163) WOMO-Campingplatz-Tipp: Collias *(Le Barralet)*

GPS: N 43°57'30"
E 4°29'14". **Ortszentrum**:
1 km – kürzerer Fußweg,
der hinter dem Pool un-
terhalb des Spielplatzes
beginnt.
Zeiten: Ostern, spätestens
1.4. - 13.9. **Tel**. 04 66 22 84
52. **Ausstattung**: Pool mit
Supersicht (die leider zu-
wächst), Brotverkauf, Re-
staurant (im Sommer), Ba-
defelsen, Parzellen mit teilweise sehr schöner Sicht.
Zufahrt: Der Platz ist an
der D 112A direkt nördlich vor Collias beschildert.
Preise: 18 - 23 €. Sondertarif für WOMOs von 18 -10 Uhr: 18 € incl. Strom.

Collias (820 Einwohner), ein uraltes Dorf 7 km westlich
des Aquädukts, wird von einer reizvollen Lage oberhalb des
Gardon verwöhnt sowie von zahlreichen Badefelsen, auf denen man sich im Sommer gerne sonnt. Der Fluss ist unerwartet kühl und wunderbar sauber. Auf ihm können Sie eine
zweistündige **Kanutour** bis kurz hinter den Pont du Gard wagen, was nur nach Regenfällen ein echtes Abenteuer ist. Die
Anmut hatte eine Zeitlang stark unter dem Hochwasser vom
September 2002 gelitten, bei dem viele Häuser in Ufernähe
zerstört wurden, deren Ruinen lange etwas gespenstisch ge-
wirkt haben. Die Schäden sind aber inzwischen nicht mehr zu
erahnen, da die Häuser vollständig abgerissen worden sind.
Die Stellplatzmöglichkeiten sind aber noch vorhanden:

WOMO-Badeplätze: Collias:

(164) <u>rechtes Ufer</u>
GPS: N 43°57'16" E 4°29'13", Ch. Ron de Fabre.   **Max. WOMOs**: 5.
Ausstattung/Lage: Badestelle, schöner Strand, klappstuhlgeeignet, Wan-
derweg, Kanuvermietung, sandiger Untergrund / außerorts, leicht einsam.
Zufahrt: Fahren Sie in Collias über die hohe Brücke aufs rechte Ufer, bie-
gen Sie auf der ersten Straße nach der Brücke links ab zum Fluss und an

der Kanuvermietung vorbei bis zu sandigen Flächen am Ende des Weges.
Hinweis: Sie können auch schon vor der Kanuvermietung auf zwei Ebenen stehen, wenn Sie den Parkscheinautomaten bedienen. Im Hochsommer sind die Freiflächen tagsüber oft zugeparkt.

(165) Brücke
GPS: N 43°57'13" E 4°28'47", Av. du Pont. **Max. WOMOs**: 10.
Ausstattung/Lage: Gaststätten, Geschäft, Badestelle, abends klappstuhlgeeignet, Wanderweg, Kanuvermietung / im Ort.
Zufahrt: Der Parkplatz liegt direkt westlich der hohen Gardonbrücke. Wenn Sie sich und Ihrem Fahrzeug die etwas steile Abfahrt zutrauen, dürfen Sie auf eine weitere und von der Straße nicht mehr einsehbare Fläche näher am Fluss fahren.

(166) Alzon
GPS: N 43°57'30"
E 4°29'03", D 3.
Max. WOMOs: 8.
Ausstattung/Lage: Geschäft, Gaststätten, Badestelle in der Nähe, klappstuhlgeeignet, Wanderweg, Kanuvermietung / Ortsrand.
Zufahrt: Der Parkplatz liegt nördlich des Ortes.

Wenn Sie von Uzès auf der D 3 kommen, erkennen Sie schräg gegenüber der Abbiegung zum Campingplatz einen Weg, der auf eine Etage unterhalb der Straße führt (hinter einer Kanuvermietung). Sie gelangen dort auf eine Wiese neben dem Bach Alzon, der kurz darauf in den Gardon mündet.
Hinweis: Eine stets offene Schranke an der Zufahrt grenzt nicht Privateigentum ab, sondern soll verhindern, dass der Platz bei Hochwassergefahr benutzt wird.

Falls Sie gerade auf Hochzeitsreise turteln oder einen anderen Anlass zum Feiern gefunden haben, zum Beispiel, weil Sie noch immer am Ufer oder wenigstens in der Nähe des Flusses frei stehen dürfen, wäre das gediegene **Restaurant Hostellerie Le Castellas**, von den in diesem Buch erwähnten Restaurants nach unseren letzten Erfahrungen das zweitbeste, eine Sünde wert. Wegen der stilvoll gedeckten Tische im Innenhof und wegen des kreativen jungen Kochs *(Menüs ab 43 €, besonders leckere und kunstvolle Desserts, hohe Weinpreise, Tel. 04 66 22 88 88; dienstags und mittwochs geschlossen; in Collias beschildert, von den Stellplätzen und vom Campingplatz leicht zu Fuß erreichbar).*

In Collias kann man auch phantastisch **wandern**, zum Pont du Gard (Markierung die Straße am Campingplatz vorbei aufwärts – von uns nicht getestet) oder in die Schlucht des Gardon:

Durch die Gorges du Gardon

Wann immer man Ihnen in diesem Teil Frankreichs eine Wanderung empfiehlt, ist es der Weg durch die **Schlucht des Gardon**. Wenn Sie schon
mehrere Reise- und Wanderführer kennen und sich fragen, ob es wirklich sein musste, dass auch der WOMO-Verlag seinen Beitrag zur fuß-
läufigen Erschließung des berühmten Flusstals leistet, wird die Antwort
eindeutig ausfallen: Niemand hat Ihnen nämlich bislang verraten, dass
Sie im **Frühling und Herbst** auch **Badeschuhe einpacken** sollen und

tunlichst einen Wanderstock.
Wir hatten an Ostern beides
nicht dabei und mussten das
sehr bedauern:

Der Weg beginnt nahe
Platz Nr. 165 unter der Straßenbrücke von **Collias**, wo
Sie auf dem linken, nördlichen Ufer (auf dem das Dorf
liegt) nach Westen (das Dorf
im Rücken nach rechts) in
die Schlucht hinein wandern.
Das macht sofort Spaß, weil
Steine, Himmel und Wasser, tunlichst auch die Sonne, aus jeder neuen
Perspektive ein perfektes Naturerlebnis nach dem anderen liefern. Im
Hochsommer, in dem Sie ohne weiteres den ersten Teil der Wanderung
wagen dürfen, werden Sie bald eine Badepause einlegen.

Im Frühjahr hingegen werden Sie wahrscheinlich schon nach weniger
als einer Stunde ein Orientierungsproblem haben. Nicht, weil Sie sich
verlaufen könnten. Das ist eigentlich nicht möglich, denn der Weg ist
zum einen gelb markiert und führt zum anderen stets am Wasser vorbei,
allenfalls einmal in ein paar Meter versetzt. Sie werden (im Frühjahr) den
Pfad vielmehr überhaupt nicht mehr finden, nachdem Sie eine im Grunde
völlig ungefährliche, aber mit einem Drahtseil gesicherte Stelle (unter ei-

nem überhängenden Fel-
sen) passiert haben. Der
Pfad endet danach näm-
lich bald im Wasser. Spa-
ren Sie sich die Mühe, einen Umgehungsweg zu
suchen. Es gibt keinen.

Aber ich weiß inzwi-
schen, dass wir bei un-
serer ersten Testwande-
rung am 1. April wegen
des hohen Wasserstan-
des einfach Pech hatten.

Für vorliegende Auflage haben wir uns **Anfang September** auf den Weg
gemacht, den wir **insgesamt trockenen Fußes** bewältigen durften.

Im April konnten wir mit leichten Gleichgewichtsproblemen durch das
brutal kalte Wasser waten, was uns <u>mit Badeschuhen</u> und Wanderstöcken, mit denen wir die Tiefe hätten sondieren können, deutlich leichter gefallen wäre. Wir empfehlen, bei gleichen Bedingungen die Hose
gänzlich auszuziehen, was Sie angesichts unseres Fotos verstehen.

Nicht lange nach dieser Herausforderung und etwa 1 ½ Stunden nach
Collias erkennen Sie auf dem anderen, südlichen Ufer ein paar Häuser-
ruinen (und Ferienhäuser) sowie einen halb in den Fluss hinein gebauten
Steindamm. Außerdem kommen Sie an gelben Wegweisern vorbei. Hier
werden Sie <u>noch nicht</u> aus der Schlucht heraus wandern.

Blick auf Collias und den Beginn des Weges

Zunächst gehen Sie nämlich noch ein Stück weiter, an einer direkt an den Fluss gebauten Hütte vorbei, um etwa 80 m danach scharf rechts zur **Kapelle St-Vérédème** aufzusteigen. Jenseits der Kapelle führt der Pfad zu einer eindrucksvollen Grotte, die zum Schutze der dort nistenden Fledermäuse im Winter und während der Paarungszeit geschlossen ist. Gehen Sie von hier zurück auf den gelb markierten Weg unten am Fluss. An heißen Sommertagen sollten Sie den Hinweg auch als Rückweg nehmen. Das lohnt sich wegen der schönen Blicke allemal.

Bei gemäßigteren Temperaturen wandern Sie noch etwa 250 m am Fluss entlang, bis der nun deutlich breite Weg ganz allmählich ansteigt und sich vom Gardon entfernt und nach einigen Windungen auf der Hochebene endet. Unterwegs genießen Sie mehrfach einen ausgezeichneten Blick auf das andere Ufer und die dort in Serpentinen an den Fluss führende, schmale Straße. Dort wurden 1953 Teile des Films ‚Lohn der Angst' gedreht (mit Yves Montand), vermutlich sogar das traurige Ende.

Der Pfad ist bestens markiert, und Sie werden am Ende des Aufstiegs auf einen rot-weiß markierten GR stoßen, der Sie auf einer baumlosen Hochebene mit teilweise sehr schönen Blicken (nach Uzès und Collias - siehe unser Foto) nach Collias zurückführt. Wenn Sie auf dieser Strecke die Markierung verloren haben, befinden Sie sich nicht mehr auf dem rechten Weg. Mit einem Minimum von Sorgfalt können Sie hier, wie auch auf den anderen Teilen der Wanderung, nichts falsch machen. Das einzige Problem der wirklich wunderbaren Strecke ist – bei hohem Wasserstand – die Wasserpassage. Alles in allem sind Sie am Ende ohne Badepausen knapp 4 ½ Stunden unterwegs. Die IGN-Karte 2941 OT ist nicht erforderlich.

Überschwemmungen

Als der Kellner am Morgen des 9. September 2002 in der alt eingesessenen *Auberge* am Ufer des Gardon in Collias, der Himmel hatte sich rabenschwarz verdunkelt, den Kaffee servierte, ahnte er nicht, dass sein Arbeitsplatz wenige Stunden später eine vom Schlamm überspülte Ruine sein würde, und dass man an den Ufern des Gardon die Toten zählt – im Département Gard starben 23 Menschen. Niemand hatte bedacht, dass innerhalb weniger Stunden (wenn ich richtig informiert bin, waren es nur fünf Stunden) der Wasserpegel des Gardon bis zur Höhe des Geländers der Brücke von Collias anschwellen könnte. Ebenso schnell sanken die Fluten wieder ab, aber danach hingen die weggespülten Kanus in den Baumwipfeln. Unzählige Häuser, darunter auch die *Auberge* von Collias, waren zerstört und sind inzwischen überwiegend abgerissen. Noch nach Jahren spazierten wir an den traurigen Trümmern und sogar noch an Plastikresten in den Ästen großer Bäume vorbei. Ähnlich schlimm waren die Überschwemmungen an anderen Flüssen des Département Gard, erstaunlicherweise blieb der Pont du Gard aber weitgehend unbeschädigt.

Berichte von Überschwemmungen nehmen zu. Zwar brechen nicht jedes Jahr solche Sintfluten über Südfrankreich herein, aber Sie müssen mit ihnen rechnen. Am Tag bemerken Sie das heranziehende Unwetter, in der Nacht hingegen nicht so deutlich. Stellen Sie sich vor, Sie hätten auf unserem Stellplatz am Gardon genächtigt, und die Naturgewalten wären ein paar Stunden früher über die Region hereingebrochen.

Meiden Sie also Stellplätze in Flusstälern, falls mit Gewittern zu rechnen ist, und verlassen Sie die Plätze, wenn der Starkregen beginnt und nicht nach kurzer Zeit, spätestens einer halben Stunde, wieder aufgehört hat. 1992 sind auf einem überschwemmten Campingplatz in der Provence mehr als zwanzig Menschen ums Leben gekommen. Viele Campingplätze an den Flussufern wurden in den letzten Jahren gesperrt oder verkleinert (darunter auch am Pont du Gard). Gehen Sie aber dennoch davon aus, dass Sie bei solchen Unwettern auf sich selbst aufpassen müssen. Die Klimaforscher prophezeien eine Zunahme der Überschwemmungen, gerade im Languedoc und besonders im September.

Achten Sie auf Schilder, die vor Überflutungen warnen: Die Vokabeln *inondable* oder *inondée (Risiko von Überflutungen)* müssen stets an Ihre Wachsamkeit appellieren. Die **Wetter-App** von *Météo-France* (siehe beim Stichwort *Reisezeit*) bietet unter *Vigilance (Wachsamkeit)* eine eigene Rubrik für *Crue* an – also für *Hochwasser*. Wenn Sie sich in einem dort als rot markierten Gebiet aufhalten, ist die höchste Gefahrenlage ausgerufen, und Sie müssen Flusstäler schleunigst verlasen.

Das oben schon erwähnte Städtchen **Remoulins** (2.000 Einwohner) wird, vom genannten Stellplatz abgesehen, im Grunde nur wegen seiner Nähe zum Pont du Gard überall erwähnt. Interessanter ist hingegen das kleine Dorf **Vers,** nördlich des Pont du Gard, wo die Steine für die Brücke herkommen. Im alten Steinbruch am Westrand des Dorfes sieht man noch heute die Spuren der römischen Transportschlitten.

Auch der Nachbarort **Castillon-du-Gard** ist ein schönes Dorf, vielleicht das schönste weit und breit, mit mittelalterlichen Bauten und derart an den Hang gelehnt, dass man von hier aus sogar den Aquädukt sehen kann.

Wegen der großen Beliebtheit der Region haben wir uns nach weiteren Stellplätzen umgesehen und eine weitere gute Möglichkeit entdeckt:

(167) WOMO-Stellplatz: Comps

GPS: N 43°51'14" E 4°36'31", Rue N. Mandela.   **Max. WOMOs**: 20.
Ausstattung/Lage: Ver- und Entsorgung, (Wasser 4 €), Toilette, 2 Plätze mit Strom, klappstuhlgeeignet, Mülleimer; nach dem Hochwasser des Jahres 2002 wurde die Hochwasserschutzwand des Ortes erhöht / Ortsrand.
Zufahrt: Folgen Sie am östlichen Ende von Comps, auf dem Weg von Remoulins nach Tarascon dem Wegweiser zur Entsorgungsstation und biegen Sie vor einer Mauer am Gardon nach rechts ab, fahren Sie in einen Park am Gardon. Genau genommen liegen hier zwei Plätze nebeneinander: einer innerhalb der Mauer und links von diesem sowie nach einer engen Zufahrt ein weiterer, weitläufiger in einem Wäldchen am Gardon, wo das Parken im rechten Teil verboten ist.
Hinweise: Das ist ein schöner Platz, aber einer von der Sorte, die wegen der etwas unsensiblen Nutzung stets von einer Schließung bedroht sind. Bei Regen große Pfützen. **Achtung bei Unwettergefahr!**
Gebühren: 6 € oben per Automat und 3 € unten am Fluss, wo der Kassierer am Abend kommt.

Die unlängst erhöhte Mauer zum Fluss schützt in Comps übrigens auch vor dem Hochwasser der Rhône und nicht nur vor den Fluten des Gardon, der nach ein paar hundert Metern in die Rhône mündet.

Über **Beaucaire**, wo so verdächtig viele Schilder vor Autoaufbrüchen warnen, dass wir das an sich nette Städtchen samt seiner Promenade am Hafen des Canal du Rhône nur flüchtig beehren, steuern wir **Nîmes** an, eine quirlige Großstadt mit 130.000 Einwohnern. Sie hat unter allen südfranzösischen Städten den reichhaltigsten Bestand an römischen Bauten bewahrt, welche sogar besser erhalten sind als die Relikte in Rom. Wer jene im Sommer abklappern möchte, muss hitzefest sein, denn Nîmes ist außerdem die heißeste Stadt Frankreichs. Obwohl eingefleischte Languedoc-Kenner behaupten, der Flair der Stadt würde sich erst bei Hitze richtig auftun, wenn die Autodächer dampfen und man mühsam einen Fuß vor den anderen setzt, sind wir doch ganz froh, dass sich bei unserem Besuch, in der Woche vor Pfingsten, eben erst die Regenwolken verzogen haben.

Nîmes - Amphitheater

Dafür rüstet man zur *Feria*, dem Volksfest des Jahres, nach dem Münchener Oktoberfest das wohl zweitgrößte in Europa. In der Innenstadt werden Tische, Stühle und Ausschankbuden aufgestellt, an denen vor allem abends alkoholisch die Post abgeht. Ein ganzes Stadtviertel ist voller Jahrmarktstreiben, auf mehreren Bühnen proben schon die Jazzer, und in die Arena darf nur noch, wer dort einem blutigen Stierkampf beiwohnen will. Die berühmtesten Toreros sind im Lande, und in speziellen Lokalen serviert man honorigen Gästen das Fleisch unterlegener Stiere.

Das **Amphitheater** ist zwar kleiner als das von Arles, aber das besterhaltene des gesamten römischen Reiches (und trotzdem nicht auf der UNESCO-Liste). 24.000 Menschen fanden in antiker Zeit dort Platz, um sich an Gladiatorenkämpfen und Tierhatzen zu ergötzen. Die Kapazität ist seit der Antike geschwunden, da die oberen Zuschauerränge abgetragen wurden, sie dienten im Mittelalter als Steinbruch. Am Zweck des Bauwerkes hat sich aber so viel nicht geändert. Wenn nämlich keine Stiere abgestochen werden, gastieren hier internationale Stars. Und im Winter überzieht man *Les Arènes* sogar mit einem Plastikdach *(täglich Jan., Feb., Nov., Dez. 9.30 - 17 Uhr; März und Okt. 9 - 18 Uhr; Apr., Mai und Sept. bis 18.30 Uhr; Juni bis 19 Uhr; Juli/Aug. bis 20 Uhr; keine Besichtigung an Veranstaltungstagen, vor allem während der Pfingst- und September-Feria; die Eintrittskarte – 11,70 € – berechtigt zur Besichtigung von 3 Sehenswürdigkeiten der Stadt, die Arena allein kostet 9,50 €).*

Ein Stück beschaulicher geht es noch rund um den ausgezeichnet erhaltenen römischen Tempel zu, die **Maison Carrée**, auf dem Boulevard Victor Hugo und wenige hundert Meter vom Theater entfernt. Man glaubt kaum, dass der Römertempel, er gilt in manchen Quellen als der besterhaltene weltweit, fast 2.000 Jahre auf dem Kreuz hat, zumal seine Geschichte mehr als bewegt ist; war er nämlich in späterer Zeit Rathaus, Kirche und sogar einmal Pferdestall. Man muss allerdings zugeben, dass

Nîmes - Maison Carée

die schöne Kassettendecke der Vorhalle und einige andere Bauteile originalgetreue Rekonstruktionen sind, im Gegensatz zum prächtigen Mosaikfußboden, der noch aus römischer Zeit stammt. Das antike Bauwerk sucht man ebenfalls auf der UNESCO-Liste vergeblich. Vielleicht war den gestrengen Prüfern die nicht lange zurückliegende Restaurierung zu perfekt. Ehrlich gesagt hat der Tempel auch mir mit Patina besser gefallen als im derzeitigen Strahleweiß *(täglich 10 - 18 Uhr oder länger; 5,80 €).*

Nîmes - in den Jardins de la Fontaine

Es wäre ein großer Fehler, an der Maison Carrée wieder umzukehren. Bummeln Sie stattdessen auf dem Boulevard Victor Hugo weiter nach Norden und biegen Sie an dessen Ende nach links in die Rue de la Fontaine ab. Am platanengesäum-

ten Kanal stehen die Häuser früherer protestantischer Tuchhändler. Nîmes ist nämlich nicht nur eine Hochburg des französischen Protestantismus, aus dem sich lange Zeit die Führungsriege der Stadt rekrutierte, sondern war ab Mitte des 18. Jahrhunderts auch Zentrum der Textilherstellung und wurde damit weltberühmt – was jedoch kaum jemand weiß. Wer denkt schon daran, dass die Bluejeans aus einer Stoffqualität genäht sind, die in der Fachsprache *Denim* heißt – *de Nîmes (von Nîmes)*.

Nach einem kurzen Gang entlang des Kanals steht man rechterhand vor dem Tor der **Jardins de la Fontaine** *(täglich 9.30 - 18 Uhr oder länger;* *in der Nähe kann man gut parken**)*. Diese Parkanlage aus dem 18. Jahrhundert ist mein liebster Ort in Nîmes. Den Hang hinauf sind dort kleine Terrassen mit wunderschönen Balustraden und kleinen Bänkchen angelegt, auf denen man im Sommer die Zeit verdösen kann. Die Nemausus-Quelle, die schon in der Antike sprudelte, speist

kleine Teiche und Kanäle, um die herum eine barocke Parkanlage geschaffen wurde, deren Reiz auch darin besteht,
dass ihr ein Anflug von Ungepflegtheit, nennen wir es lieber
Nonchalance, anhaftet. Dafür gibt es im linken Teil noch ein
römisches Überbleibsel, den so genannten **Tempel der Diana**, der vermutlich gar kein Heiligtum, sondern eine Bibliothek
oder ein Wohnhaus war.

Wer noch Kraft hat, klettert die Treppenstufen des Berghangs
ganz hinauf zur **Tour Magne** *(täglich 9.30 - 18 Uhr oder länger;
3,40 €)*. Der Turm war ursprünglich Bestandteil der römischen
Stadtbefestigung und etwa 10 m höher als heute. Trotzdem hat
man von der Plattform immer noch einen umfassenden Blick
auf die Stadt und über das Rhône-Tal; bei gutem Wetter sogar
bis zum Mont Ventoux.

Vermutlich reicht Ihre Energie dann nicht mehr bis zum
Castellum Divisorum (am nördlichen Ende des Boulevard
Victor Hugo nach rechts auf dem Boulevard Gambetta, dann
die zweite Straße nach links bergauf). Man findet dort ein run-
des Becken von 5,50 m Durchmesser, das antike Wasserre-
servoir, in welches das kostbare Nass vom Pont du Gard geleitet worden ist. Der Abfluss konnte über 10 Bleirohre belie-
big reguliert werden, deren Anschlüsse an der Beckenwand
noch deutlich erkennbar sind. Das von Uzès herbeigeschaffte
Wasser wurde in der Stadt mittels Blei- oder Tonrohren verteilt, was die Wissenschaft noch heute darüber rätseln lässt,
weshalb nicht ein großer Teil der Bevölkerung an Bleivergif-
tung gestorben ist. Zwei Theorien werden gehandelt: Nach der
einen war das Wasser so kalkhaltig, dass sich in den Rohren
eine Schutzschicht gebildet hatte. Der anderen nach tranken
die Römer hauptsächlich Wein (und nahmen das Wasser zum
Zähneputzen und Wagenwaschen?).

Für den Rückweg empfehle ich Ihnen hinter der Maison
Carrée die Durchquerung der Altstadt, deren Zentrum die kleine Place aux Herbes ist, direkt vor der Kathedrale. Vielleicht
kommen Sie im Norden der Innenstadt (am nördlichen Ende
des Boulevard Amiral-Courbet) an der **Porte d'Auguste**, einem viertorigen, römischen Stadttor, vorbei, womit Sie die wesentlichen antiken Erbschaften abhaken könnten.

Vermutlich sind Sie aber längst vorher im Jardin de la
Fontaine oder in einem der zahlreichen schattigen Straßen-
cafés hängen geblieben. Und Sie beruhigen sich damit, dass
Ihr Südfrankreich-Urlaub der Erholung dienen soll.

Unsere nächste und letzte Tour wird wieder etwas mehr
an Ihren Nerven zerren, sie führt in die touristisch strapazierte
Schlucht der Ardèche. Wenn Sie vorher Luft holen wollen, sollten
Sie sich ruhig noch etwas im Herzen des Languedoc aufhalten.

Sauve

Beispielsweise in dem Städtchen **Sommières** (3.700 Einwohner), einem ebenso beschaulichen wie sehenswerten Flecken, 28 km westlich von Nîmes, mit zentralem Marktplatz, überwölbten Gassen, Glockenturm, (stark restaurierter) Römerbrücke und lauschigen Uferkais. Der Stierkampf wird hier ab Anfang Mai an Sonntagen unblutig ausgetragen. Der Sinn des Spiels liegt nicht im Tod des Tieres, sondern sportliche junge Männer versuchen, ihm ein Band zwischen den Hörnern zu entreißen.

Oder übernachten Sie im pittoresken, mittelalterlichen **Sauve** (1.600 Einwohner). Das liegt wie Sommières am Rand des Flüsschens Vidourle (verheerendes Hochwasser im September 2002). In Sauve können Sie betrachten, wie Gabeln geerntet werden,

an Zürgelbäumen, wo an Blattansätzen drei Knospen sitzen, die man zu Gabelzinken wachsen lässt. Das dazu gehörende Museum finden Sie am nördlichen Ortsrand. Sie kommen in Sauve auf der D 999 vorbei, falls Sie am Ende unserer 8. Tour die

Cevennen auslassen. Sehr gut hat uns das schlichte, preiswerte, aber farbenfrohe **Restaurant *Le Bossens*** gefallen *(Foto Seite m296; Tel. 06 47 06 85 62)*. Ein naher Stellplatz ist daher kein Fehler:

(168) WOMO-Stellplatz: Sauve

GPS: N 43°56'25" E 3°57'06", D 999.   **Max. WOMOs**: 5-7.
Ausstattung/Lage: Ver- und Entsorgung, Geschäfte, Gaststätten, Verkehrsgeräusche, möglicherweise Badestelle / Ortsrand.
Zufahrt: An der D 999 südlich der Brücke auf einen Parkplatz unterhalb der Straße.
Hinweis: Das ist kein Platz für den Hochsommer. Man steht nahe an der Durchgangsstraße, auch wenn man das nicht so empfindet. Die Verkehrsgeräusche sind bei geöffneter Dachluke auch nachts störend, beispielsweise an Ostern aber erträglich.

Fast schon an unserem Weg nach Norden liegt **Villeneuve-lès-Avignon** noch im Languedoc und müsste deshalb in vorliegendem Führer ausführlich vorkommen. Die Stadt würde es auch verdienen. Aber Villeneuve gehört touristisch wie auch geschichtlich zu Avignon und lässt sich ohne die Papst-Stadt reiseführermäßig kaum aufbereiten. Ich muss Sie daher auf meinen Provence-Führer-West und den dortigen Stellplatztipp verweisen.

Wenn Sie von Uzès direkt nach Norden aufbrechen und noch ein paar Stunden Zeit haben, sollten Sie 17 km nördlich von Uzès, das perfekt auf einem Bergkegel gelegene Dorf **Lussan** beehren und sich wundern, dass es solch eine unverfälschte Ortschaft überhaupt noch gibt. Man tut so gut wie nichts für die Touristen, und so fehlt vermutlich das Geld, um zu verschandeln oder aufzumotzen, was über Jahrhunderte hervorragend erhalten geblieben ist. Sogar richtige Einwohner gibt es hier noch. Das ist keineswegs selbstverständlich, wenn man sich benachbarte Dörfer anschaut, allen voran La Roque-sur-Cèze, das auch traumhaft schön gelegen, aber fest in der Hand von Fremden ist. Angenehm bodenständig ist auch das **Restaurant *La Petite Auberge de Lussan*** mit

Lussan

ordentlichem Essen. Der Stellplatz liegt nun auf einer prächtigen Wiese vor dem Dorf, seit man Wohnmobile nicht mehr durch die engen Gassen fahren lässt:

(169) WOMO-Stellplatz: Lussan

GPS: N 44°09'16" E 4°22'01". **Max. WOMOs**: 5-8.
Ausstattung/Lage: Gaststätte, klappstuhlgeeignet, Mülleimer, Toilette im Ort / Ortsrand, leicht einsam.
Zufahrt: Fahren Sie an der Zufahrt zum Dorf rechts auf eine große Wiese.

Bevor Sie einen ruhigen Tag ausklingen lassen, beispielsweise in Lussan oder auf den Stellplätzen am Anfang der nächsten Tour, können Sie sich noch die kleine Schlucht des Aiguillon zu Gemüte führen, genannt **Les Concluses**. Sie parken am besten auf dem zweiten Parkplatz (die Zufahrt dahin ist beschildert), von dem Sie dann auf einer einstündigen **Wanderung** in die schmale Klamm absteigen. Nur ein paar Schritte auf dem Weg geradeaus (bei dem großen Stein) sind es zum Belvédère, wo Sie sich erst mal anschauen sollten, ob sich der Abstieg überhaupt lohnt – und das Aufbruchsrisiko am geparkten WOMO.

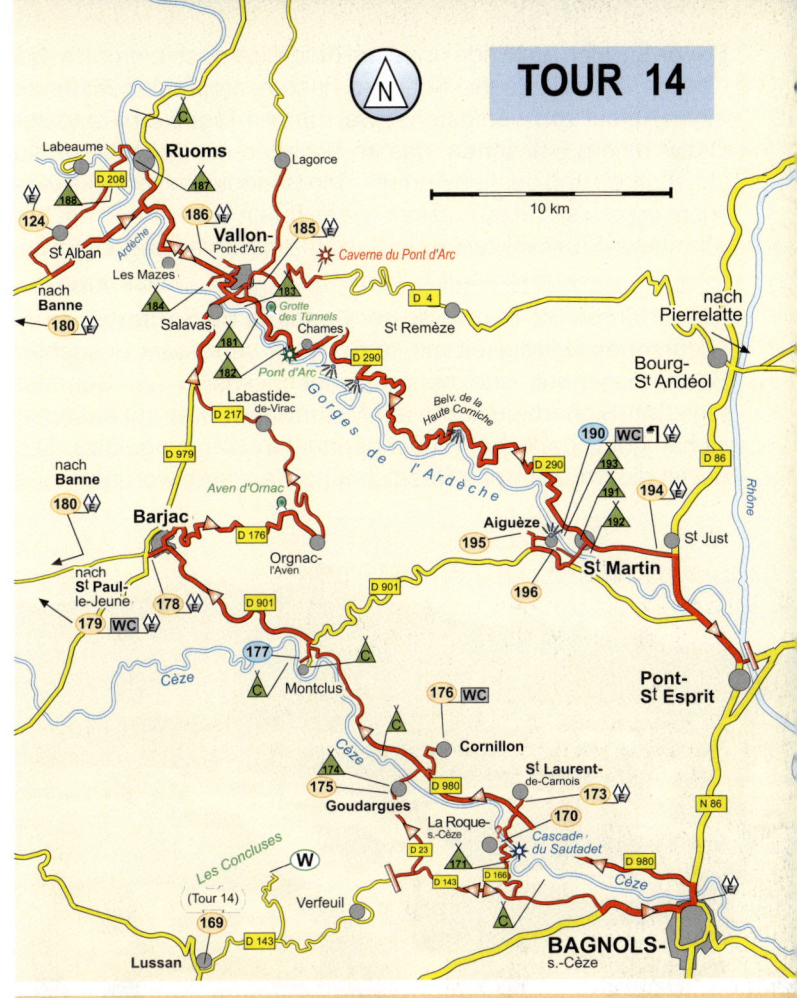

Tour 14: Traumschlucht mit Anlauf 140 km

Cascade du Sautadet - Bagnols - Goudargues - Montclus
Aven d'Orgnac - Gorges de l'Ardèche - Pont-Saint-Esprit

Stellplätze:	bei La Roque-sur-Cèze, in St Laurent-de-Carnois, in Goudargues, in Cornillon, in Montclus, in Barjac, in Saint-Paul-le-Jeune, in Banne, in Vallon-Pont-d'Arc, in St Alban-Auriolles, bei Saint-Martin-d'Ardèche, bei Aiguèze
Campingplätze:	bei La Roque-sur-Cèze, in Goudargues, in Vallon-Pont-d'Arc, in Ruoms, bei Saint-Martin-d'Ardèche
Besichtigen:	Cascade du Sautadet, Museum in Bagnols, Aven d'Orgnac, Gorges de l'Ardèche, Caverne du Pont d'Arc, Seiden-raupen-Museum in Lagorce, Ferme aux Crocodils
Essen:	Restaurants *Le Vieille Fontaine* in Cornillon, *Bistrot Chelsea* in Vallon-Pont-d'Arc, *L'Escarbille* in Saint-Martin-d'Ardèche

Bevor Sie sich am Ende unserer Rundreise noch einmal in das Getümmel der Ardèche-Schlucht stürzen, empfehlen wir Ihnen einen Anlauf von wenigstens zwei ruhigen Tagen am Rand der **Cèze**, einem Flüsschen, das im Schatten der Ardèche oft zu kurz kommt und dessen Anmut – und Badegewässer – Sie vielleicht erst zu schätzen wissen, wenn Ihnen der Auftrieb am berühmteren Fluss weiter im Norden auf die Nerven gegangen ist.

Dass es ein touristisches Leben auch vor der Ardèche gibt, erfahren Sie bereits an der **Cascade du Sautadet**, einer Natursehenswürdigkeit mit im Sommer sehr stark besuchter Badegelegenheit und hohem Autoknackrisiko (im Sommer tagsüber Sicherheitskräfte auf Motorrädern; wer auf Nummer sicher geht, parkt beim nachgenannten Campingplatz). Dabei ist die französische Bezeichnung *Cascade*, worunter man

Cascade du Sautadet

eigentlich einen Wasserfall versteht, nicht ganz zutreffend, denn die Cèze ergießt sich nicht in einem donnernden Schwall in einen Abgrund, sondern sprudelt durch einen steinernen Engpass zu Tal. In der Wasserklamm selbst ist das Baden zu Recht verboten, weil hier die Naturgewalten mit ungeahnter Kraft zu Werke gehen (30 Tote seit 1960 – gefährlich sind vor allem die glatten Felsplatten am Rand des Gewässers). Aber am Ende des vielleicht 200 m langen Einschnitts kann man sich wunderbar in die Fluten stürzen. Selbst wenn Sie nur die rauschende Natur betrachten, ist der kleine Umweg zur Cascade du Sautadet keine vergebliche Mühe, denn sehenswert ist die Stelle allemal. Außerdem kann man in ihrer Nähe frei übernachten oder einen ruhigen, sehr schön gelegenen

La Roque-sur-Cèze

Campingplatz mit Zugang zum Badeplatz am Fluss wählen. Das nahe Dorf **La Roque-sur-Cèze** klebt malerisch am Hang und gehört zu den ‚Schönsten Dörfern Frankreichs', es gibt dort jedoch kaum noch ständige Bewohner. Am Fuß dieses Ortes, ganz in der Nähe der Cascade, treffen Sie unter großen Bäumen auf eine geräumige Parkplatzfläche und in der Nähe auf einen Campingplatz:

(170) WOMO-Stellplatz: La Roque-sur-Cèze

GPS: N 44°11'37" E 4°31'21".   **Max. WOMOs**: 15.
Ausstattung/Lage: Wasser (am Ende der hinteren Baumreihe), Picknickbänke, Mülleimer, theoretisch können Sie in der sauberen Cèze baden, der Einstieg ist hier aber etwas schlammig; gute Crêperie im Ort, Gaststätte auf der anderen Seite der Brücke / Ortsrand, etwas einsam.
Zufahrt: Es ist der Parkplatz der gut beschilderten ‚Cascade du Sautadet' auf dem Westufer der Cèze; beachten Sie die Hinweise im nachfolgenden Text.
Hinweis: Die frühere Höhenbarriere wurde inzwischen entfernt (und hoffentlich nicht wieder erneuert).

(171) WOMO-Campingplatz-Tipp: La Roque-sur-Cèze (Les Cascades)

GPS: N 44°11'20" E 4°31'30".   **Ortszentrum**: 0,7 km.
Zeiten: Ende April bis Ende Oktober.   **Tel.** 04 66 82 72 97.
Ausstattung: Pool, Zugang zum Fluss mit schönem Naturstrand, wo auch Jugendliche Spaß haben (Lagerfeuer – der Platz liegt direkt oberhalb des Flusses), Restaurant.   **Preise**: 24 - 43 €.
Zufahrt: Der Platz liegt an der Straße ca. 500 m oberhalb der Cascade an der D 166 westlich der Cèze; beachten Sie die nachfolgenden Hinweise.

Falls Sie in der Hochsaison keinen Platz bekommen, sollten Sie (auf der D 166 ein paar Kilometer weiter in südlicher Richtung) auf **Camping La Vallée verte** nachsehen, der ebenfalls am Fluss liegt, und von dem Sie zu den Cascades wandern können. Der Platz ist im Sommer weniger überlaufen.

Achtung: Die Strecke ab dem Parkplatz Nr. 170 zum Wasserfall ist nicht befahrbar (6 Minuten zu Fuß). Außerdem ist die Zufahrt nach La Roque-sur-Cèze von Osten, von der D 980, für

Fahrzeuge über 3,5 t und über 2,10 m Breite verboten. In einer früheren Auflage waren es noch 2,30 m. Brücken werden nicht schmaler, aber WOMOs werden immer breiter, Fahrer immer schlechter und die Verantwortlichkeit der Schilderaufsteller immer größer. Ich kann nicht ausschließen, dass das Brückengeländer verändert worden ist. Wir sind jedenfalls mit einem 2,28 m breiten Fahrzeug über die Brücke gefahren, und stolze und fahrsichere Leser haben mir Fotos von ihrem WOMO (und Kinder vom geliehenen WOMO ihrer Eltern) auf der Brücke geschickt. Trotzdem übernehmen wir für Sie selbstverständlich keine Verantwortung.

Falls Sie also mit einem breiteren WOMO unterwegs sind, müssen Sie, so Sie von der *Cascade* auf dem östlichen Ufer der Cèze, wo Sie übrigens vergeblich nach einem Parkplatz als Ausgangspunkt zur *Cascade* suchen werden, nordwärts zur Ardèche weiterfahren möchten, den Umweg über die D 143/D 23 nach Goudargues nehmen oder über **Bagnols-sur-Cèze**, eine für die Gegend relativ große Stadt (18.000 Einwohner) mit hässlichen Vorortsiedlungen. Aber sie hat eine Attraktion zu bieten, die den Freunden der Malerei geläufig ist. Ein gewisser Albert André hat im Jahre 1918 den Posten des Museumsdirektors übernommen, was nicht unbedingt erwähnenswert wäre. Jedoch war Monsieur André ein Freund des Malers Renoir und anderer Impressionisten und Fauvisten. Die Künstler schenkten deshalb der Stadt eine Reihe ihrer Werke, weshalb sich im Museum ohne nennenswerte Geldausgabe allmählich eine bedeutende Sammlung zusammentat. Der Schatz war jedoch so schlecht gesichert, dass im Jahr 1977 16 der berühmtesten Gemälde auf Nimmerwiedersehen verschwanden, darunter Bilder von Dufy, Matisse, Monet und Renoir. Aber trotz dieses Verlustes lohnt es sich immer noch, in das **Musée Albert André** zu schauen *(das Museum ist in der Marie am Marktplatz untergebracht; tägl. außer montags 10 - 12 und 14 - 18 Uhr; kostenlos)*. Man kann während der Besichtigung gut auf dem ausgewiesenen Stellplatz (mit Ver-und Entsorgung) parken, der allerdings für die Übernachtung eindeutig zu hässlich und zu laut ist [172 – GPS: N 44°10'06" E 4°37'11", Route du Moulinet].

Der Diebstahl geschah just zu der Zeit, als sich Bagnols auf eine neue Zeit eingestellt hatte und den Atomkraftmanagern mit offenen Armen entgegen gelaufen war. Die hatten nämlich eine Schlafstadt für die Arbeiter und Angestellten der nahen Kraftwerke gesucht, weshalb Bagnols um eine Neustadt erweitert werden musste. Es gab (damals) keine Protestbewegungen und auch keinen Widerstand. Man war vielmehr stolz auf das Atomzentrum Marcoule, wo schon 1956 das weltweit erste Atomkraftwerk kommerziell Strom bis 1984 geliefert hat. Später wurden sogar ein pannenanfälliger ‚Schneller Brüter' angeschlossen, der aber zwischenzeitlich wieder abgeschaltet ist, und eine Wiederaufbereitungsanlage, die weiter in Betrieb ist. Nicht weit entfernt, bei Pierrelatte, drohen die Kühltürme der Atom-Großanlage von Tricastin, wo seit 1982 rund 1.000 (!) Menschen beschäftigt sind. Auch hier wird Uran angereichert, angeblich 25 Prozent des Weltbedarfs. Ich gehe mal davon aus, dass ich zu dieser Thematik in nicht allzu ferner Zukunft einige Änderungen vornehmen darf und dabei ausnahmsweise mal nicht beklagen werde, dass nichts mehr so ist, wie es war.

Wir fahren nun im Tal der Cèze nach Norden, nicht ohne ein paar Seitensprünge: Zuerst nach **St Laurent-de-Carnois**, das nett liegt und versucht, seine relative Belanglosigkeit mit einem offiziellen Stellplatz aufzubessern:

---

(173) WOMO-Stellplatz: St Laurent-de-Carnois
GPS: N 44°12'36" E 4°31'50".   **Max. WOMOs**: 4 hintereinander.
Ausstattung/Lage: Ver- und Entsorgung, Strom, Bouleplatz / Ortsrand
Zufahrt: Fahren Sie auf der südlichen Zufahrt von der D 980 in den Ort (dort an der D 980 beschildert). Der Stellplatz liegt direkt hinter der Winzergenossenschaft.

Deutlich lebhafter ist das bald folgende **Goudargues** (950 Einwohner), ein malerisches Dorf, das sein Flair einem in mehreren Armen durch den Ort sprudelndem Wasserlauf verdankt

Goudargues

sowie einer romanischen Kirche mit wuchtigem Portal. Häufig wird man die Reise hier erst mal unterbrechen. Die Idee ist gar nicht so ungewöhnlich, wie die gute Belegung des ortsnahen, beschaulichen Campingplatzes zeigt, der am Rand der Cèze liegt und von einem glasklaren Bächlein unterteilt wird:

(174) WOMO-Campingplatz-Tipp: Goudargues
(La Grenouille)

GPS: N 44°12'51" E 4°28'05".　　　　**Ortszentrum**: 0,1 km.
Zeiten: 1.4. bis etwa 20.9.　　　　**Ausstattung**: Pool, Läden und Restaurants in der Nähe (ordentlich und auch von Einheimischen besucht ist das **Restaurant** *Grain de Soleil*), kostenloses Wifi, Wanderwege.
Zufahrt: Der Platz ist auf der Rückseite von Goudargues nicht zu verfehlen.
Preise: 15 – 22,50 €.　　　　**Hinweis**: Glockenschlag auch nachts.

Eine brauchbare Alternative ist auch **Camping Gambionne** (siehe beim folgenden Stellplatztipp), der aber nur von Juni bis August geöffnet ist.

Auch die freien Alternativen können sich sehen lassen:
(175) WOMO-Stellplatz: Goudargues

GPS: N 44°12'53"
E 4°28'09", Av. du Lavoir.
Max. WOMOs: 2-3.
Ausstattung/Lage: Wasser, Toilette (am Campingplatz vorbei rechts bei der Telefonzelle), Mülleimer, Gaststätten (siehe beim Campingplatz), Geschäfte, Wanderwege / im Ort.
Zufahrt: Folgen Sie dem Wegweiser zum Campingplatz *La Grenouille*; der Stellplatz liegt zwischen Ort und Campingplatz beim Waschhaus.　　　　**Hinweise**: Das ist kein Platz für große Fahrzeuge oder längere Aufenthalte. Glockenschlag von der nahen Kirche auch nachts. Eine Badestelle mit kleinem Kiesstrand finden Sie am Weg zwischen Waschhaus und Teich rechts nach knapp 400 m kurz vor dem Ende dieses Weges.

Kürzer ist der Weg zu dieser **Badestelle** von der anderen Seite: Fahren Sie westlich aus dem Dorf, Richtung Verfeuil, zum *Camping Gambionne* (nur vom 1.6. bis Ende August geöffnet, aber sonst trotzdem kostenlos ohne Wasser und Strom benutzbar); dort liegt die Badestelle fast vor der Tür. Dieser Campingplatz ähnelt einem freien Stellplatz.

Schon vorher finden Sie am westlichen Ortsausgang (Richtung Verfeuil) einen weiteren Parkplatz, der deutlich großzügiger ist als die Stelle beim Waschhaus.

Cornillon

Nur 3 km entfernt und auf einem Hügel thront **Cornillon**, ein lieblicher Ort mit Burgruine und herausgeputzten (Zweit-) Häusern. Weit reicht der Blick von der vordersten Bastion, kaum weniger weit vom Stellplatz, einem der schönsten dieser Tour:

(176) WOMO-Stellplatz: Cornillon

GPS: N 44°13'31" E 4°29'17", D 220. **Max. WOMOs**: 5.
Ausstattung/Lage: Toilette, Mülleimer, Gaststätte, Spielplatz, Wanderwege / Ortsrand. **Zufahrt**: Biegen Sie von der D 980 nach Cornillon ab und fahren Sie hoch bis zu zwei Terrassen vor dem Ort.

Cornillon - *La Vieille Fontaine*

Von allen Plätzen der Gegend könnten Sie einen Abend im **Restaurant *La Vieille Fontaine*** erleben. Die Sicht von der Terrasse ist so prächtig wie vom benachbarten Aussichtspunkt und reicht weit über das Tal der Cèze. Nur selten werden Sie ähnlich schön speisen – und niemals besser gefüllte Miesmuscheln *(moules farcies)*, die Spezialität des Hauses, zu denen Ihnen die Kellnerin erklären muss, wie Sie die Umschnürung lösen, mit der die Füllung gehalten wird. Auch die anderen Gerichte sind außergewöhnlich lecker. 40 Euro für ein Dreigangmenü sind unter diesen Umständen noch akzeptabel *(in Cornillon Tel. 04 66 82 20 56; Mai – Okt. und außer sonntags nur abends geöffnet)*.

Montclus

Bald folgen am Rand der Cèze einige Bade- und auch ein paar sehr ruhige Campingplätze und mit **Montclus** ein weiteres Bilderbuchdorf, *,Eines der schönsten Frankreichs'*, das ebenfalls, wenn auch nicht ganz so stark wie seine Nachbarn, ausgestorben wirkt. Besonders schön liegt zu seinen Füßen ein Parkplatz am Rand der Cèze (Foto Seite 305):

(177) WOMO-Badeplatz: Montclus

GPS: N 44°15'45" E 4°25'13".   **Max. WOMOs**: 5.
Ausstattung/Lage: Toilette im Ort, Kiesstrand an der Cèze, im Sommer Gaststätte, Wanderwege / Ortsrand.
Zufahrt: Biegen Sie von der D 980 nach Montclus ab und fahren Sie auf den Besucherparkplatz.   **Hinweise**: An der Zufahrt rechts am Fluss ist wildes Zelten verboten (ein durchgestrichenes Zeltsymbol).

Auf dem anderen Ufer der Cèze liegt ein naturbelassener kleiner **Campingplatz**. Ein schön gelegener **weiterer Campingplatz** (möglicherweise mit Dauercampern) liegt oben direkt auf der anderen Seite des Dorfes:

Sie kommen aus dem Übernachten gar nicht mehr heraus, falls Sie in **Barjac** (1.500 Einwohner) erneut zufassen; perfekte Provinz auf einem offiziellen Stellplatz:

(178) WOMO-Stellplatz: Barjac

GPS: N 44°18'21" E 4°20'37", Rue Basse.   **Max. WOMOs**: 20.
Ausstattung/Lage: Ver- und Entsorgung, Mülleimer, klappstuhlgeeignet / Ortsrand.   **Zufahrt**: Der Platz liegt am südwestlichen Ortseingang der Ortsumgehungsstraße seitlich eines Kreisverkehrs.

Der Vollständigkeit halber seien schließlich noch 24 km westlich davon der kleine offizielle Stellplatz von **Saint-Paul-le-Jeune** erwähnt, gut geeignet für eine Nacht, und 3,3 km weiter im Norden, in **Banne**, ein Stellplatz mit Traumsicht (beide Plätze haben nicht mehr auf unsere Karte gepasst):

(179) WOMO-Stellplatz: Saint-Paul-le-Jeune

GPS: N 44°20'22" E 4°09'11", Place Ch. Guynet. **Max. WOMOs**: höchstens 5.
Ausstattung/Lage: Ver- und Entsorgung, Toilette, Mülleimer, Gaststätten, Geschäfte / im Ort.   **Zufahrt**: Der Platz ist seitlich der D 104 beschildert und liegt hinter dem ehemaligen Bahnhof auf einer kleinen Wiese.

(180) WOMO-Stellplatz: Banne

GPS: N 44°21'54" E 4°09'25".   **Max. WOMOs**: 10.
Ausstattung/Lage: Ver- und Entsorgung (Jeton 3 €), Strom, Mülleimer, klappstuhlgeeignet, Spielplatz, schöne Sicht / im Ort.
Zufahrt: Der Platz liegt im Ort beschildert *(Camping-Car)* in wunderbarer Lage hinter der Kirche.   **Hinweis**: Die Zufahrt durch das Dorf ist etwas eng und möglicherweise für Fahrzeuge, die besonders breit sind, schwierig (Sie können nachsehen und zur Not vor der Engstelle wenden).

Bevor Sie von Barjac aus in den Trubel der Gorges de l'Ardèche eintauchen, das klassischste aller klassischen Kanureviere, gönnen Sie sich eine letzte Atempause, wenn auch bei einem anderen touristischen Mekka, einem *Grand site national*, dem **Aven d'Orgnac**. Ein Aven ist, wie Sie vielleicht schon von früheren Touren wissen, ein Höhlengebilde, das sich nur nach oben durch einen engen Schacht öffnet. Der war beim Aven d'Orgnac weitgehend verschüttet, weshalb sich erst im Jahre 1935 ein Höhlenforscher in die unterirdische Riesenkammer vorarbeiten konnte, wo heute sein Herz in einer Urne aufbewahrt wird. Längst gibt es einen Aufzug, der Sie in den Saal des *Chaos* führt, in ein Trümmerfeld aus Tropfsteinen. Vor ca. 50 Millionen Jahren hatte nämlich ein Erdbeben Stalagmiten und Stalaktiten wild durcheinander geworfen, ehe darauf wieder neue Tropfsteine wachsen konnten *(Führungen 1 Std., alle 30 Minuten April - Sept. 10 - 12 und 14 - 17.30 Uhr, Juli/August bis 18 Uhr und ohne Pause; 12,50 €; wie bei jeder Höhle Pullover mitnehmen)*.

Auf der weiteren Strecke kommen Sie durch das Dorf **Labastide-de-Virac**, das von einer Burg überragt wird und zu den erfreulicheren Erscheinungen der Gegend gehört.

Szenenwechsel, die letzte Tour dieses Buches erlebt nun eine radikale Verwandlung. Wir nähern uns nämlich der **Ardèche**. Die kam in früheren Auflagen nicht so gut weg, Leser haben mich deswegen getadelt, und ich habe mich um Besserung bemüht:

Es ist schon ein paar Jahre her, als ein Gerücht wie ein Donnerhall die Runde machte: Die Ardèche sei gesundheitsgefährdend verschmutzt. Es gab sogar ein paar Warnschilder und vielleicht auch ein paar Urlauber weniger. Seit Jahren ist der Fluss aber sauber. Oder sagen wir lieber, er gilt als unbedenk-

Ardèche

lich. Wenn Sie mich fragen: Tausende pinkeln im Juli/August ins erstaunlich warme Wasser, und von der Chemie möchte ich erst gar nichts wissen.

Europas berühmteste Paddel-Strecke ist im Grunde wunderschön und mit Recht hochberühmt. Aber im Hochsommer ist sie stellenweise leider überfüllt. Der ruhigste Teil ist die bekannte **Aussichtsstraße** zwischen Vallon-Pont-d'Arc und Saint-Martin, die größtenteils weit oberhalb des Flusslaufes angelegt ist, so dass man nur von einigen neu hergerichteten und beschilderten Aussichtspunkten ins tief eingeschnittene

Tal hinabblicken kann. Man darf sich davon nicht zu viel versprechen. Immer wieder hält man in der Hoffnung auf ein Aha-Erlebnis an. Stattdessen sieht man tief unten, zwischen steil abfallenden Hängen ein oder zwei Flussbiegungen, eine Menge Boote und drumherum eigentlich wenig. Das ändert sich auch nicht im populärsten Teil, der sogenannten **Haute Corniche** (siehe Michelin-Karte). Aber in der berühmten Verdon-Schlucht gibt es auch nicht mehr zu sehen (siehe mein Buch über die Ostprovence, Band 38 der WOMO-Reihe) Im gesamten Bereich der Höhenstraße wurden die Haltepunkte überarbeitet. Man kann vielerorts nicht mehr einfach an den Straßenrand fahren, sondern man muss auf neu angelegten, nicht sehr großräumigen Parkplätzen anhalten, was für sehr große Wohnmobile nur möglich ist, solange nicht zeitgleich Besitzer ähnlicher Elefanten die Schlucht fotografieren.

ein Sonntag im August

Will man die Ardèche wirklich kennen lernen, muss man auf ihr paddeln. Dafür wiederum sollte man, jedenfalls in der Vorsaison, schon einige Wildwassererfahrungen besitzen, denn der Fluss hat es an manchen Stellen in sich. Eigentümer eines Bootes muss man jedoch nicht unbedingt sein, mehr als 15.000 Kanus und Kajaks werden an abenteuerhungrige Urlauber vermietet. Selbstverständlich transportiert Sie der Bootsvermieter wieder an den Ausgangspunkt zurück, ganz gleich, ob Sie nur ein paar Stunden oder zwei Tage mit den Stromschnellen gekämpft haben. Richten Sie sich darauf ein, dass Sie kentern ! Verpacken Sie Ihre Wertsachen, vor allem die Fotoausrüstung und die Smartphones, in wasserdichte Tonnen, die man samt Schwimmweste gleich mitmietet. Nur um Ihre Flusswanderkarte müssen Sie sich nicht sorgen, die gibt es nämlich aus wasserfestem Papier. Sie werden nicht nur Ihrer eigenen Ungeschicklichkeit zum Opfer fallen, sondern mindestens so leicht derjenigen von denen, die genauso unerfahren sind, wie Sie. Boot hinter Boot lässt sich flussabwärts treiben, und wer sich einmal querstellt, gerät leicht ins Fahrwasser des Hintermanns, der nicht willens oder in der Lage ist, auf Abstand zu achten oder gar auszuweichen.

Paddeltouren auf der Ardèche

Es gibt in der eigentlichen Schlucht nur **drei Tourvarianten**, was daran liegt, dass man in der Schlucht mit dem Auto und den Transportfahrzeugen nur an einer einzigen Stelle, bei Chames, ans Ufer fahren kann:

- von **Vallon Pont d'Arc nach Chames**, 7 - 8 km, genannt *Mini-Descende,* mindestens 15 - 18 € / Person;
- von **Vallon Pont d'Arc nach Sauze**, 31 - 32 km;
- von **Chames nach Sauze**, 24 km.

Wir haben aktuell die *Mini-Descende* getestet, ab *Camping Provençal* und raten Ungeübten oder Urlaubern mit Kindern, die ohnehin wenigstens 7 Jahre alt sein müssen, von längeren Strecken ab. Auf dem kurzen Stück paddeln Sie durch das Felsentor, den berühmten Pont d'Arc, und schon die kleine Abfahrt hat es in sich: Wir trieben – Ende August und bei niedrigem Wasser – rückwärts in die schlimmste Stromschnelle *(Rapide)* und sind nur um Haaresbreite dem Kentern entgangen. Dafür rauschte unser Hintermann, ein Vater mit zwei Buben, von denen einer schon seit der vorherigen Schnelle angstvoll weinte, mit Karacho in unser Heck, kippte um und lag mit Kindern und allem Gepäck im Fluss. Danach heulte auch der andere Sohn.

Die Kajakfahrt scheint nicht wirklich gefährlich zu sein. Sie sollten aber auch auf dem kurzen Stück Folgendes beachten:

- Sie müssen schwimmen können;
- theoretisch ist ein Kanu *(Canoë)* besser geeignet als ein Kajak, weil es weniger leicht kentert; jedoch werden fast nur Kajaks angeboten;
- mieten Sie für 2 Personen kein Dreierkajak, das sich schlechter lenken lässt;
- ziehen Sie Turn- oder Badeschuhe an, damit Sie beim regulären oder notfallmäßigen Aussteigen auf den glitschigen Flusskieselsteinen waten können;
- ziehen Sie Badekleidung an und packen Sie Handtücher sowie trockene Sachen ein, Sie werden unvermeidlich richtig nass;
- lassen Sie deshalb die Tour bei kühler Witterung lieber sein;
- binden Sie Ihre Brille mit Schnur fest;
- denken Sie an Sonnenschutz und Trinkwasser;
- unterlassen Sie die Tour, wenn es Ihnen in einem engen Bus in schnell gefahrenen Kurven schlecht wird (Plastiktüte einpacken) – der Busfahrer gibt auf dem Hin- oder Rückweg nämlich tüchtig Gas!

In Ermangelung freier Übernachtungsmöglichkeiten bleibt jedenfalls in Flussnähe für Ihr Wohnmobil nur der Campingplatz. Beachten Sie aber, dass es im Mittelteil der Schlucht fast keine Zeltplätze gibt, sondern nur an deren Anfang und Ende. Schöner ist dabei der westliche Schluchteingang, die Campingmöglichkeiten ziehen sich von dort bis zum Pont d'Arc in die *Gorges* hinein.

Pont d'Arc

Als wir uns Ende Juli, also in der höchsten Hochsaison, auf den Plätzen umsehen, stehen wir nur teilweise vor verschlossenen Toren. Belegt sind die Plätze mit hohem Ausstattungsniveau und guter Lage nahe Vallon-Pont-d'Arc. Wir mieten uns stattdessen am berühmten **Pont d'Arc** ein, dem Felsgebilde, das sich in Form eines gewaltigen Tores über den Fluss spannt. Direkt davor gibt es einen Strand, auf dem sich die Leiber tagsüber aber fast stapeln. Denn die Badestelle ist von der Natur reichlich mit Schönheiten gesegnet – und nicht nur für die Campingplatzbesucher, sondern auch von der Straße her für die Öffentlichkeit zugänglich (Straßenparker Achtung, es gibt Diebe!). Man kann in der Nähe parken, aber nicht frei übernachten. Als ich vom nahen Campingplatz zu später Stunde nochmals am Fluss sitze, bin ich jedoch ganz alleine, über dem Felsentor steht eine Mondsichel, der Fluss gurgelt leise vor sich hin, und ich kann mich mit der Ardèche richtig anfreunden.

Den vielleicht schönsten und breitesten Badestrand mit fast sandigem Kies, wo der Fluss zum Schwimmen ordentlich tief wird, finden Sie beim *Camping Des Tunnels*, den ich deshalb trotz miserabler Sanitärausstattung empfehle. Das Publikum ist jung, es schlägt aber nur selten über die Stränge. Trotz aller geschilderter negativen Begleitumstände können Sie hier wunderbare Badetage erleben:

WOMO-Campingplatz-Tipps: Ardèche-Schlucht

(181) *Des Tunnels*
GPS: N 44°23'22"
E 4°24'23", D 290.
Ortszentrum: 2 km.
Zeiten: 21.3. - 31.10.
Tel. 04 75 88 00 22.
Ausstattung: Laden, Restaurant, kostenloses WiFi, sehr schöner Badestrand.
Zufahrt: An der D 290 - Richtung Pont d'Arc - südöstlich von Vallon-Pont-d'Arc. **Preis**: 18 - 24€.

(182) *Camping du Pont d'Arc*
GPS: N 44°23'02" E 4°25'06", D 290. **Ortszentrum**: 4 km.
Zeiten: 1.5. - 15.9. **Tel.** 04 75 88 00 64.
Ausstattung: Restaurant, schöner, aber voller Badestrand, tagsüber deutliche Verkehrsgeräusche, sehr schlichte Ausstattung. **Preis**: 16 – 28 €.
Zufahrt: An der D 290 direkt bei der gleichnamigen Natursehenswürdigkeit.

Hinweise: Es gibt weitere empfehlenswerte Campingplätze in der Schlucht, zum Beispiel *Le Midi* bei Chamas. Erfahrungsgemäß sind die Plätze auf dem rechten Ufer, bei Salavas, weniger besucht.

Wir haben auch bei Vallon-Pont-d'Arc zwei Campingplätze selbst getestet. Wegen der guten Startbedingungen für die Kajakfahrt, weil man nämlich vor der WOMO-Tür lospaddeln kann, empfehlen wir *Camping Le Provençal*. Wer einen schön gelegenen Luxus-Platz sucht, an dem keine Boote vermietet werden, wählt *Camping La Roubine*. Diese beiden Plätze, wie fast alle bei Vallon-Pont-d'Arc, haben nicht das Flair der

Urlaubsvergnügen an der Ardèche

Schluchtplätze, dafür einen Pool, zahlreiche Mobil-Homes und sehen aus, wie ähnliche Plätze an hunderten von anderer Stellen in Südfrankreich:

Vallon-Pont-d'Arc (2.400 Einwohner), der Hauptort an der Ardèche, war einst ein Obstbauerndorf, das aber heute vom Massentourismus lebt und sich dem ergeben hat. WOMOs dürfen auf den meisten Plätzen nicht mal parken, sogar ein Teil des Supermarktparkplatzes war zeitweise durch eine Barriere versperrt. Selten sah ich in einer Kühltruhe eine größere Auswahl an Grillgut, selten findet man aber auch auf ähnlich engem Raum über 50 Campingplätze!!

Wer von den Campingplätzen nach Vallon-Pont-d'Arc spaziert oder geradelt ist oder sein WOMO weit außerhalb geparkt hat, wird sich im Hochsommer mit Grauen abwenden. Nepp und Nippes sind hochkonzentriert. Umso erstaunlicher ist das **Bistrot Chelsea**, das seine Tische am Abend vielfach besetzen könnte und ein überraschend gutes Menü auftischt, richtig empfehlenswert (wer bis 18.30 Uhr reserviert, hat meistens Glück).

Aber die Gemeindeverwaltung hat die Notwendigkeit eines Stellplatzes eingesehen. Dass am Ufer kein Platz dafür war, versteht jeder, und die Lage am Rand der Kleinstadt ist nicht so schlecht:

Zufahrt: Der Platz liegt östlich des Ortes an der auf der Michelinkarte eingezeichneten D 390 beim Krankenhaus *(Hôpital)*. **Gebühr**: 6 €.
Hinweis: Sie sollten früh anreisen, weil der Platz im Sommer viel zu klein ist.

(186) *L´Esquiras* / privat
GPS: N 44°24'56" E 4°22'40", Chemin du Fez. **Max. WOMOs**: 20.
Ausstattung/Lage: Ver- und Entsorgung, Mülleimer, Brotverkauf / Ortsrand.
Zufahrt: Der Platz liegt nordwestlich im Ortsteil Saint-Martin (nicht zu verwechseln mit dem gleichnamigen Dorf am östlichen Schluchtende), neben dem Campingplatz *L'Esquiras* in schöner Umgebung. **Gebühr**: 8 €.
Hinweis: Es handelt sich um einen privaten Stellplatz des Campingplatzbetreibers. Gegen Bezahlung von 4 € können Sie den Pool, die Duschen etc. mitbenutzen. Die Entfernung ins Ortszentrum beträgt etwa 1,8 km.

Vallon-Pont-d'Arc ist ein Top-Ziel in diesem Buch, seit im April 2015 der 55 Millionen (!) Euro teure **Nachbau der Chauvet-Höhle** in Betrieb genommen worden ist, den wir zunächst nur pflichtschuldig besucht haben, der sich dabei aber als hochklassige Sehenswürdigkeit entpuppt hat. Das bedeutet bei einem Höhlenhasser, wie mir, wirklich die Höchstbewertung:

Die Höhle von Pont d'Arc *(Caverne du Pont d'Arc oder Grotte Chauvet)*

Nachdem sich Forscher, unter ihnen Jean-Marie Chauvet, im Dezember 1994 durch ein zufällig entdecktes Loch in der Größe einer Zeitung gezwängt hatten und sie auf einer Strickleiter in die Höhle hinabgestiegen waren, tat sich vor ihnen eine Welt von Malereien auf, die weltweit einmalig ist. Vor 36.000 Jahren haben sich dort menschliche Künstler mit über 400 Tierdarstellungen verewigt. Die Geschichte der Höhlenmalerei musste neu geschrieben werden, denn die Bildnisse von Chauvet sind älter als die aller bislang bekannten Höhlenkunststätten, darunter Altamira (16.000 Jahre – Nordspanien) oder Lascaux (21.000 Jahre – Dordogne) und sogar älter als die Zeichnungen in der Cosquet-Höhle bei Marseille (19.000 - 27.000 Jahre alt). Viele der bisherigen Erkenntnisse wurden auf den Kopf gestellt. So hat man bei Pont d'Arc beispielsweise das Bild eines Panthers entdeckt, ein Tier, das die Forscher in vergleichbaren Höhlen noch nicht gefunden haben.

Aber die Originale wird der Normalsterbliche niemals betrachten dürfen. Selbst Höhlenforscher dürfen nur für kurze Zeit und in Abständen eintreten. Die Forschung hat nämlich aus den Sünden der jüngeren Vergangenheit gelernt, in der man solche Höhlen unbeschränkt den Besuchern preisgegeben hat. Als Junge durfte ich in Altamira noch für ein paar Peseten selbst mit den Fingern die Konturen der frühzeitlichen Tierwelt abtasten. Und in Lascaux wurden mehr als 100.000 Menschen durch die prähistorische Galerie geschleust, ehe man bemerkt hat, dass mit den Besucherströmen eine Temperaturveränderung einhergegangen war und sich der Atem der Massen als Feuchtigkeit auf den Wänden niedergeschlagen hat. Dadurch hatte sich ein moosiger Belag gebildet, der innerhalb von 20 Jahren beinahe zerstört hätte, was über Jahrtausende unversehrt geblieben war.

So hat man sich entschlossen, bei Vallon Pont d'Arc, wie auch schon bei Altamira oder Lascaux, ein **detailgenaues Plagiat** zu bauen, das alle anderen Höhlennachbildungen in den Schatten stellt und hervorragend gelungen ist. Nur am Anfang der Führung ist man etwas über die relativ hohe Temperatur irritiert, und dass der modrige Höhlengeruch fehlt.

Caverne du Pont d'Arc

Stattdessen riecht es noch nach frischem Beton, wie in einem Rohbau. Das stört aber nicht, denn die Bilder sehen echt aus, auch die Handabdrücke der vorzeitlichen Bewohner, die Kratzspuren der Höhlenbären und sogar die Nachbildungen zahlreicher Bärenschädel, mit denen man in der Originalhöhle 192 verschiedene Tiere identifizieren konnte.

Sogar von außen ist das Bauwerk sehenswert: Mit makellos glattem, fast rissfreiem Sichtbeton sind so kunstvoll gefaltete Wände konstruiert, dass man alle bösartigen Gedanken vergessen möchte, die man im Laufe der Reise durch Languedoc und Roussillon beim Anblick von Beton immer wieder hatte.

Sie müssen Ihren Besuch im Internet vorbuchen. Hinfahren, auf dem geräumigen Parkplatzteil (für WOMOs, aber nicht über Nacht) parken, Karte kaufen und sich einer Führung anschließen, war im Sommer 2015 noch bis in den Herbst unmöglich. Wir haben auf der Internetseite www.cavernedupontdarc.fr/ die deutsche Sprache eingestellt und auf diese Weise mit einigen Tagen Vorlauf automatisch (oder zufällig) eine deutsche Führung gebucht, was sich sehr gelohnt hat (sonst bekommen Sie einen deutschen Audioguide). Ohne verständliche Anleitung macht die Visite deutlich weniger Sinn. Die Höhle liegt 5,5 km oberhalb und westlich von Vallon-Pont-d'Arc an der D 4 und ist als ‚Caverne du Pont d'Arc‘ beschildert (N 44°24'22" E 4°25'54"; 13 €, Jugendliche 6,50 €; je nach Jahreszeit 8.30 bis 20 Uhr, Näheres im Internet, das Sie sowieso bemühen müssen, es sei denn Sie reservieren Tage vor der Visite vor Ort; Sie bekommen nach der Online-Zahlung eine Buchungsbestätigung, die Sie ausdrucken oder auf dem Smartphone vorzeigen können).

Und wenn man mit dem Besichtigen begonnen hat, macht man vielleicht im Seidenraupenmusen weiter – oder man überbrückt dort einen Wartetag vor der Höhlenführung:

Seidenraupenzucht

Zu den Sehenswürdigkeiten der Gegend zählt das **Seidenraupen-Museum** von **Lagorce**, einem Dorf 7 km nördlich von Vallon-Pont-d'Arc (45 Min.-Führungen: April, Mai, Juni, September u. Oktober um 14, 15 und 16 Uhr, im Juli/August um 11, 14 und 16 Uhr; samstags und sonntags – außer in den französischen Ferien und an langen Wochenenden geschlossen; 5 €).

Die Führungen in der Seidenraupenfarm (*Magnanerie*) dauern eine ¾ Stunde, und man kann nicht nur sehen, wie die Seitenraupen von der Nadelkopfgröße bis zur ausgereiften Larve heranwachsen, man kann sogar hören, wie sich die Tierchen schmatzend durch Maulbeerblätter fressen und in fünf Wochen ihr Gewicht verzehntausendfachen. Früher hat man die Raupen, bevor ihnen in ihrem fein gesponnenen Seidenkokon Flügel wuchsen, durch Hitze abgetötet. Schließlich ging es ja um das Nest aus Seide, das von dem entpuppten Falter zerstört worden wäre.

Die Seidenraupenzucht war in Südfrankreich, vor allem in den Cevennen-Tälern, vom 17. bis zum 19. Jahrhundert ein wichtiger (Neben-) Erwerbszweig, ehe die Eröffnung des Suez-Kanals im Jahre 1869 und damit das Vordringen der asiatischen Ware die Aufzucht der Raupen immer unrentabler machte. Das Geschäft war nämlich sehr mühsam, frisst eine Raupe kurz vor ihrem Tod immerhin 20 g Maulbeerblätter pro Tag, das ergibt bei einem durchschnittlichen Zuchtbestand von 10.000 Raupen die stolze Menge von 200 kg (!). Dafür erzielte man 2.000 m Seidenfaden pro Raupe. Zu wenig, um diesen verschwenderischen Umgang mit der Natur und immer größere Maulbeerbaumanpflanzungen aufrechtzuerhalten. Zumal diese Pflanzen dann auch noch von einem anderen Schädling gebeutelt wurden, so dass schließlich im Jahre 1965 in Frankreich die letzte Seidenweberei ihre Tore schloss. Dies alles und noch viel mehr erfahren Sie beim Rundgang durch die *Magnanerie* von Lagorce.

Deutlich ruhiger als Vallon-Pont-d'Arc ist **Ruoms** (2.200 Einwohner – freitags beliebter Markt), mit kleiner historischer Altstadt und städtischem Campingplatz von der schlichten, preiswerten Sorte (in der Nähe finden Sie auch mehrere hochgerüstete Plätze), aber nett gelegen, ortsnah und, wie die Zuschriften zeigen, bei unseren Lesern sehr beliebt:

(187) WOMO-Campingplatz-Tipp: Ruoms *(Municipal)*

GPS: N 44°27'04" E 4°20'10"; Allée du Stade.   **Ortszentrum**: 0,3 km.
Zeiten: 15.3. - 30.9.   **Ausstattung**: Badestrand.
Zufahrt: Fahren Sie in Ruoms zur Ardèche.   **Preise**: Etwa 15 - 25 €.

Mit ihrer Regulierungswut hat sich die Verwaltung nach Herzenslust ausgetobt. Es gibt keine legalen Stellplätze, und mit dem WOMO dürfen die meisten Straßen sogar nicht mal befahren (!) werden.

Überquert man in Ruoms die Ardèche, zweigt dahinter die Zufahrtsstraße nach **Labeaume** ab, einem romantischen Dorf mit Badestrand und Exstellplatz, nachdem auch hier die Schilderindustrie ein Scherflein verdienen durfte. Etwa 5 km entfernt finden Sie an der Beaume, einem Nebenflüsschen der Ardèche, einen angenehmen kleinen Campingplatz und einen offiziellen Stellplatz, der aber nicht am Wasser liegt:

(188) WOMO-Campingplatz-Tipp: Saint-Alban-Auriolles *(Aire naturelle Le Pont)*

GPS: N 44°26'53" E 4°19'44", D 208.   **Ortszentrum**: 2 km.
Zeiten: 15.3. - 20.9. **Tel**: 04 75 39 75 98. **Ausstattung**: Badestrand, nur 25 Plätze.

Zufahrt: Überqueren Sie in Ruoms die Ardèche, um dann links auf die D 208 nach Süden abzubiegen. Fahren Sie Richtung St Alban-Auriolles bis zur Brücke über die Beaume, direkt dahinter ist der Platz beschildert, also noch 3,2 km nördlich von St Alban-Auriolles.   **Preis**: Nicht bekannt. **Hinweis**: Auf dem gegenüberliegenden Ufer finden Sie einen weiteren, ebenfalls empfehlenswerten Campingplatz.

(189) WOMO-Stellplatz: Saint-Alban-Auriolles

GPS: N 44°25'37" E 4°18'03".　　　　　　　　**Max. WOMOs**: 10.
Ausstattung/Lage: Ver- und Entsorgung, Mülleimer, Gaststätte, Laden / im Ort.　**Zufahrt**: Der Platz ist an der D 208 bei der Ortsdurchfahrt beschildert.

Die **Haute Corniche** und die Aussichtsstraße oberhalb der Ardèche sind zusammen etwa 40 Kilometer lang, was bei den vielen Kurven und den Aussichtspunkten wie ein Halbtageswerk scheint, aber dann doch unerwartet schnell bewältigt ist, weil man geneigt ist, nicht so oft anzuhalten. Mit anderen Worten: Die Kurverei lohnt sich nur bei einem Stopp an jedem *Belvédère* – und möglichst noch mehreren Urlaubstagen in oder bei **Saint-Martin-d'Ardèche** (900 Einwohner), einem guten Beispiel dafür, dass auch ich Sie in Vorauflagen grottenfalsch informiert habe. Denn im Gegensatz zu meiner früheren Miesmacherei empfinde ich das kleine Dorf inzwischen als meinen Lieblingsort an der Ardèche, nachdem ich mich gründlich umgeschaut habe:

(190) WOMO-Badeplatz: Saint-Martin-d'Ardèche/Sauze

GPS: N 44°18'41" E 4°33'16".　　　　　　　　**Max. WOMOs**: etwa 25.
Ausstattung/Lage: Wasser, Toilette, Dusche, Mülleimer, Laden (am benachbarten Campingplatz), Gaststätten, Kanuvermietung, Badestrand / außerorts, nicht einsam.　**Fußweg**: Nach St- Martin (1 km) am Ufer beschildert.

Zufahrt: Biegen Sie etwa 1,2 km westlich von St- Martin von der Schluchtstrecke, der D 290, beim Wegweiser ‚*Sauze*', bzw. ‚*Camping des Gorges*' zum Fluss hin ab. Sie kommen kurz vor der Ardèche an der Ausfahrt des Stellplatzes vorbei, dessen Zufahrt Sie bei Drucklegung dieser Auflage über den Busparkplatz erreichen. **Preis**: 5 €/24 Stunden. **Hinweise**: An der Zufahrt wird Ihnen eigentlich das Nachtparken verboten; am Parkplatz weist aber der Parkscheinautomat einen 24-Stunden-Tarif aus, was ich so interpretiere, dass Sie nachts nur in dem Bereich nach dem Automat, bei der Toilette, stehen dürfen. Der Platz ist gut besucht, früh kommen! Wegen der nahen Lokale abends relativ laut. Bei unserem letzten Besuch waren alle Einrichtungen samt Automat von einem Hochwasser zerstört.

Unter den sieben Campingplätzen im Umkreis empfehle ich drei ganz unterschiedliche:

WOMO-Campingplatz-Tipps: Saint-Martin-d'Ardèche

(191) _Le Village (Municipal)_
GPS: N 44°18'12" E 4°33'57", Rue du Nord.   **Ortszentrum**: 150 m.
Zeiten: 1.4. - 28.9.   **Tel**: 04 75 04 65 25.
Ausstattung: Gaststätten und Geschäfte in der Nähe, sehr schöner Badestrand mit richtig tiefem Wasser nach etwa 250 m Fußweg.
Zufahrt: Biegen Sie westlich von St- Martin von der D 290 flusswärts zum Ort hin ab und bei erster Gelegenheit sofort links; fahren Sie bis zum beschilderten Platz, der als Stellplatz beschildert ist.   **Preis**: 12 - 15 €.
Hinweis: Das ist der preiswerteste und mit Abstand einfachste Platz, eher ein kostenpflichtiger Stellplatz, mitten im Ort und wegen der Straße tagsüber laut.

(192) _Indigo Le Moulin_
GPS: N 44°18'00" E 4°34'16", Rue du Moulin.   **Ortszentrum**: 400 m.
Zeiten: Etwa 25.4. – Ende Sept.   **Tel**: 04 75 04 60 12.
Ausstattung: Pool, direkt an der Ardèche, aber nur hüfttiefes Wasser, Brotbestellung, Gaststätten und Geschäfte in der Nähe, Kanuvermietung.
Zufahrt: Der Platz liegt unmittelbar östlich von St Martin.   **Preis**: 16 - 29 €.
Hinweis: Das ist der eindeutig schönste Platz, ein wunderbares naturbelassenes Wiesengelände mit hohen Bäumen, einzelnen Buschnischen, Nachtigallen und Wiedehopf. Wegen der Straße tagsüber etwas laut.

(193) _Camping des Gorges_
GPS: N 44°18'41" E 04°33'20", D 290.   **Ortszentrum**: 1 km;
Fußweg nach St- Martin (1 km) am Ufer beschildert.
Zeiten: Ende April - 15.9.   **Tel**: 04 75 04 61 09.
Ausstattung: Großer Pool, direkt an der Ardèche, schöner, breiter Kiesstrand mit tiefem Wasser, Gaststätten, Laden, Kanuvermietung.
Zufahrt: Der Platz liegt unmittelbar neben dem Stellplatz Nr. 190.
Preis: 18 - 38 €.   **Hinweis**: Das ist der Platz mit der besten Infrastruktur. Wegen der Straße tagsüber etwas laut.

Dazu kommt noch eine Nachtlösung in Frage. Allerdings fragt man sich, weshalb man nachts auf einen Stellplatz fahren soll, wo man tagsüber sein WOMO nicht am Fluss abstel-

Saint-Martin-d'Ardèche - im Hintergrund Mont-Ventoux

len darf, seit die Parkplätze in Saint-Martin mit Teppichstangen ausgerüstet wurden:

Dass Saint-Martin-d'Ardèche eine der bedeutendsten Kanuvermietstationen ist, wird Sie nicht überraschen (Sie werden von hier zu den oben genannten Startpunkten chauffiert und müssen am Ziel nicht mehr heim gefahren werden.), aber wo Sie am schönsten, wahrscheinlich auch am besten, jedenfalls relativ preiswert essen, finden Sie nicht so leicht heraus: Im beschilderten **Restaurant *L'Escarbille*** sitzen Sie in einem netten Garten und verschmerzen bei maßvollen Preisen die hässlichen, hier auffallend deplazierten Plastikstühle *(Tel. 04 75 04 64 37, kein Ruhetag)*.

Ich sprach davon, dass Sie vor der Heimreise noch mehr als einen Urlaubstag benötigen. Einen davon, besser eine Nacht und ein paar Stunden davor, könnten Sie in **Aiguèze** vertrödeln, das sich ,*Eines der schönsten Dörfer Frankreichs'* rühmen darf – und es auch ist. Allein schon die Lage auf einem steilen Felsen über der Ardèche ist einmalig, und erstaunlicherweise sucht man vergeblich die in vergleichbaren Orten aneinander gereihten Andenkenläden. Obgleich das Dorf von der Burg bis zum fotogenen Friedhof über alle positiven Attribute eines sonst meist ausgestorbenen südfranzösischen Vorzeigedorfes verfügt, sich aber durch einen offiziell ausgewiesenen Stellplatz von den meisten anderen unterscheidet. Sicherheitshalber und

Aiguèze

wegen der schönen Aussicht nenne ich Ihnen als Stellplatz noch einen alternativen Zufallsfund:

WOMO-Stellplätze: Aiguèze

(195) *Aire naturel* **(offiziell)**
GPS: N 44°18'19" E 4°33'09". **Max. WOMOs**: 25.
Ausstattung/Lage: Mülleimer, Laden und Gaststätten im nahen Dorf, Wanderweg, Fußweg nach St Martin / außerorts, einsam, häufig besucht; bei Muffensausen kann man auf einen davor liegenden Parkplatz direkt vor dem Dorf umziehen.

Zufahrt: Fahren Sie auf der normalen Straße nach Aiguèze und biegen Sie vor dem Dorf beim Wegweiser *‚Aire naturelle'* zum Parkplatz unter Bäumen ab. **Hinweis**: Nur 24 Stunden am Stück erlaubt.

(196) Geheimtipp
GPS: N 44°18'05" E 4°33'30". **Max. WOMOs**: 2-3.
Ausstattung/Lage: Laden und Gaststätten im nahen Dorf, Wanderweg, Fußweg nach St Martin, sehr schöne Sicht ein paar Meter seitlich / Ortsrand.
Zufahrt: Fahren Sie in Saint-Martin-d'Ardèche über die Brücke (was offiziell nur bis 3 t erlaubt ist – davor waren es noch 12 t, regulär müssen Sie einen Umweg fahren) auf das andere Ufer und <u>sofort</u> hinter der Brücke rechts. Es geht nun etwa 700 m bergauf bis zu einem kleinen Parkplatz, an dem sicher irgendwann ein Verbotsschild steht, wenn sich unser Tipp erst mal herumgesprochen hat.
Hinweise: Teilweise abschüssig. Gefährliche Felsen bei der schönen Sicht.

Die **Brücke von Saint-Martin** über die Ardèche scheint für Wohnmobile zu schmal. Sie ist aber breit genug, auch Laster fahren darüber. Vielleicht müssen Sie die Spiegel einklappen. Aber regulär dürfen Sie die Brücke nicht mehr überfahren, was häufig missachtet wird. Das erlaubte zulässige Gesamtgewicht wurde von 12 t auf 3 t verringert. Rechtstreue Leser müssen einen südlichen Umweg wählen.

Wir empfehlen Ihnen, wenn Sie in Saint-Martin vorübergehend sesshaft geworden sind, über diese Brücke und danach gleich rechts nach Aiguèze zu **spazieren**. Sie brauchen höchstens 20 Minuten und müssen, wenn Sie am Ende nicht der Straße, sondern der rot-weißen Markierung folgen, zweimal ein klein wenig über Steine klettern (im Hellen völlig unproblematisch). Schöner laufen Sie selten – vor allem auf dem Rückweg, weil dann der Mont Ventoux vor Ihnen aufragt und Sie bei klarem Wetter sogar die Dentelles de Montmirail erkennen (Näheres in meinem Provence-Führer). Nur ein Lokal empfehlen wir nicht mehr, seit wir bei unserem früheren Tipp *(David)* zuletzt ziemlich enttäuscht waren.

Literarisch haben wir in allen Vorauflagen die letzte Nacht im nördlichsten Zipfel des Languedoc verbracht, in **Pont-Saint-Esprit** (10.000 Einwohner). Trotz aller Verklärung streiche ich in dieser Auflage unseren Stellplatz-Tipp. Keinem Leser hat er gefallen. Und ich wollte ihn nicht weiter schönschreiben. Auch der Ort selbst ist eher uninteressant. Einziges sehenswertes Bauwerk ist die **Brücke**, der Pont-Saint-Esprit, der fast 1.000 m lang in 25 Bögen mit leichter Krümmung zwischen 1265 und 1309 von der Brückenbauerbrüderschaft »Zum Heiligen Geist« errichtet worden ist. 19 alte Bögen sind noch vorhanden. Verschwunden sind die befestigten Brückenköpfe wie auch ein Pfeiler zwischen den beiden der Stadt zugewandten Bögen. Dort sind nämlich im Laufe der Jahrhunderte unendlich viele Schiffe zerschellt, bis man Mitte des 19. Jahrhunderts die Durchfahrt verbreitert und damit einen schwerwiegenden Konstruktionsmangel behoben hat. Den soll übrigens der Heilige Geist mit zu verantworten haben, der einer Sage zufolge den

Aiguèze

Baumeistern mit Rat und Tat zur Seite gestanden, sich allerdings eher als architektonischer Dilettant erwiesen hat. Denn das Bauwerk ist auch reichlich schmal geraten, so dass sich über Jahrzehnte der Verkehr vor der Brücke stauen musste. Das ist allerdings seit ein paar Jahren vorbei, seit die neue, große Brücke weiter südlich dem Verkehr übergeben worden ist.

Vielleicht machen Sie Ihrer Familie noch eine Freude und besichtigen in **Pierrelatte** die **Ferme aux Crocodiles**. Ich selbst war noch nicht dort. Wenn die Reptilien und die Riesenschildkröten so spektakulär sind, wie die Werbung verspricht, werden Sie mir womöglich in Ihren Zuschriften vorschwärmen und mich wissen lassen, dass nichts auf Ihrer Reise eindrucksvoller war, als die hungrigen Mäuler der Krokodile kurz vor der Fütterung um 15 Uhr *(täglich 9.30 - 19 Uhr, von Okt. - Feb. nur bis 17 Uhr; 16 €, Kinder 11 €; viele Leser haben entsprechend geschrieben).*

Zuletzt haben wir uns tatsächlich unter den Bäumen des schönen Naturstellplatzes von Aiguèze zum ersten und einzigen Mal im Urlaub den Wecker gestellt, um frühzeitig die Heimreise zu beginnen. Wir traten noch einmal an den Rand des Platzes mit Blick über das Dorf, in der Luft des jungen Tages lag der Geruch des Midi, und die jenseits der Rhône aufgehende Sonne brannte in unsere Gedanken eine Sehnsucht nach Südfrankreich, die uns über manchen grauen und depressiven Wintertag hinweg geholfen hat.

Campingplätze

Frankreich hat, im Ganzen gesehen, vermutlich das weltweit dichteste Netz unterschiedlichster Campingplätze. Weshalb jeder Suchende sogar in der Hochsaison im Landesinneren fündig wird. Allerdings nicht unbedingt dort, wo man als Erstes sucht, insbesondere, wenn der Zeltplatz an einer Badestelle liegt. Aber niemand muss ein abendliches Refugium missen.

An der **Küste** gilt das allerdings nicht, wenn Sie direkt am Strand urlauben möchten. Zwischen dem 15.7. und 20.8. sind diese Plätze stark belegt und häufig ‚*complet*'. Das Problem hat sich in den letzten Jahren eher verschärft, weil fast alle Campingplätze an der Küste zur Hälfte oder mehr mit fest installierten Behausungen vollgestellt worden sind. Man nennt sie *Mobil-Homes* (wegen der beiden Alibi-Rädchen), in Wirklichkeit sind es aber Baracken – und sie sehen auch so aus. Einige Plätze sind für Camper gar nicht (mehr) zugänglich. Ich halte es für möglich, dass auch in diesem Buch Plätze erwähnt werden, die bis zur Neuauflage keine herkömmlichen Campingplätze mehr sind. Vor ein paar Jahren musste ich nämlich im *Midi Libre* lesen, in der laufenden Saison wäre der Umsatz der Campingplätze mit traditionellen Campingtouristen rückläufig – im Gegensatz zum Wachstum bei der Vermarktung der uniform in Reihen aufgestellten Mobilheime. Leider nehmen »freie« Stellplätze nicht in dem Maß zu, in dem Campingplatzkapazitäten wegfallen. Mit Wohnmobiltouristen ist, haben diese ihr Fahrzeug bezahlt, einfach kein Geschäft mehr zu machen ! Diese Entwicklung wird rund ums Mittelmeer in den nächsten Jahren möglicherweise fortschreiten. Wenngleich die Entwicklung in allerneuster Zeit etwas stagniert. Vielleicht ist die Nachfrage nach diesen Behausungen gesättigt, bevor die Campingplätze vollgestellt sind. Camping wird, jedenfalls in der Hochsaison, trotzdem schwieriger werden, wenn es der Caravan-Industrie, also gerade den Herstellern von Reisemobilen, nicht gelingt, für akzeptable Ferienplätze ihrer Kunden zu sorgen.

Dummerweise ist auch die Anzahl der dem Meer nahen *Places Camping* geringer als erwartet. Sie müssen lernen, in der Hochsaison mit einem Platz ein paar hundert Meter abseits des Strandes zufrieden zu sein. Nehmen Sie deshalb Fahrräder mit !

Ich gebe keine Internetadressen von Campingplätzen mehr an, da seit Jahren nahezu jeder Platz über Google problemlos im Internet zu finden ist. Aber ich nenne Ihnen die Telefonnummern der Plätze, auf denen es eng werden könnte, damit Sie in der Hochsaison ohne weitere Recherche anrufen können, was ich Ihnen dringend empfehle. Reisen Sie möglichst gegen Mittag an. Oder Sie ringen sich zu einer Vorbestellung durch (den Tipp gebe ich in einem Reiseführer, der stets an Ihre Spontanität appelliert, sehr ungern). Vielleicht müssen Sie nur ein oder zwei Tage überbrücken, was mit diesem Buch kein Problem sein dürfte.

Mit Abstrichen gilt alles das auch für die Plätze an den **Flüssen**, besonders an der Ardèche, wo Sie sich ebenfalls einen Gefallen tun, wenn Sie am Vormittag einlaufen (besonders in der Woche vor dem 15.8.).

Die sanitären Ausstattungen sind unterschiedlich, am schlichtesten sind sie in der Regel auf den städtischen Plätzen *(municipal)*, die aber auch wiederum die preiswertesten sind und an der Küste kaum vorkommen. Wer häufig auf Campingplätzen nächtigt, kauft sich den grünen Michelin-Führer, *Camping Caravaning France*, der jedes Jahr in Neuauflage erscheint, aber nur einen Bruchteil der französischen Campingplätze verzeichnet und deutlich unübersichtlicher ist als der *ADAC-Campingführer*, in dem noch weniger französische Plätze vorkommen.

Die Nacht auf dem Campingplatz kostet natürlich Geld, Kinder über 6 Jahre zahlen meistens voll, und so legt man für eine 4-köpfige Familie schon mal pro Nacht bis zu 80 Euro auf den Tisch, gelegentlich aber auch weniger als 20 Euro. Es gilt das Gesetz von Angebot und Nachfrage, weshalb die Preise außerhalb der Hochsaison meistens wesentlich niedriger sind. Je aufwändiger die Ausstattung des Campingplatzes ist, umso teurer wird die Chose, wobei die aufgemotzten Plätze oft nicht die schönsten sind.

Wir beschäftigen uns immer intensiver mit Campingplätzen – und widmen diesen auch in vorliegendem Buch mehr Raum, zumal Sie im Sommer beim Badeurlaub an der Küste und erst recht an den Flüssen zum Campingplatz nur wenige Alternativen haben.

Je früher am Tag Sie den Campingplatz anfahren, umso größer sind die Chancen auf Einlass. **Die beste Zeit ist vormittags zwischen 11 und 12 Uhr**, wenn andere Leute gerade aufgebrochen sind.

Wundern Sie sich nicht, wenn Sie eine von Ihnen vorgegebene Aufenthaltsdauer **im Voraus bezahlen** müssen. Viele Plätze gehen dazu über, sich derart vor Betrügern zu schützen. Wenn Sie vor der definierten Zeit abreisen, bekommen Sie überall das zu viel bezahlte Geld zurück.

Es gibt auf französischen Campingplätzen immer noch **Stromanschlüsse**, in die nicht die dicken (blauen) CE-Stecker passen, sondern haushaltsübliche Stecker, die in Frankreich allerdings mit einem Loch ausgestattet sein müssen (weil das Gegenstück für den Schutzleiter einen Stift entgegenstreckt). Wer dann keinen Adapter dabei hat, bekommt keinen Strom. Das Kabel unserer Kabeltrommel habe ich daher mit einem **Stecker mit Loch** (siehe Foto) bestückt, den man bei uns in jedem Baumarkt bekommt. Notfalls funktionieren auch – allerdings ohne Schutzleiter – Adapter sogenannter Reisestecker. Zur Verbindung unserer Kabeltrommel oder Verlängerungsleitung mit der CE-Steckdose des Camping- oder Stellplatzes benutzen wir ein Adapterkabel.

Hunde sind meistens erlaubt, ich weise auf Verbote hin, die auf manchen Plätzen nur im Juli/August angeordnet werden. Insoweit sind meine Angaben nicht ganz verlässlich, weil die Platzbetreiber öfter die Regeln ändern. Ein Blick auf die Internetseite des Platzes (Ort und Platznamen in Google) verschafft Klarheit.

Diebstahl

Leider gehört Südfrankreich seit einigen Jahren zu den Gebieten, in denen man besonders aufpassen muss. Frankreich rangiert in der Kriminalitätsbelastung inzwischen vor den USA, vor allem wegen der Vermögensdelikte. Je sorgloser man ist, umso eher schlagen die Diebe zu.

Es gilt eine **Grundregel**, die Sie eisern befolgen müssen: **Verlasse nie dein WOMO mit nichts als dem Autoschlüssel in der Hand.** Denn die Diebe lauern womöglich hinter den Büschen und wissen, dass Sie mehr als diesen Autoschlüssel dabei haben: Geld, eine Fotoausrüstung und die Damen eine Handtasche. Tragen Sie aber nichts unterm Arm, müssen diese Dinge zwangsläufig im WOMO zurückgeblieben sein. Eine Auto- oder Reisemobiltür ist aber für einen Profi ein Klacks. Er öffnet sie in Sekunden.

Das betrifft besonders die Leser, die ein Wohnmobil gemietet haben, weil diese Fahrzeuge gegen Autoknacker schlecht gesichert sind. Die Besatzung der Mietmobile muss damit rechnen, das schwächste Glied in der Kette zu sein. Den Fahrzeugen, durchweg neueste Modellen mit wenig individueller Innereien, sieht der erfahrene Einbrecher an, dass die Mieter unkundiger und sorgloser sind als alte Hasen. **Das dürfen Sie in keiner Minute vergessen**, schon gar nicht auf dem Autobahnrastplatz oder an anderen Stellen, an denen Sie nur kurz Ihr Fahrzeug verlassen.

Das europäische Wohnmobileinheitsschloss lässt sich mit einer einzigen Schraubenzieherumdrehung aufbrechen. Danach kann man es vereinfacht öffnen und verschließen, statt eines Schlüssels braucht man nur einen Schraubendreher. Mit solchen Schlössern sind mehr als 90 Prozent aller Wohnmobile gesichert. Das heißt, sie sind nicht gesichert. Dabei wäre es ein lächerlicher

Aufwand, jede Wohnmobiltür mit einem kräftigen Aufsatzzylinderschloss auszurüsten (das in meinen Fahrzeugen stets nachgerüstet wird, weshalb bei mir auch noch nie eine Tür aufgebrochen wurde). Aber der Kunde verlangt statt ordentlicher Schlösser lieber ein Gewürzbord oder anderen Schnickschnack (und längst ist die Bildschirmhalterung ein nicht abwählbarer Bestandteil der Serienausstattung vieler Reisemobile, wodurch der Anreiz zum Einsatz jenes Schraubenziehers begreiflicherweise weiter vergrößert worden ist).

Wer meine Bücher kennt, weiß, dass mein Wohnmobil über Sicherungsvorkehrungen verfügt. Diese sind zwar für einen brutalen Einbrecher nur eine Hemmschwelle, denn wer ein leicht gebautes Fahrzeug aufbrechen will, über erforderliches Werkzeug und einen entsprechenden Zerstörungswillen verfügt, kriegt jedes Reisemobil auf. Aber der Bösewicht zaudert, wenn er sieht, dass ihm sein Handwerk nicht leicht gemacht wird. Immer wieder wird mir in Leserbriefen von aufgebrochenen Wohnmobilen berichtet, aber so gut wie nie, dass die **Alarmanlage** scharf geschaltet war. Abgesehen davon, dass eine solche Vorrichtung Lärm macht, den Sie im benachbarten Restaurant oder am nahen Strand möglicherweise selbst hören, dürften schon entsprechende Aufkleber an den Seitenscheiben oder ein blinkendes Lichtchen eine gewisse Warnfunktion haben. Der Einbau ist leider teuer und kostet gut und gerne 500 Euro, aber er belohnt Sie mit einem deutlich sorgenfreieren Urlaubserleben (Sie sollten ab und zu an entlegener Stelle die Funktion testen und die Scheiben mit sichern).

Es gibt auch wirksame **mechanische Hürden**: Der WOMO-Verlag verkauft Ihnen den *WOMO-Knackerschreck*, den Sie auch in Mietmobilen einsetzen können und der die Vordertüren wirksam verriegelt (funktioniert nicht bei Ford-Modellen, weil die Armlehnen in den Türen eine Öffnung zum Einhaken haben müssen). Pfiffig sind die Schlösser von *Heosafe* (www.heosolution.de) sowie die Produkte der Firmen *Thule* (www.thule.com) und *Fiamma* (www.fiamma.it) – ein Blick in die Online-Kataloge lohnt sich auch wegen anderer Produkte). *Heosafe* und *Thule* haben viele relativ neue Produkte im Angebot – sogar für Kastenwagen. Dabei wundert uns nur, dass derlei Zubehör nachgerüstet werden muss, wo doch der Käufer eines Wohnmobils, der durchschnittlich über 60.000 Euro hinblättert, zu seiner Sicherheit gerne ein paar Euro mehr ausgeben würde (löblich ist das ab Werk lieferbare Zusatzschloss, das beispielsweise *Hymer* – auch zum Nachrüsten – für die Aufbautüren anbietet, das aber bei vielen teuren Hymermobilen nicht eingebaut wird, weil erstaunlicherweise sogar deren Käufer am falschen Fleck sparen). Aber da Sie, liebe Leser, schon erfahrene Wohnmobil-Reisende sind oder sich zumindest auf dem Weg dorthin befinden, werden Sie der Industrie ihre an Äußerlichkeiten orientierte Verkaufspolitik lassen, die Ihnen einen gewissen Einbruchsschutz bietet. Denn neben Ihrem WOMO steht zumeist ein schlechter gesichertes, das von den Dieben bevorzugt wird.

Bewahren Sie wertvolle Dinge und wichtige Utensilien (täglich benötigte Medikamente) nicht in Aktentaschen oder kleinen Koffern auf. Alles, was ein Schloss hat, wir als erstes geklaut. Besonders der Schminkkoffer, der, wie uns die Leserbriefe zeigen, nicht nur zum festen *Repertoire* eines deutschen Mietmobils, sondern auch zur Lieblingsbeute eines eiligen Womo-Knackers gehört.

Das hat mit der **Übernachtungssicherheit** auf freien Stellplätzen nichts zu tun. Nur drei Provencefahrer haben mir im Verlauf von 12 Jahren von einem nächtlichen Überfall berichtet. Und die standen alle auf einem Autobahnrastplatz, wo ich **niemals** übernachten würde. Es gibt nichts Gefährlicheres, auch wenn Sie wohnmobile Nachbarn haben!!!

Falls Ihr Auto einmal aufgebrochen worden ist, brauchen Sie unbedingt eine polizeiliche Bestätigung von der Anzeige, damit Ihre Kaskoversicherung und, in Maßen, auch Ihre Reisegepäckversicherung bezahlen. Ich habe übrigens die Versicherungsbedingungen beider Sparten stets bei mir, um ab und zu nachzulesen, was nicht versichert ist. Ist der Schaden erst einmal eingetreten und hat man die polizeiliche Anzeige aufgegeben oder gar die Meldung an die Versicherung abgeschickt (!), nutzt Ihnen die nachträgliche Lektüre der Versicherungsbedingungen nichts mehr.

Das Schlimmste ist oft die **eingeschlagene Scheibe**. Deshalb nimmt man den 24 Stunden- / 7-Tage-Dienst der Firma ***CARGLAS*** gerne in Anspruch. Mit der Telefonnummer können wir dienen (08 00 77 24 24), mit praktischen Erfahrungen zum Glück nicht.

Zur etwaigen notwendigen Kartensperrung lesen Sie Näheres beim Stichwort *Geld*.

Freie Übernachtung / Stellplätze

Wer an **freie Stellplätze** denkt, also an eine Übernachtung außerhalb der Zeltplätze, hat oft zwiespältige Gefühle. Einerseits will man beim freien Camping alles das erleben, was man sich vorgestellt hat, als man ein Wohnmobil gemietet oder gekauft hat. Man erwartet das leichte, ungeregelte Leben und möchte an den Stellen bleiben, die einem gerade gefallen oder vom WOMO-Führer vorgeschlagen werden. Befragungen haben ergeben, dass erstaunlich viele Wohnmobilfahrer fast ausschließlich Zeltplätze besuchen, obgleich ihnen freie Plätze zumindest zeitweise lieber wären. Viele Leser haben also Angst. Insbesondere die Deutschen, die in Betracht ziehen, etwas Verbotenes zu tun. Und genauso vielen ist deshalb bange, weil sie einen nächtlichen Überfall befürchten.

Auch in Südfrankreich ist aber abseits der Autobahnen die Wahrscheinlichkeit einer nächtlichen Attacke nahe Null, soviel ist sicher. Die Angst spielt sich also nur in Ihrem Kopf ab, sie ist dort am größten, wo sie am unberechtigsten ist. Ein einsames WOMO mutterseelenallein im stockdunklen Wald ist gleichbedeutend mit der Garantie für eine unbehelligte Nacht, und doch werden Sie dort von jedem Knacken erschreckt. Der umtriebige Autobahnrastplatz hingegen wiegt Sie weit mehr in Sicherheit, obwohl gerade hier die gelegentlich in der Presse veröffentlichten Überfälle stattfinden (Bösewichte sprühen angeblich Narkosegas ins Auto und knacken dann die schlecht gesicherten Türen; dagegen helfen sowohl die oben schon erwähnten Zusatzschlösser und -Ketten wie auch ein elektronisches Gerät, das Sie vor Narkosegas warnt und das Sie im Fachhandel kaufen können).

Die Angst vor der Nacht auf den von uns erwähnten Stellplätzen ist objektiv also unbegründet, zumal die Existenz dieses Reiseführers neben dem Nachteil, dass die Stellplätze überbelegt sein könnten, auch den Vorteil hat, dass Sie in der Ferienzeit häufig neben einem gleich gesinnten Nachbarn stehen.

Genauso unbegründet ist die Sorge vor dem Gesetzesverstoß. Die kontrovers diskutierte Frage, ob in Frankreich ein generelles Verbot gilt (ich habe ausführlich recherchiert, ein solches Verbot gibt es nicht), ist eigentlich egal. Entscheidend ist die Praxis, ob Sie von der Obrigkeit behelligt oder gar zur Kasse gebeten werden. Bei aller Bescheidenheit, ich gehöre WOMO-mäßig zu denen, die man in der Werbung ,*Die Profis'* nennt. Ich wurde nur einmal im Elsass weggeschickt und ich habe noch niemals Strafe bezahlt. Die generelle Legalität spielt in der Praxis also keine Rolle. Nach meinen Erfahrungen kann man mit etwas Sensibilität und bei Meidung Waldbrand gefährdeter Gebiete überall stehen, wo es nicht ausdrücklich verboten ist, oder wo man wegen des berüchtigten Balkens in 2 m Höhe erst gar nicht hinkommt.

Ob man mit *Camping interdit (Camping verboten)*, mit *Camping et caravaning interdit* oder mit *Camping sauvage interdit (wildes Camping verboten)* auch ein Wohnmobil meint, wird heiß diskutiert. Französische Wohnmobilisten ignorieren diese Verbote notorisch. Sie behaupten, damit sei nur das Zelten (oder das Aufstellen von Wohnwagen) gemeint – und machen sich meist über unseren deutschen Obrigkeitsgehorsam lustig. Ich kann Ihnen im Führer Provence-West belegen, dass Sie trotz eines solchen Schildes sogar vor der Gendarmerie übernachten dürfen. Ich halte diese Schilder beim reinen Übernachten (ohne Markise und Klappstühle) aufgrund langjähriger Erfahrungen in der Praxis <u>nicht</u> für einschlägig. Gehen Sie davon aus, dass Schilderaufsteller fähig sind, ein eindeutiges WOMO-Verbotsschild, beispielsweise *Camping-Car interdit (Wohnmobil verboten)*, zu montieren, wenn sie das so wollen (leider sieht man viel zu viele eindeutige Schilder). Offizielle, insbesondere kommunale Stellplätze, sind in Südfrankreich selten. Und wie **findet** man einen passenden Stellplatz, der in diesem Buch noch nicht erwähnt ist? Natürlich braucht man Gespür, Erfahrung und ein bisschen Glück, um einen guten Platz zu entdecken:

Die meisten touristisch ambitionierten Gemeinden haben in Südfrankreich ordentliche Parkplätze eingerichtet, an denen es oftmals auch Toiletten gibt. Diese Parkmöglichkeiten liegen nicht immer landschaftlich reizvoll, sehr oft findet man aber einen brauchbaren Übernachtungsplatz, wenn man dem weiß-blauen ‚P' hinterher fährt. Hier kann man zwar meist keinen Campingtisch vor die WOMO-Tür stellen, aber oftmals sicher und einigermaßen ruhig schlafen. Nicht selten wird man auch fündig, wenn man den Wegweisern zu außerhalb von Ortschaften stehenden Kirchen oder anderen Sehenswürdigkeiten folgt. Wenn nichts mehr hilft, suchen wir den Wegweiser zum Sportplatz *(centre sportif* oder *stade)* und, da wir nicht abergläubisch sind, zum Friedhof *(cimetière).*

Machen Sie es sich zur Regel, lieber einen mittelschlechten Stellplatz zu nehmen (einen halbwegs ruhigen Parkplatz finden Sie immer) als genervt und schlecht gelaunt stundenlang in der Gegend herumzukurven.

Die Grundregeln für die Stellplatzsuche lauten: möglichst nie im Dunkeln, möglichst nie müde und nach langer Fahrt und möglichst nicht hungrig. Oder man reduziert die Erwartungen auf ein Minimum, also auf einen einigermaßen ruhigen und ebenen Platz. Und bevor Sie mit der Sucherei der ganzen Familie an den Nerven zerren, gehen Sie auf den Campingplatz. Es gibt nirgends so viele - auch preiswerte - Plätze wie in Südfrankreich.

Jedes Jahr lesen Sie in der Zeitung von **Waldbränden**. Aus diesem Grunde schreitet die Polizei in feuergefährdeten Bezirken gegen „wildes" Campieren ein. Auch wenn Sie nicht vertrieben werden, stellen Sie sich niemals so, dass Sie im Schlaf von einem Feuer überrascht werden könnten. Meiden Sie Wälder und die *Garique.* Und schlafen Sie bei schlechtem Wetter nicht an (ausgetrockneten) Flussläufen, wo mit **Überschwemmungen** zu rechnen ist (Näheres gelber Kasten bei Tour 13).

Gas

Das Stichwort hat an Aktualität verloren, nachdem fast alle Wohnmobile über zwei 11 kg **Flaschen** verfügen, mit denen ein durchschnittlicher Leser ohne zu heizen einen ganzen Sommer lang verreisen kann. Aber es wird wieder aktueller, seit Fahrzeuge mit Dieselheizungen nur noch 5 Kilo Gas bunkern können.

Ich kenne auch niemanden, dessen deutsche Gasflasche in Frankreich befüllt worden wäre. Meines Wissens ist das verboten und wird nicht praktiziert (wer es besser weiß, soll sich bitte bei mir melden).

Bei Gasknappheit hilft daher allenfalls eine französische Gasflasche. Zum Beispiel die teure, blaue *Camping-Gaz* Flasche, die jedenfalls in Ihren Gasflaschenkasten passt (erhältlich auf vielen Campingplätzen, in Supermärkten und in Eisenwarengeschäften). Für den Einsatz im WOMO braucht man aber auch ein spezielles Anschlussstück (möglichst schon zu Hause kaufen und ausprobieren, ob es an ihren Regler passt).

Schwieriger ist der Anschluss einer sonstigen französischen Gasflasche, die nicht genormt ist (es gibt also unterschiedliche Formen und Größen, die Flasche kann nicht überall getauscht werden, man kann sie vermutlich auch nicht leihen) und die nicht an Ihren Regler passt (in Deutschland gibt es im Handel Adapter). Man kann auch einen französischen Regler kaufen, der muss aber zu Ihrer Gasanlage passen. Die Wohnmobile haben nämlich heutzutage einen Gasdruck von 30 mbar, der auf dem in Ihrem WOMO eingebauten Regler, dem runden Ding an der Gasflasche, aufgedruckt ist, und der unbedingt beibehalten werden muss (ältere Fahrzeuge haben 50 mbar). Außerdem ist mancher Gasflaschenkasten für französische Flaschen zu klein.

Wohnmobilbesitzer mit fest eingebautem **Gastank** oder Gastankflasche sind in Frankreich vergleichsweise gut dran, dort ist das Gas-Tankstellennetz relativ dicht, außerdem ist das Gas preiswert. Gas-Tankstellen erkennt man an dem Schild *G.L.P.*

In Frankreich durfte man früher – theoretisch, von Kontrollen habe ich nie gehört – nur mit zugedrehtem Gasflaschenventil fahren. Nach dem 1.1.2007 erstmals (!!) zugelassene Fahrzeuge müssen in der EU mit einer Schlauchbruchsicherung oder dem Strömungswächter *Monocontrol CS* (oder *Duocontrol CS*, beides von Truma und Nachfolger von *SecuMotion*) ausgerüstet sein, der serienmäßig eine Schlauchbruchsicherung, bzw. einen Crashsensor enthält. Dieser Regler ist am Fahrzeug montiert, und Sie brauchen für ausländische Gasflaschen passende Anschlussschläuche (Tabelle und Einzelheiten über *www.truma.com*).

Für ältere Fahrzeuge empfehle ich eine **Schlauchbruchsicherung**, der Einbau dauert 15 Minuten. Sie ist unerlässlich, wenn Sie, was fast alle tun, was aber ohne *SecuMotion* in Frankreich verboten ist, unterwegs mit Gas kühlen. Die Sicherung verhindert, dass Gas bei einem Unfall ausströmt.

Geld

Frankreich ist in Europa das Land der **Kreditkarte**. Mit der *Carte bleue* kann man fast überall bezahlen. Zu dieser Kreditkarte zählen angeblich die *Visa-Karte* und die *Eurocard*, wobei die *Visa-Karte* unerklärlicherweise eine noch größere Akzeptanz besitzt (bei beiden fällt eine happige Tauschgebühr an). Der bargeldlose Zahlungsverkehr ist noch weiter verbreitet als bei uns, und auch im Supermarkt wechseln kaum Geldscheine den Besitzer. Ich brauche in Frankreich nur noch für kleine Einkäufe richtiges Geld – und ganz selten in Restaurants nicht nur für das Trinkgeld.

Geld ziehen Sie flächendeckend mit der **ec-Karte** (die heute *Girocard* heißt). Mit dieser Karte können Sie inzwischen häufig Ihre Zeche im Restaurant bezahlen, Ihren Dieseltank füllen und selten auch die Autobahnmaut bezahlen. Dummerweise funktioniert sie aber nicht flächendeckend, weshalb ich Ihnen unbedingt zu einer *VISA-Karte* rate. **Streng genommen ist die *Visa-Karte*** für Frankreich **unverzichtbar**, weil Sie zahlreiche Zahlungsvorgänge sonst gar nicht (z.B. an Stellplätzen) oder nur schlecht (an Autobahnen) vornehmen können.

Ein Problem besteht darin, die Karten zu verlieren, weshalb ich peinlich darauf achte, diese getrennt aufzubewahren. Und das größte Risiko ist meine Schusseligkeit, weil ich ab und zu den falschen Pin-Code eintippe (oder das Versteck nicht finde, in dem das Zettelchen mit der richtigen Ziffernfolge klemmt).

Zu den Reisedokumenten höchster Wichtigkeit, deren diebstahlgeschützter Ablageplatz niemals in Vergessenheit geraten darf, gehört der Zettel mit der Kreditkarten- und Scheckkartennummer sowie der Telefonnummer der Zentrale. Beides brauchen Sie für die Kartensperre: In Deutschland erreichen Sie unter 0049-116 116 die Hotline für etwa 90 Prozent aller Bank- und Zahlungskarten wie *Maestro, EC, Euro/MasterCard, VISA* und *American Express* (Näheres unter www.kartensicherheit.de). Rufen Sie dort **umgehend** an, wenn die Karte abhanden gekommen ist, und sei es auch mitten in der Nacht. Nur wenn Sie davon berichten können, dass Ihnen das Stück Plastik gerade erst, vor wenigen Minuten, verlustig gegangen ist (und dass Sie die Geheimzahl nirgends aufgeschrieben haben), zahlt die im Kredit- oder Scheck-Kartenvertrag enthaltene Versicherung, falls ein Bösewicht Missbrauch treibt!

GPS

In diesem Reiseführer sind für alle Stell- und Campingplätze die Koordinaten angegeben. Das nutzt Ihnen nur, wenn Sie selbst ein Navigationsgerät besitzen, in das man Koordinaten eingeben oder, noch besser, zugleich eine Datei mit allen Koordinaten aufspielen kann. Sie können beim WOMO-Verlag die CD zum Buch erwerben und auf diese Weise alle Stell- und Campingplätze als sogenannte **POIs** (das ist die Abkürzung von **P**oint of **I**nterest) auf Ihr Navi überspielen (falls Ihr Gerät das zulässt). Die CD enthält die gebräuchlichsten Formate. Näheres erfahren Sie beim Kauf der CD oder im Buch *Multimedia im Wohnmobil* des WOMO-Verlages.

Benutzen Sie bitte ein GPS-Gerät, in dem Sie die Darstellung der so genannten **Winkelschreibweise** einstellen können. Der WOMO-Verlag hat sich zwar inzwischen für die Darstellung von Grad, Minuten und Sekunden entschieden, aber es sind noch ältere Auflagen in Umlauf, und es gibt jede Menge Konkurrenz mit anderer Schreibweise. Wer sein Gerät nicht umstellen kann, benötigt einen Taschenrechner im Handschuhfach und muss umrechnen: Um die Sekunden und Minuten zu dezimalisieren, muss man jeweils mit 0,01667 multiplizieren (zuerst also den Sekundenwert multiplizieren, danach dasselbe mit dem Minutenwert). Umgekehrt geht es auch: Man nehme den Nachkomma-Anteil der Gradzahl, multipliziere mit 60 und setze das Komma nach der zweiten Stelle (Beispiel: aus 43,84537 Grad rechnet man 0,84537 x 60 = 50.7222 Minuten = 43°50.722'). Um die Sekunden zu erhalten, muss man den Nachkomma-Wert erneut mit 60 multiplizieren und bekommt so 43 Sekunden; die Winkelschreibweise führt nun also zu 43 Grad, 50 Minuten und 43 Sekunden (= 43°50'43"). Es gibt praktische Smartphone-Apps, mit denen man komfortabel umrechnen kann.

In diesem Buch werden Ihnen Sekunden vorwiegend ohne Nachkommastelle genannt. Sie werden nämlich die Nachkommastelle, die viele Geräte (z.B. *tomtom*) gar nicht anzeigen, nicht brauchen.

Wir empfehlen Ihnen ein Navigationsgerät von **Tomtom** oder **Garmin**. Beide sind übersichtlich, funktionieren fast tadellos und können die POIs des WOMO-Verlages gut integrieren. Zu Navis speziell für Lkw oder Wohnmobile besitze ich keine eigenen Erfahrungen (ich bin sehr an Ihren Informationen dazu interessiert).

Falls Sie mit einem sogenannten *Smartphone* den rechten Weg suchen, einem Telefon, mit dem man auch navigieren kann oder umgekehrt, kommt, wie bei allen Navis, nur ein Programm in Frage, das die **Eingabe von Koordinaten zulässt**. Das ist bei der aktuellen Generation von *Navigon* jedenfalls für das Betriebssystem *Android* wie auch für das *I-Phone* möglich. Eigene Erfahrungen habe ich mit dem Programm von *Tomtom*, das leider nur noch auf dem *I-Phone* von *Apple* installiert werden kann, dann aber – mit einer *Brodit*-Halterung – dem »richtigen« Navi fast das Wasser reichen kann. Das scheint auch für das Programm von Navigon zu gelten. Achtung: Sie können meines Wissens auf dem *I-Phone* bei den Programmen aller Anbieter die vom WOMO-Verlag bezogenen Dateien nicht aufspielen (jedoch eingeben). Bitte berichten Sie mir von Ihren Erfahrungen mit der Handynavigation.

Ein Geheimtipp ist ***maps.me***, ein Programm für alle gängigen Smartphone-Betriebssysteme. Sie können **kostenlos** Karten downloaden und mit ihm **offline** (!!) und damit auch insoweit kostenlos navigieren, wenn Ihr Smartphone eine GPS-Funktion besitzt, wie beispielsweise die iPhones oder die meisten anderen neuzeitlichen Geräte und Tablets. Man kann zwar Koordinaten nur in der Dezimal-Winkelschreibweise eingeben, Adressen aber unproblematisch, und man kann die vom WOMO-Verlag bezogenen Koordinaten (sie heißen bei *Maps.me* ‚Lesezeichen' – im Format *kml*) leicht aufspielen und danach zu den einzelnen Plätzen navigieren. Die Kartendarstellung ist etwas verzögert, und die Navigation funktioniert ohne Ton, aber nach meinen bisherigen Tests wahrscheinlich zuverlässig (auch hier bin ich an Berichten über Ihre Erfahrungen interessiert; Näheres siehe unter *Landkarten*).

Ich warne Sie erneut vor allzu großer Navigationshörigkeit. Sie müssen die vorgeschlagene Strecke und vor allem das Ziel überprüfen.

Hunde / Katzen

Hunde, Katzen und Frettchen, die älter als 3 Monate sind, benötigen einen EU-Heimtierpass. Die Einfuhr von Tieren unter 3 Monaten ist nicht erlaubt. Die Tiere müssen gegen Tollwut, Staupe, Hepatitis, Katzen zusätzlich gegen Katzenseuche, geimpft sein. Die Impfungen müssen mindestens 30 Tage vor der Einreise erfolgt sein und dürfen nicht länger als ein Jahr zurückliegen. Die Impfdaten müssen vom Tierarzt im Heimtierpass vermerkt sein. Ihr Begleiter muss außerdem durch Tätowierung oder Mikrochip identifizierbar sein (auch bei reiner Durchreise durch Frankreich). Es dürfen höchstens 3 Tiere mitgenommen werden (zum Beispiel ein Hund, eine Katze und ein Frettchen), davon nur ein Tier zwischen 3 und 6 Monaten, ansonsten ist eine Sondergenehmigung der französischen Behörden erforderlich.

Die Einreise von sogenannten Kampfhunden der 1. Kategorie (wie Pitbulls, Boerboels und Hunde, die aufgrund ihrer morphologischen Merkmale den Hunden der Tosa- Rassen zuzuordnen sind) nach Frankreich ist verboten (dazu zählen auch American Staffordshire Terrier und Staffordshire Terrier ohne vom FCI anerkannte Papiere, demnach auch für deren Mischlinge). Eine Rassebezeichnung im Impfpass oder ein Rassegutachten reichen nicht aus!

Die Mitnahme von Hunden der 2. Kategorie der o. g. Rassen sind erlaubt, wenn der Hund in einem vom Internationalen Hundeverband zugelassenen Stammbuch eingetragen ist.

Zu dieser Kategorie gehören auch Rottweiler und Hunde, die nach ihren morphologischen Merkmalen dem Rassenhund Rottweiler vergleichbar sind. Allerdings benötigen diese Hunde kein Stammbuch. Ich gehe mal davon aus, dass Hundebesitzer dieser Rassen das verstehen, sonst sollten Sie sicherheitshalber recherchieren. Unerlaubte Hunde werden in Frankreich angeblich beschlagnahmt und getötet.

Hunde der 1. und 2. Kategorie sind auf den meisten Campingplätzen nicht erlaubt. **An den meisten Stränden sind Hunde verboten.**

Internet

Endlich kenne ich für Frankreich eine brauchbare **Prepaid-Daten-Karte**, die sogar in der Schweiz, Österreich, Großbritannien und Italien benutzt werden kann und die Sie von Deutschland, Österreich oder der Schweiz problemlos bestellen können. Die *Simly-Karte* gibt es mit 1 GB Datenvolumen für 39,99 Euro oder mit 3 GB für 49,99 Euro. Die 1 GB-Karte ist genau einen Monat gültig, die mit 3 GB drei Monate. Diese Laufzeit beginnt erst, wenn man die Karte in das Gerät einlegt hat. Wir haben die Karte ausführlich getestet und hatten in unserem Zielgebiet nur in wenigen, stark abgelegenen Bergregionen kein Netz. Der Download war aber stets relativ langsam (beispielsweise Google-Earth ging nur sehr zögerlich), aber wir konnten problemlos die üblichen Informationen abrufen (z.B. Seiten der Campingplätze, Restaurants, Nachrichten, Wetter, E-Mails). Sie können die Karte über www.simlystore.com/de/ bestellen, die Lieferung erfolgt mit deutscher Bedienungsanleitung und überdies prompt.

Sinnvollerweise kaufen Sie sich einen portablen WLAN-Router (= UMTS-Router oder MIFI), damit Ihr Handy ohne Kartenwechsel weiter zum Telefonieren zur Verfügung steht. Empfehlenswert sind die mobilen Hotspots des Herstellers HUAWEI (etwa 50 Euro). Für die Einrichtung dieser Geräte muss man wissen, dass der Name des UMTS-Routers eine Buchstaben-Ziffernkombination ist und dass der Zugangsschlüssel auf dem Gehäuse des kleinen Mifi-Hotspots, und außerdem noch einmal (oder nur) im Innern auf einem Aufklebezettel aufgedruckt ist. Damit können vier bis fünf Teilnehmer gleichzeitig surfen. Ihre Telefonerreichbarkeit über die gewohnte Rufnummer bleibt dabei erhalten, weil Sie ja die *Simly-Karte* in den UMTS-Router stecken. Sie müssen nur das kleine Teil immer dabei haben und einschalten (und aufpassen, dass Sie es nicht irgendwo liegen lassen oder geklaut kriegen). Wir operieren damit seit Jahren und wollen es nicht mehr missen.

Stattdessen können Sie sich mit einem Spezialtarif des heimischen Anbieters behelfen. Oder mit einem Campingplatz. Dort kann man fast überall kostenlos in der Nähe der Rezeption surfen. Auf Plätzen, die mit ihrem WLAN auch die hinterste Nische beschicken, verlangt man oft nicht wenige Euros, weil die Installation eine Menge Geld gekostet hat oder in die Hände eines Fremdbetreibers gelegt worden ist. Immer mal wieder sind aber auch solche Einrichtungen kostenlos. Fragen Sie an der Rezeption! Wir bekamen selten sogar einen kostenlosen Zugangscode, der auch noch in der weit entfernten Ecke des Platzes funktioniert hat.

Landkarten

Zur perfekten Ausrüstung gehören leider neuere Karten, weil sich vor ein paar Jahren die Straßennummerierung Frankreichs geändert hat. Aus **N**ationalstraßen wurden häufig **D**epartementstraßen, aus **N** wurde **D**, und die Ziffernfolge wurde eine andere. Der Firma Michelin war das nur recht.

Nachdem auf diese Weise der Staat neue Käufer beschert, ist hoffentlich die Zeit des Experimentierens bei Michelin vorbei, in der man ständig Maßstäbe und Bezeichnungen geändert hat. Die aktuelle Michelin-Karte im Maßstab 1 cm = 2 km (das ist 1: 200.000, weil das heute niemand mehr versteht, hat man sogar die Maßstabsangabe dem Zeitgeist angepasst) heißt *Région*, ist orange, aus Plastik und damit angeblich unzerreißbar. Das muss sie auch sein, weil man sie für unser Gebiet immer wieder falten muss, um die Rückseite zu gebrauchen. Es ist die Karte Nr. 526, *Languedoc-Roussillon*, mit dem vollen Programm dieses Buches – bis auf einen kleinen Teil von Tour 11. Das Umfalten nervt mich so sehr, dass ich schon mit der Anschaffung einer zweiten Karte geliebäugelt habe.

Deutlich übersichtlicher, wenn auch nicht wirklich detailreicher, sind die gelben Karten 1 cm = 1,5 km, *Départements*.). Sie müssen aber mehr Karten kaufen und auf die Altersweitsichtigkeit hoffen (Sie brauchen für unser Reisegebiet 4 Karten). Aber Sie müssen die Karte auf halber Strecke von Osten nach Westen nicht wenden.

Glauben Sie bitte nicht, Ihr Navigationssystem mache diese Karten überflüssig!

Falls Sie ab und zu wandern möchten, suchen Sie natürlich nach **Wanderkarten**, die es in Frankreich flächendeckend gibt; näheres können Sie unter der Überschrift *Wandern* nachlesen.

Sie fragen vielleicht noch nach **Stadtplänen**? Ich kann auch in diesem Buch nicht damit dienen. Was daran liegt, dass Zeichnungen von Konkurrenzverlagen urheberrechtlich geschützt und gar nicht oder nur für teures Geld zu bekommen sind, und ich nach Zeit raubenden und aufwändigen Versuchen dem Beispiel anderer Reiseführer, dem Leser mit unzulänglichen Plänen Orientierungshilfen nur vorzugaukeln, nicht folgen will. Die Serie *Départements* der Michelinkarten entschädigt Sie mit einigen Stadtplänen, so dass noch weniger die Notwendigkeit zum eigenen Zeichnen besteht.

Besitzer eines Smartphones laden ***maps.me*** und orientieren sich gerade in Städten, und zwar **offline**, also völlig kostenlos (siehe beim Stichwort *GPS*). Allerdings sind nicht alle Straßennamen eingezeichnet, dafür zahlreiche Wanderwege.

Literatur

Der Markt boomt, so dass Sie sich umfassend auch über die Themen informieren können, die bei uns zu kurz kommen, also in erster Linie über Kunst, Kunstgeschichte und Architektur.

Locker und umfassend ist der Reiseführer aus dem Michael Müller Verlag mit dem Titel, *Languedoc-Roussillon*. **Ralf Nestmeyer** hat mit unglaublicher Fleißarbeit eine Informationsfülle zusammengetragen, vor der man nur den Hut ziehen kann. Das beste Languedoc/Roussillon-Buch auf dem Markt.

Eine gute Ergänzung zu unserem WOMO-Führer ist auch der **grüne Michelin**, *Languedoc - Roussillon*. Furztrocken, zum Schmökern denkbar ungeeignet und wegen der alphabetischen Aneinanderreihung auch unübersichtlich. Aber mit präzisen, in sich hervorragend gegliederten Infos und Stadtplänen sowie Karten, die alles andere mühelos in den Schatten stellen. Sie benötigen jedoch zusätzlich den Band *Provence* für die östlichen Bereiche des Languedoc.

Für die Orientierung in den Städten eignet sich auch der **rote Restaurantführer** von **Michelin**, die Pflichtlektüre der Feinschmecker – und aller normaler Restaurantbesucher auf dem Reinfall trächtigen Slalom abendlicher Gaststättenbesuche.

Notfälle

Ärzte

Wir empfehlen dringend eine sehr preisgünstige **Auslandskrankenversicherung** (bis zu 45 Tagen). Sie sollte für jeden Wohnmobilreisenden eine Selbstverständlichkeit sein. Wer sich dazu nicht entschließen kann, benötigt für Frankreich und die Transitländer eine **europäische Krankenversichertenkarte** (EHIC). Das Dokument im Scheckkartenformat kann direkt bei Ärzten und Kliniken vorgelegt werden. Die Ausstellung der Karte ist kostenfrei und muss bei der heimatlichen Krankenkasse beantragt werden. Gewährt werden bei der Vorlage alle notwendigen Leistungen – allerdings zu den Bedingungen, die vor Ort gültig sind. Wer die EHIC nicht vorweisen kann, wird zu entsprechen Tarifen als Privatpatient behandelt und muss in Vorleistung treten. Gegen Rechnungsvorlage wird in der Heimat möglicherweise ein Teil wieder erstattet.

Adressen deutschsprachiger **Ärzte**: erhält man bei den Konsulaten oder vom ADAC, München (Tel. 0049 89 22 22 22), aber auch bei den örtlichen Touristenbüros oder beim Campingplatzverwalter.

Im schlimmsten aller schlimmen Fälle: Wenn Sie einen Auslandsschutzbrief haben, werden Sie, Ihre Familie und das WOMO kostenlos nach Hause transportiert.

Apotheken

Französische Apotheken *(Pharmacies)* haben nicht einheitlich geöffnet. Vor allem montags sind die meisten Apotheken dicht. Normalerweise müsste ein Schild an der Eingangstür auf die Dienst habende Apotheke hinweisen *(Pharmacie de Garde)*. Die Bereitschaftsapotheke steht auch in der Zeitung; wenn Sie nicht weiterkommen, wenden Sie sich an die Polizei, die Sie angeblich nachts ohnehin brauchen, denn dann öffnet Ihnen wahrscheinlich kein Apotheker die Tür, weil er Angst vor Überfällen hat.

Konsulate / Botschaften

Avignon 5, rue Noël Biret, 84000 Avignon. (Postanschrift: Consul Honoraire de la République fédérale d'Allemagne, 5, rue Noël Biret, 84000 Avignon, Frankreich); Tel. 04 9 81 00 42;
weitere Konsulate in Marseille und Toulon siehe unter www.konsulate.de;
Botschaft: 13/15 Avenue Franklin D. Roosevelt, 75008 Paris, Tel. 01 53 83 45 00. **Notruf des Auswärtigen Amtes** in Berlin: 0049 30 5000 2000.

Konsulat der **Republik Österreich**: 27, cours Pierre Puget,13006 Marseille, Tel. 04 91 53 02 08; Botschaft: 6 Rue Fabert, 75007 Paris. Tel. 01 40 63 30 63; siehe auch unter http://www.mfe.org/index.php/Annuaires/Ambassades-et-consulats-etrangers-en-France/(country)/AUTRICHE

Konsulat der **Schweiz**: Consulat général de Suisse 7, rue d'Arcole 13291 Marseille Cedex 6, Tel. 04 96 10 14 10 / 11; Consulat de Suisse 66, allée Mac Lare, 34090 Montpellier, Tel. 0467 54 98 18;
Botschaft: 142 Rue de Grenelle, 75007 Paris, Tel. 01 49 55 67 00; siehe auch unter http://www.mfe.org/index.php/Annuaires/Ambassades-et-consulats-et-rangers-en-France/(country)/SUISSE

Notrufe (die auch per Handy funktionieren)

Allgemeiner Notruf 112

Polizei *(police secours)*: 17

Feuerwehr *(sapeurs-pompiers)*: 18

Rettungsdienst: 15

ADAC-Auslandsnotruf, München: 0049-89-22 22 22

ADAC-Auslandsnotruf, Paris: Tel. 01 45 00 42 95; von Mo. bis Fr. 9 bis 15 Uhr, von Mai bis Oktober bis 17 Uhr

Pannendienst

Über den Polizeinotruf (siehe oben), und zwar entweder über die Notrufsäulen an der Autobahn und einigen Nationalstraßen, sonst überall über die Ruf-Nr. 17. Außerdem kann man mittels der Telefonnummer 05 10 61 06 über *AIT-FIPA Assistance* einen Pannenhilfsdienst rufen, wahrscheinlich auch über 0825 800 822. Weitere Infos erhalten Sie unter dem Stichwort *Unfall*.

Rad fahren

Fahrräder einzupacken ist bei Campern sehr beliebt, auch wenn man nicht mehr ganz so viele Räder auf Heckgepäckträgern sieht. Viele werden nämlich heute in Heckgaragen verzurrt. Man gönnt sich ja ein WOMO von sieben Metern und mehr. Häufig werden die Stahlrösser aber unbenutzt erst wieder zuhause ausgepackt.

Im hiesigen Zielgebiet ist das anders. Camping- und Stellplätze am Meer liegen oft nicht in der unmittelbaren Nähe von Ortschaften. Der Zweiventiler ist demnach bei einem mehrtägigen Aufenthalt unverzichtbar, falls Sie nicht nur in der Sonne braten und Konserven öffnen – oder aus der Heckgarage den dritten Bierkasten.

In Frankreich müssen alle Radler außerhalb geschlossener Ortschaften bei Nacht, in der Dämmerung sowie auch tagsüber bei schlechten Sichtverhältnissen (Nebel, Regen) eine **Warnweste** in Neongelb tragen, sonst droht ein Bußgeld von 35 Euro.

Reisezeit / Klima

Bei der Wahl der richtigen Reisezeit spielen das Klima und der Touristenansturm die entscheidende Rolle. Die Angst vor Überfüllung der Strände und besonders der Campingplätze ist nur in der Zeit zwischen dem 15.7. und dem Samstag nach dem 15.8. (in Frankreich ein Feiertag) berechtigt, auf besonders beliebten Plätzen auch mal 10 Tage länger. Nach dem 15.8. wird das Schild ‚complet‘ nur noch selten an Campingplatztore gehängt. Bereits in der ersten Septemberwoche sind viele Zeltplätze allenfalls noch halb voll oder sogar schon geschlossen.

Differenzierter ist das **Wetter**. Unser Reisegebiet fällt überwiegend in den Bereich des Mittelmeerklimas. Was schreibt ein ordentlicher Reiseführer über die beste Reisezeit in dieser Klimazone? Sie ahnen es, aber wir sind gar nicht so: Wir teilen Ihnen nämlich nicht mit, dass die günstigsten Reisemonate Mai und September sind, dass Sie Languedoc und Roussillon im Juli und August meiden sollen. Vermutlich gehören nämlich auch Sie zu den Leuten, die just dann in ein südliches Land reisen, wenn Ihnen unsere Zunft abrät. Weil Sie nämlich nur dann Urlaub bekommen oder die Kinder Ferien haben. Außerdem wäre eine solche Aussage für unser Reisegebiet auch nicht zutreffend, denn es gibt durchaus Landstriche, in die Sie nur im Juli oder August fahren sollten. Wir müssen also bezüglich der Reisezeit zwischen den einzelnen Landschaften unseres Buches unterscheiden:

Januar und **Februar** sind keine Wohnmobilmonate, praktische Südfrankreicherfahrungen für diese Zeit besitzen wir nicht, auch wenn ich immer wieder von unbeschreiblich klaren Wintertagen lese, die erstaunlich sonnig und regenarm sind, und mir Leser begeisterte Briefe schreiben.

Zum **Frühjahr** nehmen leider die Niederschläge kräftig zu. Wenn es auf Ostern zugeht, erlebt man garantiert ein klimatisches Wechselbad. Man hat traumhaft schöne Tage, mit blühenden Bäumen unter tiefblauem Himmel, man legt sich in das schon sichtbar gewachsene Gras und döst in der Sonne. Oder man schlägt sich die Zeit um die Ohren, die Wohnmobilheizung ist unverzichtbar und der Regen trommelt stundenlang aufs Dach. Sie werden Ende März/Anfang April normalerweise beides erleben. Beachten Sie jedoch, dass dann eine durchaus gute Zeit für das Rhône-Tal angebrochen ist, dass aber in der Ebene des Languedoc das Klima noch deutlich rauer ist. Der Küstenabschnitt an der Côte Vermeille ist dann häufig von den sich an den Pyrenäen stauenden Wolken überdeckt, und in den Corbières hinkt die Natur spürbar weiter zurück als in den warmen Teilen Süddeutschlands. Beinahe indiskutabel sind dann auch die Cevennen, wo noch vielerorts Schnee liegt, und genauso wenig einladend sind die Flusstäler.

Ende April kann man bei gutem Wetter schon mal im Meer baden, die Küste liegt aber noch im Winterschlaf. Campingplätze und Kneipen sind häufig noch geschlossen, dafür werden Wohnmobile fast überall geduldet, sofern es keine Barrieren gibt. April und Mai sind die Monate, in denen man auf irgendwelchen Parkplätzen am Meer nächtigen kann, an Hafenmolen, am Ende von Stichstraßen, die zum Strand führen, und vielleicht auch auf dem einen oder anderen Geheimplätzchen, das einen Monat später zugeparkt, abgesperrt oder gar nicht mehr da ist. Dennoch sind die idealen klimatischen Bedingungen noch nicht eingetreten.

Ende **Mai** – ich kann es mir doch nicht verkneifen – bricht die beste Reisezeit für die Küste an, für die Camargue, die Côte Vermeille und die Corbières. Wenn Klatschmohn und Ginster blühen, wenn die Regentage seltener werden, wenn man sich an manchen Tagen schon wie im Sommerurlaub fühlt, wenn aber dennoch die meisten Touristenziele leer sind.

Ab Mitte **Juni** rollen dann die ersten Sommerurlauber heran, die Küste beginnt sich zu füllen, und das Wetter wird stabil (in manchen Jahren gibt es Ausnahmen). Ab Anfang **Juli** kann man in den Flüssen des Hinterlandes baden, und nun beginnt die Reisezeit für die Cevennen, für das Tarn-Tal, dessen Nebenflüsse und für die anderen Badegewässer im Landesinnern. Man muss jetzt weniger befürchten, dass die Wolken tagelang an den Bergen hängen bleiben, wenngleich wir auch schon im Hochsommer, vor allem in den Cevennen, längere Perioden wolkenreichen und gewittrigen Wetters erlebt haben. Die Temperaturen sind dann zwar meistens angenehm, aber es darf Sie nicht überraschen, wenn auch im Juli/August, besonders in den bergigen Teilen Südfrankreichs, kein Badewetter herrscht, wenn die Flucht vor Gewittergüssen das Tagesprogramm beeinflusst.

Zu allen Jahreszeiten gilt übrigens, dass oftmals über einem relativ schmalen Küstenstreifen das Wetter erheblich besser ist als im gebirgigeren Landesinnern.

Die genannten Flusstäler sollte man sinnvollerweise im Juli oder August besuchen, wenn man baden kann, da der Reiz dieser Gebiete doch sehr stark vom Kontakt zu den klaren Flüsschen geprägt ist. Die Wanderfreunde sind insoweit weniger anspruchsvoll, für sie ist das Wetter ohnehin nur eine Frage der Kleidung (dennoch sollte man sich, gerade auf den Hochebenen, im Sommer vor Blitzschlägen in Acht nehmen – man liest in den Zeitungen immer wieder von Opfern).

Wettermäßig nicht ganz beständig sind die zweite Hälfte im **September** und der **Oktober**. Nach schweren, lang anhaltenden Gewittern kam es in mehreren Jahren gerade am Südrand der Cevennen, also zwischen Béziers und Avignon, zu verheerenden **Überschwemmungen**. Seien Sie in dieser Zeit bei flussnahen Übernachtungen – auch auf Campingplätzen – besonders vorsichtig! Lesen Sie dazu meine Hinweise bei Tour 13.

In vielen Jahren kann man bis Anfang **November** noch baden. Ein schöner Monat soll sogar der **Dezember** sein, aber jetzt sind wir schon fast wieder bei der Theorie.

Während des ganzen Jahres, also auch im Hochsommer, kann Sie der Wind ganz schön nerven. Besonders der **Mistral**, denn der »Herr der Winde« ist ein überaus rauer Geselle, der aus nordwestlicher Richtung kräftig das Rhône-Tal hinunter bläst, aber auch auf den Landstrichen seitlich davon noch sturmartig die Zypressenreihen hin und her schüttelt. welche die Felder vor dem Wind schützen sollen. Sein nicht weniger ungastlicher Bruder ist der **Tramontana** (genau genommen ist er ja eine Schwester), der weiter westlich durch die Corbières und das Aude-Tal pfeift. Die Geschwister unterscheiden sich ein wenig: Der Mistral weht seltener, dafür umso heftiger, wenn sich über dem Golf du Lyon (das ist das Meer südlich der Rhône-Mündung) ein Tiefdruckgebiet aufgebaut hat. Dessen Sogwirkung zieht die kalte Luft im Norden an, wobei das Rhône-Tal den Luftstrom richtig in Fahrt bringt. Dort pustet der »Herr der Winde« dann die Wolken weg, weshalb nicht selten das Phänomen entsteht, dass im Rhône-Tal und in den angrenzenden Gebieten ein tiefblauer Himmel strahlt, während anderswo das Wetter schlecht ist. Der Tramontana ist etwas zahmer, aber auch er wird durch das genannte Tiefdruckgebiet in Schwung gebracht, wobei er umso heftiger weht, je schlechter im Norden das Wetter ist. Dann zieht nämlich der Wind südlich eines nordfranzösischen Tiefs vom Atlantik zum Mittelmeer und leider genau über unsere Hauptreiseziele hinweg.

Beide Winde können äußerst unangenehm werden und Ihren eingeölten Körper am Strand mit Sand panieren, sofern man trotz mitunter empfindlicher Kühle überhaupt an den Strand geht. Wenn man die Winde am nötigsten braucht, an glutheißen Sommertagen, wehen sie am wenigsten, da dann die für die Sogwirkung verantwortlichen Tiefdruckgebiete fehlen.

Die Winde rütteln mitunter brutal an Ihrem WOMO, und wenn Sie nicht aufpassen, weht Sie ein Seitenwind auch mal in den Graben. Der größte Vorteil besteht jedenfalls darin, dass die Winde den Dunst aus den Ebenen pusten und Ihnen ideale, klare Lichtverhältnisse bescheren. Das ist dann die Zeit der Fotografen, aber auch die der Gipfelstürmer, die von den Cevennen das Meer sehen dürfen. Vorbei sind die lauen Abende, an denen Sie vor Ihrem WOMO den Grillen lauschen.

Über die **Wetteraussichten** informiert man sich heutzutage mittels einer **Wetter-App**. Wir arbeiten mit den Apps von *WetterOnline* und *Météo-France*, wobei die französischen Wetterberichte eine Spur genauer und weniger optimistisch scheinen. Vor allem kann man sich dort ausgezeichnet über Unwettervorhersagen und drohende Überschwemmungen informieren.

Restaurants

Im Jahr 2010 wurde die Französische Küche als immaterielles Kulturgut in die Welterbeliste der UNESCO aufgenommen. Gemeint war dabei nicht die Küche pauschal (die das auch nicht verdient hätte und immer weniger verdient), sondern ausdrücklich ihre kulturell höher entwickelte Form, die, wie es in der offiziellen Begründung der UN-Kulturorganisation heißt, »gebräuchliche soziale Praxis, die dazu dient, die wichtigsten Momente im Leben von Einzelpersonen oder Gruppen zu feiern«. Das französische Bewerberkomitee hatte zuvor die Aufnahme mit der Begründung angeregt, das traditionelle Essen mit Apéritif, Vorspeise, Hauptgericht, Nachtisch, Käse und Kaffee finde nur noch selten statt und müsse deshalb als Kulturerbe besonders geschützt werden. Die Mahlzeiten würden immer kürzer und vor allem die junge Generation müsse angesprochen werden.

Die Nachwachsenden werden sich das allerdings kaum noch leisten können, weder zeitlich zu Hause, noch finanziell im Restaurant. Das mit jener Abfolge zelebrierte Feiern schöner Momente führt nämlich im Gasthaus zu einem bedrohlichen Aderlass, der bereits bei der Bewirtung kleinster Gruppen, also von Ihnen und Ihrem Partner, existentielle Sorgen wecken kann. Restaurants in Frankreich sind teurer als in Deutschland, weil stets mehrgängig gespeist wird – wir reden hier nicht von der Pizza, die Sie gerade an Urlaubsorten auch und oft gar nicht mal schlecht bekommen. Das mittlere Preisgefüge für ein dreigängiges Essen mittlerer Qualität liegt zwischen 25 und 35 Euro und ist erwartungsgemäß an der Küste teurer als im Innern der Republik.

Gehen Sie also nur im Restaurant essen, wenn Sie bereit sind, sich auf die geforderten Preise einzulassen und wählen Sie ein Menü, das ausnahmslos deutlich preiswerter ist, als die Summe von (meist größer portionierten) Einzelspeisen.

Nicht alles wird Ihnen schmecken, aber Ihnen wird eine unglaubliche Vielfalt an Zubereitungsvarianten begegnen. Kein Wirt kocht und arrangiert wie der andere, wenn Sie in einer Liga oberhalb von *Steak et frittes* dinieren.

Sie werden auch mal reinfallen. Das passiert uns ebenfalls, obwohl wir gerne auf den rund 25 Euro teuren, dicken und roten **Guide Michelin** hören. Schon wenn Sie einen einzigen Reinfall vermeiden, hat sich die Anschaffung gelohnt, wenngleich ich zugeben muss, dass *Michelin* nicht gerade die preiswerten Lokale favorisiert. Aber er rentiert sich in jedem Fall wegen seiner einmalig präzisen Stadtpläne!

Eine echte Alternative, jedoch ohne die Stadtpläne und mit reduzierter Beschreibung, ist die *Michelin-App*, die es bei Drucklegung dieses Reiseführers nur für das *I-Phone* und das Betriebssystem *Android* gibt und die 14,99 Euro kostet – für ganz Europa. Man kann sie *offline* benutzen und muss allenfalls *online* sein, um auf die Pläne zugreifen zu können, auf denen die Lokale zu finden sind. Sie können direkt aus dem Programm zur Reservierung anrufen.

Bitte beachten Sie, dass sich die von mir bei den einzelnen Touren angegebenen Öffnungszeiten von Jahr zu Jahr verändern; der Ruhetag wird zwar meistens beibehalten, bezüglich der Ferien krempeln manche Wirte aber ihre Jahresplanung völlig um. Deshalb empfiehlt sich ein vorheriger Anruf.

Sehenswürdigkeiten

Zu unseren beliebtesten Zielen gehören die Dörfer, die in den Verein ‚Un des Plus Beaux Villages de France' (‚Eines der Schönsten Dörfer Frankreichs') aufgenommen worden sind – Näheres dazu in meinem Buch Provence/West, bei Tour 1. Ich zähle Ihnen die bei den Touren beschriebenen Orte hier nochmals auf:

Baume-les-Messieurs (Anreise)	Castelnou (Tour 5)
Lagrasse (Tour 7)	Minerve (Tour 7)
Olargues (Tour 7)	Saint-Guilhem-le-Désert (Tour 8)
La Couvertoirade (Tour 9)	Sainte-Énimie am Tarn (Tour 10)
La Roque-sur-Cèze (Tour 14)	Montclus (Tour 14)
Aiguèze (Tour 14)	

Wenn wir uns mit Listen beschäftigen, sollen hier auch die Bauwerke und Landschaften unseres Reisegebietes zusammen gefasst werden, die auf der **UNESCO-Liste des Welterbes** stehen, welche sich zusammen setzt aus Stätten des Weltkulturerbes, des Weltnaturerbes und des Erbes der immateriellen Kulturgüter:

Königliche Saline in Arc-et-Senans (Anreise)
Jakobsweg in Frankreich (dessen Teil die Basilika von Saint-Gilles ist – Tour 1)
Altstadt und Stadtmauer von Carcassonne (Tour 6)
Canal du Midi (Tour 7)
Agropastorale Landschaften der Causses u. Cevennen (Touren 9, 10 und 12)
Bischofsviertel der Stadt Albi (Tour 11)
Römischer Aquädukt Pont du Gard (Tour 13)
Chauvet-Höhle (Tour 14)
Französische Küche (alle Touren).

Mit weiteren Allgemeinheiten zu Sehenswertem werden Sie nur in meinen anderen Südfrankreichbüchern überschüttet.

Straßenverhältnisse / Verkehrsregeln

Frankreich ist berühmt für sein **Straßennetz**. Leider – muss man fast schon sagen, denn auch durch die landschaftlich schönsten Gebiete führen befahrbare Wege. Wohnmobilisten kommt das natürlich entgegen. Die Straßen sind häufig schmal und kurvig, aber fast ausnahmslos auch für breite Wohnmobile passierbar. Wenn einmal ein Verkehrsschild das Befahren einer Straße für ein Fahrzeug Ihrer Größe verbietet, können Sie sicher sein, dass Sie hier niemand schikaniert. Denn mit dem Aufstellen von Verbotsschildern ist man in Frankreich insoweit zurückhaltender als bei uns. In den letzten Jahren wurden Strecken – vornehmlich in Ortschaften – für Fahrzeuge mit einem Gesamtgewicht von mehr als 3,5 t gesperrt. Das hat meist nichts mit der Straßenbreite zu tun, sondern soll LKW fern halten. Schwere WOMOs ziviler Größen sind davon betroffen, obwohl die Durchfahrt physikalisch möglich ist, häufig praktiziert und so gut wie nie kontrolliert wird.

Die **Autobahnmaut** schmälert ganz schön Ihre Urlaubskasse. Sie können mit der Kreditkarte zahlen. Etwas schwierige ist der Bezahlvorgang an den fast flächendeckend installierten **automatischen Kassen**, die Sie daran erkennen, dass über der entsprechenden Mautdurchfahrt ein gelbes ‚T' aufleuchtet. Ich hatte dort einmal Schwierigkeiten mit erstaunlich geduldigen Hintermännern, vermutlich weil ich zu schnell die Karte in den Schlitz gesteckt habe. Man muss nämlich warten, bis an einem mehrerer in Frage kommender Schlitze ein gelber Pfeil aufleuchtet. Dann funktioniert die Visa-Karte – ohne Geheimzahl – ebenfalls problemlos.

In Frankreich gilt **Warnwestenpflicht**. Man muss sie tragen, wenn man sich nach einer Panne am Auto zu schaffen macht oder nach einem Unfall verwirrt durch die Gegend rennt. Vor allem muss man sie dabei haben, wenn die Polizei danach fragt. Meines Wissens genügt eine.

Die **Höchstgeschwindigkeiten**: Innerorts 50 km/h; auf Landstraßen 90 km/h (bei Nässe 80 km/h); bei zwei Fahrstreifen in jeder Richtung 110 km/h (bei Nässe 100 km/h); auf Autobahnen: 130 km/h (bei Nässe 110 km/h). Ist Ihr Führerschein jünger als ein Jahr, dürfen Sie höchstens 90 km/h fahren.

Da die Anreise durch verschiedene Transitländer führt, sind nachfolgend die erlaubten Höchstgeschwindigkeiten dargestellt (km/h - in Frankreich für trockenes Wetter und mit Führerschein älter als ein Jahr):

	Autobahn	Landstraße	Ortschaft
Frankreich	130	90	50
Schweiz	120	80	50
Österreich	130	100	50
Italien	130	90	50

In allen Ländern sind die Geldbußen bei Geschwindigkeitsüberschreitungen saftig. Meist höher als in Deutschland.

Folgende weitere französische **Verkehrsregeln** sind ungewohnt:

- Gelbe Randsteine oder Linien bedeuten Halte- (bei durchgezogener Farbe) oder Parkverbot (bei unterbrochenem gelbem Strich).
- In der ‚‚Zone Bleue' oder im Bereich blauer Linien am Randstein darf man nur mit Parkscheibe parken.
- Vorfahrtstraßen enden an den Ortsschildern.
- Häufiger als bei uns gilt ‚Rechts vor Links'.
- Ein gelber blinkender Pfeil erlaubt bei Ampeln das Abbiegen in Pfeilrichtung – der Querverkehr hat aber trotzdem Vorfahrt!!
- Ein Rotlicht in Kreuzform auf der gegenüberliegenden Straßenseite bedeutet, dass der entgegenkommende Verkehr ‚Rot' hat.
- In Frankreich müssen alle Radfahrer außerhalb geschlossener Ortschaften bei Nacht, in der Dämmerung sowie auch tagsüber bei schlechten Sichtverhältnissen (Nebel, Regen) eine **Warnweste** in Neongelb tragen, sonst droht ein Bußgeld von 35 Euro.

Die Pflicht zum Mitführen von Alkoholtestgeräten ist wieder abgeschafft, möglicherweise aber nur vorübergehend. Eine generelle **Lichtpflicht** gibt es tagsüber **nicht**.

Von **Umweltzonen** wurden wir nirgends beeinträchtigt.

Eine **grüne Versicherungskarte** ist für Frankreich wie auch für die Transitländer nicht erforderlich, sie wird aber allgemein empfohlen.

Das **Tankstellennetz** wird ständig großmaschiger. Das liegt an den preiswerten **Supermarkttankstellen**, deren Literpreis stets rund 10 Cent unter dem anderer Tankstellen liegt. Dieselkraftstoff *(Gazole)* ist dort seit Jahren billiger als in Deutschland. Meiden Sie möglichst die Autobahntankstellen, denn dort ist der Sprit etwa 10 Cent teurer als an normalen Tankstellen und bis zu 20 Cent teurer als an den Zapfsäulen bei Supermärkten. Die meisten meiner Versuche, mit der EC-Karte an Automaten (an Supermärkten kann man meistens nur mit Karte bezahlen) den Tank zu füllen, haben – mit PIN – funktioniert, manchmal erst beim zweiten Versuch. Man ist leicht irritiert, weil man hier, wie auch bei Bezahlautomaten an Stellplätzen, bisweilen das Bedienfeld wechseln muss. Alle Versuche mit der VISA-Karte waren erfolgreich – zuletzt überwiegend ohne PIN.

Telefonieren

Innerhalb Frankreichs ist immer eine Null zu wählen (auch für Paris). **Vom Ausland wird diese Null weggelassen**, es folgen nach der Auslandsvorwahl also nur noch 9 Ziffern.

Die Auslandsvorwahl **nach** Frankreich, der die 9-stellige Nummer folgt (also ohne Null!), ist aus Deutschland, Österreich und der Schweiz dieselbe, es ist die 0033.

Alle Angaben gelten auch für das Mobiltelefon, bei dem Sie im französischen Netz keine Ländervorwahl, dafür aber die Null wählen müssen.

Die Auslandvorwahlen **von** Frankreich aus sind:

nach Deutschland 0049 - nach Österreich 0043 - in die Schweiz 0041

Toiletten

Wenn wir bei den Stellplatzempfehlungen Toiletten nennen, geschieht das in erster Linie nicht, um Ihnen einen Fingerzeig zur Entleerung Ihrer bordeigenen Chemietoilette zu geben, sondern das dient hauptsächlich den Lesern, die ohne Toilette unterwegs sind oder ein Örtchen nur außerhalb der fahrbaren vier Wände aufsuchen (die Anzahl derer ist größer als man denkt).

Die Chemietoilette sollten Sie dort möglichst nicht entleeren, weil das so gut wie nie ohne Spritzer abgeht und weil es dazu an den zahlreichen Entsorgungsstationen ausreichend Alternativen gibt. Allenfalls die französischen Stehtoiletten sind für Entleerungsvorgänge eingeschränkt geeignet.

Von weiteren guten Ratschlägen im Zusammenhang mit großen oder kleinen Geschäften soll in diesem Buch nicht auch noch die Rede sein.

Unfall

So Sie einen Unfallgegner haben, notieren Sie sich die Versicherungsgesellschaft und die Versicherungsnummer. Sie finden bei jedem französischen Auto an der Windschutzscheibe einen Aufkleber, der die Versicherung ausweist (bei Motorrädern am vorderen Schutzblech). Es ist nämlich weiterhin schwierig, nur anhand des Kennzeichens den Haftpflichtversicherer zu ermitteln. Machen Sie möglichst eine Vielzahl von Fotos von Kennzeichen und Versicherungsplakette, den Unfallendständen, den Verkehrszeichen, Spuren und der Gesamtsituation. Achten Sie darauf, dass in den Unfallbogen, den fast alle Franzosen haben, den sogenannten *Constat amiable*, nur solche Daten aufgenommen werden, die unstreitig sind, unterschreiben Sie keinen Text, den Sie nicht verstehen. Und lassen Sie sich bei größeren Unfällen von

Ihrer Rechtsschutzversicherungsgesellschaft sofort einen Deutsch sprechenden Anwalt nennen.

Die Polizei kommt nur bei schweren Sachschäden, oder wenn Personen verletzt wurden. Falls der Unfallgegner keine Polizei möchte und Sie eindeutig schuld sind (die Verkehrsregeln sind im Wesentlichen die gleichen wie bei uns), falls niemand schwer verletzt worden ist, können Sie auch mit Ihrem Kontrahenten Formalitäten austauschen, ohne die Polizei zu rufen. Dann ersparen Sie sich nämlich mit hoher Wahrscheinlichkeit ein nicht geringes Bußgeld oder gar eine Kautionszahlung. Ihr **Haftpflichtversicherer** wird den Schaden nämlich auch regulieren, wenn Sie ohne Zuhilfenahme der Polizei über den Unfall wahrheitsgemäß berichten. Nur unverzüglich, das heißt spätestens am nächsten Tag, sollten Sie die Haftpflichtversicherung telefonisch informieren und Weisungen zu weiteren Verhaltensmaßnahmen entgegen nehmen. Einzelheiten können Sie meistens in der Heimat nach Rückkehr aus dem Urlaub nachreichen. Unterschreiben Sie nichts, was Sie nicht verstehen und lassen Sie sich nicht von gegnerischen Mitfahrern oder von Passanten beeinflussen.

Der EU-Gesetzgeber hat Ihnen die **Regulierung von Unfallschäden** deutlich leichter gemacht: Wenn sich der Schaden in einem EU-Staat ereignet hat oder wenn der Unfallgegner aus der EU stammt, kann der Schaden von zu Hause aus in deutscher Sprache reguliert werden. Beim Zentralruf der Autoversicherer nennt man Ihnen in Deutschland (unsere Leser aus Österreich und der Schweiz bitte ich um Nachsicht, dass ich die Einzelheiten nicht recherchieren konnte) unter 0180-2502600, falls Sie das Kfz-Kennzeichen und möglichst auch die Versicherung des Unfallverursachers angegeben haben, einen Regulierungsbeauftragten, meist ein anderes Versicherungsunternehmen. Dort melden Sie Ihre Ansprüche an. Es gilt aber das Schadensrecht des Unfallortes (also die dortigen Verkehrsregeln und auch die dortige Gesetzgebung über Schmerzensgeld, Rentenansprüche etc.). Informationen finden Sie unter *www.adac.de/Auslandsunfall.* Inzwischen können deutsche Bürger Schadensersatzansprüche aus einem in Frankreich von einem Franzosen verursachten Verkehrsunfall auch in Deutschland vor deutschen Gerichten, aber nach französischem Recht, einklagen. Das ist immer noch so kompliziert, dass ich Ihnen weiterhin eine **Rechtsschutzversicherung** dringend empfehle. Dass Sie für Ihr Wohnmobil eine Vollkaskoversicherung abschließen sollten, muss ich nicht gesondert erwähnen.

Sie haben ein Wohnmobil **gemietet**? Fragen Sie Ihren Vermieter *vor* Abschluss des Mietvertrages, ob das Fahrzeug auch vollkaskoversichert ist. Fragen Sie Ihren Vermieter nach der Rechtsschutzversicherung. Falls er keine unterhält, Sie sich aber selbst rechtsschutzversichert haben, genießen Sie Rechtsschutzversicherungsschutz auch als Fahrer eines fremden Autos, sofern Ihre eigenen Rechte betroffen sind. Dieses gilt für den gesamten strafrechtlichen Bereich, also für Geldstrafen, Freiheitsstrafen und auch für die Durchsetzung Ihrer eigenen Schadensersatzansprüche, wenn Sie einen Körperschaden erlitten haben. Achten Sie darauf, dass Ihre Familienmitglieder in dieser Rechtsschutzversicherung mitversichert sind. Wir können Sie, um dieses unheilvolle Kapitel zu beschließen, nicht eindringlich genug bitten, alle diese Dinge nicht auf die leichte Schulter zu nehmen.

Schließen Sie nach einem Unfall sofort das **Gasflaschenventil**. Weitere Tipps geben wir Ihnen oben unter dem Stichwort *Notfälle* und zur **Schlauchbruchsicherung** an der Gasflasche unter *Gas*.

Zuletzt verweisen wir auf das Stichwort *Notfälle*. Sowie darauf, dass unsere versicherungsrechtlichen Ratschläge nur für Deutschland überprüft sind. Für Österreich dürften sie aber in ähnlicher Weise gelten.

Wanderungen

In dieser Auflage haben die Wandervorschläge erneut zugenommen, aber sie erreichen noch nicht den Umfang meiner beiden Provence-Bücher. Dabei umfasst das Reisegebiet vorliegenden Buches hervorragende Wanderreviere, allen voran die Cevennen und die Gorges. Wunderschöne Strecken finden Sie auch in den Pyrenäenausläufern, also im Hinterland der Côte Vermeille, oder in den Corbières. In der letztgenannten Landschaft stört es nur etwas, dass es wenige Wälder gibt und man im Sommer ziemlich der Sonne ausgesetzt ist.

Wenn Sie gerne durch Languedoc oder Roussillon wandern, werden Sie auf jeden Fall ungeahnte Möglichkeiten vorfinden, nachdem inzwischen auch für die erforderlichen Hilfsmittel gesorgt ist: Es gibt erstaunlich viele markierte Wege, Wanderkarten und ein flächendeckendes Netz von topographischen **Karten**.

Die Karten des *institut géographique national (ign)* haben einen Maßstab von 1: 25.000 (1 cm = 250 m) und ein blaues Cover. Die Karten sind so genau, dass sogar jeder Trampelpfad eingezeichnet ist; ebenso die Wanderwege, wenn auch manchmal nur schwer erkennbar. Man kann die Karten in Frankreich in jedem Buchladen, oft auch in Tabak- oder Andenkenläden kaufen oder schon von Deutschland per Internet und Kreditkarte unter *http://espaceloisirs. ign.fr/boutique/cartes.html* ab 10,90 €/Stück bestellen. Das funktioniert, wie ich getestet habe, bestens, bei einer Woche Lieferzeit, jedoch knapp 5 Euro Porto. Auch deutsche Anbieter kommen per Internet infrage: *www.MapFox. de* oder *www.das-landkartenhaus.de*

Die Orientierung ist mit Hilfe der Karten auch auf nicht markierten Wegen einfach. Sie wird zum Kinderspiel, wenn man auf einem ‚*GR*' (*Grande Randonnée*) marschiert, der immer gründlich rot-weiß bepinselt ist und Sie mit gekreuzten Strichen vor dem falschen Weg warnt.

Bei der diesbezüglichen Literatur ist der **Rother-Wanderführer** die Bibel. Er ist im Zielgebiet dreibändig: *Languedoc - Roussillon* von **Daniel Anker** und **Jacques Maubé**, *Cevennen* von **Bettina Forst** und *Provence* von **Thomas Rettstatt** mit dem Unterlauf der Ardèche und benachbarten Gebieten. Sie werden viel unterwegs sein, bis Sie die dortigen Wandervorschläge abgearbeitet haben.

Zur besseren Übersicht fasse ich die in diesem Buch abgewanderten 21 Strecken noch einmal zusammen:

Um den Étang du Doul (Tour 3)
Zum Cap Leucate und nach La Franqui (Tour 3)
Von Collioure zum Fort St. Elme u. zur Einsiedelei N.D.de-Consolation (Tour 4)
Von Port-Vendres zum Cap Béar und in die Bucht von Paulilles (Tour 4)
Rundwanderung bei Banyuls-sur-Mer (Tour 4)
Von Duilhac zum Château de Peyrepertuse (Tour 6)
Bei Rennes-le-Château (Tour 6)
Rundweg um Lagrasse (Tour 7)
Von Minerve durch die Gorges de la Cesse (Tour 7)
In die Gorges d'Héric (Tour 7)
Spaziergang zu den Schleusen von Fonsérannes (Tour 7)
Durch den Cirque de Mourèze auf die Montagne de Liausson (Tour 8)
Von St. Guilhem-le-Désert durch den Cirque de l'Infernet (Tour 8)
Von Navacelles zu den Moulins de la Foux (Tour 9)
Im Chaos de Montpellier-le-Vieux (Tour 9)
Von Le Rozier zum Rocher de Capluc (Tour 10)
Von La Malène zum Roc des Hourtous (Tour 10)
Von St. Bonnet zum Pont du Gard (Tour 13)
Durch die Gorges du Gardon (Tour 13)
In die Concluses (Tour 13)

Wasserversorgung

Es gibt in Südfrankreich viele öffentliche Wasserzapfstellen, allein schon wegen der zahlreichen *WC publics*. Es stellt sich daher kaum die Frage, wo finde ich Wasser als vielmehr, wie kommt das Wasser in den Tank? Denn die Wasserhähne kann man oft sehr schlecht anfahren, oder sie haben ein unförmiges Maul, auf das kein Gartenschlauchgewinde passt, häufig kommt beides zusammen. Wir hantieren mit einer 10 l Gießkanne, es gibt nichts Praktischeres, wenn man das Gartengerät sauber hält und unterwegs Platz dafür hat. Alternativ empfehle ich einen faltbaren Wasserkanister, bei dem das Umfüllen in den eigenen Tankstutzen allerdings schwieriger ist (beliebt ist auch die Spülschüssel-Methode, wenn man einen großen Trichter hat).

Damit Sie sorglos durch die Lande fahren können, haben wir auf den Karten zu den einzelnen Touren Wasserentnahmemöglichkeiten eingezeichnet und bei vielen Stellplätzen darauf hingewiesen. Gehen Sie aber bitte nicht davon aus, dass Sie dort immer mit Hilfe eines Schlauches Wasser tanken können. Wir analysieren natürlich nicht die Trinkwasserqualität, dafür entkeimen wir ziemlich regelmäßig mit *Micropur*, einem geruchs- und geschmacklosen Mittelchen, frei von Chlor und Jod, das auch der Veralgung Ihrer WOMO-Wasserleitungen vorbeugen soll.

Immer wieder sehe ich an Wasserzapfstellen herrenlose **Tankdeckel**. Ein Tag ohne Tankdeckel ist leider ein problematischer Tag – zumal man das Malheur erst bemerkt, nachdem man stundenlang durch staubige Landschaften gefahren ist. Ich empfehle deshalb einen Ersatzdeckel. Außerdem ziehe ich nie den Schlüssel aus dem Schloss des Deckels und lege diesen während des Wasserfassens auf einen Vordersitz. Dann ist die Wahrscheinlichkeit, mit offenem Tank loszufahren, nahe null.

Wein

In Frankreich gilt die 0,5-Promille-Grenze, und Alkoholkontrollen nehmen zu. Außerdem sollen hier zwei uns immer wieder gestellte Fragen beantwortet werden:

Ja, selbstverständlich haben wir **Weingläser** dabei und würden diese auch in einem Mietmobil niemals vergessen.

Wenn wir kein Glas beim Spülen zerbrechen, überstehen alle Gläser die Reise unbeschadet, weil wir sie in einem **Pappkarton** aufbewahren, in dem wir sie schon zu Hause gekauft haben und der mit Pappe eine Unterteilung vorsieht, welche die Gläser stramm fixiert.

Die Region Languedoc-Roussillon ist das größte Weinanbaugebiet der Welt. Masse ist aber nicht gleich Klasse, auch wenn hier 40 Prozent aller französischen Weine erzeugt werden. Viele Produkte sind einfache Tafelweine, nur 35 Prozent von ihnen gehen als Qualitätswein durch, der *Appellation (d'origine) contrôlée - AOC*. Nur diese Qualitätsstufe ist interessant, wobei es jedoch auch hier jede Menge schlechter Tropfen gibt.

Nachfolgend liefere ich nur ein paar Adressen:

Das südlichste französische Anbaugebiet **Collioure** und **Banyuls** hat in den letzten Jahren die Anbaufläche deutlich vergrößert. Die Preise sind relativ hoch, weil die Ernte wegen der äußerst niedrigen Rebstöcke mühsam ist. Ein guter Erzeuger ist *Abbé Rous* aus Banyuls, der allerdings Amateure nicht direkt versorgt. In Collioure gibt es am zentralen Platz eine Verkaufsstelle. Gut sind *Cornet & Cie* für 12 Euro in rot, weiß oder süß, letzterer aus der Lage *Banyuls* mit dem Zusatz *Muté sur grains, mise tardive* für 19 Euro. Preiswerter ist das Weingut *Domaine Reno* mit einer Verkaufsstelle an der Straße nördlich von Collioure nahe dem Campingplatz (Tour 4). Dessen süßer Banyuls muss sich nicht verstecken. Der Traditionalist kauft in Banyuls selbst. Die meisten Winzer des Ortes sind in einer Winzergenossenschaft zusammengeschlossen, der *Cellier des Templiers*, an der Straße nach Mas-Reig, westlich des Ortes *(auf der Michelin-Karte eingezeichnet und im Ort beschildert; zu besichtigen im Winter täglich von 9 - 13 und 14.30 - 18.30 Uhr, 1.4. - 31.10. von 9 - 19.30 Uhr)*. Etwas weiter oben Richtung Mas-Reig kann man in der *Grande Cave* einen 20-minütigen Film zur Geschichte des Weins betrachten *(Juli/August täglich)*. In Mas-Reig selbst, dem Ort, in dem einst die Burg der Tempelritter stand, sind im Hause *Reig* die Krönungen, die *Banyuls*

Grands Crus, zu verkosten und zu kaufen. Günstigere Preise erwarten Sie in der **Domaine de la Rectoire** in der Avenue du Puig del Mas (auf dem Weg zum gleichnamigen Ortsteil).

Im Languedoc empfehle ich **Château Négly**. Der Weißwein ist hervorragend, der ordinäre Rote liegt deutlich über dem Durchschnitt und die Preise sind akzeptabel. Der edle Rotwein kostet richtig Geld und ist richtig gut. Ich fahre wegen des *vin blanc* gerne zum Château bei Fleury (Tour 3, dort auf der Karte eingezeichnet).

Die meisten Leser erwarten an dieser Stelle Spitzenweine zu Niedrigstpreisen: Rotwein zum Niederknien und unter 10 Euro. Wenn es das gäbe, hätte auch ich endlich das Achtmetermobil mit der großen Heckgarage und würde das karge Autorenleben mit dem eines Importeurs tauschen. Leider reichen für meinen Lieblingswein ein kleiner Kofferraum, der Bettkasten der kurzen Seitenbank oder das Fach ganz unten im Küchenschrank. Denn den roten Spitzenwein *Prieuré de St.-Jean de Bébian* kann man sich nur dosiert leisten: 25 Euro werden im Weingut aufgerufen. Für die Flasche ! Die kleine Schwester heißt *La Chapelle* (10 Euro) und lohnt ebenfalls den Umweg in die Route de Nizas nach **St Jean de Bébian** zum gleichnamigen Weingut (auf der Michelinkarte nördlich von Pézenas eingezeichnet – siehe auch unsere Karte vor Tour 8; GPS: N 43°29'00" E 3°24'45").

Hervorragend ist auch der Weißwein *Duché d'Uzès* aus der **Domaine Chabrier et fils** *(Vignoble Chabrier)* in **Bourdic** *(Verkostung und Kauf an Werktagen von 9 - 12 und 14 - 18 Uhr)*. Das Dorf liegt westlich von Uzès (siehe Karte Tour 13).

Zuletzt doch noch ein Rotweinschnäppchen, von dem mir Leser berichtet haben: In **Fitou** (Tour 3) verkauft das **Château Abelanet** neben einem Spitzenwein die *Cuvée Tradition* für unglaubliche 5 Euro *(Av. de la Mairie – mitten im Ort; täglich 9 - 12 und 14 - 19 Uhr).*

Wenn es Ihnen Spaß macht, fahren Sie zum Erzeuger, verkosten Sie ein paar Qualitäten und packen Sie auch was ein. Gelegenheit haben Sie dafür genug. Unzählige Erzeuger werben für ihre *Caves* (Keller). Aber eines dürfen Sie nicht, sich weinmäßig im südfranzösischen Supermarkt eindecken. Dann doch lieber zu Hause, denn dort wäre manches, was in französischen Einkaufswagen steht, unverkäuflich.

Damit sind wir am Ende dieses Buches wieder zu dessen Hauptanliegen zurückgekehrt. Wir wollten Sie informieren, gelegentlich auch warnen. In erster Linie aber wollten wir Ihnen helfen, Ihren Urlaub ohne sinnlose Vielfahrerei zu planen. Falls dieses Anliegen auch nur im Ansatz angekommen ist, werden Sie Ihr Fläschchen ohnehin erst entkorken, wenn Sie entspannt vor Ihrem Fahrzeug sitzen und mit sich und der Wahl Ihres Urlaubszieles im Reinen sind.

Stichwortverzeichnis

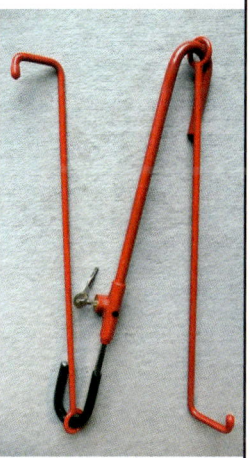

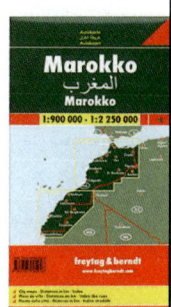

345

Info-Blatt aus dem WOMO-Buch: Lang./Roussillon '16
(komplett ausgefüllt erhalte ich 10% Info-Honorar auf Bestellungen direkt beim Verlag)

Lokalität: **Seite:**   **Datum:**
(Stellplatz, Campingplatz, Wandertour, Gaststätte, usw.)

⚪ unverändert   ⚪ gesperrt/geschlossen   ⚪ folgende Änderungen:

Lokalität: **Seite:**   **Datum:**
(Stellplatz, Campingplatz, Wandertour, Gaststätte, usw.)

⚪ unverändert   ⚪ gesperrt/geschlossen   ⚪ folgende Änderungen:

Lokalität: **Seite:**   **Datum:**
(Stellplatz, Campingplatz, Wandertour, Gaststätte, usw.)

⚪ unverändert   ⚪ gesperrt/geschlossen   ⚪ folgende Änderungen:

Lokalität: **Seite:**   **Datum:**
(Stellplatz, Campingplatz, Wandertour, Gaststätte, usw.)

⚪ unverändert   ⚪ gesperrt/geschlossen   ⚪ folgende Änderungen:

Lokalität: **Seite:**   **Datum:**
(Stellplatz, Campingplatz, Wandertour, Gaststätte, usw.)

⚪ unverändert   ⚪ gesperrt/geschlossen   ⚪ folgende Änderungen:

Lokalität: **Seite:**   **Datum:**
(Stellplatz, Campingplatz, Wandertour, Gaststätte, usw.)

⚪ unverändert   ⚪ gesperrt/geschlossen   ⚪ folgende Änderungen:

Meine Adresse und Tel.-Nummer:
(nur komplett ausgefüllte, zeitnah eingesandte Infoblätter können berücksichtigt werden)

Wir bestellen zur sofortigen Lieferung:

(Alle Preise in € [D], Preisänderungen vorbehalten)

Titel	Preis	Titel	Preis	Titel	Preis
☐ Wohnmobil Handbuch	19,90 €	☐ Ligurien	17,90 €	☐ Schottland	18,90 €
☐ Wohnmobil Kochbuch	12,90 €	☐ Loire-Tal/Paris	17,90 €	☐ Schwarzwald	17,90 €
☐ Heitere WOMO-Geschichten	6,90 €	☐ Languedoc/Roussillon	19,90 €	☐ Schweden (Nord)	18,90 €
☐ Albanien	19,90 €	☐ Marokko	19,90 €	☐ Schweden (Süd)	19,90 €
☐ Allgäu	17,90 €	☐ Namibia	19,90 €	☐ Schweiz (Ost)	19,90 €
☐ Auvergne	17,90 €	☐ Neuseeland	24,90 €	☐ Schweiz (West)	18,90 €
☐ Baden-Württemberg	19,90 €	☐ Niederlande	19,90 €	☐ Sizilien	18,90 €
☐ Baltikum	20,90 €	☐ Nord-Frankreich	18,90 €	☐ Slowenien	17,90 €
☐ Bayern (Nordost)	19,90 €	☐ Normandie	17,90 €	☐ Spanien (Nord/Atlantik)	19,90 €
☐ Bayern (Südost/Oberbayern)	19,90 €	☐ Norwegen (Nord)	19,90 €	☐ Spanien (Ost/Katalonien)	18,90 €
☐ Belgien & Luxemburg	18,90 €	☐ Norwegen (Süd)	19,90 €	☐ Spanien (Süd/Andalusien)	17,90 €
☐ Bretagne	18,90 €	☐ Österreich (Ost)	18,90 €	☐ Südafrika (Krüger NP)	19,90 €
☐ Burgund	17,90 €	☐ Österreich (West)	17,90 €	☐ Süditalien (Ost/Apulien)	19,90 €
☐ Dänemark	19,90 €	☐ Ostfriesland	19,90 €	☐ Süditalien (West/Kalabrien)	17,90 €
☐ Elsass	18,90 €	☐ Peloponnes	18,90 €	☐ Süd-Tirol	18,90 €
☐ England	18,90 €	☐ Pfalz	18,90 €	☐ Thüringen	19,90 €
☐ Finnland	18,90 €	☐ Piemont/Aosta-Tal	18,90 €	☐ Toskana & Elba	19,90 €
☐ Franz. Atlantikküste (Nord)	17,90 €	☐ Polen (Nord/Masuren)	17,90 €	☐ Trentino/Gardasee	17,90 €
☐ Franz. Atlantikküste (Süd)	17,90 €	☐ Polen (Süd/Schlesien)	17,90 €	☐ Tschechien	18,90 €
☐ Griechenland	19,90 €	☐ Portugal	19,90 €	☐ Tunesien	17,90 €
☐ Hessen (Norden + Osten)	19,90 €	☐ Provence & Côte d'Azur (Ost)	18,90 €	☐ Türkei (West)	18,90 €
☐ Hessen (Mitte + Süden)	19,90 €	☐ Provence & Côte d'Azur (West)	18,90 €	☐ Türkei (Mitte-Kappadokien)	17,90 €
☐ Hunsrück/Mosel/Eifel	19,90 €	☐ Rumänien	19,90 €	☐ Umbrien & Marken mit Adria	18,90 €
☐ Irland	19,90 €	☐ Pyrenäen	17,90 €	☐ Ungarn	17,90 €
☐ Korsika	17,90 €	☐ Sachsen	19,90 €	☐ Venetien/Friaul	19,90 €
☐ Latium/Rom/Abruzzen	18,90 €	☐ Sardinien	18,90 €	☐ Wales	18,90 €
☐ Kroatien / Montenegro	19,90 €	☐ Schleswig-Holstein	19,90 €	... und jährlich werden's mehr!